体系的◎網羅的

一冊で学ぶ
日本の歴史

向井啓二 著
MukaiKeiji

はじめに

　わたしは知人が開いているホームページに、日本史の小さなコーナーを持っています。そこに掲載しているのは、わたしが予備校講師時代に作成した授業用の講義録を加工したものです。またそこでは、2012年から使用されている高校日本史教科書の比較検討もしています。公開に至った経緯は単純で、「現職の中学・高校教員の授業の一助になるなら、ぜひご活用ください」、というものでした。
　なぜなら、中学・高校の先生方が、やれクラブだ、教務だと忙しく、教材研究もままならないという事情があるからです。そして、こうした状況でも学習指導要領では、日本史を学ぶことで愛国心を育むことが謳われています。そのことを決して否定しませんが、自国史をたった1年間で教えること自体が無謀です。超高速のジャンボジェットでも飛ばすような授業でもしない限り、日本史のカリキュラムを終えることはできません。そんな授業でどうして生徒たちの中に愛国心が芽生えるといえるでしょうか。これでは、日本史は暗記（＝面白くない）と思う児童・生徒が増えることがあっても、減らすことは不可能です。一方で、大学の日本史学科で学ぶ学生が、基礎知識であるはずの高校日本史すら身につけていない現状も知っています。そこで少しでも授業を実のあるものにしていただけたら、という想いで掲載していただいたわけです。
　掲載した講義資料に対して、先生方がどのような反応を示してくださっているかは、わからないまま月日は過ぎていきました。そんな折、ベレ出版の編集者から先のホームページに連絡があり、掲載されている日本史のコーナーの原稿を書き換え、本にしないかと勧

めていただきました。一瞬「過去の講義資料をどうして？」ということが頭をよぎりましたが、すぐに、形を変えて使える原稿なら本という姿にして世の中の片隅に置いてもらうのも楽しいな、と思うようになり、出版のお勧めに「乗る」ことにしました。

　せっかく本として出版していただけることになったので、以下の点に気をつけて原稿を書き直しました。それは、①日本史を原始・古代から現代まで一貫して流れるものとして理解してもらえるようにすること。つまり、「通史」として理解してもらえるように、それぞれの時代の特色や変化を記すこと。次に、②日本史を単に受験科目でしか学んでこなかった人たちでも、あらためて学んでみるとおもしろいと感じてもらえるように努めること。日本史をもう一度学びなおそうと思った人のために役立つようにすること。そして、③学校教育では（教科書ではと言い換えてもよいのですが）、わからなかった、わかりにくかったことを理解できるようにすること、です。

　果たして本当に世に問いかけるだけのものになり得たか否かはお読みくださった読者の皆様に判断は委ねることにいたします。

　願わくは、私の本をお読みくださったことがきっかけで、日本史がおもしろいと思う人が1人でも増え、歴史の大きな流れを感じてくだされば嬉しい限りです。

向井　啓二

CONTENTS

はじめに 3

―第1章　原始・古代―

第1節　原始時代から古代へ 020

- ❶ 更新世　020
- ❷ 化石人骨　022
- ❸ 旧石器文化　023
- ❹ 縄文時代　024
- ❺ 縄文人の生活　026
- ❻ 弥生文化の広がりと道具　029
- ❼ 水稲耕作の広まり　031
- ❽ 弥生時代の生活　033
- ❾ 小国の分立　034
- ❿ 邪馬台国　035

第2節　大和政権の時代 038

- ❶ 大和政権の成立　038
- ❷ 東アジアとの関係　039
- ❸ 氏姓制度　042
- ❹ 部民制　042
- ❺ 渡来人　043
- ❻ 仏教公伝・史書の作成　044
- ❼ 古墳文化　045
- ❽ 古墳時代の生活　047
- ❾ 大和政権の動揺　048

第3節　大化の改新前後の時代 052

- ❶ 推古朝　052
- ❷ 大化の改新の背景　056
- ❸ 改新政府　059
- ❹ 改新後の政治　061
- ❺ 白村江の戦い　062
- ❻ 壬申の乱　063
- ❼ 天武天皇の政治　065
- ❽ 持統天皇の政治　065

第4節　律令国家の形成 068

- ❶ 律令体制 068
- ❷ 律令官制 069
- ❸ 地方行政 070
- ❹ 官人制 071
- ❺ 身分制 073
- ❻ 司法 074
- ❼ 班田収授 075
- ❽ 農民の負担 076

第5節　奈良時代の政治・経済 079

- ❶ 平城京 079
- ❷ 国土開発 083
- ❸ 奈良時代の政治 084
- ❹ 公地公民制の動揺 091
- ❺ 土地公有制の矛盾と私有の承認 092
- ❻ 初期荘園 095
- ❼ 遣唐使 095

第6節　平安時代の政治・経済 097

- ❶ 平安京 097
- ❷ 桓武朝 098
- ❸ 平城朝から嵯峨朝へ（令外官）100
- ❹ 北家の台頭 101
- ❺ 延喜・天暦の治 103
- ❻ 安和の変 105
- ❼ 摂関常置 105
- ❽ 摂関政治の実態 106
- ❾ 東アジアの変化 107
- ❿ 地方政治の乱れ 108
- ⓫ 国司制の変化 109

第7節　古代から中世への移行期 111

- ❶ 田堵・大名田堵・開発領主 111
- ❷ 国衙領の形成 112
- ❸ 荘園の発達 113
- ❹ 荘園の耕地 114
- ❺ 荘園・公領制 115

- ❻ 武士の台頭 116
- ❼ 武士団の成長 117
- ❽ 源氏と平氏 119
- ❾ 保元・平治の乱 119
- ❿ 後三条天皇の親政 121
- ⓫ 院政 121
- ⓬ 院政期の社会 123
- ⓭ 平氏政権 125

第2章 中世

第1節 鎌倉幕府の成立 132

- ❶ 鎌倉幕府の成立の時期 132
- ❷ 源平の争乱（治承・寿永の内乱） 132
- ❸ 幕府機構の整備 134
- ❹ 義経の没落と守護・地頭の設置 135
- ❺ 御家人制 138
- ❻ 幕府の財政基盤 139
- ❼ 幕府と朝廷 139
- ❽ 北条氏の台頭 140
- ❾ 承久の乱 142
- ❿ 執権政治の確立 144
- ⓫ 貞永式目 144
- ⓬ 5代執権北条時頼 145

第2節 鎌倉時代の社会・外交 148

- ❶ 鎌倉武士と農村生活 148
- ❷ 地頭の荘園侵略 150
- ❸ 生産力の発展と社会の変化 152
- ❹ 日宋関係 156
- ❺ モンゴル帝国 157
- ❻ 元寇 157
- ❼ 幕政の変化 161
- ❽ 幕府の動揺 162

第3節　室町幕府の成立 164

- ❶ 鎌倉幕府の滅亡 164
- ❷ 建武の新政 167
- ❸ 新政の混乱 168
- ❹ 尊氏の反乱 169
- ❺ 建武式目 170
- ❻ 南北朝の内乱 171
- ❼ 足利義満 173
- ❽ 室町幕府の政治機構 175
- ❾ 幕府支配の弱点 177
- ❿ 守護大名 177
- ⓫ 守護大名と幕府の対立 179
- ⓬ 室町時代の外交 181

第4節　室町時代の社会・経済 187

- ❶ 惣村の成立 187
- ❷ 惣村の構成 187
- ❸ 土一揆 189
- ❹ 応仁・文明の乱 191
- ❺ 山城国一揆 194
- ❻ 一向一揆 194
- ❼ 法華一揆 195
- ❽ 産業の発達 196

第5節　戦国時代 201

- ❶ 室町幕府の弱体化 201
- ❷ 守護大名と戦国大名 201
- ❸ 戦国大名の出身 202
- ❹ 群雄割拠・下剋上 203
- ❺ 戦国大名の支配 205
- ❻ ヨーロッパ人の来航 207
- ❼ 南蛮貿易 208
- ❽ キリスト教の伝来 209

第3章 近世

第1節 天下統一の時代 216

- ❶ 織田信長の天下統一の経過 216
- ❷ 信長の政策 218
- ❸ 秀吉の天下統一 219
- ❹ 秀吉と朝廷との関係 220
- ❺ 豊臣政権の財政基盤・政治組織 221
- ❻ 太閤検地 222
- ❼ 刀狩令 223
- ❽ 人掃令 2224
- ❾ バテレン追放令 224
- ❿ 海賊取締令 225
- ⓫ 朝鮮出兵 225
- ⓬ 織豊政権の性格 226

第2節 江戸幕府の誕生 228

- ❶ 徳川家康 228
- ❷ 関ケ原の戦い 229
- ❸ 幕府創設 229
- ❹ 大坂の役 230
- ❺ 江戸幕府の組織 231
- ❻ 藩組織 232
- ❼ 大名統制 233
- ❽ 武家諸法度 234
- ❾ 禁中並公家諸法度 235
- ❿ 寺社統制 236
- ⓫ 身分制 237
- ⓬ 家族生活 238
- ⓭ 農村の支配・農民の負担と統制 239
- ⓮ 町人統制 243

第3節 江戸初期の外交・鎖国 244

- ❶ 初期外交 244
- ❷ 朱印船貿易 247
- ❸ 朝鮮との関係 249
- ❹ 琉球との関係 250

- ❺ 蝦夷地との関係 250
- ❻ キリスト教禁止 251
- ❼ 鎖国 253
- ❽ 鎖国後の貿易 254

第4節　武断政治から文治政治へ 256

- ❶ 文治政治への移行期 256
- ❷ 4代将軍家綱 256
- ❸ 初期藩政改革 258
- ❹ 5代将軍綱吉 258
- ❺ 正徳の治 262

第5節　江戸時代の経済・社会 265

- ❶ 農業 265
- ❷ 水産業 267
- ❸ 諸産業 267
- ❹ 商業 270
- ❺ 貨幣・金融 271
- ❻ 豪商たち 273
- ❼ 都市の発達 274
- ❽ 陸上交通 274
- ❾ 水上交通 276
- ❿ 通信 277

第6節　享保・寛政の改革 278

- ❶ 農村の変化 278
- ❷ 武士の窮乏 279
- ❸ 享保の改革 279
- ❹ 田沼時代 284
- ❺ 寛政の改革 286
- ❻ 諸藩の中期藩政改革 289
- ❼ 三大飢饉 290
- ❽ 百姓一揆 291

第7節　列強の接近・天保の改革 293

- ❶ 列強の接近 293
- ❷ 文化・文政時代（大御所時代） 297

- ❸ 天保の改革 299
- ❹ 西南雄藩の台頭 301
- ❺ 工場制手工業（マニュファクチュア）の発達 303

第8節　江戸幕府の解体 305

- ❶ 開国直前の状況 305
- ❷ ペリー来航・開国 306
- ❸ 安政の改革 308
- ❹ 安政の5カ国条約 309
- ❺ 明治維新論 311
- ❻ 開港後の貿易 312
- ❼ 幕府の分裂 313
- ❽ 幕府の公武合体策 314
- ❾ 薩摩藩の公武合体策 315
- ❿ 尊王攘夷運動の激化 316
- ⓫ 薩長改革派の台頭 317
- ⓬ 薩長連合 318
- ⓭ 慶応の改革 319
- ⓮ 討幕の密勅 320
- ⓯ 戊辰戦争 321

第4章　近代

第1節　明治維新政府の改革 328

- ❶ 新政府の政策 328
- ❷ 版籍奉還・廃藩置県 329
- ❸ 中央官制の変遷 330
- ❹ 兵制改革・警察制度 331
- ❺ 四民平等 332
- ❻ 士族解体 333
- ❼ 地租改正 335
- ❽ 殖産興業政策 336
- ❾ 貨幣・金融政策 337
- ❿ 通信制度 338
- ⓫ 交通 338
- ⓬ 岩倉遣欧使節団 338
- ⓭ 国境の画定 341
- ⓮ 琉球問題 341
- ⓯ 日清関係 341
- ⓰ 日朝関係 342

第2節　大日本帝国憲法の制定 344

- ❶ 士族反乱　344
- ❷ 自由民権運動　345
- ❸ 大日本帝国憲法の制定　352
- ❹ 諸制度の整備　355
- ❺ 地方行政制度　356
- ❻ 沖縄・北海道　357
- ❼ 諸法典の整備　359
- ❽ 初期議会　360
- ❾ 条約改正　363

第3節　資本主義の発達 367

- ❶ 松方財政　367
- ❷ 企業勃興　369
- ❸ 第1次産業革命　369
- ❹ 金本位制の確立　372
- ❺ 第2次産業革命　374
- ❻ 社会運動の展開　378

第4節　日清・日露戦争 383

- ❶ 壬午軍乱（壬午事変）　383
- ❷ 甲申事変　384
- ❸ 甲午農民戦争　385
- ❹ 日清戦争　385
- ❺ 三国干渉　387
- ❻ 日清戦争後の政治　388
- ❼ 帝国主義　390
- ❽ 帝国主義列強の中国分割　390
- ❾ 義和団事件　393
- ❿ 外交をめぐる国内の対立　393
- ⓫ 日露開戦直前の国内世論　394
- ⓬ 日露戦争　395
- ⓭ ポーツマス条約　396
- ⓮ 朝鮮支配　397
- ⓯ 満州支配　399
- ⓰ 日露戦争後の外交　400

第5節　大正期の動向　401

- ❶ 桂園時代から第2次大隈内閣まで　401
- ❷ 第1次世界大戦　405
- ❸ 辛亥革命　407
- ❹ 21カ条の要求　407
- ❺ シベリア出兵と寺内正毅内閣　408
- ❻ 米騒動　409
- ❼ 原敬内閣　410
- ❽ 大戦景気　412
- ❾ 戦後恐慌　413
- ❿ 第1次世界大戦後の外交　414
- ⓫ 社会・労働運動の発展　418
- ⓬ 中間内閣の時代　421
- ⓭ 第2次護憲内閣　422
- ⓮ 加藤高明内閣　423

第6節　恐慌下の日本　425

- ❶ 金融恐慌　425
- ❷ 強硬外交　428
- ❸ 山東出兵と東方会議　429
- ❹ 満州某重大事件＝張作霖爆殺事件　430
- ❺ パリ不戦条約　430
- ❻ 田中内閣の内政　431
- ❼ 浜口雄幸内閣　431
- ❽ 金解禁　432
- ❾ 昭和恐慌　433
- ❿ ロンドン会議　435

第7節　満州事変と日本　437

- ❶ 満州事変　437
- ❷ 国際連盟脱退　441
- ❸ ファシズムの台頭　441
- ❹ 経済の軍事化　446

第8節　日中全面戦争の開始　449

- ❶ 広田弘毅内閣　449
- ❷ 華北分離工作　450

- ❸ 中国国内情勢 451
- ❹ 第一次近衛内閣 451
- ❺ 日中戦争の開始 452
- ❻ 戦線の膠着 454
- ❼ 汪兆銘政権 455
- ❽ 戦時体制の強化 455
- ❾ 国家総動員法 456
- ❿ 統制経済 456
- ⓫ 学問・思想への弾圧 457
- ⓬ 第2次世界大戦の勃発 458
- ⓭ 対ソ紛争 459
- ⓮ 第2次近衛内閣 460
- ⓯ 日独伊三国同盟 461
- ⓰ 南進政策 462
- ⓱ 日米交渉 462
- ⓲ 南部仏印進駐 463

第9節　アジア太平洋戦争 464

- ❶ 東条英機内閣 464
- ❷ アジア太平洋戦争の開始 464
- ❸ 戦局の転換 465
- ❹ 東条内閣の内政・外交 466
- ❺ 戦時下の国民生活 466
- ❻ 戦時下のアジア 468
- ❼ 連合国軍の攻勢 469
- ❽ 本土空襲と沖縄戦 469
- ❾ 敗戦への道 470

第5章　現代

第1節　占領下の日本 478

- ❶ 占領の開始 478
- ❷ 東久邇宮稔彦内閣 479
- ❸ 幣原内閣 480
- ❹ 民主化政策の実行 481
- ❺ 日本国憲法の制定 483
- ❻ 諸法制の改正 485
- ❼ 政党の復活 486
- ❽ 第1次吉田内閣から芦田均内閣まで 487
- ❾ 経済危機 488
- ❿ 労働運動の高揚 490
- ⓫ 経済安定9原則 490

第2節　冷戦の開始と講和　493

- ❶ 冷戦　493
- ❷ アジアの変化　494
- ❸ 占領政策の変化　494
- ❹ 朝鮮戦争と日本　495
- ❺ サンフランシスコ講和会議　496
- ❻ 対米従属　498
- ❼ 国連への加盟　499
- ❽ 新安保条約　501

第3節　現代日本の動向　503

- ❶ 政治・外交の展開①（1960年代〜70年代）　503
- ❷ 高度経済成長　507
- ❸ 低成長下の日本　511
- ❹ バブル景気とその崩壊　512
- ❺ 政治・外交の展開②（1980年代〜2010年代）　513
- ❻ 国際社会と日本　519

Column

木簡が語る生活　127
災害はいつの時代にも　211
生活に欠かせない木炭　323
洋食の広がり　473

INDEX　523

第1章 原始・古代

原始・古代の流れとキーワード

政治・社会の動き	外交の動き
原始時代 【旧石器時代】更新世 狩猟・漁労採集の生活　打製石器の使用 【縄文時代】完新世 磨製石器の使用・縄文土器 晩期には農耕開始 【弥生時代】 水稲耕作の広がり・金属器の使用 階級社会 小国の形成 邪馬台国　女王卑弥呼 **大和政権** 政権の成立　（前方後円墳など）(4C) 九州北部〜中部まで拡大 政権の発展　（前方後円墳の巨大化）(5C) 九州中部〜東北地方まで拡大 政権の動揺　（群集墳）(6C) 筑紫国造磐井の乱(527年) 蘇我氏の台頭 推古大王（天皇）即位 **中央集権国家の形成期** 推古大王（天皇）・摂政厩戸皇子 　冠位十二階制定(603年) 　十七条憲法制定(604年) 　遣隋使派遣　小野妹子(607年) **律令国家** **形成期（7C前半）** 大化の改新（乙巳の変）　改新の詔(645年) 天智朝　近江令・庚午年籍(671年) **確立期（7C後半）** 壬申の乱—天武天皇（皇親政治）(672年)	 百余国に分立　中国へ遣使（漢書） 奴国王が中国に遣使（後漢書） 邪馬台国が中国に遣使（魏志） 朝鮮半島に進出　高句麗と交戦（好太王碑文） 倭の五王　中国南朝に朝貢 伽耶（加羅）滅亡(562年) 【朝鮮半島の動き】 北—高句麗 馬韓→百済　辰韓→新羅　弁韓→加羅 隋（煬帝） 白村江の戦い　日本軍敗北(663年) 遣唐使派遣

政治・社会の動き	外交の動き
八色の姓(684年)　飛鳥浄御原令(689年) 藤原京遷都(694年) **繁栄期（8C 初め）** 藤原不比等 　大宝律令制定(701年) 　平城京遷都(710年) 　養老律令(718年) **動揺期（8C 前半）** 長屋王　三世一身の法(723年)　長屋王の変(729年) 藤原四子　光明子立后 橘諸兄　藤原広嗣の乱(740年)　大仏造立の詔(752年)　墾田永年私財法(743年) 藤原仲麻呂（恵美押勝） 　養老律令施行(757年)　橘奈良麻呂の乱 道鏡　称徳天皇 **再建期（8C 末〜9C）** 桓武天皇　長岡京→平安京遷都(794年) 嵯峨天皇　薬子の変　藤原冬嗣台頭	
摂関政治の成立 藤原良房　承和の変(842年) 　　　　　応天門の変(866年) 藤原基経　光孝天皇即位→関白 宇多天皇 醍醐天皇　延喜の荘園整理令(902年) 村上天皇　乾元大宝（皇朝十二銭の最後） 　安和の変→摂関常置(969年) 藤原道長 藤原頼通	遣唐使派遣中止←菅原道真の建言（894年）
院政 後三条親政　延久の荘園整理令(902年) 白河上皇　院政開始 　保元の乱(1156年)・平治の乱(1159年) 　　→平氏政権	刀伊の入寇（1019年）

第1節　原始時代から古代へ

1 更新世

　地質学でいう歴史区分、すなわち地質年代では、古い順に始生代→原生代→古生代→中生代→新生代の5期に分けられます。人類はいまから500万年前にアフリカに誕生したと考えられています。新生代の第三紀の鮮新世と4回の氷期（氷河期）と間氷期（氷が溶ける時期）がくり返される時期を第四紀といい、約1万年を境として更新世と完新世に分けることになります。

　日本史を学びはじめた冒頭で、地質学の用語が現れるので、さっぱりわからないと思われますが、要するに、あまりに古い時代のことで、通常の歴史用語では説明しにくいので、より古い時代のことも扱える地質学の用語で説明しているのです。かつては更新世のことを洪積世、完新世を沖積世と記していましたし、洪積世・沖積世で学んだ世代の方も多いと思いますが、現在は国際的に通用している更新世と完新世で表現すべきだという理由で、こういう書き方になっています。

　また、考古学では、打製石器しか使用していない時代を旧石器時代といい、磨製石器を使用する時代を新石器時代といいます。このよび方も、かつては旧石器時代を先土器時代と表記していたことがありました。つまり、縄文土器を使用する以前の時代だから、先土器（土器使用に先立つ時代）という意味なのですが、これも旧石器・新石器という概念が世界史的な時代区分であり一般的だという理由で、旧石器時代、新石器時代と記します。旧石器時代は、さら

に前期（20万年前より以前）、中期（8万年～3万5000年前）、後期（3万年～1万2000年前）に区分します。

　まとめると、更新世（地質年代）＝旧石器時代（考古学の区分）、完新世（地質年代）＝新石器時代（考古学の区分）と考えられます。なお、新石器時代は先に見たとおり磨製石器を使用した時代で縄文時代と考えてもらうとよいでしょう。ただし、近年の研究に基づく別の説については後に述べます。

　更新世は、別名、氷河時代ともよばれます。氷期はいまより温度が7～8度低かったとされ、少なくとも4回の非常にきびしい氷期があったと考えられています。地形的には海進(かいしん)（海面の上昇）と海退(かいたい)（海面の低下）がくり返されて、海退期の海面は、現在の海面より約100m低かったようです。この時期、日本列島は大陸と陸続きであり、現在のような姿では存在していません。大陸と陸続きであることを証明するものとして大型動物の渡来があります。シベリア原産のマンモスの化石が北海道に、朝鮮半島からナウマン象・オオツノジカ（大角鹿）が各地に渡来したことがわかっています。特に長野県野尻湖遺跡では、ナウマン象の肋骨(ろっこつ)やオオツノジカの角などの化石が発見されています。ちなみに、マンモスは本州には来ていませんが、逆にオオツノジカやナウマン象は本州から北海道に来ています。それ以外にもたくさんの動物がいたことが確認されています。例えば大阪北部の丘陵地帯で化石が発見されたワニ（マチカネワニ）や、石灰岩の洞穴(どうけつ)からは旧石器時代の人骨とともにヤマネコ・ヒョウ（豹）・虎などの化石も見つかっています。まるでサファリパークのようだと紹介されたことがありますが、まさにそのとおりです。

　ところで、ナウマン象は、日本で発見された象の化石研究を行っ

たお雇い外国人のドイツ人研究者ナウマンにちなんで、後にこの研究を引き継いだ植山槇次郎が敬意を表して名づけました。

2 化石人骨

　人類は、新生代第三紀に誕生し、第四紀に進化を遂げたと考えられています。よく知られているように人類は、猿人→原人→旧人→新人へと進化します。日本における更新世期の人類の存在については、1931年直良信夫が明石の西八木海岸から腰骨を採集し、これを明石原人と考えましたが、近年では縄文時代以降のものだと考えられています。この他に、愛知県の牛川人が旧人段階のものと考えられるほかは、静岡県の浜北人、沖縄県の港川人は、新人段階のものと考えられています。ただし、浜北人については、現在は縄文人と考えられているようです。これら化石人骨は、石灰岩層を中心に発見されています。というのも、雨が多い日本の土壌は酸性を帯びており、そのため骨の消失が早く、発掘例がきわめて少ないからです。また、これらの人骨の特徴は、横幅の広い顔を持ち、身長も低く、中国南部の柳江人などと共通するもので、アジア大陸南部の古モンゴロイドだと考えられています。そしてこの古モンゴロイドに弥生時代以降に渡来した新モンゴロイドが混血し、現在の日本人が形成されたとされます。ところで、旧石器時代の推定人口は、約8万4000人と推定されています。けっこう人口が多かったと考えるかどうかは人それぞれでしょう。

　日本列島に人類がやってきたルートは2つ考えられ、1つは沿海州からサハリン、北海道とたどって来たとされる北方ルート。もう1つは、朝鮮半島から九州をたどる南方ルートです。

❸ 旧石器文化

　1946年、群馬県岩宿の関東ローム層の中から相沢忠洋が打製石器を発見し、その後1949年、明治大学が調査した結果、日本にも旧石器時代が存在したことが確認されました。ただし、発見した年についてはいくつかの説があるようで、1947年と書いてあるものや、翌48年、49年と記されているものもあります。

　年の詮索はともかくとして、この旧石器時代の存在に関する記述は、いまでは当然のこととされているのですが、いま一度上記を注意深く読んでいただければわかるように、1949年まで旧石器時代の存在は確定されておらず、教科書にも記されていなかったわけです。ちなみに教科書に旧石器時代の記述がなされるのは、3年後の1952年、三省堂発行のものが最初となります。

　関東ローム層は、更新世末期、富士山をはじめとした火山活動が活発になった時期に関東地方一帯に堆積してできた赤土層で、上から順に立川ローム、武蔵野ローム、下末吉ロームというように堆積しています。打製石器のうち楕円形石器は中間の武蔵野ロームから発掘されることが多く、その後のナイフ形石器や尖頭器は中間から上の立川ロームで発掘され、細石器は立川ロームからさらに上の完新世の地層から発掘されています。

　打製石器は、自然の石のまわりを打ち欠いてその核（中心部）を利用した石核石器と、剥離された断片・かけらを利用した剥片石器とがあります。さらに、打製石器も石斧（握槌）→石刃（ナイフ型石器）→尖頭器→細石器という順で発達を遂げます。特に打製石器の中でもっとも発達を遂げた細石器をおもに使用した時代を、中石器時代とよぶ場合もあります。尖頭器は槍先の機能を果たす道具

で、同様のものでも、旧石器時代のものを尖頭器、縄文時代のものは石槍とよび分けています。細石器はマイクロリスともよばれます。

　旧石器時代の生活跡は、縄文時代や弥生時代に比べると極端に発掘例が少ないのです。住居については従来、洞窟や岩陰などが住居だとされてきましたが、これらは狩猟用のキャンプとして利用されたものと考えられるようになりました。住居跡にしても、痕跡を大地にとどめないテントのような簡単な構造であったために、具体的なことはわかっていません。といっても、まったく住居跡が発見されていないわけではありませんが、住居の構造は一定せず、わずか1棟か2棟のもので、集落がどのように形成されたか、いまひとつわかりません。おそらく、集落は短期的ないしは季節的な移動によって形成された狩猟用のキャンプのようなものと、本拠地として定住したものの2つに分けられるでしょう。これは、前者のキャンプからは一時期の遺物しか発掘されないのに比べ、後者の本拠地と考えられる場所には、何世代かの遺物が堆積していることから判断されます。

　では、集落はどの程度の世帯で構成されていたのでしょうか。発掘調査からすると、およそ2～3家族程度で1つの集落を形成していたと考えられます。しかも、集落の規模は季節により異なり、狩猟に適した時期には集落はさらに小集団に分かれ、狩猟に適さない冬になると、いくつかの小集団が集まって生活するという具合に変化したようです。また、生活集団は10人前後の小規模なものだったと思われます。

4 縄文時代

　完新世になると日本列島が誕生します。気候も温暖となり、これ

までの動植物は異なるものへと変化しました。針葉樹林が退き、落葉広葉樹林が広がっていきます。大型動物に替わって鹿・イノシシ・ウサギといった中小動物が出現します。縄文時代の気候は、1万5000年前から温暖化し、湿潤化が進むのは1万3000年前からだとされています。それはブナ属の花粉の増加で確認されています。

　この時代の文化の特徴は以下のことが挙げられます。①新石器文化の特質である磨製石器を持つこと。磨製石器には、石斧（木材の伐採用）、石匙（皮剥ぎ用）、石鏃などがあります。②土器（縄文土器）の作成。縄文土器の編年の違いにより、草創期→早期→前期→中期→後期→晩期の6期に区分されます。縄文時代の時期区分は、いま述べた6つですが、発掘調査が進んだ結果、近年では、その最初の時期である草創期は約1万2000年前の旧石器時代末期に当たると考えられるようになりました。

　縄文土器の形は円形丸底・方形平底など様々ですが、これは土器を作る際のモデルとなった皮袋・編籠などの形と関係するようです。土器製作の方法は、巻き上げ法といって細長い粘土のひもをらせん状に積み上げ形を整えるものと、輪積法といって、粘土の輪を積み上げていくものとに分かれます。一口に縄文土器といっても、すべての土器に縄目模様がついているわけではなく、無文土器・爪形文土器・隆起線文土器などがあります。また、縄文土器と弥生土器との制作上の違いはないと考えられており、両者の共通点として以下のものが挙げられます。①轆轤を使用しないこと。②窯を使用しないこと。つまり、路地で焼いたということです。③1000度未満の酸化炎で焼くこと。

　また縄文土器というと、みな同じであると考えがちですが、日本

列島に均一的な文様の土器が出現しているわけではありません。東日本の土器は複雑煩瑣であり、西日本では直接的で簡素という特徴を持っています。使用法としては、おもに森のナッツ類（木の実）・山菜・動物・川魚を煮炊きするために用いられたと考えられています。

　また、縄文という文字を考古学者の佐原真氏は、「縄紋」という字で記しています。「紋」には、模様という意味があり、そのことを強調したいと考えてのことでしょう。もともと、縄文（縄紋）は、「コード・マークド・ポット」（縄目文様［紋様］つきの土器）という英語を翻訳したものです。

❺ 縄文人の生活

　この時代の人々は身長が低く平均155cmくらいと考えられています。平均寿命は35～40歳くらいであり、骨には時として木の年輪のような飢餓線が刻まれたものも見られます。それだけ、食料の確保が難しかったのでしょう。総人口は、東日本を中心に約30万人と考えられています。東日本に人口が偏っているのは、食料が確保しやすいという条件によります。その代表的な遺跡が青森県の三内丸山遺跡です。縄文前期～中期の1500年間に営まれた集落遺跡で、東には成人の墓が列をなし、西には高床倉庫が並び、北には子どもの遺体や死産の子どもを土器に納め埋葬した墓地があります。

　縄文人の住居は竪穴住居です。住居と集落は湧き水に近い台地上に立地しています。竪穴住居も時期により形が異なります。方形から隅丸方形へと変わり、時を経るに従い円形に変わっていきます。また、後に竈が内部に作られます。1つの竪穴住居に1家族が住んでいたかどうかはわかりません。

集落の周りには環状もしくは馬蹄形(U字型)に貝塚が作られました。貝塚、なかでも東京の大森貝塚は1877年、アメリカ人動物学者モースが発掘したことから縄文時代・縄文文化研究が始まったことでよく知られています。また、貝塚は当時のゴミ捨て場であり、貝だけでなく、動物の骨や石器の破片といった生活用具も捨てられて埋まっています。ただし、貝塚を単なるゴミ捨て場とは考えず、当時の食べ物や生活具の豊富さから何らかの信仰の対象となる場と考えた研究者もいます。もちろん、貝塚ですから食べた貝が残されています。全国的にもっとも多く食べられていたのは蛤らしく、これ以外にはバイガイ・牡蠣・赤貝などがあります。食べ方はゆでて食べることが多かったようです。ちなみに貝塚は縄文時代特有のものではなく、鎌倉時代のものまで存在します。

　この時代の主食はドングリ・栃の実・クルミなどの堅果類です。他に東日本ではサケ・マスを食べていたようです。木の実はあくを抜き、すりつぶしてクッキーのように焼いて食べたりもしました。場合によれば、動物の肉もこのクッキーに入れて焼いたようです。

三内丸山遺跡　復元された大型掘立柱建物(左)と大型竪穴住居(右)

先に挙げた三内丸山遺跡では、発掘調査の結果、栗林が作られ、栗の実は食料として、木は建築・土木用材に、枝は燃料に用いられていたことがわかっています。

　遠隔地との交易は石器製作の必要から生じました。黒曜石(こくようせき)は半径200kmの範囲で分布し、長野県和田峠が著名な産地です。ひすい(硬玉)は半透明の緑色の石で勾玉(まがたま)(首飾りとして使用し、翡翠(ひすい)や瑪瑙(めのう)などが多い)の材料となり、富山・新潟県境の姫川が産地として知られています。交易の範囲は黒曜石より広く半径400kmの範囲だと考えられています。

　狩猟は主として弓矢によって行われていました。おもに鹿・猪(いのしし)をとったと考えられています。漁労も発達し、福井県の鳥浜(とりはま)遺跡からは丸木舟(まるきぶね)が出土しています。舟を利用して骨角器(こっかくき)の釣針、銛(もり)で魚をとりました。別の面から考えれば、丸木舟を作ることができるということは、それだけ優れた磨製石器を作れる技術を持っていたということです。また、石錘(せきすい)の発掘から網の使用も証明されています。

　従来、日本では新石器時代に入っていながら農耕がない特殊な社会だと考えられてきました。しかし、近年の考古学研究の進歩により、前期以降には豆類・エゴマなどの栽培がはじまっていたと考えられ、縄文晩期には水稲耕作(すいとうこうさく)が開始されていたとも考えられています。福岡県板付(いたづけ)遺跡から水田跡が発掘され、佐賀県菜畑(なばたけ)遺跡からも水田跡が発掘されています。さらに、大阪府の牟礼(むれ)遺跡からも水田跡が見つかっています。イネ科の植物は、珪酸(けいさん)を多量に含んでおり、稲が枯れて土の中で腐ってしまっても、珪酸が細胞の形をとどめた植物珪酸体(プラント・オパール)として残ります。縄文時代の地層を調べて、珪酸が大量に発見されると水稲耕作をしていた可能性が高いという結果になるのです。このプラント・オパールの測

定により、より精密な研究が進んでいます。

　縄文時代の社会は、死者の共同埋葬や副葬品がないことなどから、貧富・階級のない社会だと考えられています。埋葬方法は一般的には屈葬です。これは死者の復活を防ぐために霊魂が抜け出さないような姿勢にしたのではないかと考えられています。また、成人儀礼の1つと考えられているものが抜歯であり、犬歯や門歯を抜くものです。これ以外に歯を叉状に擦り切る叉状研歯も見られます。さらにアニミズム（精霊信仰）に基づく習俗としては、女性をかたどった土偶や石棒・土版などがあります。土偶は一般的に女性の姿をかたどったもので、なかには「縄文時代のビーナス」と称される美しい姿の土偶もあります。女性が子どもを産む、その生命力ある姿を示しているのでしょう。

❻ 弥生文化の広がりと道具

　中国では紀元前3世紀（BC 3）頃、秦が国家を統一します。この頃すでに中国では青銅器時代を経て鉄器時代に入っていました。日本も同じ頃に稲作・金属器・弥生土器を中心とした弥生文化が北九州に始まっていきます。

　弥生文化は、従来の縄文文化とは異なり、薩南諸島から東北地方までしか広がりませんでした。沖縄などの南西諸島では貝類などを食料とする南島文化（貝塚文化）が形成されました。北海道も同じく鱒・鮭などを食料とする続縄文文化が7世紀まで続き、8世紀に擦文文化へと移行します。ただし、続縄文文化は、縄文文化とは異なり、金属器を伴う文化です。この時代には本州を中心とする弥生文化と沖縄を中心とする貝塚文化、北海道を中心とする続縄文文化が存在していたのです。

弥生時代の道具について述べておきましょう。銅と錫の合金である青銅器は、日本では祭祀に用いられました。つまり、通常実用具として使われるものが、祭祀用に限定されてしまったのです。その分布範囲も銅剣・銅戈は北九州、平形銅剣は瀬戸内海沿岸、銅鐸は畿内を中心とした地域に限られています。しかし、この分布範囲は一般的にいえることで、1984年島根県荒神谷遺跡からは、358本の平形銅剣とともに銅鉾16本・銅鐸6個が、福岡県岡本遺跡からは、1979年、銅鐸の鋳型が出土しています。銅鐸は朝鮮半島の鈴に起源を持つものと考えられています。といっても銅鐸は鳴らない楽器です。より詳しく述べると銅鐸は、初期には流水紋、後期には袈裟襷文という文様があります。銅鐸に絵が描かれている場合もあります。また、島根県の加茂岩倉遺跡からは、1996年、銅鐸が大量に発掘されていますし、佐賀県安永田遺跡からは銅鐸の鋳型が発掘されています。

　一方、鉄器はおもに利器・工具・実用具として使用されました。原料は、南朝鮮から輸入された板状・棒状の地金が加工されたものと考えられています。この鉄器が使用されたことで、しだいに石器が駆逐されたと考えられています。先述したように、日本の土壌は酸性が強く、鉄器も酸化し地中から出土する例が少ないのですが、同じ弥生時代の地層から石器の出土が減少したことが確認され、鉄器が石器を駆逐したと考えられました。この他には石包丁が稲の穂摘み用に使用されました。

　土器は、縄文土器に比べると、様々な用途に応じた土器が作られるようになっていきました。甕＝煮沸用、壺＝貯蔵用、高坏＝盛りつけ用、甑＝蒸し器という種類があります。

　土器の使用方法、特に米の食べ方についても、従来の考え方が否

定されています。これまで、米は甑で蒸して食べると考えられてきました。しかし、発掘調査の進展により、甕の出土に比べ、甑の出土例が極端に少ないことがわかりました。しかも甕は煮沸用の土器で、米が付着したものまで出土しました。こうして米は、現在と同様、炊いて食べられていて、甑で蒸すのは儀式用の食事として特別の場合に食べる「強飯(こわめし)」に限られる、と考えられるようになっています。

❼ 水稲耕作の広まり

　稲作伝来のルートにはいくつかの説があり、確定していません。米の起源はアッサム（インド）・雲南（中国）から中国南部にかけてと考えられています。いくつかある伝来ルートを考える上では、米の種類がヒントになります。つまり、米にはインディカ種（長粒種）とジャポニカ種（短粒種）があり、日本ではジャポニカ種しか発見されていません。ただし、ジャポニカ（日本型）には、熱帯日本型と温帯日本型の2つの品種があり、温帯日本型は長江下流域から朝鮮半島南部を経て北九州に伝わり、熱帯日本型は江南から西南諸島を経て南九州に伝来したと考えられています。後者、つまり、西南諸島を経るルートは、かつて柳田国男が説いた「海上の道」で、一度は考古学資料が出なかったため、否定的にとらえられました。しかし、研究の進歩の結果、海上の道ルートは、再び注目されることになりました。稲作は、中国大陸や南の島々から海を渡って日本に渡来したもので、おもなルートは東シナ海を横切るルートであったと考えられているようです（佐々木高明『日本史誕生』、集英社）。

　稲作は、弥生前期に北九州にはじまり、約1世紀で西日本に広が

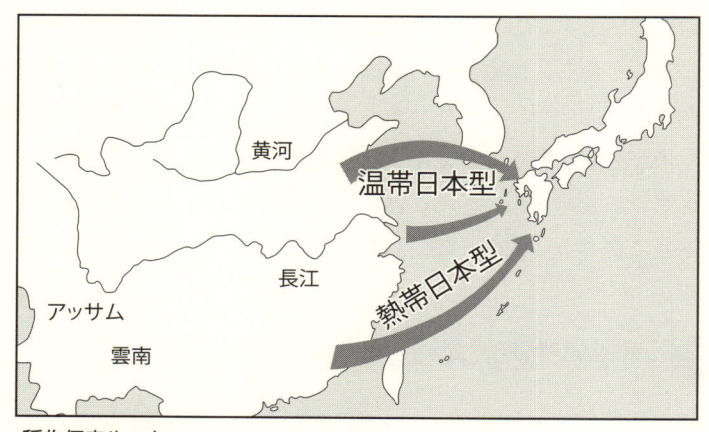

稲作伝来ルート

り、中期には東日本、晩期には東北にまで及んだと考えられていました。しかし、近年の研究により、北九州に伝えられた稲作は、日本海沿岸を北上し、弥生前期には青森県の砂沢遺跡、中期には同県の垂柳遺跡の水田跡に見られるような地域にまで伝播したとされています。というのも、青森県の砂沢・垂柳遺跡の発掘により、早生の稲を持つ集団が海路を使って移住したと想像されているからです。また、初期の栽培稲は水稲とも陸稲ともいえないもので、おそらく陸稲に近い種類だったと考えられています。

　水稲耕作の技術については、前期には低湿地を利用した湿田でも田植えがはじまっていたと考えられています。これまで米は直播きで栽培されたと考えられてきたようですが、近年ではこの説は否定されはじめています。岡山県の百間川遺跡からは田植えをした痕跡が確認されています。そもそも、直播きの方が、苗代を作り田植えをするよりも技術的に遅れたものと考えられていたので、直播き説が有力だったのです。稲作は常に雑草を駆除しつつ米を栽培する

必要があります。直播きの場合、よほどうまく除草しなければ稲は育ちませんから、除草した田に苗を植えた方が栽培しやすいのです。こうしたことから、直播き説は否定されはじめています。中期から後期には水はけのよい沖積平野に水田が開け、鉄製農具などが使用されました。水田も灌漑排水のある乾田が作られます。

❽ 弥生時代の生活

　原始・古代の人間集団について検討するための事柄は、集落跡と墓制です。この時代の住居は縄文時代とは異なり、低地に作られるようになりました。また、紡錘車・織機などを利用して織物が作られました。社会の変化でもっとも大きなことは、小国が形成されたことです。このことは高地性集落・環濠集落などの存在によって理解できます。高地性集落は、瀬戸内海から畿内にかけて標高200～300mの高地に作られた集落で、倭国大乱の際の見張場・避難所として使用されていたと考えられています。環濠集落は、九州から関東まで分布があり、数戸が集まり濠で囲まれているもので、1989年発掘された環濠集落、佐賀県の吉野ヶ里遺跡が知られています。環濠集落とは、住居を囲んで濠がめぐらされているもので、敵の侵入を防ぐ防衛的な意味がありました。なお、一般にこの時代の集落は、竪穴住居群がそれぞれ小グループで集落内にまとまって建てられている場合と、集落外に散在する場合とがあります。

　弥生前期には、集団墓地が形成されていました。また、北九州を中心に甕棺墓・箱式石棺墓・支石墓が作られています。さらに、周囲を1～2mの溝で囲み、盛り土をし、中央に墓穴がある方形周溝墓も作られました。埋葬方法も伸展葬に変わっていきました。すでに弥生前期から青銅器を副葬する墓とそうでない墓とがありまし

た。また、墳丘墓などは集落ないしそれに近接した場所に作られるようになりました。

葬制の違いから、弥生時代の社会は、一部の権力者と大多数の庶民（民衆）に大別される階級社会に入っていったことが理解できます。また、倭国大乱があったことから、弥生時代から戦争（内戦・対外戦を問わず）が行われる時代に入ったといえます。

住居は、竪穴住居ですが、集落が形成される場所に変化があらわれます。縄文時代が台地上であったのに対し、沖積平野に集落が作られるようになりました。さらに、石製の紡錘車によって糸を紡ぎ、木製の織機で織物も作られたようです。

❾ 小国の分立

まず、「小国」とは何か、ということから述べましょう。小国とは、ムラの範囲を超えた、首長を中心とする地域的な政治集団のことです。小国の形成・分立については、中国史書によって知ることができます。弥生中期に『漢書地理志』に記された百余国がそれです。

なお、「志」とは、天文・地理・経済・礼楽などの事項を記述したものを指しています。『漢書』は、後漢の班固が撰したものです。当時倭は定期的に漢の植民地楽浪郡に朝貢していました。つまり、中国王朝への遣使は、紀元前1世紀（BC1）から開始されていたことを示しています。楽浪郡は、現在の平壌付近の場所で、楽浪以外には、臨屯・真番・玄菟がありました。

次に『後漢書東夷伝』の記載です。この書物は宋の范曄が記したもので、倭についての記述が3つあります。あらかじめ述べておきますが、ここでは、「倭」とは一応日本を指す語と考えておきます

が、倭が本当に当時の日本を指すか疑問視する声もあります。つまり、倭とは当時の中国王朝から見て野蛮な国ないし地域に住む人々を指しているのです。ですから、日本以外のことを指す場合があったかも知れません。

その倭についての記述から、以下のことがわかっています。①建武中元2（AD57）年、倭の奴国（現在の福岡市付近とされる）が使者を送り、中国の光武帝から印綬（金印＋紫綬、紫綬とは組み紐のこと）を受けたこと。この印綬の鈕（つまみ）には、蛇が彫られており、凹文です。鈕の形は蛇以外にラクダや亀などがありました。その違いは、中国から見て、どの方角に国があったかによります。倭国は中国の南にあると考えられたので蛇の鈕がついたものが与えられ、北方の国ならラクダが、中国国内の王なら亀がついたものが与えられたのです。この金印は、1784年福岡県志賀島で百姓甚兵衛が発見し、黒田藩が所蔵したもので、「漢委奴国王」と刻まれています。この金印では倭は「委」と記されています。次に、②永初元（AD107）年、倭国王帥升が生口（奴隷と考えられる）160人を献上したこと。さらに、③桓霊の間（147～189年の間）、つまり2世紀後半に倭国大乱がおきていたことがわかります。

❿ 邪馬台国

謎の国「邪馬台国」について。邪馬台国については、史料が限定されており、邪馬台国があったという場所が畿内なのか九州なのかという論争がいまも続いています。

邪馬台国について記した史料は、『魏志』であり、そこでは、「邪馬壱国」と記されています。『後漢書』や『隋書』では、「邪馬台国」と記されています。ところで、問題の『魏志』は三国志の1つ

『魏書東夷伝倭人条』といい、通称を『魏志倭人伝』とよび、晋の陳寿が撰したものです。

　邪馬台国があったと考えられる場所については、上で述べたように、畿内説と九州説とがありますが、現在でも確定していません。なぜ位置が問題になるかといえば、大和政権の成立がいつかということに関係するからです。つまり、畿内説をとると、3世紀には大和政権ができていたことになります。

　ともかく、『魏志倭人伝』を参考にして、九州説をとると、邪馬台国は北九州を基盤とする30余国の連合国家と考えられ、3世紀には大和政権はできていないことになります。これが後の歴史に影響を及ぼすとされる理由です。邪馬台国の位置は、大和政権成立に関する時期の問題なのです。ところが、位置問題だけが一人歩きし、関西圏には畿内説を、関東・九州圏には九州説をとる人が多いということもあって、話をよりややこしくしてしまっているのです。

　そもそも『魏志倭人伝』に記された邪馬台国の位置・方向などをそのまま信じると、邪馬台国の場所は九州の南の海の上にあったことになります。そこで、方向を読み替える、または方向はそのままに距離などを読み替えることなどが行われています。

　さて、『魏志倭人伝』の内容について。従来100余国に分立していたクニが30余国にまとめられたことがわかります。女王卑弥呼は、弟の協力を得て祭政一致の呪術的政治を行いました。景初3（239）年に大夫（大臣のこと）の難升米を魏に送り、卑弥呼は「親魏倭王」の称号と金印などを与えられました。まさに魏と親しい倭の王ということになります。

　邪馬台国内では徴税が行われ、政治組織として一大率（地方検察官）が伊都国（現在の福岡県糸島市と考えられる）に置かれ、大倭

という市の監督がいたことがわかっています。また、邪馬台国の階級構成は、王→大人（たいじん）→下戸（げこ）→生口（せいこう）となっていました。卑弥呼の死後、男王が後を継ぎましたが、国内は内乱状態に陥ります。そして、宗女（そうじょ）（一族の娘）である壱与（いよ）が王となって、内乱がおさまりました。また、壱与は、266年、洛陽に使者を送ったことが『晋書（しんしょ）』に記されています。

　邪馬台国の史料として知られている『魏志倭人伝』について、少しだけ補足しておきます。この史料には、当時の倭人の生活に関する情報も記されています。例えば、男は「皆黥面文身（げいめんぶんしん）す」とあり、入墨（いれずみ）（刺青）をしていたことがわかります。あるいは、稲・麻を植え、蚕を飼って生糸を紡いでいます。邪馬台国には牛・馬・虎・豹（ひょう）・羊・鵲（かささぎ）はいなかったようです。食事の際には「籩豆（へんとう）」を用いて「手食」したと記されています。つまり、高坏（たかつき）を使って手で食べたということです。こちらの情報の方が当時の生活を知る上で重要なことかもしれません。

邪馬台国が推定される地域

第2節　大和政権の時代

1　大和政権の成立

　3世紀後半から4世紀の倭についての記載が中国史書にはないこともあり、大和政権がいつどのような形で成立したのかについては具体的にわかっていません。3世紀の中国は、魏・蜀・呉の3国が対立し、一時、晋が統一したものの、4世紀には五胡十六国時代とよばれる5つの北方民族が16の国を相次いで建国する状況だったため、倭に対する関心が薄れたのだと思われます。

　本書では、奈良や大阪を中心に何らかの権力機構が生まれていたと考えますので「大和政権」と表現しておきますが、国家としては未熟で政権や朝廷などとよべるほどの実体はなかったと考える研究者は「大和王権」（大和地域の王の権力）と記す場合もあります。本書では、ごく一般的な表現で、大王中心の畿内政治勢力の連合体と考え、「大和政権」を使用します。

　ところで、少なくとも4世紀中頃には大和政権が成立したとされます。4世紀とは、考古学では古墳時代前期の頃で、畿内には古墳が造られはじめました。政権がこの時期に成立したであろうことを証明するものとしては、①古墳が造られるようになったこと。これに関連して同じ鋳型で作った同笵鏡が分布していること。つまり、同笵鏡の分布によって、政権と地方豪族との同盟関係が成立していたと考えられます。また、②この時期に日本の朝鮮進出が大規模に展開されていること。朝鮮の史料によると、倭は366年に百済と交渉し、399年には大軍を朝鮮に送りました。この出兵につ

いては、奈良県石上神宮に所蔵されている七支刀に泰和4（369）年と記載されていることなどから確認されています。ところで、倭が百済の連合を媒介に朝鮮への軍事的介入を進めた理由は、以下のように考えられています。すなわち、①武器・生産用具・威信財（権威を示すもの）といった王の必需品が国内のみでは生産できなかったこと。②より新しい技術と素材が必要だったこと。③朝鮮内部の動向、つまり高句麗の南進で新羅がその支配下に入り、百済はこれと対立し倭と連合したこと、でした。

2 東アジアとの関係

　大和政権成立の頃、朝鮮では小国が成立しはじめ、馬韓50余国、辰韓12国、弁韓12国がありました。魏の支配に反発したこれらの小国は鎮圧されましたが、その後中国王朝の衰退によって馬韓からは百済、辰韓からは新羅ができます。しかし、弁韓からは統一国家が誕生しませんでした。倭の朝鮮進出は、この頃のことで、百済と同盟関係を結んだ大和政権は、4世紀後半、新羅に進入し、伽耶（加羅）地方を支配下に置いたとされています。この出兵の理由は、鉄資源の獲得と先進技術の導入です。

　一方、朝鮮半島北部に勢力を持っていた高句麗は、391年（辛卯の年）、大和政権と戦いました。このことは、中国吉林省集安県通溝、かつての高句麗の都があったとされる丸都にある好太王（広開土王）碑に刻まれた1759字から知ることができます。好太王碑は、高さ約6.34mの巨大な石碑で、高句麗の建国伝説に次いで、好太王が国土を拡張した功績が刻まれていると考えられていますが、その内容を疑問視する研究者もいるようです。

　その理由は、以下の3点です。①碑文の内容が、「日本が391年

に朝鮮を攻め、百済・新羅を従属させた」というなら、本来、好太王の武功を称えるはずが、逆に倭（日本）を称える文章となってしまい、不自然なものとなっていること。②「以辛卯来渡海」（「辛卯の年を以て来たり、海を渡り」）という文章中の「来」・「海を渡り」と動詞が重なって主語が不明確になっていること。③1884年、陸軍参謀本部の酒匂景信が、この碑の拓本を持ち帰り、参謀本部で日本の都合のよいように解読し、日本の朝鮮支配の論拠としたのではと疑われる、などです。

　その後、大和政権は5世紀に入ると中国南朝に働きかけます。当時中国は、南北朝時代とよばれる頃でした。倭は江南の建業（南京）に都があった南朝に使者を送っています。それは、413年から502年までの間で、13回朝貢しました。このことは『宋書倭国伝』の記録によって知られています。なぜこれだけの長期間、倭が南朝に働きかけたのかというと、①大和政権は朝鮮半島への進出を安定化させたかったこと、②中国南朝は大和政権の進出を認めたくなかったこと、が原因だと考えられます。『宋書』は梁の沈約が完成した書物で、讃・珍・済・興・武の倭の五王のことが記されています。5人の王のうちはっきりと確認できるのは武（雄略）だけで、興は安康、済は允恭だと考えられています。

　珍の時代になって「使持節都督・倭・百済・新羅・任那・秦漢・慕漢・六国諸軍事・安東大将軍・倭国王」と名乗る称号の承認を宋の文帝に求めます。しかし、文帝は「安東大将軍・倭国王」の称号を認めただけでした。済になって「使持節都督・倭・新羅・任那・加羅・秦漢・慕漢・六国諸軍事・安東大将軍・倭王」の称号を得ることができました。興が「安東将軍・倭王」の称号を得た後、武は「使持節都督倭・新羅・任那・加羅・秦韓・慕韓・六国諸軍事・安

東大将軍・倭王」の称号を、宋の順帝によって認められました。この称号のうち、武の称号から百済が抜けているのは、この時すでに百済は宋に朝貢し、別に称号を受けていたからです。こうして宋から称号を得ることで、ようやく朝鮮へ進出しやすくなりました。
　さらに、武については大王の号がある金石文が存在します。埼玉県稲荷山古墳出土の鉄剣には辛亥年（471年）（と考えられていますが、531年という説もあります）の年号が刻まれた文があり、「獲加多支鹵大王」とあります。また、熊本県の江田船山古墳出土の太刀にも、「獲加多支鹵大王」に東西の豪族が仕えていたことが刻まれています。
　私たちは通例として、○○天皇という表現をしていますが、この時は、王の中の最大の権力者（大王）であり、天皇とはよばれていなかったことに注意しましょう。なお、鉄剣と太刀とは似ているようで異なります。考古学では両者の違いを、両刃のものを剣、片刃のものを刀として区別しています。
　少し難しくなりますが、倭と中国・朝鮮との関係についてまとめると、倭は中国南宋から冊封（中国皇帝の臣下となること）を受けることで、国際秩序に組み込まれることになりましたが、中国を中心とする国際動向に関心があったわけではなく、3、4世紀以来の鉄資源の獲得と先進技術の確保が関心の中心でした。また、南宋から冊封を受けることで、朝鮮半島への軍事介入を正当化し、かつ日本列島内の毛人（蝦夷のこととする説もある）・衆夷（熊襲のこととする説もある）を征服しようという意図があったと考えられます。
　なお、中国から冊封を受けた王は、①毎年中国皇帝に使節を派遣し、貢物を献上すること（場合によって3年に1回でもよい）、②

皇帝からの命令があれば、征討に出兵する義務を負うこと、③隣国が中国に朝貢のための使節を送った際には妨害しないこと、という義務を負います。逆にこれらの義務を負っていれば、他国からの攻撃の際、中国皇帝に救援を求めることができました。この関係を結んでいる証拠として、皇帝から印綬が与えられたのです。

３ 氏姓制度

　大和政権の政治組織を氏姓制度といいます。氏は多くの家からなる同族集団（本家＋分家、血縁＋非血縁）で、有力な家長を氏上といいます。氏のリーダーとして氏全体を統率し、一族の神である氏神の祭りを司り、氏を代表して大和政権に参加します。氏上以下のメンバーを氏人といいます。

　大和政権は、氏を政権に参加させ、それぞれの職務を世襲的に分担させています。この場合、身分は大王から与えられる姓により決められています。姓には、臣・連・君・直・造・首・史・村主などがあります。臣は大和政権に仕える中央・地方の有力豪族、連は特定の職務で政権に仕える豪族、君は地方の有力豪族です。臣・連グループのうち大臣・大連が国政の中心を担います。大臣には平群・蘇我らがおり、政権の中枢を担いました。大連は大伴・物部らがおり、特定の職務を持って政権に仕えました。

　大和政権の経済基盤は屯倉であり、田部という耕作者がいました。豪族も田荘という田を所有していました。

４ 部民制

　大和政権の社会組織を部民制といいます。まず部とは皇室・豪族に仕えた集団のことです。この部に属する人々を部民といいます。

中央で祭祀・軍事・手工業などの政権の職務を分担する有力集団は伴造（とものみやつこ）とよばれ、品部（しなべ(ともべ)）という部に貢納や労役を負担させました。品部は、元は伴（とも）とよばれていたらしいのですが、政権の確立過程で品部（しなべ(ともべ)）に再編成されたものです。また、これとは別に名代（なしろ）・子代（こしろ）という直属民がいます。名代は、大王や皇子などの名をつけたものです。一方、子代は皇子の養育のために設置されました。名代の代表例としては、穴穂尊（あなほのみこと）＝安康大王（あんこう）（天皇）に仕えた孔王部（あなほべ）や安閑大王（あんかん）（天皇）の皇后春日山田皇女（かすがやまだ）に仕えた春日部（かすかべ）がいます。子代の例としては、皇子の養育費を負担する壬生部（みぶべ）などがありました。

品部は、伴造に率いられた職業名を持つ部民で、錦織部（にしごりべ）・陶(作)部（すえつくりべ）・韓鍛冶部（からかぬちべ）などの手工業以外に、軍事と関係が深い久米部（くめべ）・舎人部（とねりべ）などがあります。さらに、豪族に従う部民を部曲（かきべ）といいます。彼らは豪族名を部の頭につけています。例えば蘇我氏の部曲は蘇我部といいます。部曲には部民と奴隷民としての奴婢（ぬひ）がいました。

5 渡来人

独自の文字を持たなかった日本人は、渡来人の協力で記録などを行いました。6世紀中頃、渡来人の王辰爾（おうしんに）が高句麗の国書を理解したといわれます。また、この頃、史（ふひと）とよばれる渡来人の集団が形成されていきました。彼らは大和・河内に居住し、東漢氏（やまとのあやうじ）・西文氏（かわちのふみうじ）という氏を作り、文書の読解・記録にあたっていました。東漢氏の祖先は、阿知使主（あちのおみ）といわれ、西文氏の祖先は王仁（わに）だといわれています。また、養蚕（ようさん）・織物などの技術を伝えた秦氏（はたうじ）は山背（やましろ）の太秦（うずまさ）に居住し、祖先は弓月君（ゆづきのきみ）だとされています。これら渡来人のうち東漢氏は、私有民の漢部（あやべ）を従え、今来漢人（いまきのあやひと）という各種の渡来人たちを支配しました。

漢字とは別に学問も伝来しました。『日本書紀』によると、513年に百済が段楊爾ら五経博士を送ってきたといいます。五経博士とは儒学の教師のことで、易経・書経・詩経・春秋・礼記を教えました。彼らは段楊爾以外に交替で数回送られてきたようです。また儒教の古典を講義するだけでなく、政治顧問としての仕事もしたと考えられています。他に、554年には易・医・暦博士が来日しています。

6 仏教公伝・史書の作成

仏教が公式に伝えられたという年は2つあります。『上宮聖徳法王帝説』『元興寺縁起』に基づく538年と（戊午説）、『日本書紀』に基づく552年（壬申説）です。百済の聖明王が欽明大王（天皇）の時に仏教が公伝（公式に伝えられた）したという点では同じですが、年代に相違があり、通常は誤りが多い『日本書紀』の年代を採用せず、一般的には538年説をとります。仏教公伝では百済の聖明王が欽明大王（天皇）に仏像などを送ってきたとあります。その際、受容派の蘇我氏と非受容派の物部氏・中臣氏が対立しました。蘇我氏はすでに仏教がどういうものかを渡来系の氏族を通じて知っていたようです。しかし物部氏らは仏教を「蕃神」（＝外国の得体の知れない神）として否定しました。この公伝とは別に、平安末期に成立した皇円の著作『扶桑略記』には、鞍作鳥の祖父、司馬達等が、552年に仏教を伝えたと記されています。さらに、朝鮮出兵の際、各豪族は無事生還を祈るため、すでに仏教信仰をしていたとされています。

また、この頃、『帝記』『旧辞』が作成されました。『帝記』は皇室の系譜・皇居・山陵などについて記されたもので、『旧辞』は朝

第2節　大和政権の時代

❼ 古墳文化

大仙陵古墳　全長486m、高さ35mの日本最大の前方後円墳　出典「国土画像情報（カラー空中写真）国土交通省」

　以上見てきた大和政権の時代は、古墳時代に相当します。弥生時代の墳丘墓と古墳との相違としては、①墳丘規模、②地域的特色がなくなる、③副葬品が特定のものとの組み合わせとなる、という３点が挙げられます。そもそも古墳とは、日本各地の王の連合のシンボルです。別のいい方をすれば、高塚式古墳（墳墓）を指し、階級の高い者の権力を示す表現物です。

　古墳時代は、ふつう、前・中・後期の３期に分かれます。前期、それも出現期の古墳は、東日本では前方後方墳が多く、西日本では前方後円墳が多いという地域的な分布があります。前期古墳はさらに、畿内から瀬戸内海に分布し、司祭者的性格を持つ鏡・玉・剣などの副葬品が添えられました。中期古墳は、巨大な前方後円墳が造られるという特徴があります。副葬品は武器・馬具など軍事的性格を持つものが多いようです。前方後円墳の大きさについて触れておくと、例えば、大仙陵（大山）古墳は、墳丘の長さ486ｍ、三重の周濠があり、墓域100haもあります。この巨大な古墳を造るには１日2000人が動員されたとして、延べ680万人の人員と15年

第1章　原始・古代
第2章　中世
第3章　近世
第4章　近代
第5章　現代

045

8カ月の期間がかかったと計算されています。また、副葬品の武器の中で、屈伸性のある甲(かぶと)の挂甲(けいこう)がよく知られています。また、前期と中期の副葬品の違いから、研究者によっては支配者が農耕民族から騎馬民族に変化したと考える人もあり、江上波夫氏のように「騎馬民族王朝説(きばみんぞくおうちょうせつ)」という論を展開する研究者もいます。しかし実際にはよくわかっておらず、否定的なとらえ方が一般的なようです。

　また、前方後円墳は、単なる葬儀の場であるばかりでなく、当時意識されていたか否かにかかわらず、首長権の継承の場としての意味を持っています。さらに、前方後円墳が東北地方南部以西にまで広がったということは、畿内を中心とする首長との間に政治的連合ないし従属がなされたと考えられます。

　後期古墳は、従来の竪穴石室から横穴石室へと変化します。玄室(げんしつ)と羨道(せんどう)によって結ばれたもので、古墳自体も追葬可能な家族墳的性格を持ち、1カ所に古墳が集中する群集墳(ぐんしゅうふん)が多くなります。また、埋葬される者も大王ではなく、有力農民が多くなっていきます。その理由として、鉄製農具の普及によって有力農民が台頭してきたことが挙げられます。そのため、副葬品も日常用具（須恵器(すえき)）などが多くなります。

　最後に古墳がしだいに造営されなくなった理由を考えておきましょう。まず、大和政権の政治制度の整備や646年に出された「大化の薄葬令(はくそうれい)」を挙げることができます。また、仏教の伝来により火葬が広がったこともあるでしょう。ただし、白鳳期に造営されたという高松塚古墳のような例もあり、古墳がまったく造られなくなったというわけではありません。

　もう1つ付け加えると、古墳、特に中期の前方後円墳の場合によく〇〇天皇陵などといわれます。先に挙げた大仙陵古墳は、仁徳天(にんとくてん)

皇陵ともいわれていて、そちらのいい方の方がポピュラーかもしれませんが、実際はそこに埋葬された人物が誰かは明確でないことの方が多いのです。○○天皇の墓のようにとらえられることの多い古墳ですが、実際はそうでない場合もあり、厳密性を欠くので○○古墳といういい方をします。また、天皇陵だと考えられた古墳は、通常発掘することが認められません。天皇家・皇室の財産ですから、よほど特別な、例外的な場合を除いて発掘調査ができないので、なおさら謎に包まれた状態になっているのです。

❽ 古墳時代の生活

　農業生産力の上昇により、この時代の生活はしだいに向上していったと考えられます。しかし、古墳時代に入っても農民の住居は竪穴住居や平地住居だったようです。平地住居は、掘立柱の建物で、内部にかまどが作られていました。豪族たちは居館とよばれる高床あるいは平地式の住居に住むようになっていきます。また、古墳時代の後期になると、竪穴住居の壁際にかまどが作られるようになりました。道具は、弥生時代と大差はないのですが、U字型の鉄製刃先をつけた農具を使用し、大規模な灌漑などが行われるようになりました。また、衣服の材料は麻・楮などの植物繊維でした。

　庶民の大半はおそらく竪穴住居に住んでいたと思われます。ただし、5世紀には窯がある竪穴住居になっており、土器にも変化が見られます。土師器は、弥生土器の系譜を引く土器で、日常生活に用いられました。須恵器は、大陸の技術を受容して作られたものです。これはロクロを使用し、窯を使って焼いたもので、祭祀などの特別な時に使用されました。

　衣服にも変化が見られます。それは、埴輪や古墳の副葬品から判

断できるもので、北方系の胡服(こふく)が入ってきたことが知られています。男女とも、上半身は衣をつけ、男性はズボンのような褌(はかま)を、女性はスカートに似た裳(も)をはくようになりました。

　この当時の人々は民族宗教を生み出しています。農耕儀礼としての祈年祭(きねんさい)や新嘗祭(にいなめのまつり)、各地に自然崇拝を中心とする祭祀場が設けられました。例えば福岡県沖ノ島はその代表で「海の正倉院」とよばれています。その後、祭祀場はしだいに固定し、社(やしろ)＝神社ができます。伊勢神宮は天照大神(あまてらすおおみかみ)をまつる内宮(ないぐう)と豊受大神(とようけのおおみかみ)をまつる外宮からなり、神明造(しんめいづくり)という建築様式で作られました。出雲大社(いずもたいしゃ)は、大国主神(おおくにぬしのかみ)をまつる神社で大社造(たいしゃづくり)という建築様式で作られています。また、奈良県の大神神社(おおみわ)は、本殿がなく、拝殿があるだけで、三輪山(みわやま)が神体です。さらに、呪術的風習があります。禊(みそぎ)や祓(はらえ)や鹿の骨を焼いて吉凶を占う太占(ふとまに)、熱湯の中に手を入れさせ、手がただれるかどうかで真偽を判断する盟神探湯(くかたち)などがあります。

　弥生時代と古墳時代の生活を比較すると以下のようなことが挙げられます。①農具は、古墳時代になり鉄器の普及が著しいこと。石包丁に代わって鉄鎌・鉄製農具が改良され、Ｕ字型の鍬(くわ)・鋤(すき)が一般的になったこと。②カマドが中央から竪穴住居の壁面に作りつけられ、住居の中央は作業場・談話の場になったこと。③首長の居館が集落内から分離したこと。つまり、首長の居館は、独自の場所（空間）に作られ、庶民の住居を威圧するものになったと考えられます。

❾ 大和政権の動揺

　6世紀に入り、大和政権は危機に瀕しました。危機の第1は、朝鮮半島経営の行き詰まりです。北部の高句麗が南進をはじめ、新

羅・百済を圧迫し、日本もその影響を受けることになったのです。百済は都を漢城から熊津に移すことになりました。また百済は、512年に継体大王（天皇）へ使者を送り、百済周辺の4県の割譲を要請してきました。継体朝の実力者であった大伴金村は、この要求を受け入れ4県を百済に割譲したのですが、後にこの時、百済から賄賂を受け取ったとされ、540年に物部尾輿に批判され同年失脚します。

　一方、新羅はしだいに半島で勢力を増強し、半島内の日本の根拠地を脅かすようになりました。これに対し、日本は近江臣毛野を中心とする軍を派遣しようとしましたが、527年、新羅と結んだ筑紫国造磐井の反乱に阻まれました。磐井は、北九州の豪族として勢力を保ち、大和政権に対して反逆の機会をうかがっていました。北九州における磐井の動向をつかんでいた新羅は、秘かに賄賂をおくり、関係を持っていたのです。ついに、磐井は火国・豊国と結び1年間にわたる反乱をおこします。政権は、物部麁鹿火を送り、ようやく乱の鎮圧に成功します。なお、磐井の墓は現在の福岡県八女市にある岩戸山古墳だと考えられています。この古墳は、全長132mで、北九州最大の前方後円墳です。戦いに敗れてもこれほど大きな古墳を造ることができたということは、磐井が大和政権と互角に戦うだけの軍事力を持つ豪族だったことを示しています。その後も新羅の力は弱まることなく、ついに562年、日本は朝鮮半島経営の拠点である加羅（伽耶）を失うことになりました。

　第2の危機は、政権内部の問題です。大王の継承をめぐり豪族同士の対立が激化しました。506年、武烈大王（天皇）が死去し、大王の継承者がいなくなります。武烈天皇は悪行の限りを尽くした大王（天皇）として知られていますが、果たしてそれが事実か否か

はわかりません。おそらく、皇統の廃絶をそういう形で表現したのではないか、とされています。結局、大王の継承者が絶えます。そこで大伴金村が北陸から大王家の遠縁に当たる継体大王（天皇）を迎えたことで、金村の勢力が増大しました。しかし、金村は、先の４県割譲問題で失脚してしまいました。継体大王の死後、『日本書紀』には、安閑→宣化→欽明と皇位が継承されたように記されているのですが、その内容には矛盾が多く、安閑・宣化朝と欽明朝が両立していたと考えられています。

　両政権の対立を経て欽明大王（天皇）が朝廷を統一すると、欽明を擁立した蘇我氏が台頭してきました。蘇我氏は三蔵（大和政権の蔵で、斎蔵・内蔵・大蔵のこと）を管理する豪族で、大臣の地位にありました。蘇我稲目は、２人の娘を欽明大王に嫁がせて勢力を誇っていました。一方、蘇我氏とともに勢力を誇っていた物部氏は、仏教公伝の際の論争で対立を深めました。欽明大王の死後、皇位は敏達→用明へと継承されます。用明大王の時期に蘇我・物部の対立が激化します。用明大王の後継者には敏達天皇の子、押坂彦人大兄皇子が決まりましたが、これを不満とした欽明大王の子、穴穂部皇子が物部守屋と結び反対しました。そこで、稲目の後を継ぎ大臣となった蘇我馬子は、穴穂部皇子を殺させ、物部守屋を打倒します。587年、用明大王が亡くなり、欽明大王の子、泊瀬部皇子が崇峻大王として即位しました。しかし、崇峻大王は馬子に殺害された穴穂部皇子の弟であり、馬子を恨んでいました。これを知った馬子は592年、東漢直駒を使い崇峻大王を殺害させ、馬子の姉の子である推古大王を豊浦宮で即位させました。なお、この当時の国内の支配体制の動揺は、以下のような形でも見ることができます。①大和・上野・尾張などの特定地域を除くと、全長100ｍを

超えるような大型の前方後円墳の築造に終止符が打たれました。大型古墳を築造するだけの余裕がなくなっていったのです。②副葬品では、鉄製武器が減少するとともに、金銅製の装身具を中心とするきらびやかなものに変わっていきました。武器ではなく、より権力の力を示す象徴的なモノに変化していったのです。③地方支配の再編強化は、屯倉制の拡大をもって行われました。つまり、屯倉は「倉+御田」であり、交通の要所に設けられ、政治的・軍事的機能と同時に、その経営に基づいた貢納品をも徴収する収奪機能を兼ね備えていたのです。

第3節　大化の改新前後の時代

1　推古朝

　蘇我氏と物部氏の対立、蘇我氏の台頭、政権の動揺の中で蘇我馬子らは敏達大王（天皇）の皇后であり、馬子の姉の子でもあった推古大王（天皇）を擁立しました。改めていうまでもなく、推古大王は女性です。現在でも、女性の天皇が即位することの是非が問われていますが、現在の「皇室典範」という法律（といっても、これ自体が明治期に作成されたもので、戦前の法律をほぼそのまま適用しているのですが）では、女性は天皇にはなれません。

　ともかく、女性が天皇になる場合は、その背景に複雑な要因があります。古代では、6人8代（2人の女帝が重祚といって、繰り返し天皇になりました）の女帝が即位しました。彼女たちの多くは、前の天皇の皇后かそれに準ずる地位にあった人で、皇位継承が難しい時に中継ぎの天皇として即位したと考えることも可能です。また、女帝には神と人とをつなぐ巫女としての役割があったという説もあります。しかし、それぞれの女帝の治世の時期にどのような政策が実施されているかを丹念に調べてみると、中継ぎの天皇や巫女としての天皇という理解はすべきではないといえるでしょう。

　推古朝は、兄の子である厩戸皇子（聖徳太子）を摂政とし、蘇我馬子を大臣とする政権です。なお、この時期の摂政は、天皇の代わりに国政を執る職を指します。厩戸皇子は、まず603年、冠位十二階を制定しました。翌604年から冠位制は施行されましたが、実は中央の最大にして有力な豪族である蘇我氏は冠位を授けら

れていません。とすると、蘇我馬子は冠位を与える側の人間だったとも考えられます。

　一般的に「冠位」とは、従来の姓とは異なる豪族の位で、徳・仁・礼・信・義・智の6つの位を大小2つずつに分け（つまり、徳という位でいうと、大徳と小徳の2ランクがある）、それぞれの位に応じた色をつけた冠を着用させました。色は、順に紫・青・赤・黄・白・黒となっています。紫の冠をつけることを許された人の人数だけを紹介すると大徳3人、小徳18人の計21人がいました。

　色でランクの上下を判断させるというやり方は、現在でも残っています。仏教の世界ではこのままの色の順番で衣が作られ着られています。僧侶や尼がなぜ、黒衣を身に着けるかというと、僧侶として生活していることを示しているのであり、儀式などで、その教団や、寺院の中でランクを示す必要がある場合は、例えば、青や赤などの衣を身に着けます。ちなみに紫衣は一番偉い僧侶が身に着けることを、覚えておいてください。江戸時代初め、天皇と仏教界の問題でおきた「紫衣事件」にも関係します。紫衣を身に着けた僧侶に何かのきっかけで出会ったら、偉い僧侶なのだと思ってください。

　ともかく、冠位十二階の場合は、冠の色で身分の上下を明らかにしたのです。しかも、与えられた位は、世襲できず（親から子、子から孫へと、そのまま受け続けることができないという意味）、その位をもらった個人が生きている間だけのものでした。ということは、どれだけ実行されていたかは不明ですが、実力本位主義だったということです。

　604年には、憲法十七条が制定されました。そもそも憲法十七条については、偽作説もあるほどです。ですから、ここではまったくもっての偽作とまではいわないにしても、大王（天皇）を中心と

する国家形成を進めていくことを明らかにした文書であるという程度に考えておきます。何しろこの文書は、「憲法(けんぽう)」と名づけられていますが、現在の「憲法」とはまったく性格が異なります。史料では「憲法」を「いつくしきのり」と読ませています。仏教や儒教の影響を受けて作成されたもので、天皇に対し服従することを強調した官吏(かんり)の訓戒（役人の守るべきルール）を示したものです。現在の憲法は国民全員に対し、国の最高法規として存在していますが、こちらは、役人が対象です。しかも、条文の数がこれまた微妙な数です。「十七」。これは、当時中国で8と9がよい数だと考えられていたので、それを足せば最高の数となると考えて8＋9＝17にしたものです。そして、この17という数に後世の人たちもこだわりを持ちました。その証拠に鎌倉時代の御成敗式目(ごせいばいしきもく)は51条です。つまり、17×3＝51ということです。室町時代の建武式目は17カ条です。

また、620年には『天皇記』『国記』が編纂されました。あわせて『臣連伴造国造百八十部并公民等本記(おみむらじとものみやつこくにのみやつこももあまりやそとものをあわせておおみたからどものもとつふみ)』も作成されました。これらは、「国史」としてまとめられる歴史書の編纂(へんさん)でした。ただし、これらの史書は、蘇我氏の滅亡の際に消失したといわれ、その内容はわかりません。

対外関係では、600年・602年・623年に新羅征討軍を派遣しようとして、失敗しています。この点では、善政を行ったとされる厩戸皇子であっても、従来の朝鮮政策をそのまま受け継いでいたといえるでしょう。

これと並行して遣隋使(けんずいし)を派遣しています。中国では589年に北朝の隋が国家統一を成し遂げました（隋の建国は581年）。遣隋使派遣のねらいは、対等外交を認めさせることによって朝鮮、特に新

羅との関係を打開しようと考えたことにあります。遣隋使派遣について、『隋書倭国伝』には、600年に第1回目の使者が送られたという記載があり、『日本書紀』には607年が最初だと記載されています。600年の派遣については、先の『隋書』には、隋の文帝が日本の政治・風俗が道理のないものだと批判し、改めさせたと記されています。おそらく、使節は注意・勧告を受けて、むなしく帰国したと思われます。隋は倭（日本）を未開の国だと批判したともいえます。中国側の史料の記述はおそらく事実だったのでしょうが、日本側の史料にはこのことが記されていません。中国皇帝に怒鳴りつけられたことなど、格好悪くて書けなかったというのが本当のところかもしれません。

　ともかく、607年には、大礼（冠位十二階の上から5番目の位）小野妹子を隋に派遣しました。妹子が携えた国書には、日本の王を「日出づる処の天子」と記したため、またもや中国の皇帝煬帝は怒りました。しかし、隋は遠征を計画していた高句麗に近い倭の実情を探る必要もあって倭（日本）に裴世清を使者として送ってきます。裴世清は、608年、大和の海石榴市で出迎えられました。妹子も同年再び中国に渡航します。その際、高向玄理・僧旻・南淵請安ら留学生・留学僧も中国に渡っています。彼らはいずれも渡来人でした。

　4回の遣隋使派遣でも、倭（日本）は隋の冊封を受けませんでした。中国側からすれば『隋書』に記されているとおり「無礼」な要求だったに違いありませんが、隋と交戦中の高句麗が日本と結びつくことを恐れ、仕方がないと考えて使者を送ったのでしょう。また倭（日本）が中国の冊封から抜け出られたのは、倭が中国とは離れた場所にあったからだと考えられます。これをもって、倭（日本）

が中国王朝と対等の外交関係を持ったと解釈する意見もありますが、朝貢をしていたことをどう考えるかで、対等外交といえるかどうかの評価が変わります。朝貢していても、距離が離れていたことで結果的に冊封体制から離脱できたと考えるか、朝貢は単なる儀礼であり、対等外交を目指していたのだと考えるか、ということです。

　ところで、推古朝、なかでもその中心人物であった厩戸皇子については神格化してとらえられ、様々な逸話があります。その典型的な逸話が10人（8人という説もあります）からの訴えを同時に聞き分けたというものです。どこまでそうした話が事実であったかは確認できません。後世、多くの人々が太子への信仰を告白し、伝説上のヒーローとなっているわけですが、彼は推古天皇よりも6年早く622年に亡くなり、果たしてどれだけのことを行ったのかは、まったくもって不明なのです。

❷ 大化の改新の背景

　645年におきた大化の改新とは、一言でいえば、クーデターです。クーデターとは「政権内部の権力の奪い合い」のことを指します。「政変」といってもいいでしょう。この点が通常の改革などとは異なるところかもしれません。

　では、なぜ大化の改新がおきたのでしょうか。第1に東アジア情勢の変化です。618年に隋が滅亡し、代わって唐が建国されました。倭（日本）は高句麗の使節が飛鳥に来て、隋の滅亡と唐の建国を知ることになりました。隋は、高句麗遠征の失敗と国内での反乱勃発によって滅亡したのでした。

　唐は律令制に基づく国家を作り、周辺諸国に影響を与えました。隋から唐への変化を目の当たりにした日本の留学生たちは、帰

国後この件について報告し、政権内部でも律令制の導入が検討されることとなります。

　第2に、国内の政治不安が挙げられます。推古朝を支えていた人々が次々に死亡し、これに伴い、蘇我氏の専制が強まります。厩戸皇子の死後、皇位継承問題がおこり、厩戸の子山背大兄王らが皇位継承者として存在していたにもかかわらず、蘇我蝦夷は山背大兄王を排除し、舒明大王（田村皇子）を即位させました。ちなみに舒明大王は中大兄皇子・大海人皇子の父親です。

　少し補足しておきましょう。いま、山背大兄王について皇位継承者だと述べました。そのことはそもそも彼の名前の（本名ではなく、歴史の文書・史料上の名前ということになりますが）、「大兄」という語そのものが物語っているといえます。大兄とは、「大王（天皇）になり得る皇子の長子の身分呼称」（『日本史辞典』、角川書店）のことですから、皇位継承番付ナンバー1の人物だったのです。

　蘇我氏と山背大兄王との対立は激化し、蘇我入鹿は、山背大兄王がたてこもった生駒山を攻め、後に斑鳩宮を包囲して王を自殺に追い込みました。国政もしだいに蘇我氏が私物化していったのです。こうした蘇我氏の専制はおさまることなく、蘇我氏の邸宅を「宮門」とよび、子どもたちを「王子」とよぶまでになりました。蘇我氏が大王家（天皇家）に匹敵するほどの力を持った理由は、大王家との血縁関係があったことだけでなく、氏姓制度と部民制度にありました。政権内で揺るぎない実力を持つ蘇我氏。彼らは政権の財政を握っていました。さらに、蘇我氏に限りませんが、部（部民）は氏に従い労働と生産物を納めることになっていました。各氏は部民を使い土地を開発させ、生産物を納めさせていたのです。蘇我氏はその頂点に存在していました。蘇我氏に反感を持つグループ

が、いつどのようにしてできあがったかは不明ですが、中大兄皇子と政権の祭祀を司る一族の中臣鎌足らが中心となり、加えて618年、隋朝が倒れた後に建国された唐から帰国した僧侶・留学生らが結びつき、蘇我氏打倒のグループが組織されます。641年、舒明天皇が亡くなり、皇極大王（天皇、舒明大王の皇后で、中大兄皇子らの母です）が即位しますが、蘇我氏の専制は一向に弱まることはありませんでした。事ここに至ると、豪族中心の氏姓制度を根本的に改め、中央集権国家を目指して、危機的な状態に陥った政治を改める気運が生じました。

第3に、蘇我氏と反蘇我氏グループとの外交政策の相違があります。蘇我氏は、朝鮮半島経営の失敗を取り戻すため、半島に勢力を広げている新羅打倒を実施しようとしていました。つまり、新羅との戦争を計画していたのです。一方、反蘇我氏グループは、帰国した人々からアジアの新情勢をつかみ、朝鮮の国々との協調をもとに、国内の政治改革を進めようと考えていました。こちらは、戦争をせずに、国内の改革を重視する方針です。

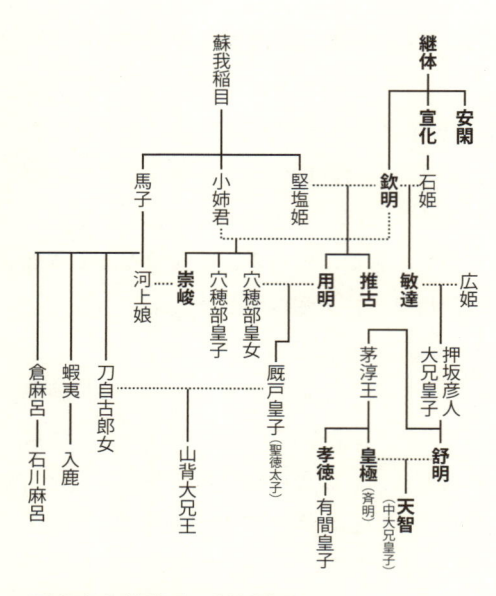

天皇家と蘇我氏の関係略図

こうした状況のもとで645年6月、ついに反蘇我氏グループによるクーデターが実行されました。中大兄らは、百済・新羅・高句麗の三韓の朝貢儀式があると偽り、蘇我入鹿を飛鳥板蓋宮で殺害しました。次いで蘇我蝦夷の邸宅も攻撃し、蘇我蝦夷も自殺に追い込みました。蘇我本宗家の滅亡を「乙巳の変」といいます。なお、蘇我本宗家の人々の名前（馬子・蝦夷・入鹿）がまるで動物一家のように思えるのはなぜでしょうか。蘇我氏憎さの悪意すら感じます。蝦夷＝野蛮人などという名前をつける人はふつういませんから。

乙巳の変　『多武峰縁起絵巻』より

❸ 改新政府

　「乙巳の変」の後、直ちに新政権が作られました。大王には新たに皇極の弟、孝徳大王（天皇）が即位します。皇太子には中大兄皇子が、左大臣には阿倍内麻呂、右大臣には蘇我倉山田石川麻呂（石

川麻呂）が、内臣（職掌不明）には中臣鎌足が、国博士（政治顧問）には高向玄理と僧旻が就任しました。右大臣になった蘇我倉山田石川麻呂は、蘇我馬子の孫で蝦夷の従兄弟に当たります。蘇我本宗家を裏切り反蘇我氏グループに入り、その功績で右大臣になったわけですが、後に母が異なる弟のデマで中大兄皇子に攻撃され、自殺しています。年号も新政府が誕生し、「大化」と定められました。また、都も飛鳥から難波長柄豊碕宮に移りました。

　646年1月には、「改新の詔」が出されました。内容は、①公地公民制の実施、②統一地方行政・駅制、③班田収授制、④統一税制の4点です。しかし、これらの政策が直ちに実施されたわけではありません。また、第二条に記されている「郡」は当時使用されていなかったことが、藤原京出土の木簡から確認できます。木簡とは文字が記された木の板のことで、荷札や官吏が文字を練習する際にも利用したものです。その木簡には「己亥年十月上挾国阿波評松里」と記されていました。「己亥」＝699年に現在の千葉県安房郡から送られた荷物につけられた荷札です。これが記された当時は「郡」ではなく、「評」が使用されていたので、改新の詔自体の真偽を問う研究者も多いのです。「評」制の施行は、649年のことです。評とは、律令制の前身をなす地方行政組織のことであり、701年に国評制から国郡制に変わったと考えられています。これら一連の学術論争を「郡評論争」といい、ほぼ決着がついています。ですから、この詔が出されたことによって社会が一挙に大きく変化したと考えるのは誤りです。また、第一条についても、旧豪族には食封などを与えることになっており、旧豪族を中心に政権を形成していることなどから、詔自身の真偽問題もあって大化の改新により、新たな政治組織を形成する契機と考えることはできても、これによ

って社会構造が一挙に変化したとは思えません。なお、食封とは、皇族や上級貴族・寺社などに給与として与えられた一定数の戸（封戸ともいいます）のことで、戸を与えられた人（封主）は、封戸が納める調・庸の全部と租の半分を受け取ることになっていました。つまり、旧豪族たちの収入は食封によって確保されたのです。

こうした矛盾があることから、大化の改新については、現在は、クーデターは史実として認めるけれども、詔をそのまま史実として認めることはできないとされています。改新の詔は少なくとも原詔（一番最初に書かれた詔）ではなく、『日本書紀』編者による修飾・造作が加えられたものと考えられているのです。

❹ 改新後の政治

その後の政治もうまく進んだとはいえません。舒明大王の異母兄弟だった中大兄皇子と古人大兄皇子が対立し645年9月、謀反を理由に古人大兄皇子が殺害されています。また、649年には右大臣蘇我倉山田石川麻呂が自殺に追い込まれています。これは先に記しましたが、異母弟の日向の讒言（嘘をついて他人を陥れようとする話）が原因でした。さらに、ついには孝徳大王（天皇）と中大兄皇子が対立し、654年大王は難波宮で失意のうちに亡くなります。その後、皇極大王（天皇）が重祚し、斉明大王（天皇）となりますが、事態は好転しませんでした。658年には孝徳大王（天皇）の子、有間皇子が謀反をおこし滅ぼされています。この間、秋田・津軽・能代の蝦夷征伐を阿倍比羅夫が実施しました。阿倍比羅夫は、粛慎とよばれた中国東北部の異民族を倒したことでも知られています。さらに、645年には、鐘匱の制（朝廷に鐘と匱を置いて訴えを聞くようにした制度。訴状を匱に投書し、対応に不満があれば、鐘を

打たせた）や、良民と賤民との間に生まれた子どもは賤民とするという男女の法が定められました。

5 白村江の戦い

　高句麗を目下の国として扱うため大軍を送った唐は、遠征に失敗し、新羅との結びつきを強めます。朝鮮半島では新羅と百済の対立が強まっていました。660年、唐・新羅連合軍は百済に大軍を送り、百済王は降伏することになりました。百済はその後も抵抗を続け、百済王族の1人である鬼室福信は、日本に救援を要請するとともに人質として日本に滞在していた百済の王子余豊璋の送還を求めてきました。豊璋は、631年、百済王の義慈王が人質として日本に送り、30年間日本で生活していた人物でした。日本はこれを機に再び朝鮮半島での地位を確保しようと考え、661年、豊璋に兵士を従わせて帰国させ、王位を継がせました。ついで、662年、百済に物資を送って戦いの準備をはじめました。663年、ついに日本は、錦江河口の白村江に約3万の大軍を送りましたが大敗しました。戦いはわずか2日間のみだったのですが、大敗であったことは間違いなく、『日本書紀』にもその敗北が記されています。この結果、日本は朝鮮半島から完全に一掃されました。戦いの途中、661年に九州まで軍勢を率いた斉明大王（天皇）がこの地で死に、中大兄皇子が皇子のまま大王（天皇）に即位することなく政治の実権を握りました。これを称制といいます。

　白村江の戦い後の664年には、防衛に努め壱岐・対馬・筑紫に防人・烽を設置し、筑紫には水城を設置しました。また、665年には長門・筑紫（大野城）に山城を築き、667年には大和に高安城を築きました。これ以外に甲子の宣を出し、国政改革を進めま

した。これは、豪族の再編成と民部(豪族の私有民)・家部(豪族賤民)の領有を再確認し、豪族との融和関係を保とうとしたものでした。

　また、内政の充実のため、667年には飛鳥から都を近江大津宮に移しました。翌668年、ようやく中大兄皇子は天智大王(天皇)として即位し、近江令を作成しました。ただし、この近江令の内容は不明です。また、庚午年籍も670年に作られました。庚午年籍は最初に作成された戸籍で、氏姓を正す根本台帳として永久保存されたといわれますが、現存していません。

　これら白村江の戦いと並行して実施された一連の政治改革は、戦争の勝敗は別として戦時動員体制を強化して、権力の強化を一挙に進める方向へ向かっていったと考えてよいでしょう。

6 壬申の乱

　天智大王とともに改新後の政治を進めていた中臣鎌足は、669年に死亡しました。大王は鎌足に大織冠という位階と藤原姓を与えます。671年には天智大王が死去しました。これにより、皇位継承争いがおこります。古代最大の内乱と評される672年の壬申の乱の勃発です。

　天智朝は兄の天智大王(天皇)を弟の大海人皇子が支える政権でした。ですから、天智大王(天皇)亡き後は当然、5歳下の弟の大海人皇子が次の大王(天皇)としてふさわしいと考えられていました。しかし天智大王(天皇)は、弟を差し置いて子の大友皇子を671年、太政大臣(皇位継承者のこと)にしました。こうした状況の中で大海人皇子は剃髪し僧形となって、抵抗する人間ではないことを示しました。そして皇妃鸕野皇女(後の持統天皇)と草壁

皇子とともに吉野に退きました。吉野へは仏道修行のためとして、兄の天智大王から行くことを許されたのでした。おそらく、古くから吉野は仏教や修験道など、宗教の宗派として成立していない時代から、一種の霊場あるいは修行の場として理解されており、俗世間との縁を切る場だとされていたのでしょう。逆に大海人皇子としては、宗教的な聖地に逃げ込んで力を蓄えたといえるかもしれません。

　天智大王（天皇）はこの年の12月初めに亡くなります。天智の死後、両者の対立は激しくなり、ついに壬申の乱へと発展しました。672年6月、大海人皇子はわずかな従者とともに吉野を出発し、美濃国を目指します。美濃には大海人皇子の私有地があり、そこを拠点に戦おうとしたのです。大海人皇子側には東海・東山などの各地の豪族が味方につき、東国の豪族の動員に成功した大海人皇子軍は大津宮を占領し、敗走した大友皇子は自殺に追い込まれました。この時、大津宮は焼失したとされています。

　大海人皇子は飛鳥に戻り、673年、天武天皇として即位し、都は672年に飛鳥浄御原に移されました。壬申の乱は古代最大の内乱ということだけでなく、この乱によって、皇親政治が確立されたという意味もあります。すなわち、大友皇子側は白村江の戦いで疲弊していた中国・九州地方の軍の動員に失敗しただけではありません。大海人皇子側は大和政権の軍事力の中心であった東国からの軍を動員できました。なぜなら、彼らは近江朝廷に不満を持っていたからです。その結果、旧来の畿内の大豪族が衰退し、皇親政治が形成・確立されたということです。ちなみに大友皇子が天皇として即位したかどうかは不明です。近代に編集された『大日本史』では第39代の天皇、弘文天皇として即位したように記されているのですが、その真偽は不明です。

なお、天武から、大王（天皇）という表記をせず、天皇と記します。それは、天皇・皇后・皇太子の称号が定められたのが689年の飛鳥浄御原令からと考えられており、天皇号は天武・持統朝から使いはじめたとされるからです。

❼ 天武天皇の政治

　天武天皇の政治を皇親政治といいます。つまり、大臣を置かず、皇族（皇后、皇子）たちによって政治を行うことです。従来の豪族、豪族の基盤であった氏姓制度の排除を、壬申の乱によって、一挙に進めることができたと考えられます。

　天武天皇は、675年、兄の天智大王が制定した部曲(かきべ)を全廃し、681年には飛鳥浄御原令(あすかきよみはらりょう)の作成をはじめます。さらに、684年には八色(やくさ)の姓(かばね)を制定しました。これは新たな身分秩序を体系化したものです。真人(まひと)から順に朝臣(あそみ)・宿禰(すくね)・忌寸(いみき)・道師(みちのし)・臣(おみ)・連(むらじ)・稲置(いなぎ)までの8つの位のうち、最初の4つのみが実際に与えられたといわれています。これらとは別に、仏教興隆のため大官大寺(だいかんだいじ)（官立寺院）の設置がはじめられました。

天武大王　（631？）〜686

❽ 持統天皇の政治

　686年、天武天皇が亡くなります。本来は皇太子の草壁皇子が即位するはずでしたが、直前に死亡してしまい、天武天皇の皇后持

統天皇が、3年間、称制を行いました。689年には飛鳥浄御原令を施行し、翌年即位します。

　飛鳥浄御原令について詳しく述べると、条文の写本・木簡はいまだ発見されていませんが、体系的な法典としては、日本最初の令だとされています。律はこの段階では完成せず、重大な犯罪は、唐の律を参考にして対処していたと考えられています。翌690年には庚寅年籍を作成しました。現存する最古の戸籍は702年のものですから、この戸籍以後6年ごとに作成されたことが確認できます。つまり、次の戸籍作成は696年、その次が702年となりますから、戸籍はちゃんと6年ごとに作成されていたことがわかるでしょう。

　さらに、694年には畝傍山・天香久山・耳成山の大和三山に囲まれた地の藤原京に遷都しました。この都は、東西約2km・南北約3kmの都で、条坊制に基づく都でした。北魏の都洛陽に類似した都ともいわれています。古代日本の都市は、「ミヤコ」とよばれる政治都市であり、それ以外の都市は造営されませんでした。「ミヤコ」らしい都市が形成されたはじまりは「新益京」とよばれた藤原京からです。これまでの「ミヤコ」は、行政官庁は作られていたのですが、一定の区画や道路まで整備されたものではありませんでした。藤原京になってはじめて条坊制（南北を条、東西を坊で区切る）を持つ都が完成します。この藤原京には約1万～3万人の人口が集中したと推計されています。

　持統天皇は、697年、軽皇子（＝文武天皇）に譲位し、譲位後は、太上天皇（譲位した天皇に与えられる尊号＝上皇）となり、文武天皇を支えました。なお、太上天皇（上皇）は中国の律令にはなく、日本の律令で新しく制度化されたものです。文武天皇に対する持統天皇の後見体制を法的に確立する目的で制定されましたが、

その背景には、王権が王1人に収斂されていないという、未開社会によく見られる王権のあり方が存在したとされています。

　先ほど記した天皇の称号以外に天武・持統政権期で取り上げるべきことは、日本という国号についてです。倭から日本への改称は「日」の字を含む新しい国号を積極的に制定するためと考えられます。隋書に記された表現、「日の出づる処」として「日本」と国号に定めたのでしょう。この国号が正式に認められたのは、674～701年の間と推定されています。外交上で「日本」を使用したのは702年の遣唐使の時で、唐に着いた遣唐大使粟田真人が「日本国の使いである」といったことからです。

第4節　律令国家の形成

1　律令体制

　天武・持統朝を通じて律令体制は、しだいに定着してきました。そもそも、律とは刑法のことを指し、令とは行政一般の法のことを指します。つまり、日本は法治国家、法律に基づく国家になったわけですが、天皇は法の制定者であり、律令を超越し、律令の規制を受けない絶対者でした。律令が本当の意味で完成されたのは、文武天皇の701年、刑部親王と藤原不比等ら19人により作成された大宝律令です。律6巻・令11巻があったとされますが、現存しておらず、『令集解』などで部分的に見ることができるだけです。さらに、元正天皇の718年、藤原不比等により作成された養老律令があります。律10巻・令10巻の法ですが、大宝律令と内容上の差はありません。この律令のお手本は唐の永徽律令でした。養老律令の施行は757年、藤原仲麻呂政権の時期のことです。養老律令はその大部分が残っており、『令義解』などで確認できます。
　ちなみに、日本が体系的な律令法典を編纂できたのは、当時の日本が中国には朝貢はしても、冊封（服属して朝貢する関係にあること）はされていなかったこととも深く関係します。唐と日本は隣国だっただけです。律令は蕃夷（野蛮な）の国々を支配する帝国法（他国にも輸出され、そのまま使用される法）であったので、中国から冊封されている国が独自の律令を編纂することは不可能でした。
　また中国では律が先に編纂されたのに対して、日本では令が優先されています。その理由として、当時の日本社会が、中国に比べて

遅れた段階にあったからだと考えられています。そのため、令については日本独自の作成がなされているのですが、律については唐のものをほぼ引き写しただけのものとなっています。あるいは、人口の多い中国では各種の犯罪や事件がおきる回数が多く、律を優先せざるを得なかったけれども、人口がさほど多くない日本では中国に比べ犯罪・事件のおこる数は圧倒的に少なく、律は中国の模倣で済ませ、令は日本風のものを独自に作成していったのではないでしょうか。こういう考え方ができるかもしれません。

❷ 律令官制

　政治機構で中国ともっとも大きな相違は、神祇官の有無です。つまり、中国の官制には神祇官はありません。政治の中心は、太政官に担われています。太政大臣は則闕の官ともいわれ、適任者がいない場合には置かれず、その場合は左大臣が最高責任者でした。太政官を構成する官人（役人）は、三位以上の貴族で、彼らを総称して公卿と呼びます。実務は左弁官と右弁官にまとめられた八省が行うことになっています。左弁官は、中務（詔勅の作成・総務）、式部（文官の人事・儀式・大学の管理）、治部（仏事・外交）、民部（民政・税務）からなり、右弁官は兵部（軍事）、刑部（司法）、大蔵（財政）、宮内（宮中庶務）からなっていました。また、省の下には職・寮・司が分属しています。これ以外に弾正台（風俗の取り締まり・官吏の監察）や宮中の警備を行う五衛府（左右衛士府・左右兵衛府・衛門府）がありました。

　地方の重要地には、京に左右京職が、瀬戸内海の終点である難波に摂津職が、西海道諸国の管理と外交・国防のために大宰府（「遠の朝廷」ともよばれました）が置かれました。なかでも京職

は、都の民政一般を司り、配下には坊令と市の管理を行う市司がありました。

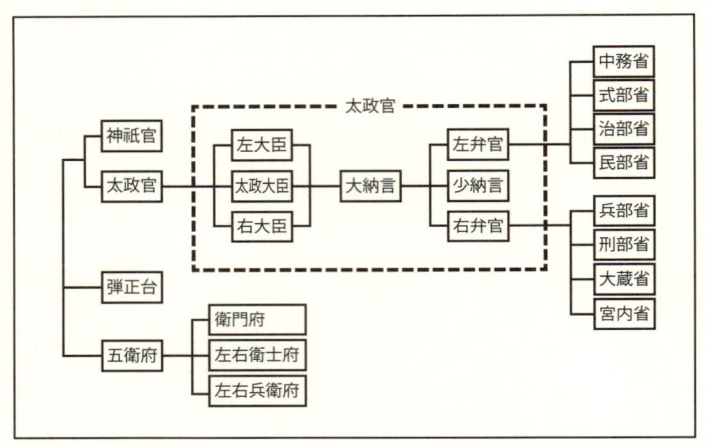

```
                            ┌─ 中務省
                            ├─ 式部省
                            ├─ 治部省
     ┌ 神祇官   ┌─ 左大臣 ─┐     ┌─ 左弁官 ─┤
     │         │          │     │        └─ 民部省
     ├ 太政官 ─┤ 太政大臣 ├─ 大納言 ─┤ 少納言
     │         │          │     │        ┌─ 兵部省
     │         └─ 右大臣 ─┘     └─ 右弁官 ─┤
     │                                    ├─ 刑部省
     ├ 弾正台                              ├─ 大蔵省
     │                                    └─ 宮内省
     │         ┌─ 衛門府
     └ 五衛府 ─┼─ 左右衛士府
               └─ 左右兵衛府
```
（太政官）

中央の律令官制

❸ 地方行政

　地方は、五畿（大和・山背［山城］・摂津・河内・和泉［757年、河内から分離しました］）と七道（東海・東山・北陸・山陰・山陽・南海・西海）に分かれます。七道は都を起点とする道路と行政区画のことです。各国の名は地理的条件や特産物などから命名されています。辺境を意味する陸奥（まさに、陸の奥［一番遠い所］）や毛皮を産する毛野などがそうであり、都に近い順から前・中・後の順になり、「野」や「総」の国は、上・下となっています（上総・下総など）。また、「江」とは湖のことで、都に近い湖（琵琶湖）だから近江（近い湖）。遠江は都から遠い湖（浜名湖）だからです。しかも、国名は漢字２文字であらわすことになっていますの

で、和泉のように「泉」でもよいのに、わざわざ「和泉」と表現されています。ここからも理解できると思いますが、けっしてデタラメに国名を決めているわけではありません。かなり整然とした決め方であることがわかります。

各国には、国・郡・里があります。それぞれに国司・郡司・里長が置かれました。国衙と中央との連絡は、七道に一定の距離ごとに駅家を走り継ぐ駅馬や伝馬により行われました。国府・国衙は役所とその場所のことで、現在の県庁所在地と県庁がセットになっていると考えてください。駅馬は駅家に置かれた馬のことで、伝馬は郡家（郡の役所）に置かれた馬です。

里は50戸で1里を構成しました。715年、里は郷に変わり、郷の下に2〜3の里が置かれる郷里制となりましたが、やがて里が廃止され、郷制となります。

七道のうち、北陸道には越前に愛発関（後に近江国逢坂関に変更）、東山道には美濃に不破関が、東海道には伊勢に鈴鹿関が置かれました。これを三関と総称します。

❹ 官人制

律令制のもとでは、官職に就くには位階（功績や栄典を意味し位のことだと考えてください）を持っていることが前提でした。位階には、皇族に与える一品から四品のほか、正一位から少初位下までの30階（30ランク）があります。官職はこの位階に相当して与えられました。これを官位相当制といいます。例えば、正二位ないし従二位で左右大臣となれます。また、官人はいずれも四等官制によりランクづけされていました。それぞれ、カミ・スケ・ジョウ・サカンとなっており、国司は、守・介・掾・目に、郡司は大

領・少領・主政・主帳に、各省は、卿・輔・丞・録に、大宰府は、帥・弐・監・典に分かれています。ですから、いまの県知事に相当する国司は4人いますし、同様に郡司も4人任命されることになります。

　現在の都道府県に相当する国は、中央政府（律令政府）が地方支配、中央集権的な支配を行うために作っていったもので、中央から中下級貴族が国司に任じられて、6年（後に4年）の任期で派遣されました。これに対し、それぞれの国の中で実質的な力を持つ在地の豪族を郡司とし、彼らの協力で戸籍・計帳の作成など地方行政の実務を行わせました。郡司はもともと律令以前の国造に任じられていた、いわばキャリアです。地方の実態に通じ、地方の人々とも結びついていた役人でした。ですから、政府も郡司については任期を設けず、終身官として処遇したのです。里長は有力農民から選ばれ、里内の徴税・監督を行いました。

　位階のうち、五位以上の人々を貴族とよびます。その数は多い時で約300人ほどだったとされています。貴族の子や三位以上の貴族の子・孫は父や祖父の位階に応じて一定の位階を与えられ、それに相当する官職に任命されました。これを蔭位の制といいます。要するに、親の七光りです。また、貴族は、特権として、三位以上には食封が、四位から五位までは位田・位禄などが与えられ、官職に応じて職田などが与えられました。加えて法の上でも特権があり、調・庸の免除もあります。さらに、貴族の子は中央の大学に入学でき、郡司の子弟は地方の国学に入学を許可されました。

　貴族の収入がどれだけ多いかについては、以下の大宝令制の俸給表の一部をご覧いただくとよくわかります。

位階	位田（町）	位封（戸）	季禄（半年分）				資人（人）
			絁（匹）	綿（屯）	布（端）	鍬（口）	
正一位	80	300	30	30	100	140	100
従一位	74	260	30	30	100	140	100
正二位	60	200	20	20	60	100	80
従二位	54	170	20	20	60	100	80
正三位	40	130	14	14	42	80	60
従三位	34	100	12	12	36	60	60

　位田とは位に応じて与えられた田。位封とは位に応じて与えられる食封です。これは給与として与えられた戸のことで、封戸が納める調・庸の全部と租の半分を受け取ることができました。季禄は春夏分と秋冬分の２回支給される物品で、布や綿などが支給されました。今風にいえばボーナスです。さらに、資人とは位階・官職に応じてつく供人のことで、私的な家政婦なりお手伝いさんのような人のことでしょうか。さらに左大臣や右大臣という職に応じて職封や職分田なども与えられるので、彼ら上級貴族の収入はとんでもない額になったはずです。いったい、いまの額にしたらどれくらいになるのか、私が調べた本では、正二位で左大臣の人の年収は約４億円だと記されていました（「貴族の年俸は四億円」『授業に役にたつ話 歴史のとびら』、日本書籍）。まったくすごい額の収入です。しかも、親の七光りで、楽々出世コースなわけですから、庶民にとってはたまったものじゃありません。いつの時代でも、こういうことがあったわけですね。

❺ 身分制

　身分制は大きく良と賤とに分かれます。貴族や一般農民が良

民。さらに良民の最下層に位置する品部・雑戸がいました。品部・雑戸は、以前の品部の流れをくむ者たちです。一方、賤民は5つに分類され（五色の賤といいます）、官有の陵戸・官戸・公奴婢、私有の家人・私奴婢がいました。陵戸は、陵がみささぎ（天皇などの墓）を示すことから、陵墓の管理をする賤民。官戸は官、つまり各役所に仕える賤民。公奴婢は中央官庁の雑役に使われる賤民です。私有の賤民である家人や私奴婢は、黒色の衣の着用が義務づけられ、奴婢同士の結婚しか認められませんでした。なお、公奴婢は66歳以上になると官戸とされ、さらに76歳以上になると、その官戸は良民とされました。これを放賤従良といいます。

6 司法

律を中心とする司法制度は、八虐とよぶ重罪を中心に、それらに対する5つの刑（五刑）からなっています。八虐とは、もっとも重い罪で恩赦の適用も受けないものでした。六議とよばれる上級貴族らは、刑の適用を軽減できることになっていましたが、八虐の場合は六議でも減刑はかないませんでした。五刑は、笞・杖・徒・流・死のランクがあります。笞は竹のムチのことで、10～50回臀部や背中を打つ刑です。杖はムチより太い棒で60～100回、臀部や背中を打ちました。打つ数が多くなると細いムチでは折れてしまうので太い棒にしたのでしょう。徒は1～3年の懲役刑のことです。1年、1年半、2年、2年半、3年の5ランクに分かれていました。流は配流のことで遠・中・近と都からの距離で刑の重さに変化があったようです。どこかの島に閉じ込める無期懲役のようなものと考えればよいでしょう。死は、文字どおり死刑のことですが、絞と斬に分かれており、絞は絞首刑のこと、斬首は刀などで首

を切ることを指します。

　この時代には独立した裁判所はありませんでした。中央や地方の行政組織ごとに裁判を行うことになっています。中央では徒刑に相当する罪を犯した場合は刑部省で決めますが、それより軽い笞や杖はそれぞれの役所が決めました。地方でも軽い笞は郡司が、杖・徒は国司が決めました。重罪である流・死については刑部省の担当者や国司が太政官に申告して許可を得た上で決定されました。さらに、官人と僧侶には閏刑という特別の法規が適用されました。なお、上級者は八虐以外の犯罪であれば刑を免じられる贖罪がありました。もちろん、銭を支払うという条件つきでした。

❼ 班田収授

　公民は6年ごとに作成され、五比（30年＝6年×5です）保存される戸籍に登録されます。戸籍は戸を単位として公民を1人ひとり登録するものです。作成は国司が行い、同じものを3通作り、2通は太政官に送り、1通は国に残せと指示されています。

　似たものとして計帳があります。こちらは調・庸を徴収するための台帳です。毎年作成し、氏名・年齢・性別など細かく記すことになっていました。

　公民の家族は、5戸で結成される五保の制があり、連帯責任を負っていました。政府が戸籍作成などのために設定した家族を郷戸といい、その郷戸に含まれるいくつかの小家族を房戸といいます。ですから、戸籍に記されている郷戸を当時の家族そのものと考えることは誤りでしょう。おそらく、現在の家族に近いものは房戸といえます。

　ところで、口分田班給自体も唐の均田制を導入したものでした。

唐の均田制と日本の口分田制との大きな違いは、中国の場合、口分田以外に子孫に永続される永業田という田がありましたが、日本では口分田のみの班給であったことです。

　口分田は満6歳以上の男女に班給されます。死者の田は次の班田の時に収公（返却）されることになっていました。そもそも口分田は口という字が当てられているように最低限の生活をするために与えられた田でした。

　田地は条里制により区分されます。すべての田は、長さ360歩四方の正方形に区画され、一辺を条、他の辺を里といいます。その際、360歩四方に区分した土地を、さらに60歩四方に36等分したものを坪とよびました。田地は大きく分けて輸租田と不輸租田があります。輸租田には、口分田・墾田（開墾した田）・位田・功田（功績に応じ与えられた田）などがあり、不輸租田には、官田・寺田・神田などがあります。口分田班給の余りを乗田といい、賃租（賃料を取って期限つきで貸すこと）しました。これ以外に園地（畑と宅地）は永久私有できました。

　口分田班給は、良民男子（官有賤民男子を含む）は2段（1段＝360歩）、良民女子（官有賤民女子を含む）はその3分の2（2段×3分の2）となっており、私有賤民男子は良民男子の3分の1（2段×3分の1）、私有賤民女子は良民女子の3分の1（2段×3分の2×3分の1）と決められていました。

⑧ 農民の負担

　国家財源のすべては、農民の負担に委ねられていました。まず、租は、口分田を班給されたすべての人々に課す税で、国衙に納めるものでした。1段当たり2束2把（収穫量の3％）でした。な

お、706年から2束2把は1束5把に改められました。租は穀＝籾で納入することになっていました。ところで、この3％という税率もデタラメに決められたわけではありません。2.2（束）÷0.03＝73.333という数になりますから、平均1段当たり73束程度収穫できると計算していたのです。より計算しやすい1.5束÷0.03＝50束となります。なかなかよく考えて税を取っていることがわかります。たしか日本で消費税が導入された当初も3％でしたね。

これとは別に出挙は春に稲を貸し与え、秋に5割の利子をつけて返還させるものです。出挙には国家が行う公出挙と民間で行う私出挙があり、私出挙の場合は利子が10割でした。また、凶作に備えて農民から粟を徴発する義倉という制度もありました。

調・庸は中央政府に集められ、人件費などに充てられた税です。調は、絹をはじめとした特産物で全部で34種ありました。庸は正丁（21～60歳）の歳役10日の代わりに布で納めさせました。調・庸は成人男子に課せられた人頭税で、老丁（61～65歳）にはその2分の1が、少丁（17～20歳）には4分の1が課せられました。ただし、庸は少丁には課さないことになっていました。調・庸は運脚夫が運搬しました。都まで運脚夫が運ぶわけですが、その距離が長く、重労働で、途中で死ぬ場合も多かったため、奈良時代の僧行基が救済施設として布施屋を作ったとされています。

雑徭は、国司が年間60日を限度に労役を課すものです。道路整備や修築などの公用の他に国司が私用で課すこともあったようです。また兵役は、正丁3～4人につき1人の割合で徴発するもので、地方の軍団に属しますが、一部は都で衛士（任期1年）となり、また防人（任期3年）として大宰府の守りにつく者もいました。兵士になった場合、庸・雑徭は免除されることになっていまし

たが、食料・武器は自弁でした。防人の場合は庸・雑徭に加えて調も免除されましたが、貴重な働き手を奪われることから、兵士を出した家は滅びるとまでいわれました。さらに仕丁は、正丁1里（50戸）2名の割合で、3年間徴発されるもので、中央政府の雑役につきました。政府の財源の中心は調と庸であり、地方財源は、郡司と里長が徴発する雑徭が主でした。

第5節　奈良時代の政治・経済

① 平城京

　持統・文武・元明3代の天皇の都であった藤原京は、元明天皇によって、710年平城京に遷都されました。なお、元明天皇は文武天皇の母です。

　平城京に遷都した理由は、①地理的理由。律令制の整備に伴い、場所が狭くなってきたこと。②政治的理由。飛鳥は古くからの豪族の勢力が強く、彼らの力を抑え国家の力を示す必要があったこと。平城京は東西4.3km、南北4.8kmで、唐の長安を模倣したもので、長安の4分の1のスケールです。右京・左京以外に外京がありました。外京は平城京創始後に左京部分を東に延ばしたものです。

　平城京と藤原京は、まったく関係がなくなったわけではありません。平城京は、藤原京を下ツ道に沿って北に移動し、約3倍半の広さに設計されました。京域の拡大は、大宝律令施行に伴う国家機構の整備・拡充に対応したもので、その立地は木津川水系の交通・運輸の便や地形によりました。また、左京を延ばした外京があるのが特徴です。左京には東市（左京八条三坊）が、右京には西市（右京八条二坊）が設けられました。都以外の市は大和に海石榴市・軽市があり、いずれも市司が監督していました。東西の市は、正午から日没までが開催時間でした。平城京は、五条大路から北に貴族・役人の邸宅が立ち、南には庶民の家が建っていました。貴族たちは最低1町歩の敷地を持ち、そこに邸宅を建てて住んでいたのです。

平城京の左京三条二坊の西北四坪分にあたる場所には、長屋王の邸宅がありました。長屋王宅からは、大量の木簡が出土しており、奈良時代の貴族の暮らしぶりが、かなり詳しくわかってきました。例えば、長屋王の邸宅の外部は築地で囲まれており、その内部もさらに細かく塀によって区分されていたこと。中央やや西に最大の建物があったこと。これを中心に東と西にさらに建物があり、長屋王一族がそれぞれの建物に住んでいたのですが、一族には個別に使用人がついていたようだということ。また、邸内には、手工業製品を作る工房があり、日常生活品や着物を作っており、馬を飼う馬司や犬を飼う犬司という飼育係もいたことがわかっています。馬は移動の際に使われるので理解できるにしても、犬を飼うのは贅沢だとも思えます。しかも、出土した木簡から犬に米を食べさせていたことがわかっています。一方で、山上憶良の『貧窮問答歌』で歌われたように、庶民は米を何日も食べられず空腹だったのですから、飼い犬に米を食べさせるとは何と贅沢な、という気がしてなりません。まさに「古代版お犬様」のようなものです。

　さらに、長屋王一族が何を食べていたのかも木簡からわかります。余談ですが、歴史学とはある面で恐ろしい学問ではないでしょうか。当の本人が死んで、しかも長屋王のような悲劇の主人公と考えられた人物の日常生活が出土した木簡や、どこかに秘かに眠っていた史料で明らかになってしまうのですから。

　さて、長屋王一族の食生活に話を戻しましょう。彼らの食生活を支えたのは地方から献上された貢納品と長屋王の直轄地からの生産物が中心だったようです。米・塩・フナ・アジ・ムツ・アワビなどの魚貝類、海藻類・ミカン・クルミ、時には牛乳などが食膳に並んでいました。ウリやカブなどの漬け物もあったようです。奈良漬け

が作られる以前から粕漬けの漬け物が作られ、食べられていたのです。また、氷室を作って夏には氷を食べていたこともわかっています。かなりリッチな食生活といえます。また、この時代の貴族たちは、唐服を身に着けていました。

　平城京は藤原京と同様、中国の都城を模倣しながらも中国とは異なり城壁がありません。その理由は、日本の軍団は、国司の支配下に置かれ、都を守るという機能が弱かったからです。つまり、日本の軍団は、内乱から都を守るためではなく、対外戦争の際に動員する兵力を確保するためのものだったからです。

　ここからは少し時代が前後しますが、古代都市の生活について見ていきましょう。

　平城京内にどれくらいの人が住んでいたかについては、推計で20万人ともいわれているのですが、論者によって、10万人、14万人ともいわれ、具体的にははっきりわかりません。しかし、10万人にせよ20万人にせよこれだけの人々が京内に住んでいると、当然問題になるのは排泄物（屎尿）とゴミの問題です。トイレについては、近年発掘調査が進み、かなりのことがわかってきました。子どもたちを発掘現場につれていくと、「トイレはどこにあったの？」という質問をするそうです。子どもたちの、何気ない質問に、学者は意表をつかれて、答えに窮してしまうようです。縄文や弥生時代のトイレはどこにあったかなどという研究は、これまでなされていなかったからです。唯一わかる例として、縄文時代の遺跡に福井県の鳥浜遺跡があり、ここからは糞石（大昔の人糞の固まり）が見つかり、木の杭を板にして便所にしていた可能性があることがわかりました。また、1992年にかつての藤原京内でトイレが発掘されました。それは、両端が丸く南北方向に長い穴（1.6m ×

0.5m、深さ約1m）だったようです。穴の両端寄りには2本ずつの杭（南北85cm、東西3cm間隔）が打ち込んでありました。これが藤原京で発掘されたトイレです。その穴にはトイレの後始末に使用したチュウ木（長さ約18cm、幅約1cm、厚さ約4mm）や瓜の種子が堆積していたそうです。この土を取って分析すると、昆虫（ウジ虫などトイレにかかわる虫とトイレ近くにいた糞虫など）や魚骨・寄生虫の卵の化石などが見つかったそうです。魚の骨は人々が食べていたものが消化し切れずに排出されたものですし、寄生虫の卵は、当時の人たちの体内に寄生虫がいたことを示しています。回虫・鞭虫（べんちゅう）などは生の植物を口にすることから人体に入り、肝吸虫（かんきゅうちゅう）は、魚を生で食べると人体に入ります。そして、なんと藤原京内のトイレは今風にいうと水洗便所だったようです。

　平城京内のトイレについては『西大寺資財流記帳（さいだいじしざいるきちょう）』という文献に記されています。そこには「瓦葺厠（かわらぶきかわや）　長6丈4尺5寸広1丈2尺」とあります。瓦葺きで長さ20m弱、幅3.6mの長いトイレがあったというのです。トイレの中が壁で仕切られていたかどうかはわかりませんが、20人くらいの共同便所であったようです。しかも、川や溝にまたがった建物だったようですから、水洗便所だったと考えられます。なお、トイレの掃除に関する取り決めも養老令や延喜式にあり、いずれも罪を犯した囚人たちがトイレ掃除をさせられたようです。

　一方ゴミ処理は、なかなか進まなかったようです。当時のゴミ処理は大路小路の側溝に捨てるか、ゴミ捨て穴を掘って埋めるかでした。だから放っておけば、都の側溝のゴミは堆積してしまいます。側溝は都に住む庶民の雑徭によって掃除されることになっていたのですが、律令体制がしだいに動揺しはじめるとどれだけ掃除が行き

届いたのかは疑問です。だから一度疫病がはやると、またたく間に広がったことはいうまでもありません。

❷ 国土開発

　律令制の整備・充実によって、この時代には産業が発達し、元明朝に武蔵から銅が献上されました。このため、708年、年号を和銅とし、太政官内に鋳銭司を設置して、和同開珎が作られました。これ以前、天武朝期に富本銭が鋳造されたことが確認されています。この和同開珎は、銀・銅2種類のものが発行され、これ以後958年の乾元大宝まで12種類の貨幣が発行されました。

　貨幣発行の理由は、①政府は、中国にならい銭貨発行をすべきだと考えたこと。②商業の便からしても、国家財政上の必要性からしても、貨幣発行をすべきだと考えてのことです。しかし、②の理由や物価安定などの理由から銭貨発行を行ったものの、流通範囲は畿内に限られていたため、貨幣の流通は政府が考えていたとおりに進みませんでした。政府はこのため、711年、蓄銭叙位令を出し、流通促進を図ったのですが、結局は失敗しています。蓄銭叙位令は銭を蓄えて政府に献納する者には、その額によって位階を与えることにしたものです。ちなみに貨幣が全国的に流通するようになったのは鎌倉時代になってからのことですから、そう簡単に広がっていくものではなかったようです。また、和同開珎が銀と銅の2種類発行されたのは、この貨幣発行以前から銀がすでに銭として流通していたからです。

　政府は、鉄製農具を使用して耕地の開墾を行い、各地の鉱山を開発させました。その結果、周防の銅、陸奥の金などがとれるようになります。また養蚕も盛んになり、国衙の工房などでは特産品が作

られるようになりました。

　国域も広がっていきました。駅制が整備されたことはもちろん、大量の物資輸送の必要から水運もしだいに整いはじめました。こうした道路・運輸の整備と並行して辺境の開発も進んでいきました。阿倍比羅夫の蝦夷征討後、712年には出羽国が設置され、724年には多賀城が設置されました。蝦夷はその後も反乱を続けていましたが、大野東人によって鎮圧されました。一方、南方では、7世紀末には種子島（多禰[襧]島）が服属し、713年には大隅国が設けられました。しかし、隼人（南九州の住民）の反乱は激しく、大伴旅人を将軍とする大軍が送られ鎮圧されました。反乱は一応抑えられましたが、それですぐ隼人を中心とする大隅国・薩摩国が律令政府に従順に従ったというわけではありません。800年になるまで班田収授の法が実施されなかったことは、隼人が公民（律令政府の支配を受けている民衆）となっておらず、何がしかの抵抗を続けていたと考えられます。

③ 奈良時代の政治

　8世紀の政治は、政局が大きく転換する時代でした。できあがったばかりの律令体制は、その中心部分で危機に瀕していたといえます。そもそも律令体制、なかでも官位相当制と蔭位の制が加わった官人制は、高位高官の貴族を保護する仕組みでしたから、新興の貴族が台頭し、従来からの特権を守ろうとする皇親勢力や旧貴族層との対立は避けられなかったのです。この場合、新興貴族とは藤原氏を指し、旧貴族層とは、橘氏などを指します。皇親勢力とは長屋王らを指しています。しかも、都の造営にかかる費用や負担が増大しており、経済的危機に瀕しているという背景がありました。だから、

第5節 奈良時代の政治・経済

　奈良時代の政争（政治的な対立や争い）を単なる藤原氏と皇親勢力との対立だけで理解してはいけません。
　まず、父鎌足の後を継いだ藤原不比等が台頭します。彼は淡海公ともよばれ、大宝・養老律令の作成者でした。不比等は、後妻の県犬養三千代を通じて皇室に強い関係を持つこととなります。娘宮子を文武天皇の夫人とし、首皇子（後の聖武天皇）の外祖父になりました。さらに、三千代との間に誕生した光明子は、首皇子の妃となりました。
　720年、不比等が死去した後、台頭したのは天武天皇の孫（子は高市皇子）である長屋王でした。彼を推挙したのは元明天皇です。長屋王の邸宅跡から発掘された木簡で「長屋親王」と記されていたことから、「親王」とよばれていたことがわかっています。長屋王を中心とする勢力は、藤原氏の勢力拡大を快く思っていませんでした。右大臣から左大臣に出世していき、勢力をふるうことができた長屋王は、藤原氏側が首皇子を即位させて、光明子を立后させる計画を阻止しようとして、藤原氏と対立するようになりました。藤原氏側は729年、長屋王に謀反の疑いがあるとして軍が邸宅を包囲し、自殺に追い込みました。これを長屋王の変といいます。自殺に追い込まれた長屋王は怨霊となって、朝廷関係者から恐れられたといわれています。
　この事件の背景にあった、藤原光明子を首皇子の皇后にするということが、どのような意味を持つのかを説明しておきましょう。皇后は単に天皇の正妻であるばかりではなく、皇太子に準ずる執政権を持ち、天皇亡き後、皇位をめぐる対立が生じた場合、しばしば中継ぎの天皇として即位し、事態の収拾を図る慣例がありました。このことはこれまでの女性の天皇が即位した事例でも理解できるでし

ょう。それほど重要な地位である皇后に新興貴族の藤原氏一族の娘がなること、これが一番の問題だったといえます。これまでの女性の天皇は皇族出身でしたから、新興貴族の藤原氏とのあいだに摩擦が生じたのです。

　この長屋王の変以後、不比等の４子（武智麻呂・房前・宇合・麻呂）が政権を担うのですが、737年、彼らは新羅経由で流行した天然痘で相次いで死亡し、藤原氏の政権は一時中断してしまいます。武智麻呂の南家、房前の北家、宇合の式家、麻呂の京家の４家ですが、南・北の二家は邸宅があった場所、式家は式部卿に、京家は左京大夫にそれぞれちなんでよばれています。ちなみに京家は早く衰退していったようです。

　政権は、光明子の異父兄である葛城王（＝橘諸兄）に移りました。諸兄は、吉備真備・玄昉を登用しました。諸兄の台頭に対し、大和国守から大宰少弐に左遷された式家宇合の子藤原広嗣が反乱をおこしました。ちなみに国守は国司の中で一番上の位ですが、弐になると２番目でしかも大・少に分かれているので実際には４番目になります。広嗣のいい分は、玄昉や吉備真備らの登用で飢饉や疫病が流行したとして、彼らを政権から除くよう訴えてのことでした。諸兄は大野東人を将軍とする１万人余りの軍を送り、乱を鎮圧させました。藤原広嗣は事件の張本人として斬殺されました（もっとも重い刑の執行です）。

　しかし、即位して間もない聖武天皇は、この乱に動揺し、平城京を離れ、都を転々と移していきました（平城京→恭仁京→紫香楽宮→恭仁京→難波宮→紫香楽宮→平城京）。この間玄昉は、聖武天皇に仏教に頼る政策を勧め、これを実行していきます。１つは、①恭仁京で出された国分寺・国分尼寺建立の詔です。この詔は、唐

の制度を模倣した政策で、僧寺と尼寺からなり、僧寺には金光明最勝王経を、尼寺には法華経を置くこととするものです。だから、僧寺のことを金光明四天王寺護国之寺といい、尼寺を法華滅罪之寺といいます。もう1つは、②紫香楽宮で出された大仏造立の詔

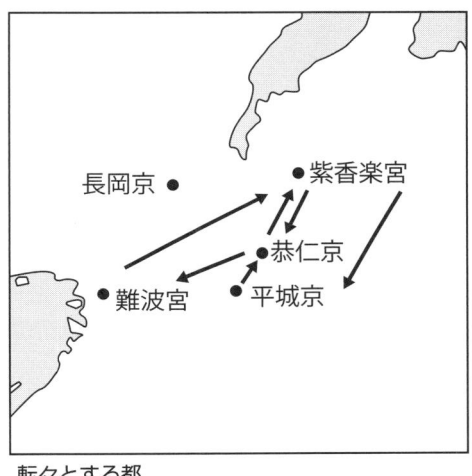

転々とする都

です。大仏は華厳経の本尊、盧舎那仏であり、大仏の造立によって国家の鎮護を図ろうとしたのです。詔が出された場所からもわかるように、最初大仏が造立されようとした場所は、紫香楽宮に近い甲賀寺でした。その後745年、平城京に戻り東大寺で大仏が造立されることになります。

　この大仏造立の場所については、もっとも新しい説を説いておられる保立道久氏の説明を参考にしてまとめてみましょう（詳しくは『歴史のなかの大地動乱』岩波新書をお読みください）。そもそも聖武天皇が大仏造立の場所に、都のあった平城京でなく近江国の紫香楽を選んだ理由は、734年4月、河内・大和を激しい地震（マグニチュード7.0〜7.5と推定）が襲い、天皇がこれを機に仏教をこれまで以上に信仰するようになったからだとされています。つまり、天変地異がおきるのは為政者としての自分の責任だと考え、それを鎮めるために、仏教を厚く信仰するということです。その象徴とし

聖武天皇　701〜756

ての大仏は、地震の発生した河内・大和から離れた場所であるべきだとして選ばれたのが近江紫香楽宮ということなのです。ところが、その近江の地にも地震が襲います。745年4月紫香楽宮を襲った地震はマグニチュード7.9と想定されており、3日3晩地震が続いたとのことです。今度は逆に平城京が無事で安心できる地になりました。そこで、紫香楽宮を捨て、平城京で大仏造立をやり直すことになったのです。

　749年7月2日、体力的な弱まりを感じた聖武天皇は、阿倍内親王（あべのないしんのう）に位を譲ります。すなわち孝謙天皇（女帝）が即位することとなったのです。聖武天皇は、上皇（じょうこう）として孝謙天皇を支えることになりました。大仏は、752年、孝謙天皇のもとで、開眼供養（かいげんくよう）が行われ、バラモン僧菩提僊那（ぼだいせんな）やベトナム僧らが参加しました。なお、大仏造立には僧行基（ぎょうき）が尽力しました。大仏開眼供養の夜、孝謙天皇は藤原仲麻呂の邸宅にとどまったとされています。2人の間に男女の関係があったという研究者もいますが、正史である『続日本紀』（宇治谷孟『続日本紀』全現代語訳）では「この日（開眼供養の日―引者注）の夕は、天皇は大納言の藤原朝臣仲麻呂の田村第（たむらのてい）（左京四条二坊の東半分八町。法華寺の南）に入られ、御在所とされた」とあるだけです。

　この開眼供養の前に、政権は南家の藤原仲麻呂に移っていました。仲麻呂は、孝謙の母である光明皇太后（こうたいごう）との関係が強いという理

由から橘諸兄を排除し、政権担当者になったのです。そして皇后宮職を改組した紫微中台という役所を新設し、その長官（紫微令）となりました。

757年、仲麻呂を打倒するため橘諸兄の子橘奈良麻呂が反乱をおこしました。反乱は新興の藤原氏に対し、旧貴族の大伴・佐伯などを巻き込みおこされたものでした。乱の鎮圧後、捕えられた奈良麻呂に乱の理由を問い質したところ、「無道＝東大寺造営」が理由であったことがわかりました。しかし、仲麻呂にしてみれば、東大寺造営は奈良麻呂の父諸兄が実施したことであり、彼には責任がないことです。事実、仲麻呂はそう語っています。この年、仲麻呂は内外の諸兵事を司る紫微内相を新設し、大臣待遇の職に就任しました。さらに、孝謙天皇に代わり自分と関係の深い淳仁天皇を即位させます。仲麻呂は養老律令を施行し、官職を唐風（中国風）に改め、右大臣に相当する大保に就任すると同時に、自らも恵美押勝という名を賜りました。あわせて太政官上部の官名を唐風に改めます。その後、760年には太政大臣に当たる大師となります。ちなみに奈良時代、太政大臣になったのは道鏡と仲麻呂だけでした。仲麻呂こと恵美押勝の政権が行ったことをまとめると、以下のようになります。まず①雑徭半減。②公出挙を5割〜3割に減らす。③東国防人の廃止。④正丁21歳〜60歳を22歳〜59歳に短くする。⑤民情調査のために問民苦使の派遣。そして先にも記した⑥官名の唐風化。具体的には太政官→乾政官、太政大臣→大師、左大臣→大傅、右大臣→大保などです。

760年、恵美押勝の叔母である光明皇太后が亡くなりました。翌761年、孝謙上皇は、近江保良宮に出かけ、ここで病にかかります。この時、看病にあたったのが法相宗の僧道鏡です。そして

しだいに孝謙と淳仁天皇との関係が悪化します。先の『続日本紀』の762年5月23日の条で「高野天皇（称徳—つまり孝謙上皇のこと。引者注）と帝（淳仁）との仲が悪くなった。このため高野天皇は保良宮から平城宮に移り、淳仁帝は中宮院（大極殿近くの殿舎か）に入御し、高野天皇は法華寺に入御した」（宇治谷孟『続日本紀』全現代語訳）とあります。続けて同年6月3日の条には、孝謙上皇が「政事のうち恒例の祭祀など小さなことは今の帝が行われるように。国家の大事と賞罰の二つの大本は朕（孝謙上皇のこと—引者注）が行うこととする」（同前）と、事実上天皇の権力を奪い返しています。こうなると恵美押勝の地位も危なくなります。

　ついに764年、恵美押勝の乱がおこりましたが、押勝は打倒され、淳仁天皇は淡路島に配流されました。このため、淳仁のことを淡路廃帝ともいいます。道鏡は、765年太政大臣禅師に、翌766年には法王となりました。孝謙上皇も重祚し、称徳天皇となります。道鏡の政治は当然、仏教政治でした。765年には、寺院を除いて墾田私有を禁止します。さらに、769年、宇佐八幡宮に神託が降りました。神託の内容は、道鏡が天皇になれば平和になるというものでした。この神託の確認のため、和気清麻呂が派遣されたのですが、清麻呂は、神託は偽りだと報告しました。このため、清麻呂は、別部穢麻呂と改名され、大隅国に配流されてしまいます。しかし、770年称徳天皇が死亡すると、藤原氏の巻き返しがはじまり、式家宇合の子百川らが天智天皇の孫にあたる光仁天皇を即位させました。道鏡も下野薬師寺に左遷されました。

　さて、道鏡と孝謙上皇、称徳天皇との関係についてです。この件については、『続日本紀』には当然記されてはいません。何しろ国の正史である史料ですから、私事にわたることなど記されていない

のです。では、2人の関係をある種おもしろおかしく書いたものは何だったのでしょうか。答えは景戒が822年に著した『日本霊異記』です。現代語訳を挙げてみると、「天平神護元年（765）初めに、弓削氏の僧道鏡法師が、女帝（孝謙上皇のこと—引者注）と同じ枕に寝て情を交わし、政治に実権を執って天下を治めた。この歌（光明皇后の生きていた頃庶民に流行した歌—引者注）は道鏡法師が女帝と同じ枕に寝て情を交わし、天下の政治を執るという、その事件の前兆であったということがわかった」（中田祝夫全訳注『日本霊異記』）ことになります。女帝と僧侶との恋愛が事実か否かはわかりません。そういう関係があったとしてもおかしくはないと思います。ただ、天皇が中心に行う政治が公のものでなく、私人が大きな影響を及ぼす状態になってしまったことは問題でしょう。

❹ 公地公民制の動揺

奈良時代、しだいに生産力が上昇してきたとはいうものの、依然として税負担が重く、山上憶良の『貧窮問答歌』に見られるように、農民の生活は厳しいものでした。庶民の住居は竪穴住居ないしは掘立柱住居だったようです。村では農業が営まれていただけではありません。海岸や湖の近くの村では当然漁業をしていたでしょうし、山村部では鹿・猪などの狩猟も行われていました。律令政府は都から離れた村にも税負担をするように命じていましたから、各地の特産物をはじめ、租・庸・調などの税を納入しなければならなかったのです。

税負担の中で、調・庸の運脚、兵役（衛士・防人）などは、農民の生活を圧迫しました。負担に耐え切れず人々は、浮浪（他国に移るが、移住先は明らかで、調・庸は納める）や逃亡（行き先不明で

当然、調・庸は納めない）、偽籍（戸籍を偽ること。年齢や性別を偽る）、私度僧（勝手に得度し、僧侶になる。当時の僧侶は、国が認めないと自分1人で僧侶になることはできない）などになって律令体制の支配下から逃れていきました。逃亡した農民は近くの5戸の人々が探し、郡司が処罰を下すことになっていました。一家で逃亡すると、逃げた期間が10日間で笞30、最高刑は徒3年と決まっていました。彼らはもともと班田農民（公民）でしたから、全国的にこうした行為が広まり、公民の数が減れば、公民からの負担に依拠して成り立っていた政府の財政は底を尽き、政府は何らかの対応を迫られることになりました。

5 土地公有制の矛盾と私有の承認

そもそも公地公民制に基づく班田収授制は、その原則どおり実施されていたのでしょうか。班田収授法それ自体に大きく3つの矛盾がありました。それは、①班田収授を実施するには、戸籍の作成や耕地面積の確定、さらにこれらに基づいた耕地の班給の実施という、かなり煩瑣な過程を地方の官人の協力を得て実行しなければなりません。彼らの協力を得るためには、中央政府の強力な指導が必要となるのですが、この時代の政府の動向からすれば、政争に明け暮れ、地方官人への強力な指導は不可能だったといえます。

また、②班給された口分田は、実際には死者が出ない限り返還する必要はなく、政府が与えた「公地」（公の土地）には違いないのですが、受け取った農民の側からすれば、私有地のように公地を利用しても不思議ではありません。これに加え、口分田は家族の人数に応じて班給されるので、人数の多い家族や土地経営に優れた農民の土地は、生産力を高め、そうではない家族との間に貧富の差が生

じることになります。

　そして、③すでに見たような、公地公民制のもとでも、位田・職田など貴族に与えられた田地は私有地です。寺社に与えられた寺田・神田の場合は、私有を認められた田地であるばかりでなく、これに加えて不輸租田（租の納入が不必要な田）でもありました。つまり、貴族や寺社は大土地所有者になり得る条件が、律令体制のもとですでにあったということです。こうしたことから、土地公有制とは、土地の管理・支配権が国家にあることを意味するだけで、土地の私有を否定するものではなかったと考えるべきでしょう。

　とはいっても、律令制において、土地の私有を国家が法で容認していたわけではありません。しかし、政府は班田農民の減少とそれによる財政破綻に対処するため、8世紀前半からしだいに土地の私有を容認するよう、その政策を変更していきました。まず、長屋王政権のもとで、722年百万町歩開墾計画が実行されました。この百万町歩という面積は、江戸時代初めの耕地面積（163万5000町歩）と比べても、開墾不可能な数字であり、当時の技術水準からしても到底無理なものでした。だとすれば、この数は、政府の開墾に対する熱心さを示す数であり、理想の数、架空の努力目標と考えるべきでしょう。では、なぜこの政策が出されたかが問題になります。当時の実態からすれば、しだいに増加しはじめた人口に対処し、それに伴う口分田不足に対応しつつも、浮浪人の増加による荒廃田（耕作が放棄され荒れてしまった田）増加を、逆に墾田（開墾した田）の増加により補うためだったと思われます。だから、この政策は当時施行されつつあった条里制開発の一環として施行されたと考えるべきでしょう。しかしこの計画は失敗に終わりました。

　翌723年、長屋王政権は、三世一身の法を制定します。土地政策

の失敗や財政破綻という状況に変化はありません。この法は、いま述べた状況に対応するため、土地の開墾によって収入を増やすとともに、開墾した田（墾田）を期限つきで私有することを承認する代わりに期限が過ぎれば国家の土地（公地）として収公（取り上げて国家の土地にする）ことを表明したものです。私有にあたっての条件が、新しい墾田の場合は３代（子・孫・曾孫）、旧溝池の再開墾の場合は、本人は１代に限るというものでした。この法は国司・郡司による条里制地割・水路の施工と並行して、農民の私的な開墾を奨励する目的があったと考えられます。そのちょうど20年後、743年に墾田永年私財法が出されました。20年というと、旧溝池を再開墾した土地が国家に収公される時期であり、旧溝池を再開墾した人々が墾田を耕す意欲を失う時期でもあります。他人（国家）の土地になる田地を、わざわざ耕作する人はいないということです。そこで、こうした事態に対応するため、政府はこの新しい法を発令したのです。橘諸兄政権は、同年出した大仏造立の詔に対し貴族層の協力を得る必要もあって、墾田の永久私有を条件つきで認める法の発令を決めたのです。

その条件とは、①位階により開墾面積に制限があること、②開墾にあたっては国司の承認を得ること、③３年以内に開墾しなければ、その土地を他人が開墾してもよいことにする、というものでした。注意すべきは、法の対象とするのは、あくまでも墾田であり、墾田以外の土地については、従来どおりの公有地であることです。しかし、貴族や寺社はこの法を利用して、浮浪・逃亡民や周辺の班田農民を労働力とし、開墾を進めていきました。765年、道鏡政権は、この法を寺院の墾田と農民のわずかな墾田のみにしか認めないことにします（加墾禁止令）。これは藤原氏を中心とする貴族勢

力への抑制策であり、道鏡が左遷されると772年、墾田永年私財法の開墾面積制限が撤廃されました。どれだけ開墾しても構わないことになったのです。こうした経緯があるものの、墾田永年私財法には、従来十分に把握できなかった未開墾地と新開墾地を支配体制に取り込むことができるようになったという意義があります。つまりこの法によって、開墾地は輸租田（税金である租を納めなければならない田）として田図（田の様子を描いた図）に登録されるのですから、大宝律令には欠けていた未開墾地や新開墾地を規制するシステムを補うことができるようになったわけです。

❻ 初期荘園

以上のような経過を経て、貴族・寺社などは広大な土地を占有し、浮浪・逃亡・周辺の班田農民・奴婢（奴隷）などを使って墾田開発を進めていきました。開墾にあたり、開墾に従事する管理人や農具などを保管する建物が作られます。これらの建物を総称したものを荘（荘家）とよび、これを中心に開墾が進められたので、「建物＋墾田」を荘園とよぶようになっていきます。一方、すでに開墾された土地を買収する場合もあり、これを既墾地系荘園とよびます。また、前者の開墾した荘園の方を墾田地系荘園とよびます。いずれにせよ、これらの荘園は輸租田であり、租税は納入しなければなりませんでした。また、できあがった荘園内の田地は、農民に賃租で（貸して）耕作させました。

❼ 遣唐使

618年に建国された唐に対して日本は、630年犬上御田鍬を第1回遣唐使として派遣しました。奈良時代、唐は玄宗皇帝の開元の

治を迎え、最盛期にありました。遣唐使は、894年、菅原道真が廃止を提案するまで、全部で18回計画され、そのうち15回実行されました。当初、航路は朝鮮半島を北上する北路をとっていましたが、白村江の戦い以後、新羅との関係が悪化したため、南路（南島路を含む）に変更されました。新羅との関係悪化の原因は、735年、来日した新羅使が国号を「王城国」と改めたことを告げると、日本は無断で国号を改めた非を責めて使節を追い返したことによります。

　渤海は、唐・新羅と対抗するため日本に使節を送ってきました。渤海は中国東北部に698年建国されたツングース族の国で、34回の使節が来日しました。926年に滅亡しましたが、東京龍原府（東京城）と松原・能登の客院との交流が行われました。

第6節　平安時代の政治・経済

1　平安京

　不要の官人の削減、兵役の軽減を行った光仁天皇が死亡した後、桓武天皇が即位しました。藤原氏（藤原百川）は天武・天智系の血を引く皇太子他戸王を、謀反を企てたとして排除した上で、渡来人の血を引く高野新笠を母とする山部王を天皇に据えたのでした。これが桓武天皇です。桓武天皇は、奈良時代に見られた仏教政治を改め、人心の刷新を図るため、遷都を実施しました。784年、藤原百川の甥、藤原種継の勧め

桓武天皇　737～806

に従い、山背国乙訓郡長岡に遷都しました。これが長岡京です。この都の大極殿・朝堂院などは難波宮の建物を解体して利用したものです。しかし翌年、造宮長官の種継は暗殺されました。事件の背景には、大伴・佐伯氏らとの対立、さらに種継と皇太弟早良親王との対立があったといわれます。長岡京は、事件後も都として使われていましたが、天皇の側近者の死亡や疫病の流行などが相次ぎ、再び遷都が計画されました。そこで、和気清麻呂と藤原小黒麻呂の2人を造宮太夫とし、794年、山背国葛野郡宇太に遷都が行われました。この都を平安京といいます。国名も従来の山背から山城と改

められました。

　平安京は、唐の長安を模倣して造られた都で、東西4.5km、南北5.3kmあり、朱雀大路を中心に右京・左京に分けられます。仏教勢力との関係を断つという考えは継続され、この都で寺院として認められたのは、東寺・西寺のみでした。後で詳しく見るように、805年の徳政相論で造作（都の造営）が中止されました。ですから、この都は未完成の都でもありました。右京一帯は、桂川の湿地帯で、生活するには適していませんでした。そのため、右京は早くから衰えました。

❷ 桓武朝

　桓武天皇の政治は、律令制の再建を目指すものでした。その第１は、地方政治の刷新です。地方政治は律令制支配の中心をなすものです。ところが、地方支配が緩みはじめ、その立て直しのために、奈良時代後半には派遣されなくなっていた巡察使を派遣し、地方政治の引き締めと民衆生活の実態の掌握に努めました。また、国司の勤務状態が悪化しはじめたので、これを防ぐために政府は勘解由使を置きました。勘解由使とは、新任の国司が、前任者の勤務状態を調べ、不正がなかったことを証明する解由状の受け取りを監督する役人のことです。解由状には、租税・官物の取り扱いに不正がなかったかを証明する内容が記されていました。さらに、国司・郡司の仕事ぶりを監査し報告する観察使（六道観察使）も置かれました。

　第２に、従来の軍団兵士制を改め、792年に郡司などの有力者の子弟を兵士に採用する健児の制を整備しました。国ごとに20～200名の定員を定め、60日交代の勤務としたものです。ただし、軍団兵士制を改めたといっても、東北（陸奥・出羽・佐渡）や大宰

府は、従来のままでしたから、これら以外の諸国はおもに郡司の子弟から集めた健児に任せることになっただけ、ともいえるでしょう。

　第3に、公民の負担軽減策を実施しました。それは、①795年の雑徭の半減（60日から30日に）と、②801年の口分田班給の倍加（6年1班から12年1班に）、③公出挙の利子（利稲）を3割にというものでした。

　第4に、蝦夷征討の継続があります。780年伊治呰麻呂の乱で多賀城が落とされ、その後788年から2度にわたり征討がなされました。788年、紀古佐美を征東大将軍とした戦いは失敗に終わり、蝦夷側の首領阿弖流為は征討軍に大打撃を与えました。続いて794年、征夷大将軍大伴弟麻呂は10万の軍を率いて戦い、ある程度の勝利をおさめました。797〜804年にかけて3度目の征討が、征夷大将軍坂上田村麻呂により実施されました。田村麻呂は、802年には胆沢城を築き、多賀城にあった鎮守府を移し、翌803年、志波城を築きました。首領阿弖流為は平安京に連行され処刑されました。

これにちなむ記念碑が現在京都市の清水寺に立っています。

　蝦夷征討は805年に突然中止されることになりました。この年、朝廷内部で徳政相論がおきたからです。藤原緒嗣と菅野真道が論争し、軍事（蝦夷征討）と

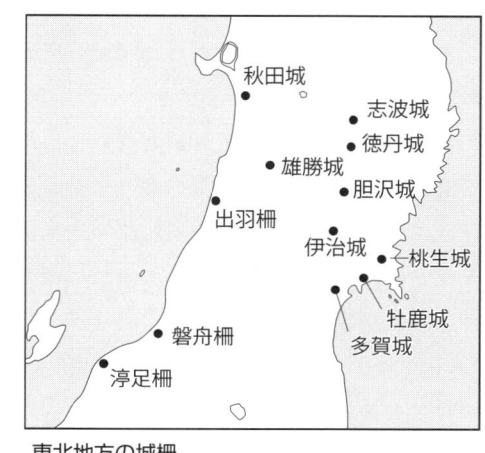

東北地方の城柵

造作（平安京造営）が中止されたのです。ただし、蝦夷征討は、その後、嵯峨天皇の時、811年に文室綿麻呂が征夷大将軍として派遣されています。綿麻呂は、774年、大伴駿河麻呂が陸奥国鎮守将軍に任命され、蝦夷攻撃を開始して以来38年間続いた蝦夷との戦いが終了したことを報告しています。蝦夷側からすれば、突然侵略されることになったのであり、到底「征討」される理由も必要もないことでした。そこで近年では、「蝦夷戦争」ないし、綿麻呂の発言を受けて「38年戦争」といういい方がされています。その後878年、秋田城で反乱がおこり、藤原保則が派遣されています。

第5に、調・庸の未進や粗悪化が表面化し、緊縮財政策が採用されました。その結果、皇族のうち姓を与えられて下った賜姓皇族（桓武平氏・清和源氏・嵯峨源氏）が増加しました。

３ 平城朝から嵯峨朝へ（令外官）

桓武天皇が806年に死亡し、平城天皇が即位しました。平城朝は、官吏・官人の整理統合を行い、財政負担を軽減する政策を実施しました。しかし、病弱だった平城天皇は3年間で退位し、弟の嵯峨天皇が即位します。上皇となった平城天皇は、810年藤原式家の種継の娘薬子とその兄仲成と謀り、自らの重祚と平城京への遷都を計画しました（平城上皇の変、薬子の変）。事件は失敗に終わり、仲成は殺害され、薬子は自殺、平城上皇は出家しました。この事件を機会に、太政官から漏れてしまう機密を守り、特に重要な文書を司る蔵人が設置されました。これには、藤原冬嗣と巨勢野足が任命され、後に役所として蔵人所が設置されました。特に蔵人所から出される宣旨が従来の詔勅に代わり重視されるようになりました。

さらに、嵯峨天皇は、検非違使を置きました。従来、都の警備は

五衛府が行っていたのですが、検非違使が設置され、しだいにその機能が吸収されるようになりました。

　こうした令制の枠外の官職を総称して令外官といいます。その代表的なものを挙げてみると、文武天皇の時の中納言や聖武天皇の時の参議などがあります。嵯峨天皇はまた、藤原冬嗣に命じて820年、弘仁格式を作成させました。格とは律令を補足・修正するもので、式は律令の施行細則のことです。弘仁格式に続き、清和天皇の時には貞観格式、醍醐天皇の時には延喜格式が作られました。これら3つの格式を総称して三代格式といいます。なかでも延喜式がもっとも完備されたものといわれています。これら三代格式をその内容により分類した『類聚三代格』は、11世紀頃に作られました。また、律令についても、条文の解釈を統一するため、養老令の官撰注釈書として清原夏野らが作成した『令義解』があり、私撰注釈書として惟宗直本が作成した『令集解』があります。これら一連の政治改革を律令制の再編・修正と見るのか、そうではなく、中国から導入された律令制が日本の中で定着し、独自の発展を遂げたと見るかは意見の分かれるところかも知れませんが、いずれにせよ平安時代に新たな展開を見せたと考えることはできるでしょう。

❹ 北家の台頭

　藤原冬嗣が蔵人所の長官（蔵人頭）になって以来、北家の台頭が目覚ましくなっていきます。冬嗣の子良房は842年、伴健岑・橘逸勢が、恒貞親王を擁立して反乱を計画したという理由で、彼らを処分しました。承和の変です。この事件は、淳和天皇が子の恒貞親王がいるにもかかわらず、仁明天皇を即位させたことに原

因があります。そして、仁明天皇は子の道康親王を皇太子とせず、恒貞親王を皇太子としたため関係がこじれました。道康親王のおじである藤原良房はこれを利用し、伴・橘両氏を追放したのでした。良房は857年に太政大臣になり、道康親王すなわち文徳天皇と娘明子が生んだ清和天皇を即位させ、翌年には事実上の摂政になりました。

　866年には応天門の変がおきました。大納言伴善男が左大臣源信の失脚を企て、応天門に放火しました。しかし源信の地位に変更はなく、逆に伴善男が犯人だとされ、流罪の処分を受けました。あわせて善男の子中庸、紀豊城らが連座して処分されました。ですから事件は、伴氏・紀氏という従来から勢力を持っていた貴族を排除したという意味もあります。事件後、良房は正式に摂政になりました。その後、藤原長良の子で良房の養子となった藤原基経は、当時10歳の陽成天皇の摂政となります。ところが、陽成天皇は性格が粗暴で、基経は陽成を廃位させてしまいます。逆からいえば天皇を廃位に追い込むだけ基経に力があったということでしょう。

その後、遅咲きの光孝天皇（即位時55歳）の時に実質的な関白に就任し、887年、宇多天皇の時に正式に関白となりました。この関白就任直後におきた事件が阿衡事件（阿衡の紛議）です。この事件は、宇多天皇が即位後、基経に「よろしく阿衡の任を以て卿の任となせ」と記した勅書を基経に与えたのが原因でした。この勅書について藤原佐世は、中国の古典で「阿衡」とは名前のみの官

宇多天皇　867～931

職であると基経に入れ知恵をします。これを聞いた基経は、約半年間政務に就きませんでした。このため、宇多天皇はついに折れて勅書を取り消し、「阿衡」という語を入れた詔勅の起草者である橘広相(たちばなのひろみ)を処分しました。

ところで、摂政と関白について見ておきましょう。摂政とは天皇が幼い時に天皇に代わって政治を担当するもので、天皇が成人になると関白となります。両者とも天皇の政治を代行するのですが、それを成り立たせている基盤は、天皇の外戚(母方の親戚)であり、なかでもその外祖父(母方の祖父)が重要な地位に就くことが多かったのです。こういう関係を成り立たせているのは当時の貴族の婚姻のあり方、つまり招婿婚(しょうせいこん)でした。これは、男性が女性のもとに通うもので、生まれた子どもは妻の実家で育てることになっていました。簡単にいうと妻方の重視です。これを基盤に外戚関係を重視する摂関政治が成り立ちます。

891年、基経の死後、宇多天皇は阿衡事件を忘れませんでした。あるいは事件を根に持っていたのかもしれません。ともかく摂政・関白を置かず、菅原道真をまず蔵人頭に任じ、天皇親政を目指しました。宇多天皇は道真を信頼し、醍醐天皇への譲位にあたり道真を重く任ぜよとの要望を伝えました。これを「寛平御遺誡(かんぴょうのごゆいかい)」といいます。醍醐天皇の代になり、左大臣に藤原時平(ときひら)が、右大臣に菅原道真が任じられました。時平は道真の昇進をねたみ、道真が醍醐天皇の廃位を計画しているという偽りの上奏(じょうそう)を行います。醍醐天皇はこれを聞き入れ、道真を大宰府に左遷してしまいました。

❺ 延喜・天暦の治

ところで、醍醐・村上天皇の時代を延喜(えんぎ)・天暦(てんりゃく)の治とよび、後

醍醐天皇　885～930

世もこの時代を理想視したのですが、政治の実態はそのようなものではありませんでした。この時期に、律令体制に基づく政治は崩壊していったと考えてよいでしょう。ただし、後々まで朝廷の中では模範にすべき時代と考えられていたようです。また中世、室町期に似た名前の天皇がいることに気づきましたか？　後醍醐であり、その息子の後村上です。醍醐・村上に続け、ということなのでしょう。

　醍醐天皇の時代、つまり延喜の治の実権は藤原時平にありました。時平は、①班田の励行、調庸制や国司制などの律令制再建を目指し、②寺社・貴族によって拡大しつつあった非合法の荘園を整理しようとしました。これが延喜の荘園整理令です。これは荘園そのものを廃止しようとしたものではなく、一定の統制のもとに置こうとしたものです。というのも、地方豪族は自ら経営していた田地に対する国司の課税を逃れるために「院宮王臣家」とよばれた中央貴族の保護を仰ぎ、田地そのものを院宮王臣家の荘園としたのです。この整理令はこうした初期荘園を取り締まろうとしたものでした。しかし、三善清行の「意見封事十二箇条」に見られるように、税を負担すべき農民が浮浪・逃亡していなくなり、政治は根本から揺らいでいたというべきです。

　醍醐天皇の後、即位したのは朱雀天皇でした。この天皇の時、時平の弟、藤原忠平が摂政・関白になりました。この政権の時に律令

制は完全に変質したと考えられています。具体的には土地制度の内容で触れますが、地方政治は国司に一任され、税徴収のあり方も大きく変更されました。

次いで、村上天皇の天暦の治となります。この時期に皇朝十二銭の最後である乾元大宝が鋳造されました。これを挙げる以外、具体的な政策の実現はなかったといえるでしょう。

❻ 安和の変

北家による他氏排斥の最後の事件が安和の変です。事件は969年、藤原氏と結んだ源満仲の密告によりおきたものです。醍醐天皇の子で左大臣だった源高明らが村上天皇の子為平親王を擁立し、円融天皇を廃位にしようとしている、との密告がなされたのです。このため、源高明は大宰府に左遷されました。

❼ 摂関常置

他氏排斥が終わった後、北家内部の争いがはじまります。同じ一族同士の対立の方が激しいバトルになることは必至です。まさに「血で血を洗う戦い」です。

藤原兼通と兼家の兄弟同士の対立がおきた後、関白藤原道隆の子伊周とおじの道長との対立がおこります。こうした対立の結果、藤原道長が勝利しました。道長は995年、天皇より先に重要書類を見ることができる内覧という職に就き、翌年左大臣になります。1000年には娘彰子を一条天皇の中宮としています。ついで、一条天皇の後の天皇になった三条天皇にも娘妍子を中宮として嫁がせています。この間、道長が内覧にとどまって摂政になったのは、彰子が生んだ孫の後一条天皇が1016年に即位してからのこ

とです。その摂政職も翌年には息子の頼通に譲っています。そうでありながら、道長のことを「御堂関白」というのは、御堂（法成寺）を造営したことにちなんでのことで、道長は関白には就任していません。藤原実資の日記『小右記』で道長のことを「太閤」と記したのは、関白の唐名で敬語に過ぎません。道長の息子頼通は、1017〜67年までの間、摂政・関白として実権を握りました。

　しかし道長は、左大臣の職だけは手放しませんでした。その理由は、左右大臣以下、中納言、参議らが列席して行われる公卿会議を統括し、首席を務めるのが左大臣の役目だったからです。ちなみに、関白になると公卿会議には参加しないことが慣例になっていました。ですから、道長は太政官の重要なポストを持ち続け、実権を握るために、左大臣の職から降りることがなかったのです。

⑧ 摂関政治の実態

　摂関政治を「政所政治」と理解するのは誤りです。かつてはそういう説明がされていたこともありました。

　もう一度摂政・関白について述べておきます。摂政・関白になるのは、北家の家長（氏の長者）であり、天皇の外戚という関係を利用します。この外戚関係を生み出すのもかなり大変です。自分の子どもとしては女の子が生まれないといけません。男の子は極端ないい方をすれば、次に摂政・関白なるべき子だけで、つまり元気のいい男の子1人で十分です。ともかく女の子が生まれ、その子が天皇に嫁ぎ、今度は男の子が生まれないといけません。そうです、次の天皇候補になる男の子です。こういう関係をうまく作ることは実際にはかなり難しいことです。いまでも性別をうまく分けて子どもを作るなんてことが無理なように。また、外戚になっても摂関には

なれない人もいたようです。

摂政・関白の任命権はあくまでも天皇にあります。摂政・関白は天皇の政治の代行者ですが、政治を行う場所はあくまでも太政官でした。そして太政官内の近衛の陣（官人の詰め所）で三位以上の公卿が集まり陣定を行いました。ここでは、重大事件に対する天皇と公卿の合議と天皇の決定への参考意見の提示がなされました。つまり基本的には政治は太政官で行われており、太政官の重要職を藤原氏が独占しているということはできますが、藤原氏の家政機関である政所で政治が行われていたわけではありません。

地方政治は、国司に一任されていたので、儀式・先例を重んじることが重視され、政治は形式化・形骸化していきました。だから朝廷内では大祓・賀茂祭・灌仏会・七夕・相撲・叙位・除目などの年中行事が発達していったのです。

❾ 東アジアの変化

唐の衰退は安史の乱で頂点に達し、907年唐は滅亡しました。その直前の894年、菅原道真の建議で遣唐使は中止されました。唐の衰退と航海の危険を理由とした上表を宇多天皇が承認したからです。中国はその後、五代十国の混乱期を経て、宋が建国されます。一方、朝鮮は935

9〜12世紀の東アジア

年、新羅が滅亡し、高麗(こうらい)が建国されました。渤海は、遼(りょう)(契丹(きったん))に滅ぼされました。朝廷は、中国からの船の来航を制限しましたが、宋から博多・平戸・坊津に中国船が入港し、香料・絹織物が輸入品としてもたらされました。遣唐使が中止されたといっても、依然として中国への関心は高く、一般人の渡航は禁止されましたが、入宋僧の渡航は許可されていました。

⑩ 地方政治の乱れ

　中央の政治がこれまで述べたような、藤原氏の独占状態だったので、その影響は当然ながら地方政治に及びました。8世紀から続いていた浮浪・逃亡する人々の数は増加する一方で、9世紀には班田農民の階層分解が進み、有力な農民の中に「富豪百姓(ふごうのひゃくしょう)」とよばれる人々が生まれました。彼らは、牛馬・奴婢・稲を大量に集め、これをもとに私出挙(しすいこ)を行って周辺の弱小農民や没落農民をその支配下に置きました。私出挙とは春に稲を貸し付け、秋に利息つきで回収することです。その利息は10割だから、事実上貸し付けというよりもボッタクリです。これでは政府の財政収入も班田農民の減少によって減っていきます。浮浪・逃亡する人々が増加するということは、戸籍・計帳の作成が困難になることにもつながりますから、結局は地方支配がやりにくくなります。政府は、こうした事態に対して勅旨田(ちょくしでん)・公営田(くえいでん)・官田(かんでん)を作りました。しかし、政府の対応はあまり効果がなかったようです。ここで、用語の確認をしておきましょう。勅旨田とは、8世紀以後、皇室の財政収入確保のため、勅旨(天皇の命令)によって院や宮などに与えた田のことです。次に公営田とは、大宰府管内に置かれた国家の直営田のことです。さらに官田とは、畿内に置かれた国家の直営田のことです。政府が自ら田

を置かなくてはならないほど財政的に苦しい状態になってきたことを示しています。

　10世紀に入ると、戸籍・計帳による支配が不可能になっていきます。そこで、藤原忠平政権は、国司に地方政治を一任し、これまでの各個人に課していた税収入（人頭税）をやめ、土地に課税することにしました。国司は、公領を名（名田）に再編成し、その面積に応じて官物と臨時雑役を納めさせるように改めました。この名田の耕作を請け負う有力農民を田堵といいます。彼らは先の富豪百姓の流れをくむ有力農民で、名田を多く請け負う田堵を大名田堵といいます。それ以外の一般の農民を作人といいます。田堵たちは、能力に応じて名田を請作（耕作を請け負うこと）し、農業経営を行いました。なお、官物とは律令の租の系譜を引くもので、反別におもに米で賦課された税のことです。臨時雑役は、調・庸の系譜を引くもので、人別または反別に課される特産品・手工業品・労役です。

⓫ 国司制の変化

　地方政治を一任された国司は、その税率を引き上げ、私腹を肥やす者もいました。税率をいくらにするのかは国司に委ねられていて、中央政府は、税が納入されれば後は文句をつけなかったのです。つまり国司に地方政治を丸投げしていました。

　この時期の国司は、任期4年で、中下級の貴族であり、中央では出世ができない者たちでした。せっかく国司になっても、次の機会に国司に任命されるか否かは政府が決めることであり、国司在任中に儲けられるだけ儲けようとするのは仕方がないことでした。そこで、国司に再任されるために賄賂を贈り再任してもらう者が現れま

した。賄賂とは私腹を肥やした収入の一部を宮中の行事や寺社の造営費などに寄付することです。このようにして国司の職を買うことを成功(じょうごう)といい、成功によって国司に再任されることを重任(ちょうにん)といいます。重任によって繰り返し国司に任命されるようになると国司は任国に赴任しなくなり、一族の者を目代(もくだい)(国司の4番目のランクであるサカン[目の代わりという意味]があります)として派遣しました。こうなると現地では目代と現地の豪族から選ばれた役人(在庁官人)が実際の政治を行うようになります。なお、国司が赴任しない国衙を留守所(るすどころ)とよびます。

　一方、国司として現地赴任する者もいました。源氏や平氏のように中央での出世をあきらめて地方に下った者たちや、私腹を肥やすために赴任する者です。これを受領(ずりょう)といいます。受領とは、もともと、新旧国司の間に行われた事務手続きのことをいったのですが、これが転じて実際に任国に赴いた国司の守(かみ)(長官)を指すこととなりました。任国赴任の代表例としては、988年尾張国の郡司・百姓らに31カ条の非道を書き上げられ、訴えられた藤原元命(もとなが)や『今昔物語』に「受領は倒る所に土をもつかめ」というほど貪欲な収奪を行ったことを記された藤原陳忠(のぶただ)らです。こうした無茶苦茶な政治を行う国司の悪政・非法を訴えることを国司苛政上訴闘争(こくしかせいじょうそとうそう)といいます。訴えられたのは、何も彼らだけではなかったようです。佐渡・讃岐・対馬・伊勢などの国司が訴えられていることが確認されています。ちなみに、藤原元命は、国司を罷免された後、貴族社会で生涯を送っています。

第7節　古代から中世への移行期

❶ 田堵・大名田堵・開発領主

　10世紀に入り、藤原忠平が政権をとった時期に、地方政治は国司に一任されました。また、班田収授の実施が不可能になり、口分田や乗田（じょうでん）（口分田班給の余りの田）は廃止され、一国内の土地は一律に公田（こうでん）として国司が支配するようになります。国司は公田を名（みょう）（名田）という課税単位に編成し、その面積に応じて官物と臨時雑役を徴収するようになりました。この名（名田）の耕作請負と納税の責任を負った有力農民を田堵（田頭とも）とよびます。彼らは1年ごとの契約で耕作を請け負う人々でした。田堵のうち名田を多く管理し、大規模な経営を行うものを大名田堵といいます（名田をたくさん管理しているから大名というのです）。彼らは地方の有力な豪族たちではありましたが、土地の耕作を請け負うだけで、その名田は彼らの私有地ではありませんでした。名とはもともと口分田を班給された公民の名前を土地台帳に記すことからはじまったものです。その後、墾田を開発した人の名前、さらに耕作請負人の名前がついた田地を指すようになっていきました。

　11世紀になると大名田堵や地方豪族の中から開発領主（かいほつりょうしゅ）となる者が現れます。彼らは、開発のために周囲を堀や垣根などで囲んだ屋敷地を構え、付近の土地を開発予定地として国衙に申請し、一定の年貢を上納する条件で開発し、その土地を私有することを国司から認められました。彼らは、開発地などの私有を認められた土地の管理を国司から任され、その支配領域（郷や保（ほ）という単位でよばれま

す)の一般農民を政治的に支配する領主となっていきました。さらに、後にも触れますが、当時の田地は私たちが考えているような生産力の高いものではありませんでした。ですから、生産力が低く扱いにくい状態になっている田地(耕地)を使用できるようにすることも開発といい、そうした土地の管理者を開発領主という場合もありました。

　上で述べたように、開発領主たちは、国司から土地私有を認められるようになると同時に、国司の配下の役人になっていきました。そして、自らの支配領域を守るため、一族(家子)や配下の上層農民(郎等)らを武装させ、武士団を形成していきます。これが武士団のはじまりであり、自らの開発地の地名を苗字として名乗るようになります。ただし、誤ってはならないことは、後で詳しく述べますが、古代・中世の武士は兵農未分離(武士と農民の身分が固定していない)であり、農民でありかつ武士でもありました。

2 国衙領の形成

　いま述べたように、武士団を率いた開発領主は国司に郷・保といった領域の支配を任されました。だから、こうした土地の管理者という意味で、郷司・保司といいます。さらに、この職(権限)を世襲することも認められるようになっていきます。しかし、彼ら郷司・保司の地位が安定したとはいい切れません。なぜなら、国司が現地に送った目代と対立することもあり、年貢などの納入を怠れば、その職が奪われることもあったからです。ともかく、国司あるいは目代と開発領主である郷司・保司(彼らを在庁官人といいます)らによって支配されるようになった公領(公の土地)を国衙領といいます。

❸ 荘園の発達

　10世紀頃から貴族・寺社は特定の田地について、不輸（租税免除のこと）の特権を認める官省符（太政官、あるいは各省から出された書類のこと）を政府から発行させます。そして年貢・公事を自己の収入にできる官省符荘として領有するようになります。すでに、公地公民制のもとでも寺田・神田などは不輸の特権を持っていましたから、これと同様に政府がもう少し広い範囲で不輸権を与えたと考えてよいでしょう。この官省符荘の耕作を請け負った農民は田堵であり、彼らは、公領の田地（公田）と貴族・寺社の田（免田・荘田）、両方の耕作請負をしていました。なお、注意しなければならないのは、10世紀から11世紀初め頃は、各国とも大部分が公領であり、不輸権を持つ免田の集合体である荘園の比率は低かったのです。荘園内の耕作請負をしている田堵も荘園領主である貴族・寺社に所属しているわけではなく、公領＝国衙領の公民である田堵でした。

　また、国司は任期4年の終わりに、自分自身や縁故のある貴族・寺社の荘園を認め、あわせて不輸権を与える場合もありました。この不輸租の特権は立券荘号という手続きを経ました。この国司が不輸権を認めた荘園を国免荘といいます（国司が租税を免除した荘園という意味です）。しかし、国免荘は、国司が辞任すると次の国司が承認を取り消し、国衙に収公されることが多かったのです。

　11世紀に入ると、地方政治は、国衙に郷司・保司として加わった開発領主＝武士が担うようになりました。ところが、開発領主の中には国司とうまく結びつき、郷司・保司になれた者とそうではなく、国司と対抗したりして疎外された開発領主も存在しました。こ

うした勢力の弱い開発領主たちは、自ら開発した田地を国衙の収公から守るため、自らは下司・公文などとよばれる荘官となって、領主権は保留したままで、開発した土地（郷や保）を有力な貴族・寺社などに寄進する者も現れました。

　こうした経緯で荘園の寄進を受けた中下級貴族らは、自己の荘園領主としての地位をより安定させるために、さらにその荘園を摂関家や院（上皇）などに寄進しました。こうして領家→本家という関係を持つ寄進地系荘園が誕生します。

　荘官（下司・公文）となった開発領主は、従来は国衙に納入していた年貢・公事を荘園領主に納めるようになります。このようにして、荘園は1つの領域として確立していきます。さらに、国衙の検田使（田地の調査を行う役人）や追捕使（警察権を持つ役人）の荘園内への立ち入りを拒否する、不入権を持つ荘園が誕生します。

　なぜ、不輸権とあわせて不入権を獲得しようとしたのでしょうか。その理由は、領域的な支配を認められた不輸権を持つ荘園であっても、新田（新しく開墾した田地）は課税対象となるからであり、国司は荘園内の新田の有無を調査するために、検田使を送ろうとしたからです。せっかく苦労して開墾した田地に税を課せられたら、たまったものではありません。

4　荘園の耕地

　荘園内の耕地は、名田と免田から成り立っています。名田は年貢・公事の負担の基準とされ、田堵などの有力農民を編成した名主に分け与えられ、彼らが納税の義務を負いました。免田は、荘官や手工業者などへの報酬として与えられた田地のことで、荘園領主や国衙に納税しなくてもよい土地です。さらに、荘園領主自身の直属

地があり、名主より下層の農民が、地子（小作料）を納めました。

　以後、荘園の農民（荘民）は収穫の3～5割を米で納入する年貢、手工業品や地方の特産物を納入する公事、佃とよばれる領主の直営田の年貢の運搬を行う夫役を税として負担するようになりました。

　ただし注意したいのは、10～13世紀の荘園にせよ国衙領にせよ、田地は毎年連作が可能な安定した耕地（田地）だけではなかったということです。実際には、年荒といってその年1年間は耕作できなかった耕地もありましたし、常荒といって数年間耕作が放棄されているような耕地も存在したのです。年荒のことを片荒しともいいますが、田堵はこうした田地を耕作可能にすることを要求されたのです。

❺ 荘園・公領制

　こうして12世紀前半、鳥羽院政期に荘園が急増し、各国は荘園と国衙領（公領）とが半々程度になりました。このように荘園と公領とにより構成される土地制度を荘園・公領制といい、中世の土地制度となっていきました。

　ここでさらに確認しておきますが、荘園制ではなく、あくまでも荘園・公領制です。何がいいたいのかというと、全国の土地すべてが私有地（荘園）になったのではなく、公領と半分ずつになったということです。公領は政府の土地と考えてよいわけですが、これがないと各省に仕えている下級官人たちの給料は支払えなくなってしまいます。この点に注意してください。

6 武士の台頭

　一般に、開発領主の流れをくむ者たちが武士のはじまりと考えられています。しかし、武士のはじまりは開発領主だけではありません。これ以外に、いくつかの流れがあることが確認されています。それは、①関東地方の富農層で、運送業者でもあった僦馬の党から。②弓矢・馬などで武装し、律令に反抗した弓馬の士。③海民とよばれる漁民集団。つまり、海賊から。④これら①～③のアウトローから土地を守るために武装した有力農民たちもいます。もっと極端ないい方をすると、武器を持った奴が武士ということも可能でしょう。事実、「屠膾・殺生の輩」ともあり、アウトロー集団（武士）と記してもいます。ちなみに、屠とは殺すこと。膾とは、生の魚や野菜を細かく切って酢にひたした料理。殺生とは、人を自然に死に至らせたり、いつまでも苦しめたりするように、やり方がひどい様子のことを指します。人を殺し、獣の肉を食らい、無茶苦茶なことでも平気でやる奴らということでしょう。

　ただ、一般的には開発領主の勢力拡大に伴い、相互の対立・同盟に起因して武装化するのがふつうです。彼らは一族（家子）・配下の農民（郎等）をまとめて武士団を形成し、地方に土着した国司の子弟などと主従関係を結びました。国司は場合によっては、彼ら開発領主を郷司・保司に任じたり、国衙の軍事力として国侍にしたりすることもありました。

　武士団も大別して大小あります。中小武士団は、開発領主の流れをくみ、国衙の郷・保の役人を世襲した人たちであり、武蔵国の熊谷氏などを挙げることができます。もう1つは、任期終了後に土着した国司や在庁官人たちで、押領使・追捕使という職にも就き、国

内にいくつもの領地を持つ人たちで、相模の三浦氏などがその代表です。こうした武士団は、源氏・平氏といった名門と結び、彼らを棟梁(とうりょう)と仰ぎ、大武士団を形成していきます。ただし、源氏・平氏と結びついた武士団は、国家の軍事力として民衆の抵抗を抑圧することを任務としていました。

❼ 武士団の成長

10〜11世紀にかけて頻発する変乱により武士団は成長していきました。935年、平将門(たいらのまさかど)の乱がおきます。将門は、桓武平氏の出身で、下総(しもうさ)に基盤を持っていました。領地争いから伯父の平国香(たいらのくにか)と対立し、殺害します。これを契機に一族の対立が激しくなり、

平将門　生年不明〜940

将門は常陸(ひたち)の国衙を襲い、国印を奪って関東を支配下に置いて、自らを「新皇(しんのう)」とよびました。そして反乱に加わった地方豪族を国司に任命し、左右大臣以下、八省の役人を任命しようとしました。つまり、関東地方に独立国家を打ち立てようとしたのです。当然のことながら、中央政府は地域独立国家の樹立を認めるわけにはいきません。940年、同じ平氏一族の陸奥国司(むつのくに)平貞盛(たいらのさだもり)と下野押領使(しもつけ)藤原秀郷(ひでさと)らにより打倒されました。

将門の乱と同時期、西国では瀬戸内海を中心に藤原純友(すみとも)の乱がおこりました。純友は、伊予国司(掾(じょう)ですから、3番目の国司です)でしたが、任期終了後も都に戻らず、日振島(ひぶりじま)を拠点に勢力を広げて

いました。純友は海賊を組織し、大宰府などを攻撃しました。941年、政府は追捕使小野好古や清和源氏の祖、源経基を送り打倒しました。この２つの乱を総称して承平・天慶の乱といいます。これらの乱を鎮圧したのは、押領使や追捕使といった中央政府が任命した人たちで、諸国の盗賊や反乱を鎮めるための令外官でした。

1019年、中国東北部に住む刀伊（女真族）が博多湾に上陸しました。刀伊の入寇です。大宰権帥であった関白藤原道隆の子、藤原隆家は現地の武士団を組織し、これを打倒しました。

さらに1028年には平忠常の乱がおきました。高望王の曾孫で押領使・上総介・下総権介を兼任していた平忠常は、関東に勢力を持っていましたが、国司の徴税などに反対し、乱をおこしました。反乱は上総・下総・安房に広がりましたが、1031年源頼信と子の源頼義が鎮圧に出発すると、忠常は戦わずして降伏しました。忠常の突然の降伏の本当の理由はわかりません。反乱によって房総３カ国は疲弊し、忠常の軍は食糧の自給すらできなかったので戦いを放棄したのだ、ともいわれています。ただ、この乱後、源氏が関東に勢力を伸ばしていくこととなります。

1051～62年に前九年の役がおきました。この戦いを記録した軍記物語を『陸奥話記』といいます。事件は、蝦夷で朝廷に服従した俘囚の長で、陸奥の豪族である安倍頼時・貞任が国司に反抗しおこしたものです。このことから蝦夷征討後も彼ら東北の人々の独立の気風はそう簡単に衰えることがなかったといえそうです。朝廷は、源頼義・義家親子を送り、出羽の豪族（俘囚の長）清原武則の協力も得て反乱を鎮圧しました。

1083～87年に、またもや東北地方を舞台に後三年の役がおこります。戦いは清原氏内部の対立がきっかけでおきたもので、清

原氏の一族藤原清衡と源義家が結び、清原氏を金沢柵で倒しました。その後、東北地方は、陸奥平泉に拠点を置いた奥州藤原氏（藤原清衡・基衡・秀衡）3代100年間の栄華がくり広げられることになりました。

8　源氏と平氏

　源満仲以来、源氏は藤原摂関家と結びつきました。晩年、満仲は摂津多田荘に住んだことから多田源氏の祖といわれます。満仲の子頼光は、各地の受領を経験し、私財を蓄えました。彼には京都大江山の酒呑童子を退治したという逸話が残っています。頼光の弟頼信は、平忠常の乱の鎮圧者で、後に河内守として土着したので河内源氏といいます。頼信の長男が頼義で、前九年の役の鎮圧者です。義家は、頼義の長男で八幡太郎ともいいます。父の頼義が建立した鶴岡八幡宮にちなんだ名前です。

　平忠常の乱以後、関東に勢力を持っていた平氏は、根拠地を伊勢に移しました。そのため、伊勢平氏といわれます。平氏は源氏とは異なり、院と結び勢力を広げていきました。そして白河法皇の寵を得た平正盛は、北面の武士になりました。北面の武士とは院の御所の北側にいた院（上皇）警備の武士のことです。正盛は1108年、九州で反乱をおこした源義親を打倒し、その名を知らしめました。また、正盛の子忠盛も山陽・南海の海賊を倒し、鳥羽上皇の信頼を得ました。さらに、忠盛の子清盛も祖父・父と同様に出世し、1153年平氏の棟梁となりました。

9　保元・平治の乱

　台頭した平氏と源氏を巻き込んだ戦いがおこりました。まず、

1156年、保元の乱がおきます。原因は、鳥羽上皇の死後、朝廷内部の対立が深まり、これに摂関家の内部争いが加わったからです。鳥羽上皇と崇徳上皇の対立、関白藤原忠通と左大臣藤原頼長の対立は、後白河天皇が即位することで決定的なものとなりました。鳥羽上皇が1156年に死去し、対立は内乱へと変化します。崇徳上皇は、藤原頼長と結び、源為義・平忠正を味方につけます。一方、後白河天皇は、藤原忠通・源義朝・平清盛と結びました。戦いは後白河方の夜討ちによって半日で決着がつきました。崇徳上皇は讃岐に配流され、藤原頼長は殺され、源為義・平忠正は弘仁以来停止されていた斬罪となりました。なお、藤原頼長は『台記』を著した人で、天台座主慈円が著した『愚管抄』には彼のことを「日本一の大学生」と記されています。

　保元の乱後、恩賞に不満を持った源義朝は、後白河上皇と親しい藤原通憲（信西）と対立していた藤原信頼と結びつきました。1159年、平清盛が熊野詣に出かけた留守をねらい挙兵しました。後白河上皇を幽閉すると同時に、藤原通憲を殺害しました。急を聞いて都に戻った清盛は、源氏の軍を破り藤原信頼を殺害しました。源義朝は関東に逃げる途中、尾張で殺され、義朝の子頼朝は伊豆に流されました。この戦いを平治の乱といいます。この2つの戦いは、『愚管抄』では、「武者の世」（武士の時代）に入ったことを示す事件と理解されています。

後白河天皇　1127～1192

第7節　古代から中世への移行期

❿ 後三条天皇の親政

　1068年、宇多天皇以来170年ぶりに、摂関家を外戚にしない後三条天皇が即位しました。後三条が行った政策のうち、1069年に出された延久の荘園整理令が大きな意味を持ちます。従来の荘園整理令が不徹底であったのに比べ、この整理令は徹底したものでした。それは、寛徳2（1045）年に出された整理令を基準とし、これ以降に設けられた荘園を廃止し、それ以前のものでも、券契（証拠書類）が不明で、国務の妨げがある荘園については廃止するというものでした。しかも、その事務は、従来は国司の仕事でしたが、独自に記録荘園券契所を設けて、寄人とよばれる職員を採用して行うことにしました。これによりかなりの効果があったようで、石清水八幡宮の荘園のうち13カ所が停止されました。また、『愚管抄』では、藤原頼通の荘園だけは別に扱われたと記されていますが、実際には頼通の荘園も停止されたようです。また、国衙領に荘園が増加したことで、伊勢神宮の遷宮の費用などを、各国の荘園・公領を問わず一律に課税する伊勢神宮役夫工米などで賄う政策も出されました。これを一国平均役といいます。さらに、1072年、公定の枡を決めて単位を統一しました。これを宣旨枡といいます。唐突に枡が登場しますが、これは度量衡を統一することですから、かなりの権力がないと無理だったと思ってください。また、沽価法といって律令政府が決めた物資の売買価格による物価安定政策も出されました。

⓫ 院政

　院政とは、天皇の父または祖父が行う政治のことです。ふつう、

白河天皇が堀河天皇に譲位し、院庁を開いた時からはじまるとされます。ただし、白河天皇も院政を敷くために譲位したのではなく、後三条天皇が決めた人物（皇太弟実仁親王）をやめて自分の子孫に皇位を継承させようとし、堀河天皇（当時8歳）に譲位したことで、結果的に院政が開始されたに過ぎません。

　すでに天皇の地位は摂関政治の時期を通じて低下しており、政務は摂政・関白が代行していました。院政も天皇の地位低下を利用し、天皇の代わりに上皇が政治を行うものです。ただし、摂関政治はあくまでも摂政・関白に就任した貴族が天皇に代わり政治を行うもので、天皇自身にはなれませんでした。院政は外戚関係を問題にすることなく、天皇の経験者が政治を行うものです。しかも上皇は天皇ではなく、法的な制限から自由で、専制君主として政治を行うことができました。これを「治天の君」といういい方で表現しています。

　院政を支えていた経済的基盤は、荘園と知行国です。ここで知行国について述べておきます。受領（従五位下の位についていた人が国司になり現地赴任していました）は地方政治の乱れで、収入を増やしていました。上級貴族で摂政・関白になった藤原北家や上皇は国司（受領）にはなれません。しかし、収入は欲しいのです。そこで、知行国制度が考えられました。上皇（院）を知行国主とし、上皇が国司を選ぶことにします。国司は国衙には目代を派遣し、現地はこの目代と在庁官人に任せます。彼らに年貢・公事などの税を徴収させ、収益を国司に、そして上皇に上納するという仕組みです。特に上皇自身が事実上私有する国を院分国といいます。

　院の支持者は院の近臣とよばれた、こうした受領層でした。白河院の時の源師房や大江匡房らがその代表として知られています。さ

らに、白河院の時、北面の武士が設置され、院の警備を行いました。

　通常、院政期とは白河・鳥羽・後白河の3代の上皇の時期を指し、中世の後鳥羽院を含めても鎌倉時代までがその権力の強い時代だったと考えられています。しかし、上皇はその後も、江戸時代の1817〜40年に上皇だった光格上皇まで、形式的には存在していました。

　なお、従来いわれていたように、院政を、院庁で政治が行われていたことと考えてはいけません。院庁から出される下文（院庁下文）や院宣が、天皇の官符や太政官の官符に代わる働きをしたわけではありません。通常の政務などの「小事」は天皇が行いますが、それ以上の重要事である「国家の大事」は治天の君である上皇が行うだけです。だから、日常の政務は天皇と摂関とで行われており、上皇は当初、受領の人事に介入するだけでしたが、南都・北嶺の訴えが続き、武士の紛争がおこるようになると、それに伴い政治的な行動を強めていくことになりました。こうしてついには、上皇が摂関を選ぶに至ります。

　ただし、もう少し細かく時期区分すると、白河・鳥羽の院政期には、院庁は上皇の私的機関に過ぎませんでしたが、平安末期以降の後白河・後鳥羽院政期になると、院庁は国政機関としての役割を持ち、太政官発給の官符・宣旨より、院庁が発給する院庁下文や院宣の方が重視されるようになったと説く研究者もいます。

⓬ 院政期の社会

　上皇が政治を行うようになったからといって、摂関家がその動きを傍観していたわけではありません。関白藤原師通は、堀河天皇と提携する動きを示し、そのため、天皇と上皇との関係が悪化したこ

ともあります。こうした問題がおきると、上皇はより専制的な政治を行うようになっていきました。上皇が出す院庁下文や院宣が、天皇が出す詔勅や太政官符より重視されるようになりましたが、先に述べたように重視されただけで、これらに代わる役割は持っていません。さらに、上皇は、仏教を保護し、六勝寺を造営し、高野山や熊野への参詣をくり返し行いました。特に熊野詣は頻繁に行われたといってもいい過ぎではないほどでしょう。院がそれほどまでに熊野詣をしたのは、荘園整理令を出し、荘園を国衙領に編成し直し、さらには院に中下級の貴族が荘園を寄進したことに対する返礼だったと考えられています。院の経済的基盤の拡大・政治権力の集中を、熊野詣という一大イベントで示したということでしょう。

　また、六勝寺とは、白河天皇の法勝寺、堀河天皇の尊勝寺、鳥羽天皇の最勝寺などをはじめ、円勝寺・成勝寺・延勝寺を総称したものです。そしてこの上皇の仏教崇拝が問題となっていきます。院政の展開により、南都北嶺の僧兵が活発化します。興福寺や延暦寺などは膨大な荘園を持ち、荘園支配のために僧兵を組織していました。僧兵は、荘園の支配をめぐり国司と対立し、お互いに争うこともありました。興福寺の僧兵は、春日大社の神木榊を、延暦寺の僧兵は、日吉神社の神輿を担ぎ、問題がおきると、しばしば強訴を行いました。彼らの要求は、国司の罷免、荘園の確保、座主任命などで、白河上皇は、「賀茂川の水、双六のさい、山法師（僧兵のこと）、これぞ朕が心に随わぬ者」と述べています。こうした仏教教団の統制の意味もあって、上皇は出家し、法皇になることもありました。

　また、院政が本格化すると、院への荘園の寄進が進みました。後に八条女院領や長講堂領とよばれることになる荘園が寄進されま

した。この時期、摂関家にも荘園が寄進され、こちらを殿下渡領とよんでいます。さらに、知行国制も進みました。

⑬ 平氏政権

平治の乱で源氏の勢力は一時弱まり、平氏が勢力を広げました。1167年、平清盛は太政大臣になります。太政大臣のことを唐名で「相国」といいます。「入道相国」とは清盛のことです。

平氏は、畿内・西国の武士を家人として組織し、清盛の娘徳子を高倉天皇の中宮にしました。徳子は、安徳天皇を

平清盛　1118～1181 公卿姿

生み、清盛は天皇と外戚関係を持つに至ります。平氏の経済的基盤は、『平家物語』によれば、30余りの知行国と500余りの荘園でした。さらに、平氏一族の高位高官への昇進は、公卿16人、殿上人30人余りもいたといわれています。

一般に平氏政権は、武士的性格と貴族的性格をあわせ持つといわれます。西国武士を家人として組織したことは、後の鎌倉幕府の御家人制の先駆ともいえるでしょう。しかし、外戚関係を重視し、荘園・知行国を経済的基盤とする点は、貴族的性格をいまだ持つものといえます。特にこの経済的基盤は、従来の支配者の基盤と同じものであったので、平氏の勢力が広がると従来の支配者の基盤が掘り崩されることになり、両者の対立は激しくなっていきました。

1177年、後白河法皇の近臣、藤原成親・僧俊寛・西光らは、京都東山の鹿ヶ谷に集まり、平氏打倒の計画を立てましたが、密告によって失敗に終わります。平氏が都に放った平家禿という少年スパイ集団が常に反平氏の動きがないか監視しており、その結果発覚したのだともいわれています。清盛は、1179年、後白河を鳥羽殿に幽閉し、反対派を弾圧しました。
　平氏政権についてあと1つ述べるべきことは、日宋貿易の推進です。音戸の瀬戸を開いて、大輪田泊を修築し、中国船を畿内に入港させたことは、後に大きな意味を持ち、平氏政権の重要な経済基盤となりました。

Column 木簡が語る生活

　木簡に記された文字が注目されるようになったのは、長屋王邸宅跡から約11万点に及ぶ大量の木簡が出土してからのことです。木簡には、当時の人々の食生活が理解できる記述が多数存在します。

　奈良時代、地方から租税を納める荷札として利用された木簡のなかに、「近江国生蘇三合」（奈良文化財研究所所蔵）と記されていたものがあります。「蘇」とは濃縮ミルク（コンデンスミルク）のようなもので、近江国から納入されたことがわかります。こうした乳製品を天皇や貴族は食べていました。

　また、2006年11月21日の『京都新聞』朝刊には、以下のような記事が掲載されました。奈良西大寺の旧境内で発見された木簡についての紹介で、正暦2（991）年という年代がわかる木簡がありました。越前国にあった奈良西大寺の荘園から届けられた黒米につけられた荷札には「浄酒二升□□□（政所か）料又酒」とあり、政所勤務の僧に酒二升（現在の8合に相当）を送ったことがわかります。別の木簡には、「飯壱升伊賀栗拾使□（間か）食料」とあり、伊賀にあった栗林に栗拾いに行った使者に対し飯一升（現在の4合）が支給されたことがわかります。

　このように、木簡は紙に記されたこれまでの史料からは知ることができない事実を語る貴重な史料です。正史としての『日本書紀』『続日本紀』などとは異なり、古代社会を現実に生きた人々の姿を示す資料として注目されています。

第2章 中世

中世の流れとキーワード

政治・社会の動き	外交の動き
鎌倉時代 **成立（12C 末）** 源氏将軍（源頼朝） 治承・寿永の内乱(1180年)　平氏滅亡 守護・地頭設置(1185年) 頼朝、征夷大将軍就任(1192年) **執権政治（13C 前半）** 北条時政　執権就任(1203年) 北条義時 　和田合戦(1213年) 　承久の乱→六波羅探題設置(1221年) 北条泰時 　連署・評定衆設置(1225年) 　御成敗式目制定(1232年) 北条時頼 　宝治合戦→北条氏独裁 　引付衆設置(1249年) **得宗専制（13C 後半〜）** 北条時宗 　文永の役(1274年)・弘安の役(1281年) 北条貞時 　霜月騒動(1294年)→得宗専制確立 　永仁の徳政令(1297年) 北条高時 　元弘の変(1331年) 　後醍醐天皇の討幕計画 **建武の新政** 鎌倉幕府滅亡(1333年) 後醍醐親政(1334年)	 元寇(1274年)

130

政治・社会の動き	外交の動き

中先代の乱(1335年)
　足利尊氏離反→新政の崩壊
 	
`室町時代`
成立（14C 前半）
足利尊氏
　建武式目制定(1336年)　南北朝内乱
　観応の擾乱(1350年)
 	
展開（14C 後半〜）
足利義満
　明徳の乱(1391年)―山名氏清打倒
　南北朝合一(1392年)
　応永の乱(1399年)―大内義弘打倒
　明へ遣使
 	
足利義持
　応永の外寇(1419年)
 	
足利義教
　永享の乱(1438年)―足利持氏打倒
　嘉吉の乱(1441年)―義教暗殺
　土一揆
 	
衰退（15C 後半〜）
足利義政
　応仁・文明の乱(1467〜1477年)
　下剋上
 	
`戦国時代`
戦国大名の割拠
 	
一揆の頻発
　山城の国一揆(1485年)
　加賀の一向一揆(1488年)
	
	日明貿易（勘合貿易）(1404年)
	琉球王国成立(1429年)　那覇
	日朝貿易(1438年)（対馬宗氏）
	
	南蛮人の来航
	ポルトガル人種子島漂着(1543年)　鉄砲伝来
	フランシスコ＝ザビエル　キリスト教伝来
	南蛮貿易

第1節　鎌倉幕府の成立

1　鎌倉幕府の成立の時期

　鎌倉幕府の成立がいつなのかについては、研究者によっていくつかの意見に分かれています。ただ、1192年（例の1192＝「イイクニ作ろう鎌倉幕府」です）と考える人は少ないようです。大別すれば、①1180年、源平の合戦（治承・寿永の内乱）のはじめに侍所（さむらいどころ）が設置されたことを成立の条件と考えるもの、②1183年、寿永2年10月の宣旨（せんじ）により、頼朝が東国支配を認められたことを成立とするもの、③1185年、守護・地頭の設置をもって成立と考えるもの、④1189年、奥州藤原氏を倒すために御家人制が整ったことで成立したと考えるもの、の4つです。以上いずれにしても、頼朝が征夷大将軍に任命される前から幕府は成立していたと考えられています。そもそも小学校以来の「イイクニ作ろう鎌倉幕府」という年代は、源頼朝が征夷大将軍に任じられた年をもって幕府成立と見なしているだけです。

2　源平の争乱（治承・寿永の内乱）

　平氏政権は、安徳天皇を即位させた1180年から独裁的な政治をいっそう強めていきました。後白河法皇の皇子の1人である以仁王（もちひとおう）は、安徳天皇の正当性を認めず、平氏打倒の令旨（りょうじ）（皇后・皇子などの命令のことです。ただし、以仁王自身は「勅」と記していました）を発令し、これを受けて全国の源氏が挙兵しました。以仁王は源頼政（よりまさ）とともに挙兵しましたが、宇治で倒されてしまいました。源

氏はこの令旨をもとに平氏打倒の活動を開始しました。伊豆の源頼朝、木曽の源義仲ら全国の源氏が相次いで挙兵します。この間、清盛は摂津福原に遷都し、内乱を乗り切ろうとしますが失敗しました。

頼朝は、1180年わずかな武士団を率いて挙兵しました。頼朝は源義朝の子で、長い間伊豆の豪族北条氏にいわば幽閉されていた人物でした。幽閉といえばまったく自由がなく、ある場所に閉じ込められるイメージがありますが、頼朝の場合、伊豆でかなり自由な生活をしていました。そして頼朝幽閉の関係者である北条時政の娘政子と幽閉中に結婚しています。また、京都の状況は、乳母の妹の子三善康信が伝えていました。こうした状況下で頼朝にも以仁王の令旨がもたらされ、1180年8月17日、ついに挙兵したのです。

頼朝挙兵後の最初の戦いである石橋山合戦では、大庭景親ら平氏軍に大敗し、安房に退きました。それでもその後、しだいに頼朝の軍勢は増え、頼朝は鎌倉を根拠地とし、平維盛率いる軍勢と富士川の戦いで争い勝利します。頼朝の挙兵は、三浦氏、下総の千葉氏といった、かつて頼朝の父義朝に統率されていた地方武士団の長から支援を受け、彼らに励まされたことが最大の理由だったようです。

一方、頼朝の従兄弟源義仲は、信濃で挙兵し、1183年、砺波山の倶利伽羅峠で平氏を粉砕して、入洛に成功しました。都に入った義仲は、当初、後白河法皇に歓迎されたのですが、養和の大飢饉に苦しむ都で兵粮米の確保に苦しんだため、周辺の荘園から徴発したり、都の庶民からも食料を徴発したので、しだいに反発が強まりました。

鎌倉にいて、こうした状況を知った頼朝は、東国における荘園・公領からの年貢を朝廷に納入することを条件に、東国・東山道の支

配権を後白河法皇に認めさせる宣旨（寿永2年10月の宣旨）を出させました。後白河天皇がこれを簡単に認めたのは、国司・荘園領主の権限は温存されたままで、朝廷や貴族の権益を侵すものではないと判断されたからのようです。こうした頼朝の動きは義仲を刺激し、義仲の軍勢は、法皇の住居を焼き払い、貴族の官位を奪って法皇を脅迫し、ついに征夷大将軍になりました。そこで、法皇は頼朝に義仲の追討を命じます。頼朝はこれに応じ、弟の範頼・義経を上洛させ、近江粟津で義仲を敗死させました。次に、範頼・義経らは平氏追討の宣旨を受け、平氏をまず摂津一ノ谷の戦いで破りました。さらに彼らは讃岐屋島、長門壇ノ浦で平氏を追いつめ、ついに滅亡させました。源氏・平氏を中心とする戦いを源平の合戦といいますが、少なく見積もっても1180～85年の期間、全国的な規模で戦闘がくり広げられたので、当時の年号を使って治承・寿永の内乱といいます。

③ 幕府機構の整備

　平氏打倒の戦いの中で、幕府の機構は整備されていきました。まず、侍所が1180年に設置されました。侍所は、御家人統率機関であり、頼朝の信頼が厚かった和田義盛が別当（長官）に任命されました。次官には梶原景時が任命されました。
　1184年には公文所と問注所が設置されました。公文所は、1191年には政所の一部局として吸収されました。公文所は一般政務を扱う機関で、別当には下級貴族の大江広元が任じられました。問注所は、訴訟を扱う機関で、長官＝執事には、同じく下級貴族の三善康信が任じられました。大江広元・三善康信は下級貴族ですが、幕府がなぜ彼らの力を借りる必要があったのかというと、律令格式

をはじめとする法律の知識と文章作成能力に長けていたからといえます。武士は、戦闘者であり、政治能力に欠けていたことを自覚していたのかもしれません。彼らのことを総称して「京下の輩」ともいいます。京都から下って来た人たち（下級貴族）という意味です。

また、1190年には頼朝が入洛し、後白河と面会した結果、右近衛大将に任ぜられました。しかし、頼朝はこの職をすぐに辞してしまいます。右近衛大将という朝廷の官職によって、自らの地位が決まるのではないことを示そうとしたのだと考えられています。そして、1192年、頼朝は征夷大将軍に任じられました。

幕府は、重要な場所には独立の機関を設置しました。それが京都守護（→六波羅探題）、鎮西奉行（→鎮西探題）、奥州総奉行です。

❹ 義経の没落と守護・地頭の設置

壇ノ浦で平氏が滅びると、後白河法皇は追討に功績のあった義経を重用し、兄頼朝と対抗させようとしました。両者を対立させ、朝廷の力を浮上させようと企んだのです。頼朝は法皇の動きを警戒し、鎌倉に凱旋する予定の義経を京都に戻しました。後白河は義経に九州・四国の武士の指揮権を与えるとともに、頼朝追討の命令を下しました。し

源頼朝 1147～1199 近年この肖像画を足利直義とする説が浮上している

かし、義経とともにいた武士たちは頼朝を重んじて法皇の命令を聞

き入れませんでした。義経は孤立し、京都から奥の藤原秀衡のもとに落ち延び、秀衡は子の泰衡に義経を守るように託して亡くなりました。しかし泰衡は頼朝の義経捕縛要求を拒み切れず、義経を自殺させました。義経を自殺させたことで、奥州藤原氏は頼朝と協調関係を保とうとしましたが、頼朝は命令に背く態度を見せたことを理由に自ら大軍を率い、奥州藤原氏を攻め滅ぼし、東北一帯の支配権を確立しました。奥州征伐は、頼朝が武家の棟梁としての地位を見せつける戦いとなりました。

　義経追討の際、頼朝が送った入洛軍のリーダー（代官＝最初の京都守護）だった北条時政は、法皇の責任を追及し、荘園・公領を問わず、反別5升の兵粮米（兵士の食糧・軍事費として農民に賦課した米）を徴収する権利を認めさせました。これに加え、西国に地頭（国地頭）を配置する権利も認めさせました。これら一連のことがおきたのは1185年のことです。これまでは、これをもって守護・地頭の設置と考えられてきました。しかし、1185年の時点で設置されたのは、国地頭とよばれる役人であり、我々がこれまで理解してきた守護・地頭ではありません。だから、大江広元の建議で守護・地頭が設置されたという理解は、史料批判を通じて否定されたと考えられます。

　国地頭は、1185年11月29日に設置されました。このことは、関白九条兼実の日記『玉葉』にも記されています。国地頭に与えられた職権のうち「地頭の輩の進退」、すなわち地元に土着した武士に対する指揮権が継承され、形を整えられて守護の制度ができあがった（入間田宣夫『武者の世に』、集英社）と考えられています。

　翌年、国地頭の権限として認められた兵粮米徴収は、現地の混乱

がひどいため廃止されました。また、国地頭というよび方やその配置も取りやめ、守護（惣追捕使）と改められることとなり、地頭のよび方は、没官領の荘園・郷・保に置かれた武士（荘郷地頭）に限って使われることとなりました。

つまり、以下のような変化になります。

国地頭（1185年設置）　　　　→　守護（惣追捕使）　　　1186年設置
反別5升の兵粮米徴収　　　　　　地頭（荘郷地頭）

さらに、守護は権限を縮小され、その国の御家人を指揮し、国内の治安維持に当たることになりました。また、大番役（京都大番役＝京都警備、鎌倉番役＝幕府警備）の催促、謀反人・殺害人の逮捕（大犯三箇条）などの国内の軍事・警察権を掌握するとともに、国衙の政庁に対しても指揮権を行使しました。

一方、地頭は荘郷に置かれ、領内の治安維持（検断権）、年貢徴収と土地管理権（勧農権）などの仕事があり、以前からの荘官としての収益と年貢・公事を免除された給田が与えられました。また荘園・郷・保から一定の加徴米（荘園領主に納める諸負担以外に地頭が徴収する付加米）を徴収しました。1185年、地頭は段別5升の兵粮米を徴収することが認められましたが、翌年その権利は停止されました。なお、守護の収入は、原則としてありません。収入がなくてもさほど問題がなかったともいえます。というのも、守護は、地頭を兼任しているからです。守護・地頭の設置を通じ、全国支配権を手に入れた頼朝は、九条兼実ら10人の公卿を議奏公卿として任命し、鎌倉幕府の要求を京都に反映させる体制も確立しました。

5 御家人制

　鎌倉幕府を支えた根幹は、土地の給与を通じて将軍と御家人との主従関係を結ぶ御家人制です。当初、御家人は、鎌倉殿（頼朝）に名簿（みょうぶ）を出し、臣従関係を誓いました。その後しだいに御家人の数が増し、頼朝自身でなく侍所が管理するようになっていきました。

　将軍は、御家人が従来から持っていた私領の領有を保障し（本領安堵（ほんりょうあんど））、功績に応じて新たな領地を与え、守護・地頭を任命（新恩給与（しんおんきゅうよ））しました。これに対し、御家人は平時での任務や合戦時の軍役といった奉公（ほうこう）を行うことになっていました。このように御恩と奉公による結びつきを御家人制といます。ただし、御家人のありようは一つに絞られるものではありません。関東の御家人は、将軍と個別に主従関係を結ぶ者が多かったのですが、西国の御家人は、一国の守護のもとに組織され、国御家人とよばれました。また、所領や軍事力も様々で、国・郡単位の支配を行う者もいれば、ごく小さな所領しか持っていない者もいました。

　このような土地を媒介とする上下関係ができたことをもって、日本においても封建制が成立したと考えられています。より詳しく述べると、封建制は、本来、①土地の給与を通じて主従の間に御恩と奉公の関係が結ばれるという支配階級内部の法秩序を示す側面と、②土地・農具などを持つ小農民が土地からの移転の自由を奪われて農奴として領主に現物地代を納めるという経済的側面とがあります。日本の場合は、②の側面がいつ成立したかについては諸説あり確定していません。

第1節 鎌倉幕府の成立

6 幕府の財政基盤

　幕府の財政基盤は、従来の荘園・公領制に依拠した政権と同じです。頼朝が所有していた荘園（関東御領）と頼朝が持っていた知行国（関東御分国）がそれです。関東御領はおもに、500余りの平家没官領（平氏から没収した荘園）がおもでした。承久の乱後には新たに3000余りの荘園が加わり、御家人に給与されました。また、関東御分国は頼朝時代には、伊豆・相模・上総・信濃・駿河・武蔵・下総・豊後などの9カ国がありました。これら以外に、関東進止所領とよばれ、地頭の設置や兵粮米を徴収する権利を持つ荘園・国衙領もありました。

7 幕府と朝廷

　幕府が生まれ、守護・地頭によって地方にその影響力が広がっていったとはいえ、京都では院政が行われ、公家政権の力は失われてはいませんでした。また、依然として国司や荘園領主の力も強かったのです。できあがったばかりの幕府は、鎌倉を中心とする東国政権に過ぎず、東国は幕府が、西国は朝廷が支配するといった二重の政権が日本にあったと考えてよいでしょう。両者の関係が変化するのは承久の乱以後のことです。

　さて、鎌倉時代には公家の都市であり都であった京都と、武士の都市である鎌倉の2つがそれぞれ拮抗していました。武士の都市鎌倉は、そもそも源頼朝の父義朝が、東国支配の根拠地とした所で、三方を丘陵で囲まれ、南は海に臨む要害の地でした。中央の低地帯には鶴岡八幡宮と若宮大路を中心に各道路によって区画された都市が成立していました。こうした場所に幕府は各行政機関を作り、そ

れを拠点に政治を執り行ったのです。

8 北条氏の台頭

　1199年、頼朝が死亡しました。前年に落馬したことが原因だったといわれています。頼朝の死により、2代将軍には源頼家が就任しました。18歳になったばかりの彼は、父頼朝ほどの統率力を持っていませんでした。しかも、御家人からの信頼も薄かったのです。頼家は妻の一族比企氏と結びつき、独裁的な政治を行おうと画策しました。そこで頼家の母、つまり頼朝の妻である北条政子は、13名の有力御家人による合議制を実施することにしました。しかし頼朝の信頼が厚かった梶原景時に対する御家人の批判が強まり、1200年、景時は三浦氏によって追放されました。梶原景時は文武にすぐれ、和田義盛に代わり侍所別当にも任じられましたが、頼朝との関係が強過ぎて、他の御家人から嫉妬や反発を買ったのです。さらに、政子の父北条時政は、頼家の妻の一族比企能員を打倒した後、政所別当に就任します。将軍職を奪われた頼家は、北条氏により伊豆修善寺に幽閉され、1204年に殺害されてしまいました。

　北条時政は、1205年、後妻の牧氏に動かされて3代将軍実朝を廃位させようとします。続いて娘婿の平賀朝雅を将軍にしようと画策します。朝雅は信濃源氏という名門の出で、京都守護になっていました。朝雅の将軍擁立が明らかになった時、幕府の重臣畠山重忠の子重保が朝雅と対立し、北条時政に殺害されました。父の重忠も謀反の疑いがあるという理由で、北条義時に殺害されてしまいました。これら一連の事件で、北条時政は、娘政子と息子義時から見限られ、伊豆に引退を余儀なくされました。事件後、義時は父に代わって政所別当になりました。

次いで義時は、1213年に侍所別当の和田義盛を挑発し、これを打倒しました（和田合戦）。こうして政所と侍所別当を義時が兼務することになりました。この兼務状態の職を執権といい、この職は代々北条氏が世襲することとなります。

　もともと政治の実権を持っていなかった3代将軍源実朝は、朝廷に接近し、和歌を親しむ生活を送るようになりました。官位の昇進も早く、1218年には右大臣になりますが、翌年その拝賀式を鶴岡八幡宮で行った際、頼家の子公暁に襲われ死亡しました。公暁をそそのかし父の仇をとるように勧めたのは、北条義時をはじめ何人かの黒幕とされていますが、真相は不明です。公暁も頼みとする三浦氏に裏切られて殺害されました。こうして頼朝の血を引く子孫が将軍となる可能性はなくなりました。政子は義時と相談し、後鳥羽上皇の皇子を朝廷から将軍に迎えようと計画するのですが、上皇から拒否され、九条道家の子で頼家の妹の孫にあたる頼経を将軍に迎えることになりました（摂家将軍［摂関家から迎えられた将軍］。九条［藤原将軍］ともいいます）。

　この間の北条氏の台頭についてまとめると、以下のように述べることができます。すなわち、頼朝死後の制度上の将軍は、執権をしのぐ実権があったわけではありません。これは頼朝の子も摂家将軍の場合も同じです。幕府存亡の危機が連続した時期を通じ、常に最

北条政子　1157〜1225　菊池容斎画

高の意思決定の中心にいたのは北条政子でした。彼女は頼朝の死後に出家し、剃髪して尼となり、未亡人として頼朝のカリスマ的権威の継承者であり、実朝死後の実質的な将軍（尼将軍）でした。

⑨ 承久の乱

後鳥羽上皇は、『新古今和歌集』を自撰するなど、文学面で力を発揮した人物で、武芸にも励み、院政の強化に努めました。長講堂領をはじめとする荘園を基礎に裕福な生活をしていた上皇でしたが、意のままにならない幕府にしだいに敵意を持つようになり、比較的親近感を持っていた実朝が死ぬと、これまでの北面の武士に加え、西面の武士を設置し、幕府打倒の計画を実行しはじめました。つまり上皇（院）の自由になる軍を増強したということです。

後鳥羽上皇　1180～1239

皇子の将軍職就任要請を拒否した後鳥羽上皇は、逆に寵愛する姫、伊賀局の所領、摂津の長江・倉橋の荘園の地頭の停止を幕府に命じました。幕府がこの件を拒否すると、怒った上皇はついに義時追討の院宣を出しました。上皇は、院宣を出せば、武士はその命令に従うと勘違いしていたようです。幕府と御家人との関係をとらえ損ねた点に誤りがありました。これに対し幕府側は尼将軍政子が御家人たちに向け演説を行い、結束を促しました。北条義時の子

泰時と弟時房を先頭に約 20 万人の幕府軍は約 1 カ月で朝廷側を打倒しました。

　乱後の措置は厳しいものでした。まず、後鳥羽上皇を隠岐に、順徳上皇を佐渡に、土御門上皇を土佐にそれぞれ配流すると同時に、当時 4 歳で何もわからなかった仲恭天皇に譲位させます。そして後堀河天皇を即位させ、父の後高倉法皇に院政を行わせました。ついで、院方の荘園 3000 カ所を没収し、御家人にその支配を委ねました。この荘園の地頭をふつう、新補地頭といいます。新補地頭は、没収以前の権利を受け継ぎますが、それができない場合には、11 町ごとに 1 町の免田と反別 5 升の加徴米、さらに、山川からの収益の半分徴収という新補率法を適用しました。京都には従来の京都守護を改め、六波羅探題を置きました。探題は京都を南北に分け、その長には北条泰時と北条時房が就任しました。また、朝廷にも幕府の力が及ぶようになり、乱の際に幕府を擁護した西園寺公経が内大臣になりました。

　承久の乱の意義は、①幕府権力の強大化。②新補地頭・六波羅探題に見られるような西国支配体制が確立したこと。③さらに、①と関係しますが、1223 年北条義時が各国の土地台帳（大田文）を作成させたことにあります。乱の影響についてより詳しく述べると、①幕府が圧倒的に優位な関係に立ち、朝廷との協調関係を確立したこと。②社会的観点からすると、東国の西国に対する勝利ということができます。すなわち、西国に新恩地をもらって東国から移住した御家人（西遷御家人）の勢力拡大。③思想的には、天皇の権威の無条件の絶対性が崩れ、治上（上皇）や天皇にも徳を修めることを求める徳治主義の考え方が強まったこと。④幕府自身の権力構造においては、頼朝の縁者が京方についた結果、将軍勢力が弱体化し、

執権勢力の優位が確立されたことを挙げることができます。ただ、朝廷権力が弱体化したとはいえても、無力になったわけではなく、朝廷が幕府と協力して政治を行うようになったということです。

❿ 執権政治の確立

1224年、北条義時が死ぬと、その後妻の伊賀氏が兄の伊賀光宗と謀り、実子の北条政村を執権にしようとしました。政子はこれをすばやく抑え、京都から泰時を戻し、執権に据えました。翌年には初期の幕政を支えた大江広元と政子が、相次いで亡くなりました。このような事態に対して泰時は叔父の時房を連署としました。連署とは、執権1名による意思決定の独走を防ぐ最小の合議体を指します。事実上の執権2名体制です。また、1225年三浦義村ら有力御家人たちを評定衆とし、一般政務や訴訟の裁決をすべてその合議で行う体制を整えました。評定衆の構成は、有力御家人11名＋執権・連署で評定会議を実施するもので、①外様（非北条氏）御家人の宿老クラス。②北条氏一門の有力者。③官僚層の首脳部。これら①〜③で御家人の意思を反映するように協議することになりました。さらに、頼朝以来の鎌倉御所を引き払い、鎌倉の中心部宇都宮辻子に拠点を移しました。そしてこの頃、遠江以東の15カ国の御家人によって鎌倉番役が整備されました。

⓫ 貞永式目

北条泰時の政治のうち最大の功績といえるものが、1232年の貞永式目制定でしょう。正式名称を「関東御成敗式目」といいます。ここでいう「関東」とは鎌倉幕府という意味です。御家人の訴訟を処理する目的で作られた式目は、後の武家法にも大きな影響を

与えました。その作成については、泰時が弟の重時に与えた手紙（消息）に詳しく記されています。貞永式目は全文51カ条からなります。すでに触れたように、条文は憲法十七条の3倍（17×3＝51）という意味を持っています。ものを知らない武士のために作成したと記されており、仮名書きのように思われるのですが、漢文で記されたものです。

　式目の基準となったものは、武家社会の慣習や道徳、すなわち道理と頼朝以来の先例です。この式目の適用範囲は御家人です。したがって、この時期、御家人を対象とする武家法としての貞永式目と、朝廷の勢力下では律令の系譜を引く公家法と、さらに荘園領主が独自の支配内容を示した本所法という、以上3つの法律（法令）が存在しました。

　式目の内容は以下のようなものです。①寺社の崇拝・尊重。②守護・地頭の権限。③所領の規定（法的な権利がなくても20年続けてその土地を支配していれば、その支配は有効となるという20年年紀法）。④武家の女性の権利（女人養子のこと）。御家人小山朝光の母のように女性で地頭になることも認められています。⑤財産相続に関する親権の強化（悔返し権）。⑥下人・所従の子どもの処分（下人・所従の子どものうち、男子は父親に、女子は母親につける）などです。

　その後、貞永式目には、追加・改正が行われました。これを式目追加といい、さらに式目追加を分類・編集したものを新編追加とよびました。

⑫ 5代執権北条時頼

　3代執権泰時の後、北条経時が4代執権となりました。しかし、

経時は病弱であったため、5代執権北条時頼に交代しました。時頼は1247年、北条氏と並ぶ有力御家人であった三浦泰村一族を宝治合戦で打倒しました。北条時頼は、母の実家である安達氏に命じ、三浦氏を挑発し一族を打倒したのです。これは北条氏に対抗する勢力を一掃する事件でした。さらに、1249年、御家人の訴訟を専門に扱う引付を設置し、評定衆から選ばれた頭人のもとに引付衆を分属して裁判の公正・迅速化を図りました。

また、藤原頼経・頼嗣と続いた摂家将軍を廃止し、後嵯峨天皇の皇子宗尊親王を将軍に迎えました。皇族将軍のはじまりです。この変化は、摂家将軍が幼い時には問題が生じないものの、将軍が成長し、自らの地位を自覚すると同時に、他の御家人と結びつき、北条氏と対立する危険を避けるためのものでした。

北条長時が執権に就任しても実権を握り続けた時頼は、1261年、弘長の関東新制を発し、厳格な政治を進めました。これは全文61カ条の命令で、倹約を説くと同時に、訴訟の公正・迅速化を評定衆・引付衆に要請し、御家人の役目を百姓に転嫁してはいけないと地頭に説いたものです。

執権北条時頼の時期に北条氏の家督相続者（得宗）の専制に移行しはじめます。時頼政権の権力把握の経緯は、①1246年5月名越光時の謀反弾圧。北条氏一門の名越光時が摂家将軍九条頼経を奉じて反乱をおこした事件（宮騒動）を抑え、九条頼経を京都に送り返しました。②1247年三浦氏の弾圧。宮騒動に三浦泰村一族が参加したという理由でその一族を滅亡させました（宝治合戦）。これらの騒動により幕府の権力構造が変化していきます。幕府の権力構造は、①最高権力が執権職から遊離しはじめました。つまり、時頼→時宗と継承される北条氏の家督こそが、幕府の実質的最高権力

となりました。ただし、時頼からストレートに子の時宗に権力継承が行われたわけではありません。幼い時宗に継承するためには、いったん北条長時に執権職を譲ることが必要でした。時頼は政治上の実権は握ったまま、子の時宗の成長を待つことになりました。加えて、②評定の有名無実化が進みました。

第2節　鎌倉時代の社会・外交

1 鎌倉武士と農村生活

　鎌倉時代の武士は、開発領主の系譜を引き、領内の重要拠点で土塁（るい）・堀などに囲まれた館（やかた）に住んでいました。この居住空間は、それ自体が城砦（じょうさい）の役割を持ち、母屋（おもや）や、郎従（ろうじゅう）などが住む遠侍（とおさぶらい）や馬屋（厩）（いぬおうもの）がありました。また、犬追物・笠懸（かさがけ）・流鏑馬（やぶさめ）（これらを総称して騎射三物（きしゃみつもの）といいます）などの武芸訓練をする広い土地を持っていました。館内の田畑には、佃（つくだ）・正作（しょうさく）とよばれる直営地があり、農民の夫役労働で耕作させていました。館周辺にも門田（かどた）・門畑（かどばた）などがあり、これらの土地は年貢・公事（くじ）を免除されていました。彼ら武士が住む館は武家造（ぶけづくり）とよばれる建物で、板敷きで畳を敷き詰めたものではありませんでした。つまり、鎌倉時代には部屋に畳が敷き詰められた日本風家屋はいまだ存在せず、平安時代に作られた貴族の住まいである寝殿造の武士版のような造りになっていたのです。

　ところで、武士はもちろん鎌倉にも住んでいたのですが、それはごく限られた武士であり、承久の乱後は各地に住まいを構えていました。彼らの生活は質素だったといわれています。将軍や執権といえども、やはり質素な生活をしていたようです。例えば、源頼朝が家臣の筑後権守俊兼（ちくごのごんのかみとしかね）のきらびやかな衣装を見て、刀を取り、その袖を切り取った話や、北条泰時（やすとき）の屋敷の板塀がひどく貧弱だったので、家臣が築地塀（ついじべい）を作ろうとしたところ、泰時は人夫を集めるのが大変であり、貧弱というが、自分の運が尽きれば鉄の塀であっても助からないといって辞退した話があります。さらには、北条時頼も

一族の大仏宣時(おさらぎのぶとき)を迎えて味噌を肴(さかな)に酒を飲んだ話などが有名です。こうしたエピソードからすると、彼らは本当に質素な生活をしていたようです。

　鎌倉武士の特徴は、惣領制(そうりょうせい)とよばれる同族的な結合でした。リーダーである惣領を中心に結びつき、軍役などの負担を配分することになっていました。惣領は、一門の統率や貢納の配分以外に祖先・氏神の祭祀を行うなどの役割を果たしていました。それだけに誰がなってもよいというものではなく、兄弟のうちで器量と識見を兼ね備えた者が選ばれたようです。ですから、長男だからといって、惣領に選ばれるというわけではありません。惣領に対し、構成員を庶子(しょし)といいます。庶子たちは領内の村々の土地を分け与えられ、これを分割相続(ぶんかつそうぞく)といいますが、惣領に従い幕府への奉公に励みました。なお、分割相続の権利は女子にもありました。武士の活躍する時代というと何だか男臭いイメージがありますが、尼将軍北条政子に代表されるように、女性の地位はそれほど低くなっていなかったと考えられます。すでに述べたように、女性の地頭もいたことをつけ加えておきましょう。

　武士の食生活は、貴族のような迷信にとらわれたものではなく、玄米の強飯をたくさん食べ、巻狩りでとった猪・鹿をあぶって食べていました。また、魚や貝の干したものを盛んに利用したので、なめ味噌・梅干し・鰹節・干しアワビといった戦争食が発達し、体力を増す健康食が特徴だったと考えられています。このような変化は衣服にも現れ、平安期に庶民の普段着であった直垂(ひたたれ)が武士の普段着となり、礼服としては、平安期の下層官人が着た水干(すいかん)が着られるようになりました。つまり、行動に便利なツーピース型になっていったのです。ただし、甲冑(かっちゅう)だけは派手になり騎馬戦に適した鮮やか

な大鎧が生まれ、それぞれの家門を示す紫・青・赤の組み紐を使用したそうです。

　鎌倉時代の荘園では、田堵が姿を消し、名主がこれに代わり台頭してきました。名主については、従来、名主とは地主であり、当初は自らが所有する名田を経営し、鎌倉時代になると作人・下人に耕作させるようになったと説明されてきました。しかし、最近の研究によると、①名（名田）は、年貢・公事の収得単位としてまったく均等な面積を持つように荘園領主によって再編されたものであること。②また名田に関わる名主の権利は、かならずしも私有権というものではなく、むしろ名田の管理義務を負った上での得分権（収入）であること。それゆえ、名田そのものを名主の私有地と考えることはできないことが明らかにされています。

　ところで、荘園・公領内の耕地は、この名田に分割され、名田の管理を任された名主が、荘園領主に対して年貢・公事を納めました。名主以外に、名田の管理を任されていない小百姓がおり、さらに名主に隷属した下人・所従とよばれる農民もいました。名主は年貢・公事を滞納（怠納）しなければ、名田に対する管理権（これを名主職といいます）を奪われることはありませんでした。

　名田を単位として賦課される年貢・公事のうち、年貢は米を中心に納入されるものでしたが、公事は雑公事とか万雑公事ともよばれ、山野河海からとれる様々な産物や農民の手による手工業製品などが納入されました。

❷ 地頭の荘園侵略

　地頭も荘園内に名田を持ち、そこからの年貢を荘園領主に納める義務を負っていました。もともと、地頭とは荘官のことですから、

その義務を持つことは当然のことでした。しかし、地頭はしだいに一般の農民から反別の加徴米や公事・夫役を取り立てるようになり、農民たちの生活を脅かすようになっていきました。

　承久の乱後には、すでに見たように畿内・西国に地頭が置かれるようになり、地頭の力はしだいに強大なものとなっていきました。地頭は、農民の田を勝手に自分の名に組み込み、ささいな理由をつけて農民を罪に陥れ、場合によっては下人・所従に落としました。さらに、荘園の経営にも干渉をはじめ、徴収した年貢を自分の倉に溜め込む（抑留）、領主に年貢を納めない（未進）、領主に抵抗する（対捍）、年貢を自分のものとする（押領）などを行いました。こうした地頭の非法に対し、荘園領主は荘園経営に練達した預所や雑掌とよばれる荘官を送ったり、幕府に地頭の非法を訴えたりしましたが、うまくいかず、ついには毎年、一定額の年貢納入を地頭に請け負わせる地頭請の契約を結ぶようになりました。地頭請が成立した荘園のことを地頭請所といいます。領主は荘園全体の支配ができず、年貢納入を地頭に依頼していただけでしたので、地頭は地頭請を利用し、荘園の侵略をますます進めていくようになりました。そこで、たまりかねた荘園領主は、荘園の土地（下地）を地頭と折半する下地中分をするようになりました。この下地中分のうち、話し合いで土地の折半が決まる場合を和与中分といい、領主側の申し出で幕府が決めた強制中分というやり方もありました。下地中分が広がっていくと、ある特定の人ないし家が一つの所領を支配するようになっていきました。土地と人との結びつきが強まっていくことについては、昔から「泣く子と地頭には勝てぬ」という言葉があるとおり、地頭たちは難癖をつけて（＝「ごね得」）、荘園の荘官から、荘園領主になっていったのです。まさに、現代のヤク

ザのようなやり方で、土地を奪ったのです。これもよく知られているように「一生懸命」のもともとの語源は「一所懸命」であり、古語辞典には両方併記されています。彼ら地頭が、奪い取った土地を必死に守ったことから生まれた言葉です。

❸ 生産力の発展と社会の変化

　鎌倉時代の耕地は、毎年耕作が可能な田地とそうではない田地（年荒）がありました。このことについてはすでに荘園・公領制のところで説明したとおりです。しかし、農民たちによって土地の生産力を安定させるための努力が続けられました。刈敷・草木灰といった肥料も使用されるようになりました。植物の肥料は、窒素・燐酸・カリウムです。現在のように化学肥料として作ることができなかった時代、これらを得ようとするには、一番手っ取り早いのは植物自体からとることです。刈敷は「刈」という文字があることからわかるように、草を刈って腐敗させ、土に混ぜ込むのです。次に草木灰は、「灰」がついていることからわかるように、草木を乾燥させ焼いて灰にして肥料にするのです。現在でもこうした肥料は作られています。なお、蛇足ですが、昔話の「花咲爺さん」を思い出してください。お爺さんは、「枯れ木に花を咲かせましょう」といって灰を木にかけますよね。あれです。昔話といっても、馬鹿にしてはいけません。ちゃんと理にかなっているのです。

　こうした農民の努力により土地の生産力はしだいに高まり、畿内・西国では二毛作がはじまりました。二毛作は米と麦を栽培することですが、麦は年貢として徴収することを禁止されていました。麦を年貢として徴収するようになるのは室町時代に入ってからのことです。また、田地だけでなく、畠でも二毛作が行われていました。

この場合、夏には豆類が冬には麦が栽培されました。また、「松崎天神縁起絵巻」にも描かれているような、牛馬による犂耕（牛馬耕）も広がっていきました。

　先に荘園について述べましたが、農民についてもう一度見ておきます。鎌倉時代の農民の中心は名主でした。これ以外には小百姓や、名田の耕作を請け負う作人、さらに名主に隷属する下人や所従たちがいました。農民たちは、地頭や荘官に単に支配されるだけではありませんでした。たしかに作人や下人・所従たちは、ほぼ無権利状態に置かれ、非常に苦しい生活を強いられていましたが、名主を中心とする一般農民たちは、ある程度の権利を認められていたことも事実であり、それを軽く見てはいけないでしょう。貞永式目第42条では、農民の逃散は認められていました。具体的に述べると、農民が年貢を納入したにもかかわらず、一方的に妻子を捕らえ、家財道具を奪うことを禁止しています。その内容は突き詰めると、農民は年貢さえ納めれば逃散し、他領に移る「自由」があったことを示しています。これに関しては、地頭の無茶苦茶な夫役負担に抵抗した紀伊国阿氐河荘の荘民が訴えた史料がよく知られていますが、何もこの荘園だけに限ったものではなく、広範に見られたことのようです。

　それでは、農民たちはどのような格好をしていたのでしょうか。農作業する男性は、腰に蓑をまとっていました。腰蓑というと、私たちは浦島太郎の漁民の姿を思い浮かべますが、中世農民の男たちは腰蓑をつけて田植えなどの農作業をしていたのです。この姿は近世に入ってもほとんど変化がありません。蓑は雨や雪を防いだり、泥土や強い日光を避けたりするのに用いられるのがふつうですが、男たちは何もそうした用途のために腰蓑をつけていたわけではなく、

農作業をする男としてのシンボルだったのです。女性ももちろん農作業に加わります。しかし、特別な格好をしたわけではなかったようです。さらに中世の男性特有の姿があります。それは、成人男子はふつう烏帽子をかぶっていたということです。特に武士・百姓・商人・職人はかならず烏帽子をかぶっていました。僧侶・女性・子どもは烏帽子をかぶってはいません。なぜ烏帽子をかぶるようになったかというと、武士や百姓は、成人すると子ども時代の髪を切り、髻を結うのですが、髪の切り口は不浄なものとされ、烏帽子をかぶることで覆ったのです。

　農業の発展に伴い、これまで農民が副業として行ってきた手工業生産もしだいに専門の職人が担うようになっていきます。鍛冶・鋳物師・番匠(大工)などの職人が自立します。鍛冶師は、唱歌「村の鍛冶屋」の歌どおり、村にいて鉄製農具、鋤・鍬を作っていました。鉄製農具の広がりは農業生産力の上昇につながります。

　こうした手工業製品などを集めて、寺社の門前・交通の要地などで定期市が開催されるようになります。よく知られている備前国福岡市(「一遍上人絵伝」)は河原に開かれた市です。河原は無主(所有者がいない)の場所で、刑場が設けられ、権力者に対する批判の文書が立てられることもありました。定期市は月3回開催されることから三斎市といいます。地名として残った三日市、四日市、五日市、八日市などはその名残です。

　商業の発達に欠かせないのが貨幣です。皇朝十二銭が鋳造されなくなってから、皮肉なことに貨幣流通の条件が熟し、平安末から輸入されていた宋銭や唐銭が使用されることになりました。社会の変化に伴って武士や貴族たちも年貢を貨幣で要求するようになり、年貢の銭納化がはじまりました。といっても、地頭や荘官が集めた年

「一遍上人絵伝」清浄寺蔵　福岡の市での一遍聖と神主の息子

貢米を市で銭に換えて領主に納めるもので、農民は現物（米）を納入することに変わりはありません。年貢米はさらに、時々の相場（和市といいます）で売買されました。

　貨幣流通の発達、商業の発達によって交通業なども発達しました。年貢米の輸送・保管などを行う業者も現れ、これを問丸（問）とよびます。また、大量に物資を運ぶ水上交通も注目されるようになり、瀬戸内海や各地では梶取とよばれる業者も生まれました。さらに、遠隔地との取引も活発化し、為替が使用されました。これははじめ、割符ともよばれていたので、為替業者のことを割符屋とか替銭屋などともよびました。貨幣の代わりに米を利用することもあり、これを替米といいます。

　農業を中心とした鎌倉時代の社会でしたが、高利貸業者である借上も生まれました。近畿地方を中心とする海岸部（若狭・伊勢・瀬戸内海など）では、漁業を中心とする村も生まれ、刀禰という上

層の漁民が村を統率するようになりました。

　都市が大きく発達するのは室町時代ですが、鎌倉時代にも、京都・鎌倉・奈良などの都市が発達しました。京都は、平安京つまり首都としての性格から町屋が形成されました。鎌倉も政治都市としての性格を持った都市です。鎌倉の市内は保に分割され、保奉行が統括しました。由比ケ浜の東にある和賀江島の修築や東京湾に面した六浦(むつうら)と鎌倉とを結ぶ朝比奈の切通(きりどおし)の開削も行われました。

❹ 日宋関係

　元寇(げんこう)以前の日本と中国との関係から見ておきましょう。日本と宋・高麗は貿易を通じて密接な関係にあり、宋からは銅銭をはじめ、書籍（なかでも、『太平御覧(たいへいぎょらん)』という百科事典や、『一切経(いっさいきょう)』などが知られています）・陶器などが輸入されていました。日本からは金・刀剣などが輸出されました。また、僧侶の渡航は認められていたので、重源(ちょうげん)・栄西(えいさい)・道元(どうげん)らが入宋しました。

　鎌倉幕府は、律令体制の崩壊以後忘れ去られていた外交機関である大宰府の支配権を1185年、朝廷から公認されると、御家人天野遠景(あまのとおかげ)を鎮西奉行(ちんぜいぶぎょう)に任命し、九州地方の国々の守護を兼務させながら、大宰府の貿易管理権を奪いました。幕府が貿易管理権を奪ったことに対し、荘園領主側はこれまでのしきたりに反すると反発したので、結局は民間が自由な貿易を行うことをしぶしぶ認めました。しかし、承久の乱を経て幕府の支配が強まったことを利用し、1254年、相模国に出入りする宋船は5隻以内とし、貿易統制に乗り出しました。

5 モンゴル帝国

　1206年、チンギス・ハーンは部族を統一し、アジアの各地の征服を開始しました。チンギス・ハーンの死後、オゴタイは、1234年、金を滅亡させました。13世紀の後半、チンギス・ハーンの孫フビライは都をモンゴル高原のカラコラムから大都（北京）に移し、1271年、国号を元と改めました。元はその後、ベトナムや朝鮮への侵略を続けます。特に朝鮮には、1231年以降6回にわたり侵攻し、1259年、高麗王朝が元に服属しました。しかし高麗では、政府の軍事組織（治安部隊）である三別抄が民衆と結びついて抵抗を続け、1273年まで戦いました。この三別抄の戦いのために、モンゴルの日本征討が遅れることとなったと考えられています。

6 元寇

　ところで、巨大な国家である元がなぜ、日本への侵略を計画したのでしょうか。この点については、具体的にはよくわかっていません。元は日本を服属させることにより、宋を孤立させようと考えていたといわれています。すでに、フビライは、1266年の時点で日本征討を実行する予定でしたが、朝鮮の三別抄の乱により、日本に使節が送られてきたのは1268年のことでした。

　この時、執権北条時宗は、元の降伏要求を拒否し続けました。より詳しく述べると、フビライは1266年、日本に服属を求めた国書（「蒙古の牒状」）を、高麗を通じて渡そうとしました。しかし、この国書が日本に渡されたのは2年後の1268年のことでした。その理由は高麗が国書を保管し、渡さなかったからです。高麗の精い

っぱいの抵抗をここに読み取ることも可能です。幕府は国書に返書を送らないことにしました。翌 1269 年、モンゴルは再び国書を送ってきました。この時、朝廷は元の要求を認めないけれども、返書を送ることとし、返書が作成されましたが、18 歳の若い執権北条時宗と連署の北条政村は断固としてこれを拒否しました。1271 年、元使の趙良弼が九州に到着し、日本の入貢を強く迫りましたが、これも無視しました。

　幕府はこの間、九州や中国地方に所領を持つ東国在住の御家人を下向させ、軍事力を強化した上で、九州の御家人に北九州の沿岸警備を命じて（異国警固番役）、防衛体制を固めました。

　1274 年、元は忻都と洪茶丘の 2 人を大将に日本へ元・高麗軍約 3 万の兵を送ってきました。文永の役です。日本までやって来た船は、大小あわせて 900 隻。高麗に命じて作らせたものでした。1274 年 10 月、合浦を出発した軍は、対馬・壱岐を襲い、博多湾に上陸し、博多・箱崎の町を焼き払いました。元側は歩兵集団を巧みに使った集団戦法と「てつはう」＝石火矢によって戦いをしかけ、一騎打ちと弓矢を中心とする日本の武士を苦しめました。事実、日本軍は大宰府近くの水城まで退却を余儀なくされました。

　ここで一言。そもそも、「てつはう」なんてロケット花火のよう

蒙古襲来図　『蒙古襲来絵詞』三の丸尚蔵館蔵

なものを飛ばし、集団で一気に戦う元軍に対し、馬に乗って、いちいち自分の名前を名乗って、いざ勝負なんて悠長な戦いをする武士が勝てるでしょうか。他に戦い方を知らないから仕方ないのかもしれませんが。

　この戦いの様子は肥後の御家人竹崎季長のことを描いた『蒙古襲来絵詞』に見られます。馬が「てつはう」の音に驚き、人を乗せたまま、立ち上がって、人は落馬して…。この竹崎なんてよく頑張った方ですね。わずか5騎を率いて一番がけ（先懸）に成功したにもかかわらず、相手を負傷させただけと評価されてしまったので、この武功を説明するために絵を描かせたのです。

　夜襲を恐れた元軍は、夜になると、博多湾上に停泊させた船に引き上げました。そのため、たまたまおきた暴風雨に巻き込まれ、多くの艦船が沈没・難破してしまい、元は大きな痛手を被って高麗に戻りました。

　元軍が去った後も幕府は、元の来襲を恐れ、九州の御家人たちに異国警固番役の強化を命じました。また、長門・周防・安芸の御家人を集め、長門警固番役（1275年設置）を命じました。これらの警備強化に加え、地頭・御家人がおらずこれまで幕府の勢力が及ばなかった荘園（本所一円地）の武士も動員するようになります。さらに、博多湾には延べ20kmにわたる石塁（石築地）を設け、1275年には、計画だけに終わりましたが、高麗出兵を計画しました。おそらく「異国征伐」という理由で、やられる前に相手をたたいておきたいと考えたのでしょう。

　元側は文永の役後も何度か使者を送ってきました。そのたびに幕府は使者を斬り殺して敵対する態度を表明しました。そこで、1279年、南宋を滅ぼした元は、征収日本行中書省という役所

を設け、日本遠征を実行しました。弘安の役です。忻都と洪茶丘に率いられた蒙古・高麗人からなる東路軍4万人がまず日本近海に現れ、その後、范文虎が率いる江南軍10万人が到着しました。特に江南軍は、鋤・鍬を携帯しており、日本占領と同時に日本の領地を開墾するつもりだったらしいのです。両軍が合流し総攻撃を開始しようとしたその時、またもや暴風雨が襲い、4000隻あった元軍の船の大半が沈み、元軍は壊滅しました。

　元の敗因は、①もちろん台風や暴風雨といった自然条件が一番の原因です。一般的には、この時暴風雨が襲ったとされていますが、近年では、少なくとも文永の役の場合は、暴風雨が原因ではなく、元側が自分たちの戦闘能力や食糧不足、また季節風が強まる前に撤退した方がよいと考え、予定どおり引き上げたとする説もあります。それだけではなく、②元軍の構成が多民族（他民族）であり、行動の不一致が生じたことにも原因があります。だいたい、考えてみてください。もしあなたが江南軍の兵士だったとしたらと。鋤・鍬持参の江南軍なんてあまりにかわいそうです。ここでの教訓。「多民族（他民族）構成軍は敗北する」「国土防衛のため、民族の尊厳を守るために立ち上がった人々を敗北させることは困難である。仕掛けた相手はやがて敗北する」ってことです。これはある種「歴史の法則」なんですね。さらに、③御家人らの奮闘。④元軍は船に不慣れでした。遊牧民族ですから陸地での機動戦・集団戦は得意でも、こればっかりは。別の説によると、江南軍の船を作った中国人の工匠は粗悪な船を建造したともいわれています。なお、元は3度目の日本遠征を計画しましたが、中国民衆の反乱とベトナムの抵抗にあって結局は中止せざるを得ませんでした。

　私はベトナムの博物館で見た大きな杭のことを思い出します。杭

は何本も海に埋められ、潮の干満を利用し、モンゴル船をおびき寄せておいて、潮が引いた際に、杭に刺さって船が壊れるか、攻撃しやすい状態になり、ベトナム軍が一気に攻め込んだことがわかります。いま述べたことからも、元寇は単に、日本だけではなかったことや、元が征服しようとも他の民族の抵抗にあって、日本への遠征が2度に終わったことなどがわかるでしょう。

7 幕政の変化

　2度にわたる元寇後も幕府は元に対する警戒を続けました。1293年には鎮西探題を設置しました。一方、幕府内部では、この戦いの勝利によって北条氏の地位がこれまで以上に高まりましたが、それに対する反発も生じました。北条時宗の死後、14歳で執権となった北条貞時は、有力御家人安達氏の娘を母としていました。そのため幕府内部では安達氏の力が強まっていきました。安達泰盛は、元寇後、恩給を得ることなく苦しい生活を強いられた御家人を救済するために1284年、弘安の徳政を実施するなど、御家人から信頼されていた人物でした。

　これに対し、1285年、北条氏の直属の家臣（御内人）のリーダーであった内管領平頼綱が安達氏を打倒する事件をおこしました。これを霜月騒動といいます。この事件は、得宗を支えるリーダー（最上位者）である内管領が有力御家人を打倒するまでに成長したと理解され、得宗の権力増大を示すものと考えられています。逆に、幕府を支える御家人制度が崩壊することは幕府自体の崩壊につながる事件でした。事件後、幕府の権力は、北条貞時が握ることになりました。1293年、内管領平頼綱も自分の子どもを将軍にしようとしたために打倒され（平禅門の乱）、幕府は北条氏が独占す

るようになりました。ただ、安達泰盛と平頼綱の対立の原因は、両者の幕政に対する考え方の違いにあったのではなく、権力の源泉である得宗に対する関係のあり方に問題があったと考えるべきでしょう。

　北条氏による幕政の独占は、何も北条貞時の時代に急に強まったわけではありません。すでに北条時頼の頃、評定衆で引付頭人（ひきつけとうにん）になったのはすべて北条氏でしたし、時頼が出家し、執権の地位を長時（ながとき）に譲った後も、時頼は権力を離さず、北条氏一門や御内人（みうちびと）の有力者からなる寄合（よりあい）により政治を行っています。つまり、従来の御家人制を背景に合議に基づき政治を行うやり方が変化し、北条氏の嫡流＝得宗が独裁的な政治を行い、御内人が他の御家人をしだいに圧倒していったのです。このような政治を北条氏の専制政治、すなわち得宗専制（とくそうせんせい）といいます。なお、得宗＝執権ではないことに注意すべきです。執権になっても嫡流でない場合もあるからです。

8　幕府の動揺

　北条氏の専制政治が強まっていくのに対し、御家人の生活は苦しいものとなっていきました。その理由は元寇の際の恩賞不足にあります。元寇を防ぐ戦いをしたといっても、外敵を倒しただけで、国内に新たに恩賞を与える土地が増えたわけではありません。一方で、恩賞請求の権利を持つ者は元寇で動員された御家人・武士などでその数は圧倒的なものでした。恩賞不足は幕府への不満を増大させました。これに加え、貨幣経済が発達し、御家人の生活は窮乏化していくばかりでした。御家人の所領相続の原理である分割相続がこれに追い討ちをかけました。

　そこで幕府は、1297年、御家人の所領を守るために永仁（えいにん）の

徳政令を出しました。これは、①御家人の所領の質入れや売買を禁止すること、②すでに質入れや売却した土地は、買い主が御家人以外の場合には所領を無償で返すこと、が示されていました。ただし、買い主が御家人の場合には、幕府が売却を認めるか、もしくは売却後20年過ぎた所領は除くことにしました。ところが、この徳政令は、翌年には一部を除き廃止されます。その理由は、御家人が所領を売却し、質入れした相手は、御家人以外の凡下の輩（借上［金融業者─サラ金業者です］ら）であり、御家人の土地を無償で返却しなければならないとすれば、彼らは御家人の土地を買うことはもちろん、それを担保に御家人に金を貸すこともやめてしまうからでした。ヤミ利子率が上昇し、貸し金の貸付期間も短くなり、逆に御家人の生活が苦しくなってしまったのです。

　御家人の結合の基礎であった惣領制も、こうした経済的な理由からしだいに緩んでいきました。まず、女性は所領相続ができても、その人が死亡すれば所領を惣領に返す一期分が適用されました。次に女性への所領相続が中止され、遂には嫡子単独相続（嫡子とは、一般には正妻の長男のことを指します）へと変化していきました。このため所領がもらえなくなった庶子は、血縁的な結合よりも地縁的な結合を重視するようになり、幕府の統制からはみ出して、悪党となっていく者も現れました。こうした理由で、幕府が何度も悪党鎮圧を命じても、一向に悪党を鎮圧できなかったのです。

　悪党は、畿内近国やその周辺に台頭した新興の武士で、これまでの幕府の支配原理（御家人制）から大きく逸脱し行動する武士集団でした。

第3節　室町幕府の成立

1　鎌倉幕府の滅亡

　承久の乱後、幕府は皇位継承に介入するようになりました。これに関係して、朝廷内部では皇位継承をめぐる対立が生じました。まず、後嵯峨天皇が天皇となって4年後、長男の後深草に皇位を譲り、上皇となりました。しかしその後、後深草から次男の亀山に皇位を譲らせました。そして後嵯峨上皇（法皇）は26年もの長きにわたり朝廷内で実権を握りましたが、後継ぎを誰にするか明らかにしないまま亡くなったため、後深草と亀山の対立が激しくなったのです。両者の対立は、皇室が持つ荘園の相続問題もからんでいました。すなわち、後深草（持明院統＝長講堂領）に対し、亀山（大覚寺統＝八条院領）の対立がおきたのです。そして皇統は2つに分裂してしまいました。1301年、幕府は両者の対立を利用して、朝廷の弱体化を図ろうと皇位継承に介入し、両統が交互に皇位に就くように指示しました（これを迭立の議といいます）。しかし、その後も対立は続き、1317年には、以後幕府は皇位継承に介入せず、両統の話し合いで皇位継承を決めることとしました（これを文保の和談といいます）。

　このような状況のもとで、1318年、大覚寺統の後醍醐天皇が即位しました。天皇は、後宇多上皇の院政を廃止して、天皇親政を実施します。北畠親房・日野資朝・日野俊基らを集め、記録所を設置して、政治を行いました。

　延喜・天暦の治のところでも触れたとおり、後醍醐天皇は醍醐天

皇の親政を理想としていました。ところで、右に掲載されている後醍醐天皇像（神奈川県清浄光寺所蔵）は、どう見ても異様です。天皇でありながら、唐衣の上に密教の袈裟を身につけ、唐冠をいただき、五鈷杵・五鈷鈴といった密教の法具を持った姿は他に類を見ません。後醍醐は真言立川流の大成者とされる文観と親しく、その影響を強く受けたといわれています。真言立川流は男女和合をもって即身成仏が可能となるという真言宗の中でも特異な宗派です。

後醍醐天皇　1288〜1339

　一方、幕府でも政治の混乱がおきていました。得宗の北条高時は、田楽・闘犬にあけくれ、内管領の長崎高資が、政治の実権を握り、賄賂を貪り、御内人の横暴はその頂点に達していました。御内人の政治独占とそれに反発する御家人との対立は激しくなり、これに加えて各地で悪党たちの活動が活発化していきました。

　こうした混乱を利用し、後醍醐天皇らにより幕府打倒の計画が立てられました。まず、1324年、日野資朝・日野俊基らを中心に「無礼講」という酒宴を名目に集まるグループの中で幕府打倒の計画が立てられます。しかし、この計画は幕府が事前に知るところとなり、日野資朝は佐渡に配流され、計画は失敗に終わりました。これを正中の変といいます。後醍醐はこの計画とは無関係だという姿勢を貫き、難を逃れました。

　しかし、天皇はこの失敗に屈せず、次の計画を立てました。皇子

の護良親王を天台座主として延暦寺に入れ、有力な寺院を味方につけようとしたのです。ところが、この計画も天皇側近の貴族の動揺から、吉田定房が幕府に密告したため、天皇は1331年、いったん京都南部の笠置山に逃れますが、捕らえられ、隠岐に配流されました。これを元弘の変といいます。

取り立てて問題にすることではないかもしれませんが、真言立川流に心酔していた後醍醐が息子の護良親王を天台座主（天台宗のトップの僧）に据えるというのは、いま考えると変ですね。両者は東密、台密と密教で共通していますから、気にならなかったといえばいえそうですし、天台座主の地位は、天皇家や藤原氏の流れをくむ貴族と密接につながっていますから、こういう宗教的地位を十二分に利用することが考えられていたとも想像されます。

ところで、2度にわたる倒幕計画の失敗は、何をもたらしたのでしょうか。混乱はかえって激しくなり、全体の流れは、幕府打倒の方向へ傾いていきました。北条氏側は、後醍醐天皇の配流後、持明院統の光厳天皇を即位させ、事態の収拾を図りますが、吉野に逃れた護良親王は、各地の武士たちに決起を促す令旨を出しました。これを機に幕府の御家人や河内の楠木正成らが蜂起しました。隠岐に流された後醍醐天皇も伯耆国の豪族名和長年に迎えられ、同国の船上山で挙兵しました。幕府は大軍を送りこれを抑えようとしましたが、幕府側で後醍醐側反乱軍の鎮圧のリーダーだった足利高氏（のちの尊氏）が逆に幕府に反旗を翻して挙兵し、近江国の番場峠で六波羅探題の北条仲時を自殺させました。関東でも、新田義貞が鎌倉を攻め、北条高時ら北条氏一門が滅亡しました。こうして1333年、鎌倉幕府は滅亡しました。源氏によって作られた幕府が、源氏と血縁の強い足利・新田によって滅ぼされるとは皮肉なことです。

後醍醐に協力した人々の中に、楠木正成を代表とする悪党とよばれるアウトローの武士集団がいます。彼らは夜盗・強盗・山賊といった正真正銘のならず者である場合もありますが、鎌倉幕府の支配に反抗していたことから「悪」とされたのであり、その実は既成の秩序に収まり切らない新興の武士集団でした。

❷ 建武の新政

　京都に戻った後醍醐天皇は、光厳天皇を廃位させ、正慶の年号も廃止させました。また、この戦乱で奪われた所領を元の所有者に返すという旧領回復令を出し、訴訟などの裁判はすべて天皇の意志に基づく綸旨（天皇の意志を蔵人が承って伝える形式の文書）によるべきこととしました。武士を統率する征夷大将軍には護良親王を就任させました。これが新政を進める政権内での対立の１つになることは後で詳しく述べます。政治機関として記録所が復活し、恩賞方が新設されました。しかし、これらの措置は、知行年紀法（土地売買後20年以上経てば土地を買った者に所有権が移動するが、それ以前は土地の売主が無償で土地を取り戻せるという武士の決まりごと）をはじめとする武士の慣習を無視したばかりでなく、武士たちの不満を招き、所領の不安を抱いた武士、さらには名主・農民までが次々に京都に入り混乱が生じました。また、建武の新政は天皇親政で行いましたから、摂政・関白を置きません。これには、公家層が反発しました。こうした事態を抑えるため、天皇は没収する所領は北条高時一族のものに限ること、また、現在所領を支配している者の権利を認める諸国平均安堵法を発し、加えて雑訴決断所を新設しました。

　一方、地方政治についても知行国を没収し、新しく国司を任命し

ます。そして地頭に指揮・命令をさせました。これに対し、国司と並置された守護には、武力の行使を必要とする警察権が与えられただけで、その比重は著しく低下しました。また、奥州には北畠顕家(きたばたけあきいえ)が、天皇の息子義良(のりよし)親王を奉じて陸奥将軍府を作り、足利尊氏の弟直義(ただよし)が、成良(なりよし)親王を奉じて鎌倉将軍府を作ります。尊氏は、武蔵の守護・国司を兼任し、鎮守府(ちんじゅふ)将軍に就任しただけでした。これらの措置は、すべて1333年のことであり、ここでようやく新政府ができましたが、できあがったばかりの政権の中では、「尊氏なし」（＝足利尊氏が重要なポストについていない）と噂されていたのです。武士の中で人望を得たのは足利尊氏でした。尊氏は後醍醐の名である尊治(たかはる)から「尊」の一字を与えられて改名したほどの人物ですが、尊氏自身は、足利氏の存続のために討幕運動に加わっただけだったようです。しかし彼個人の思いとは別に、源氏の血を引くということが重視され、武士のリーダー＝棟梁として期待されるようになったのです。

　建武の新政とは何かということについて、改めてまとめると次のようになります。①「延喜・天暦の治に帰れ」とする天皇独裁体制を樹立しようとするものでした。②建武政権を支える独自の軍事力は武者所以外には確認できません。③後醍醐天皇は、貨幣制度などの経済政策を持っていましたが、ほとんど成功していません。④後醍醐天皇は、国司の権限を強化し、中央集権的な地方政治を実施しようとしましたが、現実には守護と国司の並置を認めざるを得ませんでした。⑤所領の領有権を綸旨(りんじ)で再確認しました。

❸ 新政の混乱

　1334年、後醍醐天皇は年号を建武と改め、大内裏(だいだいり)造営、貨幣鋳

造などの政策を実施しました。この間、天皇の寵愛する姫廉子や祈祷僧文観（先の真言立川流の僧）など天皇とつながる人々が奢りを極めます。建武の新政の政策は武士たちの不満をいっそう高め、貴族たちの中からも不満が生じてきます。その一端は、「二条河原の落首」に見られるとおりです。混乱の原因は、①恩賞の不公平さ、つまり公家に有利であったこと。②従来の知行年紀法が無視され、天皇の綸旨が重視されたこと。③土地訴訟の増加による政務の停滞。④承久の乱で焼失した大内裏造営計画とそれに伴う地頭への課税。こうした不満が高まり、新政から人心が離れていきました。さらに、新政内部で対立が生じます。すでに1333年、征夷大将軍の地位をめぐり護良親王と足利尊氏との対立がおこっていたのです。天皇は一応護良を将軍にしたのですが、旧幕府に仕えた武士たちの不満を背景とする尊氏の力も無視できず、恩賞を与えて重んじなければなりませんでした。しかし、護良と尊氏との対立は激化するばかりで、1334年、護良が尊氏打倒を企てた際には、ついに天皇も護良を流罪にしなくてはなりませんでした。また、この年は、九州・紀伊・奥州・越後などで北条氏の残党が反乱をおこし、それが1335年の北条時行（高時の子）の反乱（中先代の乱）につながります。鎌倉にいた尊氏の弟直義は尊氏に協力を求め、尊氏は鎌倉に出向きました。

❹ 尊氏の反乱

　北条時行を倒した尊氏・直義兄弟は、旧幕府の跡に邸宅を作り、幕府を開く予定でした。このような計画を進めながらも、当初、尊氏自身は、天皇と敵対するつもりはなかったようです。しかし新田義貞の軍が迫ってきたことから、これを打倒する決意を固め、新田

義貞を箱根竹ノ下で迎え撃ち、義貞の軍を追って1336年入洛しました。しかし奥州から来た北畠顕家の軍などに圧迫され、いったん京都から追放されてしまい、九州に下りました。この間、尊氏は光厳上皇の院宣を受け、後醍醐天皇に没収された武士の所領を元に戻すことを約束して武士を集めます。上皇から院宣をもらうことは、尊氏にとって、自分は朝廷に敵対する人間ではないということを明確にすることでした。九州で体制を整えた尊氏は、陸路・海路の二手に分かれて京都に向かいました。途中、摂津 湊川（みなとがわ）で楠木正成を倒し（湊川の合戦）、新田義貞の軍を破って再度上京しました。

足利尊氏　1305～1358

5 建武式目

入京した尊氏は、持明院統の光厳上皇の弟、豊仁親王（とよひと）（光明天皇（こうみょう））を擁立し、新政権を確立していきました。一方、後醍醐側は、皇太子の恒良親王（つねよし）と新田義貞を北陸に移した上で、いったん尊氏に降伏します。そして京都に戻された後醍醐は三種の神器（天皇の正当性を示す八咫鏡（やたのかがみ）・草薙剣（くさなぎのつるぎ）・八坂瓊曲玉（やさかにのまがたま）を指します）を引き渡すことになりました。しかし、後醍醐は機会を見て京都を脱出して吉野に入り、光明天皇に渡した神器は偽物であるとして、自らの正統性を主張したのです。しかし、そもそもこの時の三種の神器が本当のものであったかどうかもわかりません。安徳天皇の入水自殺の際に、海の中に消えてしまったともいわれます。真相はわかりません。

第3節　室町幕府の成立

　後醍醐が吉野を拠点に選んだのは、①地形的に北の奈良に近いこと、②修験道の本拠地である吉野で、山伏を使い情報を集めることができると考えたこと、③吉野川を通じ紀伊熊野の水軍と結びつくことができると考えたこと、などの理由を挙げることができます。けっして思いつきで吉野を選んだわけではありません。

　尊氏側は、二階堂是円ら明法家に1336年、施政の要綱を諮問し、建武式目を答申させました。この式目は貞永式目とは異なり、あくまでも施政方針であり、裁判などは従来の貞永式目が利用されました。室町幕府の基本方針は、この式目に記されていることから、この年に室町幕府が成立したと考えることができます。

　1338年、尊氏は征夷大将軍に就任しました。尊氏は弟直義にも全国の政務を統括する権限を与え、自らは武家の棟梁として侍所・恩賞方などを把握し、あわせて所領の給与権などを掌握する政治を執り行いました。つまり、発足したばかりの幕府は、尊氏・直義兄弟の二頭政治でした。

❻ 南北朝の内乱

　改めて南北朝の対立の関係者を見ておきましょう。南朝は大覚寺統の後醍醐天皇を中心に北畠顕家・楠木正成・北畠親房らを指します。北朝は持明院統の光明天皇を中心に足利高氏（尊氏）ら足利氏が従っています。

　南朝は、後醍醐天皇の皇子を各地に派遣して抵抗を強めました。しかし、幕府は1338年、北畠顕家を和泉石津で敗死させ、ついで新田義貞を越前藤島で戦死させました。翌1339年、後醍醐が死亡し、南朝は常陸の北畠親房、畿内の楠木正行（楠木正成の長子）、九州の懐良親王だけとなりました。北畠親房は、南朝の正当性を主

張する『神皇正統記』を著し、関東・東北地方の武士によびかけ抵抗を試みますが、幕府軍に圧倒され、吉野に戻りました。その後、楠木正行は、1348年に四条畷の戦いで敗死し、正行の弟楠木正儀は北朝方に降伏し（南朝を裏切ったのです）、九州の懐良親王だけが征西将軍として菊池氏を味方につけて勢力を保っていました。しかし、親王は足利義満が派遣した今川了俊によって打倒されました。南朝は、後醍醐天皇の後、義良親王が即位し、後村上天皇となりますが、劣勢は挽回できず、吉野を捨て賀名生に移らなければならなくなりました。南朝は後村上天皇の後、長慶天皇が継いだことが確認されますが、最終的には吉野山とその周辺地域の勢力に過ぎなくなっていきます。皇居も賀名生の後は、摂津住吉神社、河内金剛寺・観心寺と二転三転します。

　北朝はしだいに勢力を拡大しますが、先に述べた二頭政治が原因して対立が生じました。それは、尊氏の執事で南朝打倒の軍勢の総指揮官だった高師直と尊氏の弟直義との対立として表面化します。この頃、畿内の悪党といわれた武士たちには、将軍の直属になる者たちが大勢いました。師直はその代表的人物で、寺社・本所などの権威を踏みにじっても平然としていられる性格の持ち主でした。これに対し直義は、執権政治のような正統な武士政治を理想とする人物であり、そこに両者の対立がおきた原因があったといえるでしょう。この対立は、1349年直義が師直を執事の座から追放したことに対し、師直が武力で直義を追いつめ、直義を引退させる事件となりました。翌1350年、今度は直義側が反撃し、南朝に降伏することで自らの正統性を確保して武士たちの協力を得ました。1351年2月、師直は戦いに敗れ殺害されました。直義は政権に復帰しますが、今度は幕府内で、直義・尊氏の兄弟争いがおこりま

す。それぞれの状況の変化に伴って南朝に和睦を申し入れたことで幕政は混乱し、鎌倉に逃げた直義を尊氏が襲撃し、敗れた直義が死去します（観応の擾乱）。こうした混乱の背景には、国人とよばれる各地の武士たちの活発な動きがありました。また、国人だけでなく、惣とよばれる自治的な村を形成しつつあった農民たちや商工業者たちの動きもあったことも忘れてはなりません。南北朝の内乱の意義は、いま述べたような新興武士集団や惣村などの形成、商人らをはじめとする庶民の台頭が活発化したことにあります。また、観応の擾乱後も、足利直義の側についた武士たちの活動は各地で続いていました。九州には後醍醐の皇子懐良親王がおり、「征西将軍府」という独自の勢力を保っていました。そして足利氏一門の今川了俊が大宰府を攻撃し、九州平定にこぎつけました。

　長引く内乱をおさめたのが3代将軍足利義満です。義満は、1392年、南朝との和平交渉を進め、後亀山天皇が譲位する形で、神器を北朝の後小松天皇に渡すこと、今後、両統が交代で皇位につく両統迭立とすることを条件に南北朝の合一を図りますが、条件は守られず、結局は、南朝は吸収されることとなりました。

❼ 足利義満

　1368年、足利義満が3代将軍に就任します。当初は細川頼之が管領として義満を補佐していました。義満は、1378年には京都北小路室町に新邸宅を建てました。この庭園に多くの花を植えたことから「花の御所」とよばれます。尊氏・義詮2代の将軍の時代は、二条高倉に拠点がありましたが、これを移転したのです。義満はすでに見たように、1392年南北朝を統一し、朝廷をもその支配下に置くようになりました。まず1383年に後円融天皇が中宮（後小松

天皇の母）に危害を加えて引きこもる事件がおこり、その結果、上皇による院政が停止されました。そして幼い後小松天皇を守りながら義満が政治を取り仕切ることになったのです。1394年に義満は、将軍職を子の義持（よしもち）に譲り、太政大臣になりました。翌1395年には太政大臣を辞し、法皇に準じた扱いを受けるようになります。妻の日野康子（ひのやすこ）を後小松天皇の准母（じゅんぼ）（天皇を産んだ本当の母に準じる立場にある女性のこと）という地位にもつけました。どうやら義満は、公武の権威を一身に集め、鹿苑院（ろくおんいん）金閣を拠点に天皇を超越した存在として政治を行おうとしていたようです。事実、義満は事実上の上皇として院宣に代わる公文書（伝奏奉書（てんそうほうしょ））を発給しています。しかし志（こころざし）半ばで、1408年に死去しました。

　ところで先に後醍醐天皇の肖像画について触れましたが、義満の肖像画にも注目してみましょう。彼にはたくさんの肖像画があるようですが、義満の肖像画はたいてい法体像です。つまり、僧侶の姿をしているのです。これは義満が僧侶で出家していたことを強調するのではなく、彼が日本国王（法王）として存在していることを示そうとしたものでした。先に述べた天皇を超越した義満ということを肖像画が示しているのです。しかも義満は長く白い髭をたくわえた姿で描かれています。武士にとって髭の持つ意味

足利義満　1358～1408

は、戦場で兜の紐をしっかり結ぶのになくてはならないものだったとする説明があります（加藤公明「義満の髭」『授業に役立つ日本史100話　上』、あゆみ出版）から、出家してもなお、武士として、さらに天皇を上回る権力を保持していることを示そうとしていたのでしょう。

❽ 室町幕府の政治機構

　足利義満の時に完成したとされる室町幕府の機構は、当初の幕府とは異なるものが整備されたようです。当初の執事は管領とよばれるようになり、裁判機関（引付）を掌握して将軍に仕えました。管領には足利氏一門の細川・斯波・畠山が交代で就任することから三管領とよばれます。管領とともに力を持っていたのは、京都の警備・裁判権を持ち、山城国の守護を兼任した侍所の長官（所司）です。一色・山名・赤松・京極が交代したことから四職といいますが、実際には土岐氏が加わり、五職というべきでしょう。

　政所は、財務管理を行います。長官である執事には、伊勢氏が就任しました。政所に属する倉奉行には銭納方一衆が所属し、財政を担当しましたが、その多くは延暦寺の支配下の土倉でした。また、公文書を保管する問注所もありました。さらに、将軍に直属する軍を奉公衆（御馬廻り）といいます。将軍を警護すると同時に直轄地である御料所を管理しました。幕府では定例の会議が開催されることはなく、何か問題がおきた時に、将軍が有力大名たちに諮問し、意見を交わすというやり方がとられていました。

　地方には重要地に各機関が設置されました。幕府の拠点が畿内に移ったために手薄になった関東の支配のために鎌倉府が置かれました。長官は鎌倉公方とよばれ、尊氏の子足利基氏とその子孫が世襲

しました。鎌倉公方の補佐を関東管領といい、上杉氏が世襲しました。支配地域は関東8カ国と伊豆・甲斐の10カ国でした。鎌倉府は、鎌倉時代の六波羅探題に匹敵する機関です。この他に九州・奥州・羽州（出羽の統治）にもそれぞれ探題が置かれました。九州探題は今川了俊が責任者となるのですが、その後1395年、召還・解任され、代わりに渋川氏が世襲することになりました。

　幕府の財政基盤は、まず幕府の直轄領で御料所があります。御料所は、足利氏のもともとの領地（本領）、反乱者の没収地、半済地として没収した土地です。しかし、鎌倉時代に比べ、その所領はそれほど多くはありませんでした。次に庶民への課税があります。段銭は田畑の段別に応じ、賦課するもので、守護が徴収しました。棟別銭は、家屋に対する税です。倉役・酒屋役は、この時代の高利貸業者に課税されました。抽分銭は日明貿易を行う大名・商人に課されました。これ以外に、交通税として関銭・津料がありました。後に土一揆で土倉・酒屋が攻撃され、彼らからの徴税が減少しはじめると、幕府は分一徳政令と分一徳政禁令を実施します。これは、幕府が庶民の借金を、徳政令を出すことで帳消しすることを認める際、その負債額の10分の1を手数料として徴収するものです（分一徳政令）。ところが、庶民に金を貸していた金融業者（土倉・酒屋など）は徳政令が出ると当然被害を受けますから、徳政令を禁止するように幕府に働きかけ、禁止させます。その際、徳政令を出したのと同様に、徳政令禁止により儲けた額の10分の1を金融業者から幕府に納入させることにしました。どちらにせよ幕府は儲けることが可能な仕組みを作ったのです。

❾ 幕府支配の弱点

　財政からも理解できるように、幕府の財源は都市に依存しており、生産の主たる場所である農村には勢力が及んでいません。また、将軍に属する管領や侍所の所司たちは有力な守護であり、一歩誤ると幕府は諸勢力の対立の場となる危険性をはらんでいました。義満が公家風の故実を取り入れ、三管・四職といった家格の秩序を定め、後には明の権威まで借りた（「日本国王」という地位です）のは、この危険を克服するためでした。

　守護の設置についても、特徴的なことがありました。それは、鎌倉時代に引き続き畿内の要国には守護が置かれず、大和国では興福寺の一国支配が認められたことです。また、奥羽２国と大和を除く60余国には守護が置かれましたが、幕府の拠点である山城は当初守護が置かれず、検断は侍所の管轄とし、使節遵行は山城国内の御家人２人を使節に命じてこれに当たらせました。観応の擾乱後、山城の支配は侍所が担当することとなり、侍所頭人が事実上の山城国の守護となりました。

❿ 守護大名

　南北朝の内乱の中で地方武士は勢力を強め、国人とよばれるようになりました。彼らは農民を支配し、守護に対抗するため国人一揆という在地領主の連合を形成していきました。

　幕府は、国人の一部を奉公衆として組織し、守護に足利氏一門を登用し、地方支配を強めようとしました。しかし、逆に守護は内乱を通じて勢力を強めていきました。というのは、幕府が地方支配を広げることに協力する最大の勢力が守護だったため、幕府も守護の

権限拡大を承認したからです。

　内乱の中で国人一揆を中心とする地方武士の反乱増加に対処し、国人たちを統制するため、足利尊氏は1346年、従来の大犯三箇条に加え、刈田狼藉（暴力的に他人の田地の作物を刈り取る行為）の禁止（逮捕）と使節遵行権（幕府が下した判決を執行する権利）を守護に認めました。さらに、守護は、幕府の段銭を徴収する権利を利用し、自らも段銭を賦課して取得するようになりました。

　1352年、南朝の勢力が一時強まったことに対し、尊氏は観応の半済令を出して対処しました。これをいわゆる半済令というのですが、その後1368年、3代義満の時にも半済令を出しており、こちらを応安の半済令とよび区別しています。観応令は近江・美濃・尾張3カ国に限り、1年間荘園・公領の年貢の半分を軍事費（兵粮米）として徴収することを認めたものです。しかし、この規定は無視され、全国に拡大し、1年限りという決まりも恒常的なものとなってしまいました。そこで、応安令は、形骸化した規定を廃止し、全国の守護に半済を認めたものです。応安令の出された背景には、天皇・摂関家・寺社の荘園に半済を認めることで、支配体制を整える目的もありました。

　さらに、守護請も実施されるようになりました。内乱を通じて荘園領主に年貢が納められなくなったため、守護が年貢徴収を請け負うことになりました。守護請は、鎌倉時代の地頭請と同様のものですが、この時期、地頭の大半が守護の家臣となったため、守護が年貢徴収をすることになったのです。

　権限が拡大した守護は、国人をしだいに圧倒し、彼らを家臣として組織するようになりました。国人たちも守護の力を利用して土地の支配をうまく行おうとするようになります。そこで、守護は国人

を守護代に任命し、任国の支配を任せるようになっていきました。こうして守護は、荘園・公領を侵略しつつ、国人らを家臣団として編成し、国衙の機能を吸収して地位的な封建権力を持つようになりました。このような守護を鎌倉時代の守護に対して守護大名といい、守護大名が支配する領域や地方支配を守護領国制といいます。

⑪ 守護大名と幕府の対立

幕府は有力守護大名の協力を得なければ、政権を維持できず、守護大名も将軍の権威を利用して領国支配を行うという微妙なバランスができあがっていきました。しかし、このバランスが崩れると対立が生じることは必至でした。

足利義満は、将軍の権威を高めるため、守護同士の対立や内紛を利用して守護の力を削減しようとしました。1390年、美濃・尾張・伊勢の3カ国の守護土岐頼康が死ぬと土岐氏一族の分裂に応じて、頼康の養子土岐康行を倒しました。1391年には、山陰地方で11カ国の守護を兼任し、「六分の一殿」（日本全国が66カ国に分かれており、その内11カ国の守護を兼任していましから六分の一です）とよばれた山名氏清を滅ぼしました。明徳の乱です。明徳の乱で大きな功績を挙げた大内義弘に対し、警戒を強めた義満は、幕府にとって目障りな存在になったことから、幕府軍は1399年、大内義弘を領国の堺で滅ぼしました。これが応永の乱です。

4代足利義持の時代は、一応安定期とされますが、父の外交政策に不満を持ち、これを転換させ、義満が寵愛した弟の義嗣と対立しました。この対立にからんで守護大名の間にも対立が生じました。また、1416年、鎌倉公方足利持氏に不満を持った関東管領上杉氏憲（禅秀）が鎌倉で反乱をおこしました。上杉禅秀の乱です。義

持は後に出家し、将軍は義量が継いだのですが、義量は若死にしてしまい、義持自身も将軍継嗣者（後継者）を決定しないまま死亡してしまいます。

　足利持氏は、この時将軍になる希望を抱きましたが、有力守護大名たちは、籤引きで義満の子で天台座主の青蓮院義円を選びました。義円は還俗し、6代将軍足利義教となりました。

　義教は有力守護大名の勢力を削減し、守護大名の相続争いに介入するなど強圧的な手段をとり、「万人恐怖」とよばれる政治を行いました。こうした中で持氏との対立は決定的になり、1438年、幕府は持氏に対し軍を派遣し、翌年持氏を殺害しました。永享の乱です。ついで、持氏の子を助けた結城氏朝が反乱をおこしますが、1441年打倒されました。結城合戦といいます。

　守護大名の中では義教に対する反感が強まるばかりでした。義教に疎んじられた赤松満祐は、守護職を奪われ、一族の赤松貞村に守護職が与えられるという噂を聞くと、1441年、結城合戦勝利の祝宴に事寄せて自邸に義教を招き、殺害してしまいます（嘉吉の乱）。幕府は、山名持豊（宗全）を送り、ようやく赤松満祐を倒すことができました。この事件以後、幕府の権威は地に落ち、幕府の力は弱まっていきます。

足利義教　1394～1441

第3節 室町幕府の成立

⑫ 室町時代の外交

①中国との関係

　元寇後、1325年、鎌倉幕府は、建長寺の再建のため、建長寺船（建長寺造営料唐船）を派遣しました。これは幕府が正式に認めた貿易船（日元貿易）で、貿易により得た収入で寺の造営がなされました。さらに、足利尊氏は、1341年、禅僧の夢窓疎石の勧めで、後醍醐天皇の菩提を弔うために天龍寺船（天龍寺造営料唐船）を数回派遣しました。建長寺船についてははっきりとわかっていませんが、天龍寺船は、博多の商人至本が帰国した時に銭5000貫を天龍寺に納める約束で請け負ったものといわれています。このように幕府は、当時正式な国交を持たなかったものの、中国との私的な交易を続けていました。さらに、先に述べたように、足利尊氏は後醍醐天皇から「尊」という文字をもらったという関係があります。敵になったとはいえ、不遇の生涯をおくった天皇の菩提を弔う意識はあったのでしょう。それとも、弔いにかこつけて貿易による利益を求めたのでしょうか。

　ところで、14世紀後半から中国・朝鮮の人々は、倭寇を怖れ、その鎮圧を要求するようになりました。倭寇とは、壱岐・対馬・肥前松浦半島を拠点にする住民で、船団を組んで貿易に従事し、貿易がうまくいかなければ、海賊行為を働く集団のことです。彼らは、場合によれば、米などの食料や人を略奪したので、中国・朝鮮の人々に怖れられていました。倭寇の活動が活発だった頃、中国では元が滅亡し、1368年、朱元璋が明を建国しました。日本はちょうど南北朝の内乱期であり、中国側は九州を支配していた懐良親王に何度か朝貢を要求しましたが、2度にわたる使節は賊に殺害され

たり（最初の使節）、大宰府到着後殺害される（2度目の使節）などしたため、関係改善は難しい状態でした。1370年、3度目の使節が派遣され、懐良親王もようやく朝貢を受け入れ、翌1371年、使者は懐良を日本国王に任じる書類と明の暦（大統暦）を持って帰国しました。その後、3代将軍義満が国内を統一すると、明は倭寇の鎮圧と朝貢を改めて要求してきました。明は、中国を中心とする国際秩序の復活を目指そうとしていました。義満はこれを受け入れることにします。なぜなら、義満は明との交易に伴う莫大な利益に注目し、これを幕府の財源にすることを重視したのであり、その際、明が要求する国際秩序のもとに加わることも辞さなかったというのが定説です。しかし最大のねらいは、皇位簒奪（こういさんだつ）（天皇の実権を奪い、天皇を超越する存在になろうとしたことを思い出してください）を支える中国からの保障が必要だったと考えるべきでしょう。

　そこで1401年、義満は僧祖阿（そあ）と博多商人肥富（こいつみ）を明に派遣しました。あわせて、倭寇に捕らえられた捕虜を送り返しました。明の使節は、翌1402年、日本に渡り、義満は、北山第（きたやまてい）で一行と対面しました。

　日明貿易の形式は、①朝貢形式であること。義満の署名が「日本国王臣源」となっているのは、臣下の礼を尽くしたものです。②勘合（かんごう）（符）を使用すること。勘合とは、中国がアジア諸国と正式な関係を持つ国々との貿易を行う際に使用した札（証明書）のことです。日本の場合は、日本という字を2つに分け、「日字勘合」と「本字勘合」とし、これをさらに半分に分けて、一方を勘合、残る一方を勘合底簿（ていぼ）としました。日本船が中国に行く場合は「本字勘合」を持参し、明で「本字底簿」と照合しました。その反対に、中国船が日本に来る場合には「日字勘合」を持って来ることになって

いましたが、実際には、一度も中国船は日本にやって来ませんでした。③勘合船は、寧波(ニンポー)で査証を受け、北京で交易をしました。北京での交易の際、その滞在費は免除され、関税もかからなかったので、その利益は莫大なものでした。1404年～1410年までに6回の船が幕府によって送られました。④日明外交の事務は、最初の遣明使に祖阿がいたことからも理解できるように、五山の禅僧（臨済宗の僧侶）が担っていました。

　しかし、4代将軍義持は義満が死ぬと、この朝貢形式が屈辱的だと嫌い、1411年から1432年の間貿易は中断されました。その後1432年、6代将軍義教が貿易を再開しました。嘉吉の乱で義教が殺害された後は、日明貿易の主体は守護大名や商人に移っていきました。具体的には、大内氏と博多商人、細川氏と堺商人が貿易を担いました。そして両者は、1523年、寧波(ニンポー)で大内氏が細川氏の船を焼くという事件をおこし（寧波の乱）、事件後は大内氏が日明貿易を独占しました。そして1551年に大内氏が滅亡するまで、この状態は変わりませんでした。

　なお、再開された貿易に加わった人として、後に楠葉西忍(くすばさいにん)とよばれた商人がいたこともつけ加えておきます。彼は中央アジア人を父に持ち、はじめは天竺(てんじく)という姓を名乗っていました。彼は1432年・1453年の2度中国に渡り、生糸の輸入が一番儲かると述べています。日明貿易での輸出品には銅・硫黄（火薬の原料）・刀剣・漆器・扇などがあり、輸入品には、銅銭（永楽通宝・洪武通宝）・生糸・絹織物・陶磁器などがあります。銅を輸出して銅銭を輸入していたことに注意してください。当時日本では明銭が使用されていたので、日本の貨幣と明の貨幣を交換する必要がなかったのです。

　さらにつけ加えると、勘合貿易で使われた船は、船底が平らで船

体が扁平な構造のため、大型になるほど大きな波を受けると転覆しやすいものでした。それでも1000石ほどの大型船で、乗組員200人前後で、3～6隻で1つの船団を組んで中国に向かいました。かなり大きな船で行ったのは、それだけ大きな利益が得られることを見越していたからだと考えられます。

　船は、日本を出て寧波まで海上を1カ月、さらに陸路で入京するので、往復に約1年半かかりました。なお、船の大きさについては、積載量200石未満の船は小型船ととらえられ、400石積以上から中～大型船と理解されているようです（永原慶二『大系日本の歴史』第6巻）。

②朝鮮

　高麗が滅亡した後、1392年、李成桂（りせいけい）が李氏朝鮮を建国しました。朝鮮にも倭寇が進出し、その被害は大きいものでした。そこで朝鮮は、1419年、倭寇の本拠地とされた対馬を攻撃しました（応永（おうえい）の外寇（がいこう））。しかし、事件後、対馬の宗氏と朝鮮との交渉が進み、翌1420年には回札使宗希璟（かいさつしそうきけい）が来日し、貿易が行われることになります。1443年には宗氏と朝鮮との間に癸亥（きがい）（嘉吉）条約が結ばれ、1年の貿易船を50隻とすることが決められました。

　貿易の形式は、日明貿易と同様、通信符（図書＝銅印が押された書類）を用いました。外交事務は中国人（唐人）秦盛幸（しんせいこう）が担当していました。貿易港は富山浦（ふざんぽ）・乃而浦（ないじほ）・塩浦（えんぽ）の3つの港（三浦（さんぽ））に限り、三浦と首都漢城には倭館が置かれました。三浦に定住した日本人は恒居倭（こうきょわ）とよばれ、貿易の発展とともにその数は増加しました。その後、1510年、恒居倭と朝鮮役人との間に対立が生じ、三浦の乱がおこりました。1512年、壬申約条（じんしんやくじょう）が結ばれ、事態はよう

く安定し、貿易港は乃而浦1港に決まり貿易は続けられましたが、以後貿易はしだいに衰退していきました。

日朝貿易での輸出品は銅・硫黄・胡椒（こしょう）・蘇木（赤色の原料）で、胡椒以下の商品は、琉球からもたらされました。輸入品は、木綿（綿布、江戸時代に入るまでは輸入品です）・書籍（大蔵経（だいぞうきょう））などでした。

③琉球

琉球は長い間、統一政権が生まれませんでした。12世紀頃按司（あじ）とよばれる支配者のもとで、村落共同体が作られていました。その後、14世紀半ば、南山（山南）・北山（山北）・中山の3つの小国家が成立しました。三山の王はそれぞれ中国に朝貢をしていました。1429年、中山王尚巴志（しょうはし）により3国が統一され、琉球王国（りゅうきゅうおうこく）が誕生します。尚氏は、中国の冊封を受け、貿易を盛んに行い、室町幕府にも朝貢しました。貿易は、中国・日本・東南アジアの国々との中継貿易で、その拠点であった那覇は、この貿易の中心でした。

④蝦夷地

室町時代に入り、蝦夷地と畿内との経済交流がはじまりました。この交流のために、もっぱら日本海が利用され、津軽半島の十三湊（とさみなと）をその窓口としました。こうして箱館・松前などのアイヌは津軽と往来をはじめ、中世後期になると和人（わじん）（日本人）は、直接蝦夷地に住むようになりました。その中の有力者は、館主（たてぬし）という領主になりました。

1456年には蝦夷地に進入した商人が利益を独占し、これに加えて和人がアイヌの少年を殺害したことから、コシャマインの反乱が

おこりました。この乱を鎮圧したのが、花沢館の蠣崎氏の客将であった武田信広で、コシャマインを弓で射殺したのです。武田信広は後に蠣崎氏を継承しました。函館近くの志苔館(志濃里)で37万4000余枚という大量の銅銭が発見されていますから、蝦夷地との交易もかなり行われていたことがわかります。

第4節　室町時代の社会・経済

1　惣村の成立

　鎌倉時代後半から、畿内を中心に惣村が形成されていきました。その要因は、①農民の地位向上によって領主・地頭らの不当な要求に対して農民たちが団結したこと、②南北朝の内乱を通じて、村の自衛が強まったこと、③農業生産力の上昇によって大規模な名田経営がしだいに解体し、多くの独立的小農民が成長してきたこと、を挙げることができます。従来、名主に隷属してきた下人・所従が作人として独立しはじめたのです。さらに、荘園領主の支配に代わり、守護大名が領国支配を強めると、農民は地理的結合を強めていきました。つまり、これまでは荘園領主の都合で1つの村落内にいくつもの荘園が入り組んで存在し、農民たちはそれぞれ異なる荘園に属して分断されていました。しかし、農業生産力の上昇により農民たちが力を持つようになって、従来の荘園支配を乗り越え、農民たちは1つの村落の住民としてのまとまりを保つことになりました。このような地理的結合をなした村を惣村といいます。惣村は地理的に近いいくつかの村が結びつくこともあり、こうした場合を郷村とよびます。

2　惣村の構成

　惣村は、乙名・沙汰人・番頭とよばれる指導者と一般の作人からなっていました。村の運営は、寄合によって決まっていたようで、惣掟を定めていました。また、掟の違反者に対する処罰も行いま

した。これを自検断もしくは地下検断といいます。このように団結した村には、「惣の地」とよぶ共有地（入会地）がありました。

　ところで、惣掟の史料として、大抵の史料集や教科書などに現在の滋賀県東近江市の惣村、今堀日吉神社文書が掲載されています。その掟の一条がとても気になっていました。それは、「犬かうべからず事」というものです。この条文についての説明はあまりされることがなく、あっても「狂犬病や畑荒らし、食料節約、騒音や優越者出現の抑制などが考えられる」（日本史教育研究会編『新版日本史史料』、吉川弘文館）という説明が一般的なようですが、犬は中世にそれほど嫌われていたかどうか疑問に思います。そもそも狂犬病は中世の日本には入っていなかったともいわれています。それ

定今堀地下掟之事
合　延徳元年十一月四日
一　神仏田納事。大家小家不寄、安室ニテ可納事。
一　塩増雑事ハ神主可有用意代ハ惣ヨリ可出候。
一　薪すミハ惣ノヲタクヘシ。
一　ヘツイニ参タル米、惣へ取候て、惣ヨリ五升、神主方へ可出候。
一　惣ヨリ屋敷請候て村人ニテ無物不可置事。
一　屋敷二分不可取事。
一　他所之人を地下ニ請人候ハて不可置之事。
一　惣ノ地ト私ノ地トサイメ相論ハ金ニテスマスヘシ。
一　惣森ニテ青木ハ葉かきたる物ハ村人ハ村を可落村人ニテ無物ハ地下ヲハラウヘシ。
一　結鎮懸米ハ十月八日可取一九月九日米ハ八月八日可取。
一　犬かうへからす事。

惣掟「今堀日吉神社文書」（抜粋）

よりは、日吉神社の祭神は猿で犬との仲が悪い、「犬猿の仲」といわれるので犬を飼ってはいけなかったとする説の方がなんとなく腑に落ちるのですが、いかがでしょうか（塚本学『生類をめぐる政治』、平凡社）。

年貢納入についても、惣全体で一括する地下請（百姓請）を採用しました。さらに、宮座で村の祭礼が取り決められました。宮座は上層農民が中心に集まる惣村の神社の祭祀組織です。

農業労働についても、結といって、村人たちがたがいに協力して作業を行うようになりました。

農民がこうして結びつきを強めると、それを基礎に荘園領主に対して年貢減免や非法代官の排斥を要求するようになりました。農民たちは、鎮守の森に集まって寄合を開き、神の前で神水を飲み交わした（これを一味神水といいます）上で、百姓申状に要求を記し、交渉を行いました。領主に対しての抵抗は、愁訴（困っているから、どうにかしてくれと権威筋に頼みこむこと）、強訴（不平・不満を持った人たちが、手続きを踏まず、団体行動をとって要路の人に訴えること）や逃散などの方法がとられますが、荘園領主に対するこうした農民の組織的抵抗を荘家の一揆といいます。

❸ 土一揆

貨幣経済の浸透は農村にまで達しました。農民たちは、年貢負担に苦しんだだけでなく、寺院や高利貸しに土地を質入れし、借金をしなければならないこともありました。そこで、この貸借関係の破棄を願う徳政令を要求し、武器を持って立ち上がりました。

中世の一揆と近世、特に江戸時代の一揆（百姓一揆）では、農民たちがふつう武器を持てたか、持てなかったかに違いがあります。

中世の武士は兵農未分離の時代の武士であり、農民から武士になることも可能でしたし、逆に農民が武器を所有することも可能でした。かといって、近世の農民がまったく武器を持たなくなったというのも厳密にいえばおかしいのですが、ともかく、武装蜂起が可能でした。なお、一揆がおきる直前などに投石が行われることもありました。石は鉄砲が入るまでは武器としても利用されていました。実際に、「印地打ち」という言葉もあります。

①正長の徳政一揆

1428年1月、4代将軍義持が死に、義教が6代将軍に就任しました。こうした幕政の大きな変化の時期、人々は徳政があると期待していました。しかし、その兆候すら見られません。ついに同年8月、近江坂本の馬借たちが徳政を要求して蜂起すると、近隣の山科・醍醐の農民たちも決起し、京都に乱入しました。彼らは土倉・酒屋・寺院を襲い、借用書を破り質物を取り戻すなどしました。管領畠山満家がようやくこれを鎮圧しました。しかし、農民たちの中には、奈良柳生の徳政碑文に見られるような私徳政を宣言するものもありました。

②播磨の土一揆

正長の徳政一揆は、翌年播磨に広がりました。農民たちは、守護赤松満祐の配下の武士たちの国外追放を要求し、蜂起しました。結局、農民たちは赤松方に鎮圧されましたが、徳政令を出させることができました。

③嘉吉の土一揆

　さらに、1441年、嘉吉の乱で将軍義教が殺され、義勝（よしかつ）が7代将軍になりました。農民たちはこの間の幕政の混乱に乗じて、京都の七口（粟田口（あわたぐち）＝東海道、伏見口（ふしみぐち）＝南海道、白川口（しらかわぐち）＝東山道、鳥羽口（とばぐち）＝西海道、大原口（だいはらぐち）＝北陸道、西七条口（にししちじょうぐち）＝山陰道、東寺口（とうじぐち）＝山陽道、京都への7つの入り口のことです）を閉鎖し、「代始めの徳政」（代始めとは、新しい将軍に代わったこと）を要求し、遂に一国平均の徳政令を出させることに成功しました。これ以後、京都周辺では大小の一揆が毎年おこるようになりました。なかでも、1454年と1457年の享徳（きょうとく）・長禄（ちょうろく）の一揆は大規模でした。これに加えて、1459年からは、京都で大量の餓死者が出るなど社会の混乱は深まっていました。これに対して幕府は、分一徳政令（ぶいちとくせいれい）を出しました。また、後には逆に債権者が分一銭を納めれば、債権の継続を認めるという分一徳政禁令を出しています。

❹ 応仁・文明の乱

　8代将軍足利義政（よしまさ）の時代、政治は著しく腐敗してきました。義政は「花の御所」の復旧をはじめ土木事業に熱中する一方、政所執事伊勢貞親（いせさだちか）や夫人日野富子（ひのとみこ）につながる側近に動かされる無能な政治家でした。徳政令を13回も発し、そこで得た収入を銀閣造営に充てました。

　守護大名の間では、家督相続争いが頻繁におこっていました。その背景には、守護大名の力がしだいに弱まり、守護代や有力な国人たちが台頭し、争いに介入するようになったことが挙げられます。三管領のうち、斯波（しば）氏の家督は、義敏（よしとし）と義廉（よしかど）によって争われていましたが、これは、事実上、守護代の織田・甲斐氏や越前の有力国人

朝倉氏などに動かされたものでした。畠山氏でも持国の引退後義就と政長が争っています。

　こうした家督相続争いにきちんと決着をつけるためには、将軍義政がどちらかを任命しなければならないのですが、将軍は政務を放棄してしまい、幕府の実権は山名・細川両氏が握っているため、混乱がいっそう激しくなってしまいました。これに加え、義政には跡継ぎの男子がいませんでした。そこで義政は弟の義視を後継者とし、細川勝元に後見させましたが、この決定から1年後、夫人の日野富子が義尚を産み、その子を山名宗全（持豊）に託しました。

　守護大名の家督相続争いに加え、将軍家の相続争いがおこり、遂に大規模な内乱がおこりました。応仁・文明の乱のはじまりです。義視―細川勝元―畠山政長―斯波義敏のグループ（東軍）と、義尚―山名宗全―畠山義就―斯波義廉のグループ（西軍）の戦は、1467年、両畠山氏が御霊社で衝突したことをきっかけにはじまりました。戦いは、京都を主戦場に行われ、内裏・室町御所や各寺院・神社が焼け、都は焼け野原になってしまいました。このことを示す史料として『応仁記』には、「汝やしる都は野辺の夕雲雀上がるを見ても落る涙は」という歌が載っています。ふつう都（都会）に雲雀は飛びません。雲雀は、スズメ目ヒバリ科の鳥で、畑に巣をつくって空高く飛ぶのです。畑があるということは、田舎とまではいわないにしても、少なくとも都市部ではありません。ところが、都で雲雀が飛び上がるのは、京都の町が焼け野原になって畑のようになっていることを示しています。それほど焼けてしまったことを嘆いたのです。

　1473年、山名宗全、細川勝元が相次いで死に、戦いの目標が失われた後も戦いが続き、一応、東軍が勝利したことになりました

が、1477年、西軍の諸大名も追討されることなく帰国してようやく乱が終了しました。この戦いで「足軽」(『真如堂縁起絵巻』の絵を参照)とよばれた歩兵集団が活躍したことがよく知られています。彼らは戦いに参加するだけでなく、夜盗・強盗・押し入り・火付けなど何でも来いのダーティーな集団です。

乱によって義政は義尚に将軍職を譲った後、東山山荘を営み、政治を省みることはありませんでした。政治は夫人日野富子自身が行いました。関白・太政大臣の一条兼良は、日野富子に『小夜のねざめ』を、足利義尚に『樵談治要』を贈り政道を説いたのですが、まともな政治は行われませんでした。乱により秩序が乱れ、「下剋上」の世が到来したのです。

応仁・文明の乱の影響については次のようにいえるでしょう。この乱の結果、幕政を支えていた大名の連合体が解体しました。乱

足軽 『真如堂縁起絵巻』真正極楽寺蔵　木材を略奪しているところ

後、守護の在国化が進み、幕府の守護統制権が失われ、全国政権としての幕府の支配体制が崩れていきました。将軍の命令が届く範囲も山城国一国のみに限定され、公家たちは守護大名を頼って地方に疎開していきました。同様に、都に住む文化人の地方流出を引きおこし、新たに地方文化が生まれていくきっかけにもなりました。

5 山城国一揆

応仁・文明の乱後も京都周辺では対立が続いていました。畠山政長・義就の両派とこれに結びついた大和の国人、越智・筒井らが南山城一帯で戦っていたのです。戦いが長期化するにつれて、この地方の人々の不満は高まる一方でした。ついに1485年、南山城の4郡（宇治・久世・綴喜・相楽）の国人（在地の武士のことです）たち15〜60歳の人々は集会を開き、①畠山両軍の南山城からの撤退、②荘園に対する従来の支配関係を元に戻すこと、③新関（新しく関所を設けること）の停止などを決議し、両畠山氏に突きつけました。さらに、国人たちは、翌年、宇治平等院で会合し、36人衆とよばれた国人を中心に国掟を決めました。以前、この宇治平等院での会合を「戦国時代に開かれた国会」と評価した研究者もいました。彼らは、この国を「惣国」とよび、月行事を決め、1493年までの約8年間にわたり自治的な支配を行いました。最終的に、山城守護伊勢貞宗の入部（国入り）を認め、一揆は解体してしまいました。国人たちの団結が弱まった結果です。

6 一向一揆

北陸で活動していた一向宗（浄土真宗）の門徒たちは、より幅広く行動しました。蓮如の精力的な布教により、この地方には真宗の

末寺・道場が多数存在し、そこを中心に定期的に開かれる門徒の寄合＝講を基礎に体系立った組織ができあがっていきました。ちなみに蓮如は、とても筆まめな人です。「消息」という手紙をたくさん書いています。これで門徒をまとめていたのです。彼らは、1487年、将軍義尚の命令で近江六角氏の打倒のため、守護大名富樫政親が軍を派遣した隙をねらい、ついに翌1488年、一向一揆をおこしました。急を聞いて富樫政親が帰国したのですが、倒されてしまいました。一揆側は名目上の守護に富樫泰高を立てますが、実際には一向宗門徒が支配する国＝「百姓が持ちたる国」（本願寺王国）となりました。一向一揆の時の旗に記された文字もすごいものでした。「進めば往生極楽、退けば無間地獄」です。敵が立ちふさがろうと遮二無二戦い、死んだとしたら極楽往生できるが、逃げ出せば無間地獄に落ちるというのです。こんなすごいことを平気で説くのです。マインドコントロールは昔からあったというほかありません。後100年間、加賀は本願寺の支配下にありました。一向一揆は、三河・尾張・長島でもおきています。一向一揆は、最終的に1570年から織田信長との間で戦われた石山合戦で終結します。最後は鉄砲などが使用される激しい戦いをしています。

❼ 法華一揆

京都の町衆（庶民）には、日蓮宗の信者が数多くいました。彼らは、1532年、細川晴元が山科本願寺を攻撃した時、晴元に協力し、本願寺を焼き払いました。これより5年間、京都の町政は日蓮宗信者により運営されることとなりました。さらに、日蓮宗と延暦寺との対立が深まり、1536年には延暦寺側が近江六角氏の援助を受け、京都の日蓮宗寺院21カ寺を焼きました。この事件を天文法

華の乱とよびます。

8 産業の発達

①農業

　鎌倉時代、畿内・瀬戸内海沿岸にはじまっていた二毛作は、全国に普及しました。また、室町時代に西国では、三毛作（米・麦・蕎麦の栽培）が開始されました。

　稲の品種改良も進み、早稲・中稲・晩稲が生まれ、東南アジア原産のインディカ米である大唐米（チャンパ米）も栽培されました。大唐米は、味はいまひとつですが、炊き増えしますし、虫にも強いので庶民が食べました。この米は、チャンパすなわちベトナム中部にあった国の名前でよばれていますから、この地方原産の米と思われます。

　また、灌漑・排水施設の整備も進み、竜骨車や水車が使用されました。水をめぐる問題は、農民にとっては重要なことで、桂川周辺の用水の共同利用の様子はよく知られています。農民にとって水は農業に欠かせない大事なものなのです。井堰といって農民たちの努力で水の取り入れ口が作られています。また農民たちは、番水といって、時間を区切って順番に田に水を取り入れました。さらに、商品作物栽培も広がりました。例えば、荏胡麻は瀬戸内海地方で、麻は越後で栽培され、各地に特産品が生まれていきました。

②手工業

　商品作物栽培の増加や、農村内の社会的分業によって専門の職人が増えていきました。彼らが作る製品が特産品となりました。絹織物では加賀・丹後・常陸、紙では播磨の杉原紙以外に美濃・越前が

知られています。製陶では、尾張・備前の伊部が知られています。

③その他の産業

漁業では、網・えり漁法が発達しました。また、製塩業は、揚浜式から入浜式に変わっていきました。産地としては、伊予弓削島・讃岐塩飽島などがあります。製鉄業は、たたらの改良によって玉鋼の生産が可能となり、金・銅の精錬法も発達しました。

④商業

市は、月3回の三斎市から月6回の六斎市に回数が増え、商人たちの指定販売の座席＝市座が設定されました。また、常設店舗である見世棚の数も増え、連雀商人や振売りといった行商人によって商品が遠くまで運ばれました。行商人には、大原女や桂女などもいました。大原女は炭・薪などを頭にのせて販売する女性で、桂女は、鵜飼集団の女性で、鮎などを売りました。右に掲載されている桂女の絵では、頭にのせる桶の中に魚が描かれています。また、室町時代には大市とよばれる卸売市が生まれました。京都の三条や七条の米場や淀の魚市がそれです。

桂女

⑤座

鎌倉時代に発生した座は、その数も増え、規模も拡大しました。もともと座は公家・大寺社に属し、労役を奉仕する人々への代償として年貢・公事の余りを販売することを認めたものでした。京都に

は朝廷を本所とする四府駕輿丁座や石清水八幡宮を本所とする大山崎油座、北野神社の麹座、祇園社の綿座があり、奈良では、興福寺の大乗院のもとに80余りの座がありました。

⑥貨幣

　貨幣の流通量は増加するばかりでした。特に明銭が多く使用され、標準貨幣として永楽通宝が使用されました。しかし、貨幣の供給が追いつかず、模造銭や私鋳銭が作られました。そのため、取引にはこれらの悪銭（鐚銭）を選り分ける撰銭行為が行われ、一般的な現象となっていきました。そこで、幕府や守護大名は取引の円滑化と公正を図るため、鐚銭と良銭に対する割合を決めて撰銭行為をやめさせようとしました。これを撰銭令といいます。つまり、悪銭が混入していても、よほど傷ついて使用できない貨幣以外は、良貨と同じ扱いをしてそのまま流通させることを強制したのです。100文（100枚の銅銭）中約3分の1程度の悪銭混入を認めるものでした（『史料日本史　上巻』、山川出版社）。この命令は、1500年から1542年までに、幕府が10回も出したほどです。違反者に対して、男は首切り、女は指切りという厳罰でしたが、これほど頻繁に発せられたということは、逆に撰銭がやまなかったことを示しています。

⑦金融業

　酒屋・土倉・寺院などの金融業者が盛んになりました。酒屋・土倉はいざ知らず、寺院が金融業を営むのはいかがなものか、と思われるかもしれませんが、幕府と結びついた禅宗寺院は祠堂銭といって、死者の供養のために寺院に寄進したお金を使って金貸しをして

いたのです。

　守護大名らの収入は、銭を中心とし、領地の生産力は年貢高を基礎に貨幣で換算されるようになっていきました。これを貫高制といいます。ただし貫高制には、銭納を原則としながらも、銭納と現物納とが混合したものが多いのです。

⑧交通

　産業が盛んになり遠隔地取引が多くなるにつれて、交通も発達しました。重要な役割を果たしたのは水上交通で、瀬戸内海・淀川を中心に廻船が発達しました。室町中期に成立したといわれる「廻船式目」は、兵庫・坊津などの業者が提唱した海事法規です。造船所として、兵庫・大湊・鳥羽が有名です。

　陸上交通も盛んになりました。大津・坂本の馬借や車借が運送業者として知られています。馬借と車借はともに運送業者ですが、馬借は馬の背に荷物をのせ、物を運搬しますが、車借は車にあらかじめ荷物をのせ、その車を牛・馬に引かせて運んだので車借といいます。大八車とかリヤカーのようなものを引いたのでしょう。

　また、鎌倉時代の問丸は、従来の年貢の保管・販売以外に仲買・運送・商人宿を経営する問屋へと発展しました。交通量の増加に目をつけた幕府は、寺社・公家などは各地に関所を設け、関銭や津料を徴収しました。

⑨都市の発達

　室町から戦国時代にかけて各地に新興都市が発達していきました。まず、寺社の門前に生まれた門前町は、寺社参詣の人の増加に伴い発達した都市で、宇治・山田・長野が知られています。寺内町

は、一向宗寺院を中心に発達した都市で、自衛・防御のための環濠集落になっています。石山（大阪）・吉崎・貝塚・今井（大和）・富田林などがあります。また、寺内町の中では、市座が否定され、自由取引が認められていました（楽市）。

　港町は、三津（博多津・坊津・安濃津）を中心に各地に港町が生まれました。なかでも近年注目されるようになった広島県福山市にある草戸千軒町は、港町と常福寺という寺の門前町を兼ねていました。1673年、ここを流れる芦田川が氾濫し、町全体が水没したのですが、これが発掘されて、当時の庶民の日常生活品や漁具・農具さらには位牌なども発掘されました。

　城下町は、戦国大名の拠点です。小田原（北条氏）、一乗谷（朝倉氏）、春日山（上杉氏）や府中（駿河の今川氏）などがあります。

　自治都市としての性格を持つものもあります。堺は36人の会合衆が管理し、博多は12人の年行司が管理していました。京都についてはすでに述べましたが、町組を京都内部で組織し、町ごとの町掟が作られていました。祇園祭も彼ら町衆の手で行われた祭りです。

第5節　戦国時代

① 室町幕府の弱体化

　相次ぐ一揆、応仁・文明の乱で下剋上の風潮は広まっていきました。乱後の幕府で10代将軍義稙から最後の将軍義昭に至る6人の将軍のうち、京都で没したのは家臣に攻められ自害した13代将軍義輝1人だけで、他はいずれも京都を追われるという最期でした。しかも、幕府の実権は管領細川氏が握っていました。しかし幕府は健在で、全国政権として存在していました。その後、しだいに状況に変化があらわれます。細川政元（勝元の子）が1493年、将軍足利義稙の将軍職を奪う事件（明応の政変）をおこしました。事件は、将軍職をめぐる幕府内部の内紛と畠山・細川ら有力守護大名の対立が原因しておこったものですが、応仁・文明の乱後も依然として対立が続いていたようです。そして将軍が追放されたこの事件を、戦国時代（下剋上の時代）のはじまりとしてとらえることも可能です。さらに勢力を誇った細川氏でも対立がおこり、細川晴元は家臣の三好長慶によって倒され、三好氏も松永久秀に倒されるという状況でした。その松永久秀が1565年、13代将軍義輝を自害させ、東大寺大仏殿を平重衡についで焼き払いました。

② 守護大名と戦国大名

　幕府中枢部の完全な麻痺ないし消滅状態の中で、自立的な地方権力として戦国大名が台頭してきます。ここではまず、従来の守護大名と戦国大名との相違を明らかにしておきます。①守護大名が、将

軍から任命され、幕府に依存しているのに対し、戦国大名は、実力でその地位を奪い取った者がほとんどで、幕府から独立していること。②守護大名が三管領・四職などを中心に、京都に居住し、領国には守護代を送ることが多いのに比べ、戦国大名は、国内に住み、家臣を城下町に集住させています。③荘園・公領制に寄生し、一円支配が不徹底であった守護大名に対し、戦国大名は、領内の土地台帳を提出させ（指出）、荘園制を否定し、土地・人民を直接支配していること。④守護大名は、国人らを家臣としますが、主従関係は緩やかで、家臣の所領給与はほとんどありません。しかし、戦国大名は、強固な主従関係を持ち、家臣への所領給与を行い、給人としました。⑤領国の政治・経済を完全に掌握できない守護大名に対し、戦国大名は分国法を制定し、楽市令などを発し、国内の政治・経済を掌握しています。このような戦国大名の支配領域を分国とよびます。これまで、院分国や関東御分国という用語を用いてきたように、分国とは、中央権力から相対的に分離・独立した地域という意味で使用されています。

３ 戦国大名の出身

　戦国大名の出自は、大別して４つに分けられます。まず、①国人などから。このグループには伊達（陸奥）、浅井（近江）、毛利（安芸）、長曾我部（土佐）などがいます。次に、②守護代から。上杉（越後）、織田（尾張）、朝倉（越前）、尼子（出雲）です。③守護大名から。このグループがもっとも少ないのですが、武田（甲斐）、今川（駿河）、大友（豊後）、島津（薩摩）がいます。④これら以外に出自がわかっていないグループがあります。かつて、この出自不明のグループに北条早雲や斎藤道三らがいました。しかし、北条早

雲は、室町幕府政所執事伊勢氏の一族で、将軍義尚の申次として活躍していた伊勢盛時であることが確認され、斎藤道三も土岐氏の三奉行とよばれる代表的な家臣の1人であった長井新左衛門尉の子であることが判明しています。

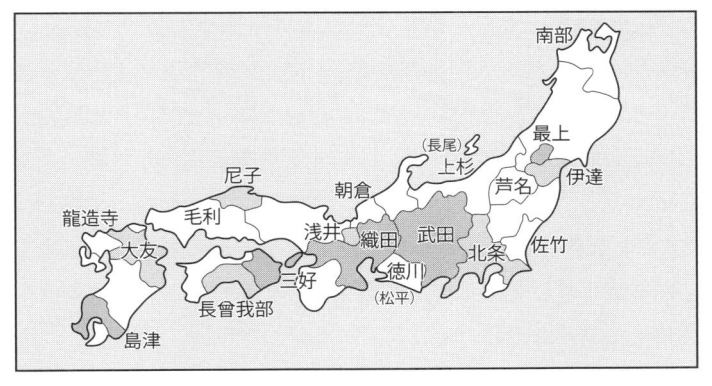

1570年頃の戦国大名

❹ 群雄割拠・下剋上

　関東では、鎌倉公方・関東管領に分裂が生じました。永享の乱後しばらく空位だった鎌倉公方には足利持氏の子、成氏が就任しました。しかし、成氏は、関東管領上杉氏と対立して、下総の古河に逃れました。古河公方のはじまりです。古河公方は形の上では存在し続けたことになっていて、5代を経て滅びました。古河公方に対して将軍義政は弟政知を1457年、鎌倉公方に任命しましたが、政知は伊豆堀越に止まり、鎌倉府は古河公方と堀越公方に分裂しました。1491年、政知が亡くなり、この地方で勢力を持ってきた北条早雲が政知の子茶々丸を殺害したことで堀越公方は滅びてしまいま

した。古河公方も、1554年、北条氏によって滅ぼされ、鎌倉府は解体しました。

　一方、鎌倉公方を補佐する関東管領上杉氏も同様に分裂していきました。上杉氏は居住する場所によって4家に分かれていたのですが、そのうち2家は早くから衰退し、扇谷上杉と山内上杉の2家が勢力を持ち、交互に関東管領になってきました。しかし、15世紀後半に扇谷上杉から太田道灌が出て力を持つと、山内家がこれを抑えるために道灌を殺し、両家は対立するようになりました。さらに、北条氏がこの地で台頭しはじめ、両家は協力して戦いましたが、北条氏を抑えることができませんでした。まず、扇谷上杉が1588年、北条氏に打倒され、山内上杉も越後の家臣長尾景虎を頼って越後に下り、長尾景虎に家督を譲りました。この長尾景虎が上杉謙信を名乗ることになります。

　北条氏は、関東地方で勢力を広げ、北条早雲→氏綱→氏康の3代で関東一帯を支配しました。甲信越地方では、甲斐の武田信玄と越後の上杉謙信の川中島の戦いが有名です。中部地方では、畿内と地理的に近く、濃尾平野の生産力を背景に、有力な戦国大名が多数いました。駿河の今川義元、越前の朝倉氏、尾張の織田信長などです。

　近畿地方では勢力を弱めたとはいえ、いまだ幕府が存在し、一揆がくり広げら

上杉謙信　1530〜1578

れていたために近江の六角氏が知られているくらいです。中国地方では、大内義隆が家臣の陶晴賢によって滅ぼされ、陶氏が毛利元就によって打倒されました。四国地方では、土佐の長曾我部元親が勢力を有していました。九州地方では、北部では少弐氏から独立した龍造寺氏が力を持ち、豊後には大友氏が、南部には薩摩の島津氏がいました。東北地方では、伊達氏が勢力を持っていました。

5 戦国大名の支配

　戦国大名は、惣村を直接支配して、分国を支配しました。軍事力を強化するために、家臣団の編成には気を配り、主君との血縁関係の有無や服従の時期によって一族衆・国衆・新参衆などに分けて、いずれも土地を給与として与えました。また、貫高制を基礎に軍役を負担させていきました。貫高制とは、一定の土地に対する課税額を銭貨の単位である貫文に換算して表示するもので、収入額を銭で換算することです。つまり、○○貫○○文というように銭貨で所領の規模を示したのです。貫高制は代銭納を現実に反映したものではありません。また、検地以後の代銭納を目的としたものでもありません。大名が一定の統一基準に従い定めた基準値であり、大名が貨幣の持つ基準機能を利用して、収入を統一的に把握しようとしたものです。

　軍事面で特徴的なのは、寄親・寄子制とよばれるものです。有力家臣を寄親とし、これに下級武士を「子」の形で預け、その指揮と保護を委ねる擬似的な親子関係の仕組みを作りました。

　戦国時代というと、毎日戦乱が続くイメージでとらえられそうですが、実際には毎日戦争をしているわけではありません。合戦といっても桶狭間の戦いなどのような戦いは別として全軍が動員される

戦いは珍しく、足軽たちの小競り合いが行われることの方が多かったようです。戦国時代から兵器にも変化があり、騎馬の武士は、足軽らの使用する弓と刀、槍も使うようになっていきました。この槍に鉄砲が加わるまで、あと一歩の時期にまでさしかかっていたのです。

　戦国大名の政治は、富国強兵を統治の根本とするやり方でした。特に分国法(ぶんこくほう)がその中心になっています。この法の共通点は、私的同盟(婚姻)の禁止、分割相続の禁止、喧嘩(けんか)両成敗などの家臣団統制、年貢納入や逃散禁止などの農村対策の項目でした。例えば、「朝倉敏景十七箇条(あさくらとしかげじゅうななかじょう)」には、重臣層の築城禁止と城下町一乗谷(いちじょうだに)への移住を規定しています。その意図は、もし重臣層が謀反を企てるとすれば、その所領で武器・兵士・食料を調達し、領内に砦(とりで)を築くだろうから、築城の禁止は謀反の防止策となります。また、城下町への集住は、家臣を伝来の所領から引き離し、農村には農民だけにして、農民から直接に年貢を取るという近世につながる農民支配政策、兵農分離が目的だったのです。

　さらに、分国の経済発展と支配のため、指出検地(さしだしけんち)を実施し、国内に分散していた商工業者を城下町に集め、軍事力に必要な物資の生産・調達を行いました。交通の整備もあわせて行い、関所の廃止、市場開設(楽市)、商業取引の円滑化を図りました。鉱山の開発や河川の改良も行っています。なかでも、釜無川(かまなしがわ)と御勅使川(みだいがわ)の合流点に作られた信玄堤(しんげんづつみ)のような整備が知られています。

　戦国時代には、名主・百姓が大名や国人領主と主従関係を結び、苗字を与えられ、侍身分を獲得する者が現れました。これを地侍(じざむらい)といいます。彼らは一度侍身分を家として獲得すると、主従関係が絶たれ、百姓に戻っても「凡下(ぼんげ)」(一般の農民)ではなく、侍身分

の家として存続しました。戦国大名は、この地侍と主従関係を保ち、軍役を務める家中の武士に限定していきました。そして、軍役体制のもとで、軍役を負担する兵と位置づけられ、侍身分を獲得しながらもなお、地頭に年貢・公事を納入する百姓でもあるという地侍こそが、戦国大名の軍事力の中心となりました。それゆえ、戦国大名は、彼らを通していかに郷村を把握するかがキーポイントになったのです。

なお念のために、「農民＝百姓」という理解は誤解だということを説明しておきます。これは亡くなられた中世史研究者の網野善彦氏が熱心に説かれたことで、いまではある種常識になっていることだと思います。中世の荘園・公領制のもとでは、領主に対して年貢・公事を負担する者が百姓とよばれていました。しかし、凡下である農民・漁民・職人などはもちろん、下人も侍もその限りで百姓でした。つまり、百姓とは身分ではなく、総称であったのです。

❻ ヨーロッパ人の来航

15世紀から16世紀にかけてヨーロッパでは、ルネサンスと宗教改革を経て、近代社会に入りつつありました。また、「大航海時代」とよばれる時代を切り開いたスペインとポルトガルは、アジアへの進出を開始しました。スペインが、当初、日本にあまり関心を示さなかったのに比べ、ポルトガルは、日本が中国産生糸を求めていることに注目し、これを日本に運び、代わりに日本の銀を中国にもたらすことで利益を得ました。

1543年、ポルトガル人が乗った倭寇王 王 直（おうちょく）の船が種子島に漂着しました。ここで王直について簡単に紹介しておきます。王直は倭寇だから海賊で、そのボスとくれば、ダーティなイメージがあり

ますが、そうとばかりはいえない人でした。王直は、1540年頃から、硝石・硫黄・生糸・綿などを持ち、東南アジアに進出し、巨額の富を得ました。当時、中国は海禁（貿易統制）政策を実施しており、私貿易・密貿易を行う者を厳しく取り締まったので、中国にいることは危険でした。そこで、彼は平戸や五島列島に館を構えました。戦国大名とも交流があったようで、大内義隆は王直を「五峯先生」とよび、教養人として接していたようです。

　その王直の船は、おそらく密貿易のために寧波に向かったものの暴風雨に遭い漂着したと考えられます。島主の種子島時尭は、ポルトガル人が持っていた鉄砲を買い求めました。言葉が通じないのによく買い求めることができたなと思ったことはありませんか？　中国の船にポルトガル人が乗っていたので、日本人と中国人が漢文でやり取りすればよかったのです。

　この頃、紀州根来寺の使者が種子島を訪れ時尭が購入した鉄砲1挺を譲り受けました。また、堺の商人橘屋又三郎も種子島を訪れ、鉄砲の製法を学びました。さらに、近江国友の鍛冶は、島津氏を通じ将軍に献上された鉄砲をもとにして、その製作に成功しました。こうしたことから、根来・堺・近江国友で鉄砲が作られることになり、戦国大名の戦術と築城術が大きく変化することとなります。ただし、鉄砲の国産化にあたっては、銃尾をふさぐネジの製法が困難だったとされています。

❼ 南蛮貿易

　種子島漂着以後、ポルトガル船は九州各地に来航するようになり、スペインも1584年には平戸に来航しました。特にポルトガルは、勘合貿易の衰退に代わり、日本との貿易を重視しました。貿易

方法は、日本の銀と中国の生糸・絹織物を売買する中継貿易でした。貿易港は、九州の坊津・平戸・長崎などでした。

❽ キリスト教の伝来

キリスト教（カトリック）の伝来については、宗教改革運動によって劣勢に立たされたカトリック側が内部改革（反宗教改革）を通じて、新教（プロテスタント）の勢力拡大に対抗すると同時に、アメリカ大陸やアジアへ新たな教線を拡大しようとした結果によるものと説明できます。特に、日本にはイエズス会が直接布教の地としてフランシスコ＝ザビエルを送ったことが注目されます。

ヨーロッパではじまった宗教改革に対し、カトリックの側では、反宗教改革が行われました。この運動の中で、イグナティウス＝ロヨラは1534年、同志たちとイエズス会結成します。日本へのキリスト教伝来は、イエズス会のフランシスコ＝ザビエルがマラッカで偶然出会った日本人青年アンジローの案内で鹿児島に来航したのが最初です。

ザビエルは、島津氏の許可を得て鹿児島で布教をはじめました。しかし、領内の僧侶が反対したため、布教は禁止され、1550年、平戸・山口を経て京都に向かいました。京都で将軍に布教の許可を得ようと計画しましたが、面会できず、平戸に戻りました。1551年、ザビエルは再び山口を訪れ、領主大内義隆の保護を受けて布教を行い、同年9月には、大友宗麟（義鎮）の保護で豊後府内でも布教し、11月にはインドに戻りました。ザビエルとともに来日したコスモ＝デ＝トルレスはその後も日本に止まり、山口に教会（大道寺）を建て、肥前の大村純忠を入信させました。

これ以降宣教師の来日が相次ぎます。1556年にはガスパル＝ヴ

ィレラが来日し、堺から京都にかけて布教を行い、将軍義輝の許可を得ました。『耶蘇会士日本通信』には、自治都市堺の様子が記されています。

　1563年には、ルイス＝フロイスが来日し、織田信長の許可を得て布教しました。彼の『日本史』には当時の日本のことが詳しく記されています。1570年に来日したオルガンティノも京都に南蛮寺を、安土にセミナリオ（神学校）を建てました。こうした熱心な布教によって、1579年には信者は約10万人に増えていきました。その中には、大友義鎮・大村純忠・有馬晴信・小西行長・高山右近といったキリシタン大名もいました。

　日本への布教で忘れてはならない人物は、アレッサンドロ＝ヴァリニャーニです。彼は、信長から布教を許された後、有馬・安土にセミナリオを、豊後府内にコレジオ（宣教師養成の大学）を設けました。また、キリシタン版（天草版）の出版も行いました。

　ヴァリニャーニは帰国する際、キリシタン大名の大友義鎮・大村純忠・有馬晴信に働きかけ、伊東マンショ・千々石ミゲル・中浦ジュリアン・原マルチノの4人を伴い、天正遣欧使節を派遣させました。彼らは1585年、ローマに到着し、ローマ教皇に面会しました。1590年、彼らはヴァリニャーニと帰国しましたが、その後出された禁教令によって信仰を放棄したり、殉教したり、国外に追放されたりしています。

Column 災害はいつの時代にも

　2011年3月11日の東日本大震災発生以来、日本史でも災害史が注目を集めています。災害発生当時、災害を体験・見聞した人々がその状況について記述した文書も存在しています。
　鴨長明の『方丈記』が記す元暦2（1185）年7月9日の地震のありさまはリアルです。この年はちょうど、平家が壇ノ浦の合戦で敗北した時です。では、『方丈記』の記述を紹介しましょう。「……凄まじい大地震があった。…山は崩れ、土砂が河を埋め、海が傾いて津波が陸地を襲った。大地が割けて水が吹き出し、岩が割れて谷に転がり落ちた。渚を漕ぐ船は波に翻弄され、道行く馬はよろけて足の踏み所が決まらない。（中略）これほどの激震は間もなくして止んだけれど、余震はしばらく絶えなかった。驚くほどの激しい揺れが、毎日、二、三十回も襲った」（左方郁子編訳『【新訳】方丈記』、PHP新書）。
　この地震は琵琶湖の堅田断層が活動した結果おこった（寒川旭『日本人はどんな大地震を経験してきたのか』、平凡社新書）ようで、その規模はマグニチュード7.4と推定され、近江・山城・大和を襲ったもので、京都白河あたりの被害が大きかったようです。余震についても「余震は三カ月ほどもつづいただろうか」とあり、「月日を重ね、歳月がたつと、話題にする人さえいなくなった」（前掲『方丈記』）と記されています。まさに、「天災は忘れた頃にやってくる」ことを戒めていると思われます。

第3章 近世

近世の流れとキーワード

政治・社会の動き	外交の動き
織豊政権 織田信長 　桶狭間の戦い(1560年) 　長篠の戦い(1575年) 　指出検地　楽市 豊臣秀吉 　小牧・長久手の戦い(1584年)　四国平定 　(1585年)・九州平定(1587年) 　太閤検地(1582年)　刀狩(1588年) 　バテレン追放令(1587年) 　身分統制令(1591年) 　文禄(1592年)・慶長の役(1597年) 　朝鮮出兵	
江戸時代Ⅰ **成立期（17C 前半）** 武断政治 徳川家康 　関ヶ原の戦い(1600年) 　家康将軍就任→大御所政治 徳川秀忠 　大坂の陣(1614年)　豊臣氏滅亡(1615年) 　武家諸法度(1615年)　禁中並公家諸法度 徳川家光 　参勤交代の制度化(1635年) 　キリスト教禁止 　島原・天草一揆　鎖国令	リーフデ号漂着(1600年) イギリス東インド会社設立(1600年) オランダ東インド会社設立(1602年) 奉書船以外の海外渡航禁止(1633年) 日本人の海外渡航・帰国禁止(1635年) ポルトガル船の来航禁止(1639年)
文治政治（17C 後半〜） 徳川家綱 　慶安の変(1651年)　由井正雪 徳川綱吉 　生類憐みの令(1685年) 　貨幣改鋳(1695年)　荻原重秀 徳川家宣・家継 　正徳の治　新井白石	 海舶互市新例(1715年)
江戸時代Ⅱ　幕政改革期 **享保の改革（徳川吉宗）** 　相対済し令(1719年) 　目安箱設置(1721年)	

政治・社会の動き	外交の動き
上米の制(1722年)　足高の制(1723年) 公事方御定書(1742年) **田沼時代（老中田沼意次）** 　座・専売制拡大 　株仲間公認(1772年) 　天明の大飢饉(1782年) 　浅間山噴火(1783年) **寛政の改革（老中松平定信）** 　棄捐令(1789年)　人足寄場設置(1790年) 　異学の禁(1790年) **化政時代（徳川家斉）** 　放漫政治　百姓一揆・打ちこわし頻発 　異国船打払令(1825年) 　大塩平八郎の乱(1837年) **天保の改革（老中水野忠邦）** 　株仲間解散(1841年) 　人返しの法(1843年) 　上知令(1843年)	 ロシア船蝦夷地来航(1778年) 工藤平助『赤蝦夷風説考』(1783年) ロシア使節ラックスマン根室来航(1792年) ロシア使節レザノフ長崎来航(1804年) フェートン号事件(1808年) アヘン戦争(1840年) 天保の薪水給与令(1842年)
⬚江戸時代Ⅲ⬚　開国・幕府滅亡 老中阿部正弘 　ペリー来航を朝廷に報告 老中堀田正睦 大老井伊直弼 　安政の大獄(1858年) 　→桜田門外の変(1860年) 和宮降嫁→坂下門外の変(1862年) 文久の改革 　生麦事件(1862年) 　八月十八日の政変(1863年) 　池田屋事件(1864年) 　→禁門の変　第1次長州征伐(1864年) 薩長同盟(1866年) 徳川慶喜将軍就任(1866年) 大政奉還の上表(1867年)　薩長に討幕密勅 王政復古の大号令(1867年)	ペリー浦賀来航(1853年) プチャーチン長崎来航(1853年) 日米和親条約(1854年) 日米修好通商条約(1858年)　貿易開始 五品江戸廻送令(1860年) 攘夷決行　長州藩 薩英戦争(1863年) 四国艦隊下関砲撃事件(1864年)

第1節　天下統一の時代

1 織田信長の天下統一の経過

　戦国時代が続く中で、濃尾平野の生産力と畿内への近さを背景に台頭してきたのが織田信長です。三管領の1つ斯波氏の守護代であった織田氏は、尾張一帯に勢力を広げ、信長の代に尾張清洲城を拠点に台頭しました。信長は、1560年今川義元を尾張桶狭間の戦いで倒します。今川軍が敗走すると、今川氏の人質になっていた松平元康（徳川家康）は今川氏から自立して岡崎城に戻り、信長と講和しました。その後、信長は「天下布武」の朱印を用い、天下統一を目指しました。
　1567年、斎藤道三の孫龍興を美濃で破ると、稲葉山城に入り、この地を「岐阜」と改称して、城下の加納に楽市を命じました。翌年、信長は前将軍の弟足利義昭を擁立して入京し、義昭を新たに

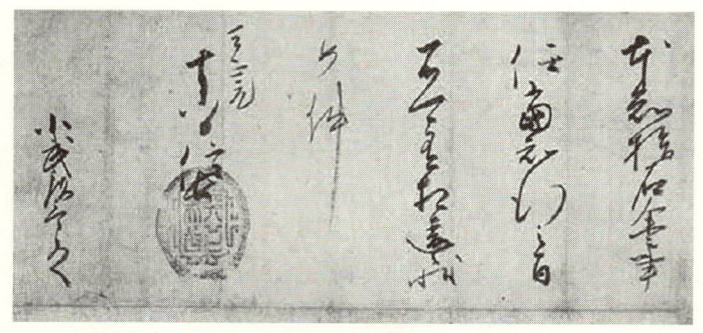

天下布武朱印　左から2行目の「信長」の署名に朱印が押されている
「小武弥三郎宛信長朱印状」岐阜県歴史資料館蔵

第1節　天下統一の時代

将軍にしました。さらに、1570年、近江姉川の戦いで近江の浅井長政・越前の朝倉義景を倒しました。また、この戦いで浅井・朝倉側についた延暦寺を焼き払い、僧侶を皆殺しにしました。1573年には浅井・朝倉、本願寺と結び反信長勢力を結集しようとした足利義昭を京都から追放し、室町幕府を滅ぼしました。

さらに、生き延びていた浅井・朝倉の本城を襲い、自殺に追い込みます。1574年には、伊勢長島の一向一揆を、翌1575年には越前の一向一揆を破りました。また同年、徳川家康と連合して武田勝頼を長篠の合戦で大敗させています。この合戦では、騎馬戦を得意とした武田軍に対し、合戦の舞台となる長篠城手前の設楽原に堀を掘って柵をめぐらせ、騎馬の突進を止めた上で、鉄砲隊の射撃で応じ、勝利しました。その後、1576年には、北陸道と畿内を結ぶ交通の要衝、安土に5層7重の安土城を築城しました。

こうした戦いとともに、信長は一向一揆を倒すため、その本拠地である石山本願寺との戦いを1570年から継続していました。本願寺第11代門主顕如らは、毛利氏と結び、その水軍によって本願寺に物資を補給していました。信長はこの補給路を断つため、木津川口の封鎖を試みたのですが、失敗します。結局、淡路の海賊が持っていた安宅船という大型船と、伊勢・熊野の海賊で信長に仕えていた九鬼嘉隆が建造した大型鉄甲船を用いて、ようやく海戦を制し、1580年、石山合戦に勝利しました。本願寺との和睦にあたっては、正親町天皇の仲裁がありました。

信長は1582年、甲斐の武田氏を滅ぼした（天目山の戦い）後、備中高松城で毛利輝元と戦っていた羽柴秀吉を支援するために軍を送る途中、京都本能寺で家臣の明智光秀の反逆にあい、自害しました（本能寺の変）。

217

ところで、信長が朱印に記した「天下布武」の「天下」とは、どのような意味を持っているのでしょうか。信長にとって「天下」とは、将軍とその下にいる守護大名を上回るためのキーワードでした。信長は、この「天下」の大義を掲げることで、大名や国人を在所から引き離し、列島統合の戦争に参加させました。これは兵農分離の大きな一歩であったと考えられています。

❷ 信長の政策

信長は、1573年、室町幕府を滅亡させた後、朝廷から右大臣と右近衛大将に任じられましたが、すぐに辞任しました。また、荒廃した内裏を修復し、正親町天皇の皇太子誠仁親王の第5子を猶子（兄弟の子で養子になったものの称）としました。朝廷へのアピールとしては意味があったと考えられます。

信長は、他の戦国大名と同様の政策を実施しています。指出検地は、勢力拡大と並行して実施したようで、1568年には近江・伊勢で、1574年には山城で、1575年と1580年には大和で実施しています。より具体的には、現地の実態把握に重点を置き、田畑一区画ごとの面積・年貢高・領主・百姓を把握し、他村への出入り関係を調査したものでした。また、1568年には、堺に対し、矢銭（軍用金）2万貫を要求しました。堺は一時この要求を拒否しようとしたのですが、結局矢銭を納め、自治都市としての性格を失うことになりました。

この他に楽市令の発布があります。信長が実施したものよりも早い例として、1549年に近江六角氏が観音寺城下に発布したことがありますが、信長は、美濃加納と安土山下町に発布しています。関所の撤廃も1568年に諸国に命じ、伊勢にも翌年発令していま

す。さらに、1569年には京都で撰銭令を出しています。これら一連の政策は、荘園制に依存した旧支配層の特権を奪うことになりました。

　宗教政策としても、延暦寺の焼き打ちや一向一揆の弾圧に止まらず、1579年、安土で日蓮宗の僧と浄土宗の僧が教義上の論争をしたことに介入し、日蓮宗を弾圧しました（安土宗論）。日蓮宗は京都で勢力を保っており、一向宗と同様に信者の動員力があると考えての介入だったのでしょう。このように、信長の実施した政策は、中世的な支配者・権威を否定し、新たな時代を導こうとしたものだったといえます。

❸ 秀吉の天下統一

　本能寺の変で信長が死んだことを知った秀吉は、毛利輝元と一旦和睦し、明智光秀を山崎の戦いで倒しました。その後、信長の家臣たちが尾張清洲に集まり、会議を開きました（清洲会議）。この会議では、秀吉と柴田勝家が信長の後継者を誰にするかで対立したのですが、秀吉の推す信長の長男（信忠、本能寺の変で自殺）の子である秀信を跡継ぎにすることが決まりました。勝家は、信長の三男信孝を擁立したのですが、勝家の思うようにはなりませんでした。会議後、勝家は信長の妹お市の方と結婚し、勢力を増します。一方、秀吉は山城を検地し、信長の葬儀を大徳寺で行い、信長の実質的な後継者が秀吉であることを誇示しました。そして清洲会議の決着とそれ以後の展開が次の戦いを引きおこしていくことになります。

　1583年には、秀吉は近江賤ケ岳で、柴田勝家を打倒しました。秀吉にとっては目障りな存在であった勝家を打倒し、信長の後継者としての地位を確保したことになります。この年、秀吉は石山本

願寺の跡に大坂城を建てることにしました。1584年には、信長の子、織田信雄(のぶお(のぶかつ))と結びついた徳川家康と小牧・長久手の戦いで争いました。長久手の戦いでは、秀吉の軍が敗れましたが、織田信雄と和睦し、また家康とも和睦し、家康は次男を秀吉の養子に送りました。翌1585年には、紀伊の一向一揆(根来・雑賀一揆)を滅ぼし、土佐の長曾我部元親(ちょうそかべもとちか)をくだし、四国平定を行います。さらに、1587年には大友氏と島津氏の対立を利用して島津義久(しまづよしひさ)を破り、九州平定を行いました。1590年には家康と協力して北条氏直(ほうじょううじなお)を小田原で倒しました(小田原征伐)。この小田原征伐の間に、東北の伊達政宗(だてまさむね)が秀吉の配下に入ったことで、秀吉は全国平定をほぼ成し遂げることができました。

4 秀吉と朝廷との関係

信長は、先に見たように、朝廷との関係は強いものではありませんでした。一方、秀吉は、朝廷との関係を強めました。1585年、秀吉は内大臣を経て関白になりました。翌年には豊臣(とよとみ)の姓を与えられ、太政大臣に就任しました。豊臣秀吉は、太政大臣の地位を利用して1585年、九州の戦国大名に戦闘の中止を命令する惣無事令(そうぶじれい)を発しました。なお、武士で太政大臣になったのは、平清盛・足利義満についで秀吉が3人目であり、その後徳川家

聚楽第　京都に造営された城郭式の邸宅

康が就任しています。1588年には、聚楽第に後陽成天皇を迎え、諸大名に秀吉への忠誠を誓わせました。秀吉は、関白権力を樹立し、武家の秩序を官位によって編成しようとしたのです。

❺ 豊臣政権の財政基盤・政治組織

　秀吉は、帰順した大名の領地を安堵（領地として認めること）すると同時に、打倒した大名の領地を削減・没収し、新たな大名を任じて、配置換えを行いました。さらに畿内とその周辺には直轄領として蔵入地約220万石を独占し、佐渡相川金山・生野大森銀山などを直轄としました。これとともに、京都・大坂・堺・長崎・伏見なども直轄としました。特に、堺・博多の支配は、豪商を利用し、博多では島井宗室、堺では千利休らと結びました。財政基盤を固めた秀吉は、貨幣鋳造を行います。京都の金工後藤徳乗に天正大判を作らせましたが、これはおもに贈答用で、天正小判・天正通宝が日常的には使用されました。これ以外に秀吉は、各地の関所を撤廃し、一里塚を作らせ、楽市令を出しています。1585年には大山崎の油座が廃止されています。

　秀吉は、本来の家臣がなく、政権をとるまでの期間が短かったことも原因し、政治組織を整備することができませんでした。関白職も養子の秀次に譲り、太閤として権力を握っていました。太閤とは、関白職を辞した人のことを指します。

　そこで、通常の政務は、子飼いの石田三成・増田長盛・浅野長政・長束正家・前田玄以の5人に任せました。これを五奉行といいます。これに対し、有力な大名5人に国政の補佐をさせました。こちらは五大老といいます。当初、徳川家康・前田利家・宇喜田秀家・毛利輝元・小早川隆景・上杉景勝の6人だったのですが、小

早川の死後5人となり、こうよばれることとなりました。

6 太閤検地

　秀吉は、天下統一の過程で天正の石直しとよばれる太閤検地を実施しました。従来の指出検地との違いについて。指出は、①方法が多様で、②領国全体に実施されたものではなく、③名を解体させ、大名の権力に組み込むと同時に、貫高制に基づき軍事体制を整備するものでした。これに対し太閤検地は、指出検地を受け継ぎつつも、より徹底させたところに特色があります。

　秀吉も当初、指出検地を行っていました。1582年の山城の検地は指出検地であり、同じ時期に信長の配下だった大名が行ったものと同様、激動する情勢に対処して領国の基盤を固めるための自領検地でした。しかし、その後1590年の全国平定後は、統一的な検地を行うこととします。1594年には検地条目を定め、統一基準を明確にし、役人を派遣して検地を実施しました。特に、①全国規模で、②統一した単位で、検地を実施したことがこれまでの指出検地とは大きく異なります。また、1594年に実施した検地を特に文禄検地ということからも、その違いがわかります。

　もう少し詳しく見てみましょう。太閤検地は、1582年、山城ではじめられました（ただし、いま述べたとおり、この年の検地は指出検地でした）。これは秀吉が亡くなる1598年まで続けられ、1594年には検地条目が決められました。土地の面積は、町・段・畝・歩という単位で示されました。6尺3寸（約191cm）四方を1歩とし、1町＝10段、10段＝100畝、100畝＝3000歩としました。なお、江戸時代の1歩は6尺四方となっています。さらに段当たりの標準収穫量を石盛といいます。石盛は、斗代ともいわれ、田

畑の品等（上・中・下・下々）を定めたもので、田の場合は、上田＝1石5斗、中田＝1石3斗、下田＝1石1斗、下々田＝9斗と、2斗ずつ減っています。この石盛に土地の面積をかけたものを石高といいます。年貢率は2公1民でした。収穫された米は、1586年に定められた京枡で測られました。京枡は、縦・横4寸9分（約14.8cm）、深さ2寸7分（約8.2cm）です。升の統一は宣旨升の統一以来、久しぶりのことです。升を統一することは、度量衡を統一するという大きな意味を持っており、全国的な権力を持つ政権（政権担当者）でないとできないことです。

　この太閤検地で検地帳（水帳）が作成され、一地一作人の原則によって耕作者が確定されました。太閤検地の意義は、①土地の複雑な権利関係（作合）が否定され、兵農分離が進められたこと、②荘園・公領制が解体したこと、③石高に応じ、家臣に知行給与・軍役を負担させる大名知行制が確立したこと、を挙げることができます。特に兵農分離は、太閤検地の石高制の成立とともに、在郷の中世的な侍身分の者は、おもに兵士と認定されない限り、法的には百姓身分とされました。民衆を総括してよぶ百姓から、身分としての百姓への転化です。

❼ 刀狩令

　1588年、刀狩令が出されました。これ以前の1576年に柴田勝家が刀狩を実施したことがありますし、秀吉も1588年に命令を出す前に大和・紀伊で実施したことがあります。この時は、一向一揆に対する武器没収という意味が強かったようです。1588年に命令が出された背景には、前年肥後で検地反対一揆がおきたことがあるでしょう。刀狩令は、その名目として方広寺大仏の釘・鎹を作る

という理由を挙げていますが、できあがった大仏が木像であったことからもわかるように、一揆を防止し、農民を農業に固定させることが最大のねらいでした。

8 人掃令

　1591年、秀吉は、武家奉公人が町人・百姓になること、また百姓が商売することを禁止しました。翌年には、関白秀次が朝鮮出兵の武家奉公人や人夫確保のために出した人掃令(ひとばらいれい)に基づいて、各職業別にそれぞれの戸数・人数を調査する全国的戸口調査が行われました。このように、この法令で、身分が確定されることになったので、人掃令を身分統制令ともいいます。こうして、兵農分離は、検地・刀狩・人掃令により完成しました。

9 バテレン追放令

　秀吉は、九州平定後、1587年、博多でバテレン追放令（宣教師追放令）を出しました。その背景には、①大村純忠(おおむらすみただ)が長崎港周辺を教会に寄進していたこと、②ポルトガル人が、日本人を奴隷として東南アジアに売っていたこと、③信者の増加が支配を危うくすると考えられたこと、を挙げることができます。

　まず、1587年6月18日、大名の入信許可制を決め、翌日、バテレン追放令を出しました。しかし、秀吉は布教と貿易は別とし貿易は認めたために、この命令は徹底しませんでした。その後、1596年土佐浦戸沖にスペイン船サン＝フェリペ号が漂着しました。秀吉に調査を命じられた増田長盛(ましたながもり)は、乗組員から、宣教師を利用して日本を植民地にする計画があることを知ります。そこで秀吉は、フランシスコ会の宣教師と信者の26人を捕らえ、長崎で処刑しました

（26 聖人の殉教）。この事件の裏には、反宗教改革派内部のイエズス会とフランシスコ会の対立があったといわれています。

❿ 海賊取締令

秀吉は、1588 年、海賊取締令(かいぞくとりしまりれい)を出しました。この命令によって各地の大名が海賊の取り締まりを行うことになりました。また、秀吉は 1591 年、インドのゴアにあるポルトガル政庁、ルソン（マニラ）にあるスペイン政庁に入貢を要求しました。また、1593 年には高山国（台湾）にも入貢を要求しています。こうした要求は、秀吉が立てた遠征計画に基づいています。

⓫ 朝鮮出兵

秀吉が遠征計画を立てた理由は、①外国貿易を望む都市豪商からの要請と、②服属させた大名の軍事力削減を考慮してのことでした。いいかえれば、対外戦争によって大名の力を削ごうとしたのです。

秀吉は、1587 年以降、対馬の宗氏に命じ、くり返し朝鮮に入貢を要求しましたが、朝鮮側はこれを拒否しました。1592 年、ついに動員が命じられ、15 万人余りの軍を朝鮮に出兵しました。文禄(ぶんろく)の役（壬辰倭乱(じんしんわらん)）です。秀吉は、肥前の名護屋(なごや)に本陣を置きました。日本軍は、漢城を落としましたが、朝鮮水軍の李舜臣(りしゅんしん)を中心に、亀甲船(きっこう)による朝鮮の義兵（義民軍）が活躍し、明の李如松(りじょしょう)の援軍が活躍したこともあり、碧蹄館(へきていかん)の戦いを機に講和を求め、休戦しました。講和交渉で、秀吉は、南朝鮮の割譲を要求しましたが、受け入れられませんでした。

1597 年、再度出兵が行われました。慶長(けいちょう)の役（丁酉倭乱(ていゆうわらん)）で

す。しかし、明・朝鮮側の激しい抵抗と、秀吉が翌年死亡したことで、出兵は中止されました。

2度にわたる出兵で、豊臣政権は弱体化しました。例えば、1592年、文禄の役の際、島津氏の家臣は、軍役負担が過重であるとして一揆をおこしています。

日本は、この戦いの途中で朝鮮の文化財や技術者を略奪し、朝鮮人殺害の数を誇示するため、耳や鼻を切り取ったりしました。京都の方広寺近くにある耳塚(みみづか)は、慶長の役の際に日本に送られた朝鮮人の耳・鼻を埋めたものです。朝鮮出兵の終了後、朝鮮国内にはたくさんの耳や鼻を取られた人々がいたといわれています。

朝鮮出兵による影響は文化面にもあらわれました。後陽成天皇の慶長勅版は、朝鮮からの印刷術と木活字が利用されたものですし、朝鮮人陶工を連行して有田焼・萩焼・薩摩焼・高取焼・平戸焼といった「お国焼」がはじまりました。なかでも、有田焼の生みの親である李参平(りさんぺい)の名はよく知られています。

12 織豊政権の性格

最後に、織豊政権全体の性格について見ておきましょう。この問題については、いくつかの考えがあり、現在もなお論争が続いています。第1に、この政権は、荘園・公領制の解体によって崩壊しつつあった中世の封建制が、近世的に再編成されたというもの。第2に、中世の封建制が崩壊し、新たに誕生した初期の絶対主義政権であるというもの。第3に、中世の荘園・公領制は古代的な体制であり、この政権によって純粋な封建制が成立したというもの。第4に、太閤検地を奴隷制から農奴制への変革ととらえ、封建革命がおきたとするもの。要は、日本の「近世」という時代をどうとら

え、理解するかが、その中心にある問題です。英語では「近世」をmodern history ないし、early modern といいますが、近代初期と考えてよいのかどうかも考慮しなければなりません。なぜなら、通常、世界史での時代区分は、原始・古代・中世・近代・現代となっており、通常、日本史のように中世と近代の間に「近世」というもう1つの区分をしていないことが多いからです。つまり、この時代区分が日本史の「特殊性」を示すものとして認めるのか、そうではなくて、英語のとおり、近代の初期ととらえるかが問われているのです。

第2節　江戸幕府の誕生

① 徳川家康

　三河国東部の松平郷出身の松平家康は、6歳から19歳まで、織田信秀・今川義元の人質として過ごした苦労人でした。1560年桶狭間の戦いで今川氏が敗れ、しだいに勢力を拡大し、戦国大名として自立しました。そして家康は、1564年三河の一向一揆を平定し、三河を統一します。この時、徳川と改姓し、遠江・駿河・甲斐・信濃の南部を平定して、織田信長と連携しつつ5カ国を支配するようになりました。1584年の小牧・長久手の戦いでは秀吉と敵対しますが、翌年和睦しました。1590年、豊臣秀吉は北条氏を攻めた小田原攻撃に協力した家康に関東に転封（国替え）を命じました。これで家康は、武蔵・相模・伊豆・上総・下総・上野の関東6カ国に加え、各地に分散した所領をあわせ、約250万石の領地を支配することになりました。家康はこの転封を機に、江戸を拠点とすることを選びました。1595年には豊臣政権の五大老の筆頭となり、これまで以上に勢力を拡大しました。

徳川家康　1542～1616

❷ 関ケ原の戦い

1598年の秀吉の死後、政権内部ではしだいに対立が表面化していきました。秀吉は子秀頼のことを五大老に託し、五大老・五奉行の合議による豊臣政権維持を願いました。しかし、1599年、五大老の1人、前田利家が亡くなり、利家に代わって利長が五大老に就任しますが、家康を上回る力を持つ者がいなくなりました。さらに、朝鮮出兵以来、秀吉のいいなりであった石田三成の有能な役人ぶりに反発した加藤清正らは、三成殺害を計画します。事件は、一応家康の仲介で事なきを得ますが、その後、家康の実力は高まるばかりでした。家康は五大老の1人、上杉景勝に謀反の疑いがあるとの理由で、景勝の領地である会津を攻める決定をしました。これを好機と見た石田三成は、秀吉の恩義に背くという理由で家康打倒を決意し、五大老の1人毛利輝元を擁立して、会津の上杉景勝と結び挙兵しました。これを契機に天下分け目の合戦＝関ケ原の戦いがはじまりました。家康を中心とする東軍は8万、三成を中心とする西軍は10万と人数では西軍が優位でしたが、西軍の小早川秀秋が西軍を裏切り、東軍につくという事件がおこり、この戦いで東軍は圧倒的な勝利をおさめました。合戦後、家康は西軍に加わった大名に対して改易（領地を没収し、その家を断絶させること）約438万石・減封（領地削減）約221万石を行いました。

❸ 幕府創設

1603年、家康は伏見城で、後陽成天皇から征夷大将軍（将軍）に任じられました。その2年後の1605年には、将軍職を子の秀忠に譲り、自らは駿府に入り、「大御所」として実権をふるいまし

た。すなわち政治は、江戸と駿府の2カ所で行われることになったのです。この状態を二元政治といいます。こうした体制を作ったのは、西国の豊臣方大名に対する処置が理由です。政権が豊臣氏に戻ることはないことを明らかにしたのです。事実、豊臣氏は関ケ原の合戦後、和泉を中心とする65万石の大名に転落しています。二元政治のもと、家康を支えたのは、側近とよばれる人たちで、本多正純や金座の後藤光次、京都の豪商茶屋四郎次郎、「黒衣の宰相」とよばれた金地院崇伝、天海といった僧侶、儒学者の林羅山、さらにはウィリアム=アダムズやヤン=ヨーステンといった外国人までも含まれていました。

④ 大坂の役

　関ケ原の戦い後、畿内の一大名に転落したとはいえ、依然として大きな影響力を持っていた豊臣氏に対し、家康は挑発して打倒する方法をとります。豊臣秀頼が再建した京都方広寺の鐘銘に「国家安康・君臣豊楽」と刻まれていたことを利用し、この8文字は家康を呪い、豊臣氏の再興を願うものだと難癖をつけて、秀頼ら豊臣方を挑発し、ついに豊臣氏を挙兵させました。1614年、家康はこれを鎮圧するために大坂冬の陣をおこしました。この時は決着がつかず講和しましたが、家康は、講和条件として「大坂城外濠を埋める」とあったものを無視して内濠まで埋め、二の丸を破壊しました。そこで、翌1615年再び、大坂夏の陣がおこって、ついに豊臣秀頼と母淀君を自殺に追い込みました。この1615年＝元和元年から平和な時代に入ったという意味で「元和偃武」（偃武＝太平な世になる）といいます。

5 江戸幕府の組織

①組織の特徴

　江戸幕府の組織は、当初、戦国大名が作った組織と大差がないもので、「庄屋仕立て」とよばれる簡素なものでした。その後、3代将軍家光の頃に政治組織が整備されました。組織の特徴は、①将軍独裁であること、②行政と裁判が分離せず、合議制・月番制を採用していること、③組織のおもな職には、譜代大名・旗本が任じられること、④戦時に対応するように番・組が設けられていること、特に軍事関係の役職を番方とよんでいること、などです。

②中央官制

　将軍のもとには臨時に置かれる大老がいました。大老は、10万石以上の譜代大名から任命され、酒井・井伊・土井・堀田の4氏から任じられました。最初の大老は1636年に就任した酒井忠世です。
　老中は、常置の最高職で、2万5000石以上の譜代大名から任じられました。老中を補佐するために若年寄が置かれ、旗本・御家人を統制しました。さらに、老中と若年寄との間で老中との取次ぎを行う側用人もいました。
　実務は、寺社・町・勘定の三奉行が担当していました。寺社奉行は、譜代の小大名から選ばれるもので、町・勘定奉行には旗本がつきました。また、大目付は、大名を、目付は、旗本・御家人を監視しました。ここまでが行政（役方）の組織で、軍事組織である番方には、大番・小姓組番・書院番などがありました。

③地方組織

　地方には、西国大名を監視するために京都所司代が置かれ、大坂・二条・伏見・駿府などにはそれぞれ城代が置かれました。さらに、堺・山田・長崎・佐渡・日光には遠国奉行が置かれました。江戸初期は日光には、遠国奉行は置かれていませんでした。家康が亡くなり日光東照宮が置かれてからのことになります。

④財政基盤

　幕領（天領［直轄地］）が400万石に、旗本知行地が約300万石になったのは元禄期のことで、当時の総石高3000万石の約4分の1を占めました。佐渡金山・石見大森銀山など主要鉱山も直轄でした。

⑤旗本・御家人

　旗本と御家人の両者を総称して直参といいます。旗本は、将軍お目見えが可能なのに対し、御家人はそれができませんでした。また、旗本は知行地を与えられた者が大半でしたが、御家人は蔵米取りでした。

❻ 藩組織

　藩は、幕府の組織と大差はありません。ただし決定的に異なるのは、参勤交代により藩主が江戸と国元を移動するので、江戸・国元に同じ組織があることです。藩では、領内の検地を行い、兵農分離を実施し、農民支配を強化して年貢納入を増やすために、耕地の開発や治水・灌漑事業を行いました。さらに、領内の経済を統一して掌握するために商工業者を城下町に集め、流通・経済機構の整備を

図りました。

　また幕府の命令により、1615年、一国一城令が出されてからは、1つの藩には城が1つだけになりました。なお、この法令はすべての大名ではなく、西国大名を対象としており、また特定の法文が定められた上で公布されたものではなく、個々の大名に老中奉書で伝えられたものです。

　領内には藩主の直轄地と家臣団の知行地がありました。当初、地方知行制が採用されており、家臣には、この知行地が与えられていましたが、後に俸禄制に改められ、米などが支給されました。足軽たち家臣は、何人扶持という名称で、米などを与えられましたが、米の場合は、1人1日5合と計算されました。全国の藩の数はおよそ260～270程度でした。

❼ 大名統制

　大名とは、1万石以上の領地を与えられた領主をいいます。江戸幕府は、この大名の統制には十分な注意を払っており、徳川家との親疎関係によって分けられています。

　徳川氏の一門を親藩といいます。1690年当時でその数は21あり、なかでも、尾張・紀伊・水戸の3家を御三家といいます。それぞれの藩主は、尾張＝徳川義直、紀伊＝徳川頼宣、水戸＝徳川頼房でした。御三家も年を経るにしたがってしだいに関係が弱まったので、8

徳川御三家

代将軍吉宗の子孫が御三卿を作りました。吉宗の子、宗武が田安家を、宗尹が一橋家を、家重の子、重好が清水家を興しました。また、御三家からの分家を御連枝といいます。

　関ケ原の合戦以前からの徳川氏の家臣を譜代といいます。譜代大名は、平均5万石前後の領地を有していました。さらに、この合戦後、徳川氏の家臣になった者を外様といいます。外様の領地は大きくて、前田家の場合は102万石もありました。

　大名支配の中心問題は、この外様をどう支配していくかでした。大名の配置については、東北の伊達・佐竹・上杉らの外様を支配するために庄内に譜代の酒井を置き、関東の入り口には水戸をはじめ親藩・譜代を置きました。北陸の前田に対しては、越前・越後に松平を置きました。畿内には若狭に酒井を、彦根に井伊を置き、九州・四国地方には、本州に渡る入り口に小笠原と松平を置いています。こうした大名の配置を「鉢植えの大名」といいます。

8　武家諸法度

　大名統制の根幹となるのが武家諸法度です。2代将軍秀忠は、最初、1615年、武家諸法度（元和令）を出しました。起草者は金地院崇伝と天海で、全文13カ条からなっています。そこでは、新規築城の禁止、大名間の私的婚姻の禁止などが示されていました。その後、3代将軍家光は、1635年、寛永令を出しました。林羅山起草の法度は、全文19カ条で、参勤交代の制度化、大船建造の禁止（500石以上）などが決められています。大船建造の禁止は、13代家定が海防上の必要から許可するまで続いていました。

　ところで、参勤交代は原則として、江戸在府1年、国元1年です。ただし、すべての大名が原則どおりではなく、対馬藩の場合は

3年に1度でした。また、関東の大名は、半年交代であり、水戸藩や役付けの大名は江戸在住でした。

　武家諸法度に違反した場合は、改易・転封がなされました。幕府は厳しく処罰したようで、越後高田藩の松平忠輝（家康の6男）は、大坂夏の陣に不参加であったことを理由に改易されました。他にも下野宇都宮藩主本多正純は、2代秀忠との関係が悪化した理由で、越前福井藩主松平忠直は、大坂夏の陣の功績を評価されていないとする不満から、幕府に対し不審な行動をとったという理由で、駿府藩主徳川忠長（秀忠の3男）は、3代家光の将軍職を奪おうとしていると噂され、いずれも改易されました。

　その後も武家諸法度は改正されています。4代家綱の寛文令（1663年）は21カ条あり、キリシタンの禁止などが加えられました。5代綱吉の天和令（15カ条・1683年）については後に詳しく述べますが、末期養子の許可や殉死の禁止が加えられました。6代家宣の宝永令（17カ条・1710年）は新井白石によってまとめられたことで知られています。8代吉宗の享保令（15カ条・1717年）は天和令をそのまま採用し、以後これを受け継いでいます。

❾ 禁中並公家諸法度

　幕府は、1615年、朝廷統制のために、禁中並公家諸法度を制定しました。全文17カ条あるこの法度は、天皇・皇族の行動や生活を規制すると同時に、紫衣・上人号の勅許といった天皇の伝統的な権利にまで介入しました。これ以外に家康は、1613年に公家衆法度を発令しています。

　この時代、すでに朝廷は、禁裏御領（皇室直轄領）1万石を基礎に皇族・貴族の領地を合わせても約10万石の財政的基盤しかあ

後水尾天皇　1596〜1680

りませんでした。後水尾天皇は、乏しい財政を補う必要もあって、紫衣を相次いで許し、幕府に許可を求めませんでした。そこへこの法度によって介入が行われたのです。1627年におきた紫衣事件（僧衣の色については第1章3節1を参照）は、後水尾天皇が大徳寺の沢庵らに紫衣を勅許したことに端を発した事件でした。幕府は、紫衣事件がおこる前、朝幕関係の融和を図るため、2代将軍秀忠の娘和子を1620年、後水尾天皇に嫁がせていました。しかし、朝幕関係は必ずしもうまくいってはいなかったようです。幕府は、届け出なく行われた後水尾天皇の紫衣勅許を無効とし、これに抵抗した沢庵を出羽上ノ山に流罪にしたのです。後水尾天皇はこの処置を不満として徳川和子との間に誕生した7歳の娘に譲位しました。明正天皇です（久しぶりの女性の天皇です）。これを機会に幕府の朝廷への介入はいっそう強まっていきました。また、法度とは別に、1600年には京都所司代が設置されています。この機関は、1862年新設された京都守護職の下の機関となり、1867年に廃止されるまで置かれました。さらに、朝廷と幕府の連絡にあたる武家伝奏という2名の公家も置かれました。

⑩ 寺社統制

朝廷統制と同じく寺社統制も実施されています。統制機関として1635年、寺社奉行が置かれました。同年、檀家制度もキリシタ

ン摘発のために発足します。統制法としては、1665年、宗派の違いを超え、寺院僧侶全体に諸宗寺院法度が出されました。神社にも諸社禰宜神主法度が出されました。これらの法令によって僧侶の資格、本山・末寺の関係、寺院と檀家との関係が明確にされました。さらに、キリシタン禁止のために庶民を檀家として寺に所属させ、寺請証文を発行させました。後にこれが宗門改帳（宗旨人別改帳）とよばれることになりました。宗門改は、1614年にはじまったのが最初です。

全国的に寺社は、しだいに民衆支配の末端の役割を担わされるようになりました。このことは、江戸時代の新宗派は、隠元が開いた黄檗宗しかないことからも理解できます。

⑪ 身分制

江戸幕府は、秀吉の身分統制を受け継ぎ、身分の区別を明確にしました。士農工商・えた・非人です。武士は人口の約1割でした。権威を示すために、苗字帯刀・切捨御免の特権を持っていました。実は、百姓・町人にも苗字はありました。それを書類に記すことができなかっただけなのです。また、帯刀にしても、脇差などは持つことができました。

ふつう、武士は左に太刀・脇差を差します。太刀を2本も持っている武士は絶対にいません。忍者ではありませんから、背中から、太刀を抜くなんてこともありません。しかも、町人がぶつかっただけで、「無礼者！」とかいって、殺すこともよほどのことでない限りあり得ません。念のため。

農民は、武士に継ぐ身分とされましたが、厳しい統制を受けました。農民は大別すると、検地帳に記され、年貢を納入する本百姓、

田畑・屋敷地を持たない農民（小作人であることが多い）である水呑百姓、これに名子・被官とよばれる隷属農民がいました。

　ここでも、網野善彦氏の受け売りに他なりませんが、農民＝貧民というイメージは捨てましょう。まして水呑百姓は、土地を持っていないだけで、別の仕事をしていたら、そちらの収入の方が多い場合もあります。検地帳に登録されている田地を持っている農民を本百姓、田地を持っていない人を水呑百姓と分けているだけと考えたらよいと思います。

　職人・商人は総称して町人とよばれました。町人の統制は緩やかで、年貢・夫役などは賦課されませんでした。それらの下に賤民、えた・非人がいました。「えた」と総称された人々は、皮革処理や雑役を行う人々で、西日本では「皮多」、東日本では「長吏」とよばれました。非人は、町の清掃や囚人の送迎や牢屋の監視を行うなどの仕事をしました。こうした身分とは別に、支配層に入る公家や寺社人としてまとめられる僧侶・神主、さらに医者もいました。

12 家族生活

　江戸時代は、男尊女卑が甚しいとされています。もちろん、男女差別がなかったとはいえませんが、かなり誇張されている場合も多いと思われます。武士を除き庶民層では女性の地位は比較的高かったと考えられています。離婚は、男性から「三行半」とよばれる離縁状を出して成立します。しかし、実際には女性の側から男性に離婚を要求し、離縁状が出される場合もありました。これとは別に、関東では鎌倉の東慶寺、上野の満徳寺に女性が駆け込み、離婚が成立することもありました。縁切寺の存在です。なお、庶民の家督相続は、長子単独相続だけでなく、末子相続も一般的で、相続は

均等分割が原則でした。

　服装については、町人の場合、普段着としての小袖・着流しが広まり、女性だけでなく男性にも一般化しました。女性の服装は元禄期頃から変化します。小袖はそで・すそが長く大きくなり、帯も長く幅広くなって、後ろで結ぶことが多くなりました。振り袖の出現はその著しい例です。生地も緞子・羽二重・縮緬といった高級品が人気を集めました。農民は、筒袖と股引からなるツーピース型の衣服を身につけ、仕事本位の服装を守ったようです。

　食生活は1日3食が一般化し、都市における白米食の普及が著しかったのですが、一般民衆の間では、麦飯や雑穀食が維持されていました。冷めてしまえば食べづらい稗飯・糠飯の類も農村では、さほど珍しくなかったようです。町人の家では奉公人の食事は質素で、主人は白米でも徒弟・丁稚は麦飯がふつうでした。おかずも味噌汁・油揚げ・ひじきの煮付け・漬け物といった程度で1日分とされるのがふつうで、魚などは1カ月に2～3回でした。こうした中でも新しい食生活を窺わせるものが生まれてきます。その1つは、粉食の食品であり、もう1つは、外食の習慣です。粉食は、1人でつける石臼やすり鉢が商品化されたことで、そば粉・豆粉・はったい粉・麦粉（うどん粉）・米粉が容易に作られるようになり、粉を練ったり蒸したりしたものが主食として供給されるようになりました。そしてこれを売る商人が生まれ、茶店・煮売り屋が、飯・団子・そば・うどんなどの手軽な食べ物を提供するようになったのです。

⓮ 農村の支配・農民の負担と統制

　全人口の7割以上を占める農民が住む村の生活を見ていきましょう。村は、数十戸の小家族からなる農民で構成されています。村で

は村寄合で村掟が決められ、一定程度の自治が行われました。農作業は、「結（ゆい）」とよばれる共同労働で行われ、本百姓の中から村方（むらかた）三役（さんやく）（地方三役（じかたさんやく））が決められました。名主・組頭・百姓代です。名主は、年貢配分や納入、御触れの伝達、人別改めを行う村の代表者です。関西では名主を庄屋といい、東北では肝煎（きもいり）といいました。組頭（くみがしら）は、名主を補佐し、百姓代は、本百姓の代表です。

村では数戸で五人組を作り、年貢の未納、逃亡、犯罪の防止に努めました。統制を乱す者は、葬式と火災以外は交際を断つ「村八分」の制裁を受けました。

農民の負担は、まず本年貢（ほんねんぐ）（本途物成（ほんとものなり））があります。田畑・屋敷に賦課されるもので、おもに米で納めます。その額は、村の総石高に税率をかけて決められました。おおよそ4公6民から5公5民です。次に小物成。雑税の総称で、小年貢ともいい、山野河海にかかります。さらに本年貢には、口米（くまい）といって、年貢徴収に当たる代官の事務費も付加税として課されました。

これ以外には、高掛物（たかがかりもの）があります。村高に応じて賦課された税です。幕領では、高掛三役（たかがかりさんやく）という税がありました。それは、次の3つです。①伝馬宿入用（てんましゅくにゅうよう）。五街道の問屋場、本陣の給米など。②御蔵米入用（おくらまいにゅうよう）。江戸浅草の幕府の米蔵の維持費。③六尺給米（ろくしゃくきゅうまい）。幕府の料理人・駕籠（かご）かきなどの雑役夫の給米。

労役には、臨時の国役と助郷役（すけごうやく）とがありました。国役は特定の国に課せられるもので、河川の土木工事、朝鮮使節の接待などに充てられました。助郷役は、宿場に人馬を提供するもので、街道1～2里ごとに課せられた定（じょう）助郷と臨時の加（か）助郷がありました。

統制法について。まず1643年に出された田畑永代売買禁止令（でんぱたえいたいばいばいきんしれい）。年貢納入者を確保するため、農民の土地売買を禁止したものです。

次に、田畑勝手作禁止令。本田畑に米・麦・粟・豆・黍以外を栽培することを禁止したものです。ただし、畑での木綿栽培・煙草栽培は禁止されていません。第3に、分地制限令。1673年に出されたこの法では、名主20石、一般農民は10石以上の田畑を所有していなければ分地を許可されませんでした。1713年に改正された法では、石高10石、反別1町歩以上の者以外は分地を認めないと決められました。いずれも本百姓の没落を防ぐことがねらいでした。さらに、1649年、農民の生活全般を取り締まる慶安の触書（全32カ条）も出されました。しかし、近年の研究によって、この慶安の触書の原型は、1697年甲州から信州にかけて広まっていた「百姓身持之事」とよばれる36カ条の史料であることがわかっています。つまり元禄期に広がったものにもかかわらず、わざとそれ以前の慶安期のものだとして流布されたということです。それは、林述斎という儒学者が、3代将軍家光の治世であった慶安期を理想・栄光の時代としていたために、当時編纂していた文書に慶安2年に発令されたものとして、収録したことが原因でした。

　日本の村については、すべてが農村だったわけではありません。漁村もありますし、山村もあります。そして農業がほとんどできなかったこれらの村の人々は貧しかったのかというと、そうとばかりはいえません。山村で稗・粟・麦・蕎麦しか収穫できないとすると、米が食えずに貧しいと思うかもしれませんが、逆に米以外の食料があって、実はおなかはいっぱいだったかもしれません。

　村についてもう少し。一口に農村といっても、関東と関西では違いがあります。現在でも新幹線に乗って大阪や京都から東京に向かって行くとわかるのですが、名古屋を過ぎた辺りから車窓から見える農村の風景が変化することがわかります。関西の農村は家々が集

まっているのですが、垣根はあっても低く、開放的で、屋敷内にはいろいろな建物があってゆとりがありません。しかし、東海から関東の農村は、屋敷のまわりに屋敷林や生け垣・塀などがあり、屋敷の敷地は広く、住宅として使用できそうな家は1棟だけではなく大抵2棟以上あります。1つは母屋(おもや)であり、もう1つは離れとよばれる建物で、ここには老人夫婦が住んでいることが多いのです。また、敷地内に畑があります。農作業も敷地内でかなりの程度できるのに比べ、関西の農家はスペースが狭くそんな余裕はありません。これは、農業のやり方やその他様々な面での相違が原因していると考えられます。だから一口に農村といっても、一律な見方をしてはいけないのです。逆に共通するものもあります。どの地方の農家にも囲炉裏(いろり)がありましたが、囲炉裏は暖炉ではありません。冬だけ使われるのではなくて、一年中火が燃やされています。食べ物の煮炊きや夜の照明、物の乾燥などの機能を複合的に持っていたのです。

　農村に限らず、どの村にも年齢別・性別の自治組織がありました。子どもたちの集団、青年男子の集団（若者組）、娘たちの集団（娘組）、老人たちの組織（年寄組）です。特に若者組は村の労働組織として領主から命令された人足をはじめ、村の共同労働の人足としても働きました。また、祭礼などでも活躍し、神輿(みこし)をかつぎ、山車(だし)を曳(ひ)きました。さらに、村の労働秩序の管理も行っています。村では祭礼をはじめ年間30日程度の休み日がありました。これを管理したのが、若者組です。休み日であるのに野良仕事をしている人を取り締まったりしたのです。若者組の構成員は関西では15歳以上結婚するまでに対し、関東では15歳以上は同じですが、結婚しても35歳か42歳くらいまで、そのまま組にいたようです。

⑭ 町人統制

　農民に比べ町人は統制も緩やかで、しかも貨幣経済の発展により力を強めていきました。江戸では、町奉行の下に町年寄と町名主がいて町政を担当しました。大坂では、惣年寄がいました。惣年寄とは大坂町役人の最高位のことです。町人の負担は、本来献金であった冥加と各種の営業税である運上でした。これ以外に宅地税である地子銭と町の運営のために集める町入用がありました。

　また、商人には、主人・番頭・手代・丁稚という区分があり、職人では、親方・職人（徒弟）の区別がありました。

　都市部の生活について見ておきます。江戸時代の都市には各藩に城下町があります。城を中心に同心円上に発達した都市で、武家屋敷・侍町が中心部にあり、周辺に商人町・職人町が形成されます。その外側に寺院があることが多かったようです。さらに、侍町・商人町・職人町の内部は、それぞれの身分や職業の区別によって細分化されていました。例えば、御徒町・同心町・数寄屋町（侍町）や、材木町・伝馬町・茶屋町・呉服町（商人町）、鍛冶町・紺屋町・大工町（職人町）というように分かれていました。

第3節　江戸初期の外交・鎖国

1　初期外交

　江戸初期の外交についてです。例によってオランダ船の漂着からはじまるのですが、なぜ、オランダが台頭し、日本に着たのかの裏づけがないままではわかりにくいと思います。そこで、少しそのあたりについての説明をしておきます。

　ネーデルランド（オランダ）は、16世紀初めから、アントワープ市をヨーロッパの中心市場として繁栄していました。宗教的には、反宗教改革派の勢力が強かったのですが、スペイン国王は、カトリックの信仰を強制し、宗教改革派を弾圧しました。その後、スペインに対する抵抗運動が高まり、1581年ネーデルランド連邦共和国（オランダ）が独立しました。

　こうして、オランダは、アムステルダムを中心に驚異的な経済発展を遂げます。世界の経済の中心がスペインからオランダ（アムステルダムを拠点）に代わっていったのです。ちなみにオランダは連邦共和国という名のとおり、国王のいない共和国でした。

　そして世界の中核（中心国）は、スペイン（マドリード）から、オランダ（アムステルダム）に移っていきました。オランダが中心になったのは、毛織物、造船業、北洋の漁業などを結びつけ、世界貿易の中心になったからです。加えて、金融面で支配権を確立したことにもよります。こうしたことを背景に、オランダがアジア貿易に参画したことによって、日本と関係を持つことになるのです。

　江戸幕府は、秀吉の時に悪化した外交関係の修復に努め、平和外

交・貿易発展を進めました。1600年、オランダ船リーフデ号が豊後臼杵湾に漂着しました。大坂城で船の代表者と会見した家康は、彼らを保護し、日本滞在を許しました。

東京八重洲にあるヤン＝ヨーステンとリーフデ号の彫刻

リーフデ号の水先案内人イギリス人ウィリアム＝アダムスと航海士でオランダ人のヤン＝ヨーステンには領地と屋敷を与え、外交顧問として登用しました。アダムスは、三浦半島に屋敷と領地をもらい三浦按針の名で永住しました。ヨーステンは、江戸に住宅を与えられました。東京駅近くの八重洲の地名がヨーステンの住居があったことをいまに伝えています。ところで、彼らとの関係によって日本は、オランダ・イギリスとの交流を持つことになりました。オランダとは1609年、平戸にオランダ船が来航して以来、関係を続けることになります。イギリスは、1613年、国王ジェームス1世の国書を持ってジョン＝セーリスが平戸に来航し、ここに商館を建てましたが、1623年日本から撤退してしまいます。イギリスにしてもオランダにしても、アジア貿易を重視していたことは間違いありません。イギリスは1600年にロンドン東インド会社を、オランダも1602年に連合オランダ東インド会社を設立していたのです。イギリスの撤退は、オランダとの貿易競争に同国が敗れた結果でした。なお、長崎オランダ商館とはオランダの東インド会社の長崎支店のことです。

またスペインとの関係修復は、家康が望んだことでした。1609

年、マニラからノビスパン（メキシコ）に向かうスペイン船が上総に漂着します。この船には前ルソン総督のドン＝ロドリゴが乗っていました。幕府は彼に船を与え1610年、メキシコに向かわせました。この時、京都の商人田中勝介を同行させ、浦賀から出航させています。また、伊達政宗は、約500トンの洋式帆船を建造し、1613年、家臣の支倉常長を月の浦から出航させました。常長は、フランシスコ会宣教師ルイス＝ソテロとともにメキシコのアカプルコに着き、陸路をベラクルスに出て、スペイン船でスペインに渡り、スペイン国王やローマ教皇パウロ5世とも会見しました。これを慶長遣欧使節といいます。しかし、常長の旅行中にキリスト教禁止令が出され、スペインの協力を得ることが不可能となり、貿易再開の目的は果たせませんでした。常長たちはキューバにも立ち寄ったらしく、現在ハバナには常長の像が立っています。

　ポルトガルとは中国産生糸（白糸）の購入で関係を保ちました。この貿易でポルトガルが莫大な利益を得ていたことから、幕府は1604年、糸割符制度を導入しました。幕府は、糸割符仲間という商人集団に輸入生糸の価格を決定させ、その価格で全輸入生糸を一括購入し、これを仲間に分割販売させることにしたのです。ポルトガル側は、これを「パンカダ」とよびました。仲間は当初、堺・長崎・京都の3カ所の商人だけでしたが、その後1631年、江戸・大坂の商人が加わり、5カ所の商人となりました。ポルトガルとは、1608年、マカオで有馬晴信の船員とポルトガル人との間で争いがおき、翌年ポルトガル船マードレ＝デ＝デウス号が長崎に来航した際、有馬が報復としてこの船を焼き払った（マードレ＝デ＝デウス号事件）こともあり、事件後、貿易はしだいに衰退していきました。

❷ 朱印船貿易

　ここでもまわり道ですが、世界史との関係を述べておきます。
　ポルトガルは東廻り航路を、スペインは西廻り航路をとって、世界貿易路が完成しました。大航海時代、ムスリム商人に代わり、ポルトガル商人が交易の中心を占めるようになります。インド洋の南北に連なるモルディブ諸島で一番の拠点がマレー半島です。ここはムスリム商人の貿易拠点でしたが、新たに登場したポルトガル人が占拠し、要塞が築かれました。
　15～16世紀に繁栄を誇った東南アジア最大の中継貿易港はマラッカでした。15世紀初め、王族の1人が、当時、漁村に過ぎないこの土地に部下を連れてやって来て、新国家を建国しました。そこへ1511年、ポルトガルは激しい攻撃をかけ、マラッカを占領します。マラッカは東洋最大の一大集散地となり、中国・東南アジア・インド方面からのすべての船が集まってきました。積荷は中国からは生糸・絹織物・陶磁器・銀など、マラッカからは香料、インドからは綿布・染色毛織物・ガラス玉・木材・銅・鉄などでした。このマラッカには、那覇港からレケオ船とよばれる琉球船もやって来ました。
　中国船の貿易は実は密貿易でした。海禁政策がとられていたからです。彼らの代表者が例の王直だったのです。中国東南部沿岸地方の豪族（郷紳層）たちは、役人をだまし、賄賂を与え密貿易を行いました。実際に駆り出されたのは、豪族に雇われた中小商人や沿岸の貧民たちでした。彼らはやがて地方豪族の支配から脱し、自立して貿易を行おうと海上や沿岸都市で反乱をおこしました。この反乱は、日本も巻き込んで後期倭寇と合流し、16世紀中頃に大反乱と

なりました。

　1570年のマニラ付近には中国人40人、日本人20人が住んでいたと記録されています。日本人の海外展開も進んでいました。朱印船貿易とは、為政者の渡航許可書＝朱印状を持った船での貿易です。そもそもは豊臣秀吉が朱印状を与え、貿易を認めたものでした。しかし、秀吉が朝鮮侵略を行ったため、貿易は一時中断してしまいます。琉球が朱印船以上に東南アジアとの関係で力を持っていたことは、いうまでもありません。なぜなら、琉球は日本とは別の王国であり、幕府の支配を受けていなかったからです。琉球と対立するのはポルトガル船であって朱印船ではなかったのです。

　その後江戸幕府は、朱印船貿易を復活させました。1604年から1635年までに350隻あまりに朱印状を発行し船が出航していきました。行き先はマカオ、台湾、フィリピン、ベトナム、カンボジア、シャム（タイ）、マラヤ、インドネシアなど東南アジア全域に及びます。朱印船の経営者は、島津・松浦・有馬・鍋島・加藤・細川などの九州の諸大名と大商人、京都の角倉了以（すみのくらりょうい）、茶屋四郎次郎（ちゃやしろうじろう）、大坂の末吉孫左衛門（すえきちまござえもん）、長崎の末次平蔵（すえつぐへいぞう）

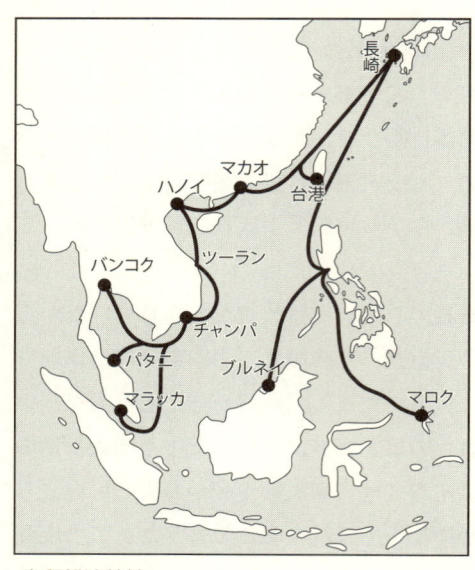

朱印船渡航地

らで、中国人やヨーロッパ人も加わっていました。船に乗ったのは商人、船頭の他、牢人・武士や禁教令で弾圧されたキリシタンなどでした。船は平均400トン、大きいものでは角倉了以がシャムに派遣した長さ20間（約36m）、幅9間（約16m）で800トン、400人を乗せたといいます。わが国からの輸出品は、銀をはじめ、硫黄、樟脳（しょうのう）、漆器、扇子など。輸入品は、生糸、絹織物をはじめ、綿布、羅紗（らしゃ）、蘇木（そぼく）、砂糖、鉛、錫（すず）などでした。船は北風の季節風が吹く冬に日本から出航し、1～2カ月かけ南海の諸港に到着します。そして輸出品・輸入品の売買を行い、今度は南風に乗り、約半年かけて日本に帰りました。江戸時代初頭に海外渡航した日本人は約10万人と推定されていますが、そのうち7000～1万人は東南アジアの日本町に居住しました。この町は自治制が敷かれたものでした。ビルマ（現ミャンマー）のアラカン、シャム（タイ）のアユタヤ、コーチのツーラン・フェフォー、ルソンのディラオ、マニラ郊外のサンミゲル、カンボジアのプノンペンなどです。ちなみに、ベトナムのホイアン郊外には、日本人の墓があります。他にも貿易でやって来た後、帰国できずに現地で亡くなった人は多数いるはずです。

　アユタヤの日本町の頭となり、後にリゴール太守となった山田長政（やまだながまさ）は、こうした朱印船貿易に関係した商人の１人でした。

❸ 朝鮮との関係

　秀吉の朝鮮出兵によって途絶えた朝鮮との関係は、対馬の宗氏の努力で修復することができました。1607年からは朝鮮使節が来日しています。ただし、1607年・17年・24年の３回の使節は朝鮮の使節ですが、回答兼刷還使（かいとうけんさっかんし）といい、日本に連行された朝鮮の人々

を送還することが目的でした。通信使は都合12回来日しています。1609年、宗氏と朝鮮との間に己酉（慶長）約条が結ばれ、歳遣船（毎年行く船）20隻を送り、貿易は釜山の倭館で行うこととなりました。

④ 琉球との関係

琉球に対して1609年、薩摩藩主島津家久の出兵が行われました。これにより琉球は、薩摩藩の支配下に入りました。琉球王尚寧が捕らえられ、人質となりました。島津は那覇に仮屋を設置し、奉行を在住させましたが、中国に対しては琉球に冊封を受けさせ、貿易を盛んにさせてその利益を奪いました。さらに、琉球からは将軍の代替わりごとに慶賀使を、また琉球王の代替わりごとにも謝恩使を派遣させました。慶賀使は全部で18回派遣されました。

⑤ 蝦夷地との関係

江戸時代に入り、蠣崎氏が松前氏と改名し、大名としてアイヌとの交易を認められました。蠣崎氏は家臣に商場知行制というやり方でアイヌとの取引の場所を与え、交易による利益を家臣の俸禄としましたが、1669年、シャクシャインの乱がおこりました。これは和人の不正行為が問題になったもので、シャクシャインは2カ月の激戦を展開しましたが、和議の席で和人がシャクシャインを殺害し、乱が終了しました。この結果、商場知行制が改められ、特権商人に取引場所を貸し、そこからの運上金を徴収して、俸禄とする場所請負制に変わりました。なお、1789年には、和人が千島に進出し、クナシリ・メナシ（国後・目梨）の乱（寛政の乱）がおきています。

6 キリスト教禁止

　1612年、幕府は幕領（江戸・大坂・京都・長崎）においてキリスト教を禁止しました。その背後には、本多正純の家臣岡本大八の事件がありました。岡本もキリシタンで、同じキリシタン大名の有馬晴信から旧領安堵を図ろうとして賄賂を受け取ったことが発覚した事件です。また、翌年には、キリスト教禁止を全国に拡大しました。この時点でキリスト教徒は約75万人いたと推定されています。幕府にとって、この数は多いといわざるを得ません。

　1613年には禁教令を全国に出し、宣教師追放、信者の改宗を強要しました。翌1614年には、キリシタン大名高山右近ら信者300人をマニラ・マカオに追放しました。

　1622年には、宣教師・信者55人を捕らえ、長崎で処刑する事件（元和の大殉教）もおきています。こうした一連の禁教令が出された理由には、①信者の団結が幕府支配の障害になると考えられたこと、②スペイン・ポルトガルの侵略を懸念したこと、があるでしょう。

　1637年から1638年にかけて島原・天草一揆（島原の乱）がおきました。島原藩主松倉重政と天草藩主寺沢広高は、1634年以来凶作で農民が苦しんでいるにもかかわらず、過酷な取り立てを行いました。これに耐え切れなくなった農民たちは、小西行長の家臣で益田氏の遺子、益田四郎時貞（天草四郎時貞）らキリシタン牢人をリーダーに反乱をおこしました。蜂起した農民は3万8000人余りにも達し、参加率100％の村もありました。この事件・反乱を「島原の乱」とよばずに、「島原・天草一揆」というのは、場所が肥前島原と肥後天草の2カ所に及んでいること、それから島原の乱に

はキリスト教徒の反乱というイメージで定着していることが原因です。村人全員が参加したということは、キリスト教とは無関係に、過酷な徴税に反対した百姓一揆の性格が濃厚だということです。なぜなら、ヨーロッパの村とは異なり、村人全員がキリスト教徒ということはないからです。

　反乱に加わった農民たちは原城に立て籠もり、幕府の板倉重昌と戦いました。幕府軍は総攻撃をかけましたが大敗してしまいます。そこで、幕府は老中松平信綱を派遣しました。信綱は「知恵伊豆」とあだなされた人物で、12万余りの兵を動員し、あわせてオランダの軍艦に原城攻撃を要請しました。こうしてついに乱は鎮圧されました。

　オランダってキリスト教国じゃないの？と思われるかもしれませんが、先の説明からもわかるように、カトリック国ではありません。プロテスタントの国です。日本の信者はカトリックですし、オランダにとっては、この機会に恩を売っておけば、後でいろいろ便宜を図ってもらえるという理由で協力したのだと考えられます。

　1640年、幕府は、宗門改役を設置し、絵踏を行わせ、宗門人別改帳に登録させることにしました。絵踏がいつから行われるようになったかについては不明ですが、1640年よりも早くから実施されていたと考えられます。マリア像やイエス像を刻んだ金属板を踏絵といい、これを踏む行為を絵踏といいます。絵踏は、1858年、日米修好通商条約が締結されるまで続けられました。なお、その後も残っていた信者たちは、「かくれキリシタン」として信仰を守りますが、長い禁教の結果、神仏と融合し、民間信仰化した独特のものに変化しました。

　あわせて、日蓮宗不受不施派も管理・統制されました。このグ

ループは、「法華経を信仰しない者には施さず、また施しも受けない」という信念を持ち、支配者のいいなりにはならなかったからです。

❼ 鎖国

「鎖国」については、依然として「国を閉ざす」というイメージが強いようです。果たしてそういうイメージでよいのでしょうか。しかも、江戸時代には、現在とは違って「鎖国」がマイナスイメージで受け取られてはいませんでした。

禁教と並行し、鎖国政策が実施されます。よく知られているように、「鎖国」とは、ドイツ人医師ケンペルが1690年に来日し、その滞在記録をまとめた『日本誌』の付録を、その後長崎オランダ通詞志筑忠雄が翻訳した時に用いた言葉です。翻訳は1801年に完成しましたから、それまでは「鎖国」という言葉はなかったのです。つまり、別のいい方をすれば、幕府は文字どおりに「国を閉鎖した」とは考えていなかったのです。この政策をなぜ幕府が採用したかについては研究者の間でも意見が分かれていますが、①禁教令の徹底、②貿易の管理強化、さらには③幕藩体制を強化するためだったと考えられます。

1624年、スペイン船の来航を禁止した幕府は、1633年からいわゆる「鎖国令」を出していきました。ただし、注意したいのは、「鎖国令」は長崎奉行への職務規定に過ぎなかったということです。つまり、関係者に対してだけ出されたものだったのです。

1633年の最初の鎖国令は、朱印状以外に老中が発行した奉書を持たなければ、朱印船の経営はできないというものでした。奉書は御用商人だけ発行されたので、西国の大名たちは貿易に加わるこ

とが不可能になりました。翌年の鎖国令では、海外往来と通商制限が命じられました。1635年、ついに海外渡航および帰国が全面禁止されました。これで鎖国は一応達成されましたが、翌1636年にも鎖国令が出されました。出島にポルトガル人を移住させ、日本人との間に誕生した混血児を追放しています。

1639年、最後の鎖国令が出されました。「ガレオタ」（Caleota）というポルトガル船の来航が禁止されたのです。オランダはこうした動きを喜びましたが、オランダも同様の体制の中に組み込まれていきました。1641年、オランダ人は、出島にのみ居住することを認められ、旧来の平戸商館は破壊されました。また、日本人の使用人を雇用しないこと、オランダ商館長（甲比丹＝カピタン）を1年ごとに交代させること、糸割符制をオランダにも適用させること、が要求されました。

鎖国によって、たしかに幕藩体制が強化・安定し、「徳川の平和＝Pax Tokugawa」とよばれる天下泰平の世が続いたことは事実です。しかし、鎖国は国を閉ざすというものではなく、キリスト教への対応と、当時必要不可欠となっていた対外貿易統制をすりあわせることにより作り出された国内・対外政策と考えた方がよいでしょう。

8 鎖国後の貿易

貿易は、長崎奉行の管轄で行われました。オランダは、生糸・絹織物・毛織物などをもたらし、日本は銀・銅で支払いました。1644年には『オランダ風説書』が提出されました。糸割符制を適用された貿易は、1655年に廃止され、相対貿易となりましたが、1685年、糸割符制が再興されると貿易額が制限されました（定

高仕法(だかしほう))。

　オランダ以外に、中国とも貿易を行っています。明は1636年、清国に代わりました。輸入品は生糸・絹織物・書籍などで、輸出品は、銀・銅・海産物（俵物）でした。幕府は、増加する中国船を1688年、70隻に限定し、長崎郊外に唐人屋敷を作りました。

　このように見ていくと、日本は国交のない通商国であるオランダ・中国（清）と、国交のある通信国である朝鮮（朝鮮通信使）・琉球（慶賀使・謝恩使）と交易し、蝦夷地＝松前を通じてアイヌの人々とも関係を持っていたことがわかります。こうした関係がありながら、国を閉ざしていたとは到底いい切れないでしょう。

第4節　武断政治から文治政治へ

1 文治政治への移行期

　3代将軍徳川家光の「寛永の治」とよばれた政治では、老中松平信綱らが仕え、武力による支配が行われていました。3代将軍までの武断政治の徹底によって、大名の改易・転封がくり返され、牢人の数は40万人ほどになりました。そのために、牢人の不満が増加し、ついに反乱が計画されるに至ります。1651年の慶安の変がそれです。主謀者の由井正雪は兵学者で、仲間の丸橋忠弥とともに2000人程度の牢人たちが、江戸・駿府・上方で一斉蜂起する計画でしたが、密告により計画は失敗しました。

　また、翌年にも牢人戸次（別木）庄左衛門が反乱を計画し、老中を暗殺しようとした承応の変がおこりました。

　彼ら牢人とは別に、出世を阻まれた旗本たちの中には、「かぶき者」や「旗本奴」とよばれる異様な姿をして町人と喧嘩する者も現れました。「旗本奴」の代表者としての水野十郎左衛門と「町奴」の代表、幡随院長兵衛の争いは、芝居でも演じられるほど有名な話です。

2 4代将軍家綱

　このような治安の乱れが問題になった1651年、11歳の徳川家綱が4代将軍に就任しました。時の老中は松平信綱でしたが、幼い将軍が誕生したことで、危機感を抱いた幕府は、牢人対策として、大名の改易を緩めるために、末期養子の禁を緩和しました。末期養

子とは、「急養子」ともいい、跡継ぎのない大名が、死の直前、急に養子を決めることです。幕府は当初これを認めず、大名の断絶が後を絶たなかったのです。そこで、この取り決めを緩和し、50歳以下17歳以上の者が末期養子をすることを認め、17歳以下でも検討した上で許可することがあるとしました。

また、戦国大名の遺風であった、大名から人質をとる制度（大名証人制）を1665年に廃止しました。なお、大名の妻子を江戸に在住させることと、証人制とは別のことです。そして、もう1つの戦国時代の遺風である殉死も禁止されました。これは、従来の主君と家臣の個人的結びつきを改め、主君の家（将軍家ないし大名家）と家臣の家の関係に変えることを意味しています。1663年には、幕府は殉死した場合には厳罰を課せると決めています。この2つの決定を総称して寛文の二大美事といいます。

ところで、家綱の政治は、初期には家綱の叔父保科正之と老中松平信綱が補佐して行われました。初期には修学院離宮を造営して朝廷との融和に努めています。その後、「下馬将軍」とあだなされた大老酒井忠清が補佐しました。家綱の時代には、いま述べたような政策だけでなく、升の統一、寛永通宝の大量鋳造などが実施され

明暦の大火　本郷丸山の本妙寺から出火した

ています。また、1657年には、江戸の約50％が焼失した明暦の大火が発生しました。この時は江戸城も焼けています。火元は本妙寺で、火事によって約10万人以上が焼死したとされています。そのため、死者の供養のために回向院が作られ、火除地という空き地が設けられました。

❸ 初期藩政改革

4代家綱の政治は、儒学を政治の理想とする文治政治のはじまりでした。将軍が儒学を重視する姿勢を示したので、各藩でも儒学が重視されるようになりました。保科正之の会津藩では、山崎闇斎が登用され、藩学が作られました。岡山の池田光政は、熊沢蕃山を登用し、藩学花畠教場、郷学閑谷学校を作りました。水戸の徳川光圀は明からの亡命者朱舜水を招き、金沢の前田綱紀も木下順庵を招いて、学問を盛んにしました。

❹ 5代将軍綱吉

保科正之が引退した後、大老酒井忠清が権勢をほしいままにするのですが、家綱の弟で館林藩藩主であった徳川綱吉が5代将軍に就任すると一時期政治は一変しました。綱吉は、儒学者木下順庵を登用するとともに、林羅山の孫、林信篤を大学頭に任じ、儒学を基本とする文治政治を行っただけでなく、大老に堀田正俊を任命し、大名の改易・転封を実施しました。この時期、将軍の権威は高まり、善政としての専制政治が行われました（天和の治）。ところが、堀田が江戸城中で若年寄の稲葉正休に殺害されると、将軍専制がエスカレートしていきます。

幕政はしばらく緊張しましたが、堀田の死後、側用人牧野成貞と

第4節　武断政治から文治政治へ

柳沢吉保が、綱吉の個人的信任を得て幕政を左右するようになると、政治はしだいに乱れはじめました。いわゆる元禄の悪政のはじまりです。吉保は、江戸に六義園を作った人物でもありますが、社会を混乱させた責任の一端は、彼にもあるというべきでしょう。

徳川綱吉　1646〜1709

　将軍綱吉は、好学の人で、自らも儒学を講義したほどですから、儒学を重視する姿勢は顕著です。侍講（朱子学を講義する学者ですが、しばしば政治権力を握る場合もありました）に木下順庵を登用し、1690年、上野忍ケ岡にあった林家の文庫を湯島に移して、林信篤を大学頭に任じました。さらに、前後しますが、1684年には天文方を設け、安井算哲（渋川春海）を登用しました。春海は、貞享暦を作成したことで知られています。天文方を設置したことは、従来京都で土御門家が作成していた暦をやめて、幕府主導に変えたことを示しています。さらに、1689年には歌学方を設け、北村季吟が任じられ、歌書の研究が進められました。

　綱吉は、仏教の信仰も厚く、生母桂昌院の帰依もあって、多くの寺院の建立・修築を行っています。上野の寛永寺本堂、護国寺の造営、東大寺の再建（1709年に再建）などです。さらに、儀式や朝廷との関係改善に努めています。1684年、綱吉は、服忌令を発し、近親者に死者があった時に喪に服すことや、忌引きする日数を定めた命令を出しました。朝廷との関係では、1687年、実に221

年ぶりに大嘗祭が実施されました。1694年には、192年ぶりに賀茂葵祭も再興されました。

　しかし、こうした政策が極端に進められると、政治は混乱していきます。その代表例が生類憐みの令です。護国院の僧隆光が、実子ができない綱吉に、「実子が誕生しないのは、前世の報いだ」と述べたことから発せられたとされるこの命令は、当初、鷹狩りを廃止させる動物愛護令に過ぎませんでしたが、1687年以後極端なものとなっていきました。特に、戌年生まれの綱吉の犬保護は格別で、幕府は四谷と大久保に2万5000坪、中野に16万坪の犬の管理所（犬小屋）を作り、4万8700頭余りの犬を収容し、犬1頭当たり白米3合、味噌50匁、干鰯1合ずつを与えたとされています。まさに、人間以上の扱いを受けた「お犬様」だったのです。ただし、この法令によって、野良犬が子どもを噛むという事件が減少し、庶民の重要な肉であった犬を食べる習慣をなくすことにもなりました。

　ここで犬を食べる習慣について触れておきます。江戸時代の料理書『料理物語』（1643年）には、犬の調理法として吸い物と貝焼きが記されているそうです。また、兵法家の大道寺重祐（友山）は『落穂集』の中で「自分の若いころには、江戸の町方には犬はほとんどいなかった。というのも、武家方・町方ともに、下々の食物としては犬にまさるものはないとされ、冬向きになると見つけしだいに打ち殺して食べたからである」と記しているほどです（谷口研語『犬の日本史』、吉川弘文館）。現代の私たちからすれば、犬を食べることはタブーですが、綱吉政権が生類憐みの令を発し、定着するまでは、日本人も犬を食べていたことは事実です。考古学の発掘例でも証明されています。いまの私たちの感覚や習慣を絶対視するこ

とは危険です。アジア諸国では、ごくふつうに犬を肉屋で売っています。韓国では少なくともソウルオリンピックまでは売られていましたし、ベトナムでは、いまもごくふつうに犬・猫・牛・豚・鶏の絵が描かれた肉屋の看板があり、犬の肉が食べられていることがわかります。こうしたそれぞれの国の食習慣の違いは、歴史的な文化の違いであり、経済発展などと比べてその優劣や善悪を判断されるものではありません。

　以上の政策の実施には莫大な費用がかかりました。すでに、この時期には幕領からの収入はしだいに減少し、75万両余りとなっていましたが、綱吉の政策実行により、支出は140万両にまで増加しました。収入減少の理由は、①鉱山の産出量の減少、②「鎖国」による貿易収入の減少、③明暦の大火により江戸復興費がかさんだことなどであり、こうした収入減にもかかわらず、莫大な費用がかかる政策を綱吉が実施したため、幕府財政は破綻してしまったのです。

　そこで、財政再建策が考えられるわけですが、根本的な解決には至りませんでした。まず勘定吟味役（後に勘定奉行）荻原重秀が貨幣改鋳を献策します。1695年、改鋳が実施され、元禄金銀が発行されました。これは、金1400万両・銀40万両を改鋳し、総計約500万両の収益（出目）を上げました。また、十文の大銭（銭貨）も計画されました。貨幣改鋳は、当然貨幣価値の低下を生じさせ、物価が上昇するインフレーションを引きおこしました。また、酒造業者などから運上（営業税）を徴収しました。

　政治・経済の混乱に加えて、社会の混乱もおきていきました。1701年、江戸城中で、赤穂藩主浅野長矩が高家（幕府の儀礼を司る旗本）の吉良義央を傷つける事件が発生し、翌年、浅野家の元家臣が吉良を殺害した赤穂事件がおきました。事件は、江戸の庶民の

関心をよび、後にこの事件を題材に『仮名手本忠臣蔵』が作られたほどでした。

さらに、1707年10月4日、マグニチュード8.4の宝永地震がおこり、11月23日には富士山が爆発し、周辺の国々に大被害をもたらしました。幕府はそのため全国に諸国高役金を要請し、高100石につき2両の割で徴収して、約49万両を集めました。

5 正徳の治

綱吉の死後、甥の甲府藩主家宣が6代将軍に、その子家継が7代将軍に就任しました。この2代の将軍の政治を担ったのは側用人の間部詮房と侍講の新井白石でした。彼らは、前将軍の行き過ぎた政治を中止しました。1709年、生類憐みの令を廃止し、違反者8800人余りの大赦を実施しました。また、貨幣についても1710年、金銀の改鋳（宝永の改鋳）を行い、重さは半分になったものの、品位は慶長金銀なみのものに回復させた乾字金（宝永金銀）を鋳造しました。ただ、この宝永金銀は、勘定奉行荻原重秀在任中に発行されたものであり、貨幣の品位は高まったものの、市中では1両は2分としてしか通用せず、物価騰貴を固定化したに過ぎませんでした。そこで、1712年、荻原重秀を罷免し、再び勘定吟味役を置いた上で、1714年、重さ・品位とも慶長金銀に戻した正徳金銀を発行しました。しかし、新旧貨幣の交換比率に問題があり、経済はかえって混乱しました。

新井白石は、儀式・官位の整備を実施しました。この点では綱吉の政策を継承していることになります。1710年、幕府と朝廷の融和を図るため、閑院宮家を創設しました。当時、親王家（宮家）は、伏見・有栖川・京極の3家しかなく、皇太子や親王嫡流以外

は僧侶になるのがふつうでした（宮門跡）。というのも、朝廷に財力がなかったからです。白石は家宣にこのことを訴え、東山天皇の第8子、秀宮直仁親王に1000石の領地を与えました。これによって閑院宮家が興されたのです。

さらに、従来から問題になっていた朝鮮通信使の待遇簡素化を実施しました。通信使は、例えば堺での1泊の費用は、2〜3万両といわれ、莫大な費用が必要だったのですが、これを簡素化したのです。また、幕府から朝鮮に送る国書に「日本国大君」とあったのを「日本国王」と改めさせ、将軍の最高権力者としての地位を対外的に示そうとしました。朝鮮側は、日本が中国を中心とする冊封体制に加わっていないので「日本国大君」としていたのですが、新井白石は、「大君」は臣下の職だとして「日本国王」に改めさせたのでした。しかし、こうしたやり方に批判がなかったわけではありません。白石と同じく木下順庵門下の雨森芳洲は、対馬藩で外交に携わっていた関係で、貿易に支障があると考え、白石を批判しました。もっとも、このよび方は、8代将軍吉宗の時に元に戻されています。

また、1715年、海舶互市新令（海舶互市とは貿易を意味します。別名長崎新令ともいいます）が出されました。すでに1685年、定高仕法が出され、オランダとは銀3000貫、中国とは銀6000貫までの範囲で貿易を行うことになっていましたが、これを受けてオランダとは、船2隻・銀3000貫（うち銅150万斤）、中国船とは船30隻・銀6000貫（うち銅300万斤）の範囲で貿易することにしました。つまり、金銀の海外流出防止がねらいだったのです。

白石を中心とするこうした時期の政治を正徳の治といいますが、儒教的な理想主義に傾いた政治は、現実と食い違うことが多

く、政治は停滞し、譜代大名や幕臣の抵抗も強まりました。

第5節　江戸時代の経済・社会

1 農業

　幕府や藩は、年貢に依拠していますから、当然農業を重視しました。新田開発は、その中でももっとも重要な事業です。新田とは、本田に対して区別するよび方で、近世以前のもの、あるいは検地帳に登録済みの田を本田というのに対し、それ以外の田を新田とよんでいます。幕府や藩が開発を実行したものを代官見立新田、豪商などが開発を行ったものを町人請負新田、さらには村で農民たちが開発したものを村請新田といいます。なかでも、町人請負新田は盛んで、河内の鴻池新田、越後の紫雲寺潟新田、摂津の川口新田などが知られています。新田では、開発後、一定期間年貢を免除される特権（鍬下年季）が認められていました。

　治水・灌漑事業も進みました。幕府は、1728年、武蔵国足立郡の見沼新田の開発のために、利根川から水を引きました（見沼代用水）。また、箱根芦ノ湖の水を富士山の山麓深良村に引いた箱根用水や、上水道では、玉川庄右衛門・清右衛門兄弟（玉川兄弟）の努力で多摩川の中流羽村から江戸に引いた玉川上水も完成しました。

　農具にも様々な改良が加えられていきました。揚水具として従来使用されていた竜骨車の代わりに踏車が使用されるようになりました。田の荒起こし用に備中鍬が使用されました。脱穀具では、元禄頃まで使用されていた扱箸に代わり、千歯扱が使用されるようになりました。調整具でも、唐箕や千石どおしが使われるようになりました。

肥料としては、中世以来の刈敷・草木灰に加えて、都市で集めた人糞尿や干鰯(ほしか)・油粕(あぶらかす)などが使用されました。近畿では九十九里浜など関東や東北地方でとれる干鰯が木綿栽培のために使用されました。これらの肥料は、肥料問屋が加工したもので、金肥(きんぴ)とよばれました。

　米以外の商品作物も多く栽培されるようになりました。というのも、17世紀後半には、作付け制限の禁令が出されなくなり、逆に商品作物栽培が幕府・藩により奨励されたからです。なかでも、四木(桑(こうぞ)・楮(うるし)・漆・茶)、三草(紅花・藍(あゐ)・麻)が中心で、各地で栽培されました。また、大坂周辺では、木綿や菜種の栽培が、三河・尾張でも木綿が栽培されています。大坂では、全耕地の70％が木綿栽培に使われたといわれています。木綿は、戦国期までは中国・朝鮮からの輸入品でしたが、江戸期になると国内で栽培されるようになりました。また庶民の衣料として普及したことは、もっと注目されてもよいでしょう。茶の産地として駿河(するが)・山城が、紅花は出羽、藍は阿波が、麻は越後が特産地として知られています。これ以外の商品作物としては、油菜や藺草(いぐさ)の産地として備中が、煙草の産地として薩摩の国分、水戸の水府などが知られています。

　農業の発達を支えたのは、各地の有力農民らが次々と農書を著し、実践例を紹介していったことにもあるでしょう。最古の農書とされる土居清良(どいきよよし)の『清良記(せいりょうき)』(本来は軍(いくさ)物語でその第7巻に農業のことが記されています)、会津の佐瀬与次右衛門(させよじうえもん)が著した『会津農書』、東海地方の農業の様子を記した『百姓伝記』、加賀の庄屋土屋又三郎(やまたさぶろう)の『耕嫁春秋(こうかしゅんじゅう)』、農学者宮崎安貞(みやざきやすさだ)が中国の徐光啓(じょこうけい)の『農政全書』から影響を受けて記した『農業全書』などがあります。

❷ 水産業

　中世以降、九州から中部地方に発達した漁業は、関東以北にも広がりました。中心となる近畿地方の漁法、網漁法（あみぎょほう）が各地に伝えられました。なかでも、九十九里浜の地曳網（じびきあみ）（地引網）が知られています。経営方法は、関西・関東では入会漁法ですが、東北地方では、網元（あみもと）・網子（あみこ）制が中心でした。網元は、網と船の所有者で、労働者としての網子を組織して漁に出かけます。漁獲物は網元が4〜7割程度を取った後、作業に加わった網子が人数に応じ平等に分配する代分（しろわ）けというやり方で分配しました。

　捕鯨業もはじまり、紀伊・土佐・肥前がその中心でした。また蝦夷地の鰊（にしん）・昆布、江戸の海苔（のり）、土佐の鰹（かつお）なども知られています。

　製塩業は、80〜90％が瀬戸内海で行われ、播磨の赤穂、阿波の撫養（むや）、讃岐の坂出（さかいで）、安芸の竹原で入浜式塩田が発達しました。この地方の塩は、十州塩として有名でした。さらに、いりこ・干あわび・ふかのひれなどの俵物（たわらもの）は、中国へ輸出されました。

❸ 諸産業

①林業

　都市の発達によって建築資材としての木材の需要が増していきました。山林は、官有林（御立山（おたてやま）・御林（おはやし））として幕府・藩が直轄しました。木曽の檜（ひのき）、吉野・秋田の杉などが知られています。有名な木材が切り出されるとそれが集められ販売されることになります。材木問屋として江戸の深川、京都の堀川が知られます。また、炭・薪の需要も増し、摂津池田・紀伊備長（びんちょう）の炭など品質の高いものが作られました。木炭は、身分を問わず人々の燃料として利用さ

れ、生活を支える上で欠かせないものでした。

②鉱業
　戦国大名が保護・育成した鉱山は、幕府・藩が管理しました。特に17世紀初め、日本は世界で有数の銀産出国でした。世界でおよそ400トンが産出されたうち、日本はその半分を産出したといわれています。銀山は、もと尼子氏が支配した但馬生野銀山、大内氏→尼子氏→毛利氏とその支配が転々と移った石見大森銀山が知られています。他に上杉氏の佐渡相川金山も知られています。その後、金山・銀山の産出は減少するばかりで、金銀に代わり銅が中心になりました。産出が減少した理由は、採掘技術が未熟で、採掘が進むと湧き水の処理に困ったからです。銅山は、下野足尾、出羽阿仁が知られますが、運上山とよばれる藩営や個人経営の鉱山として、

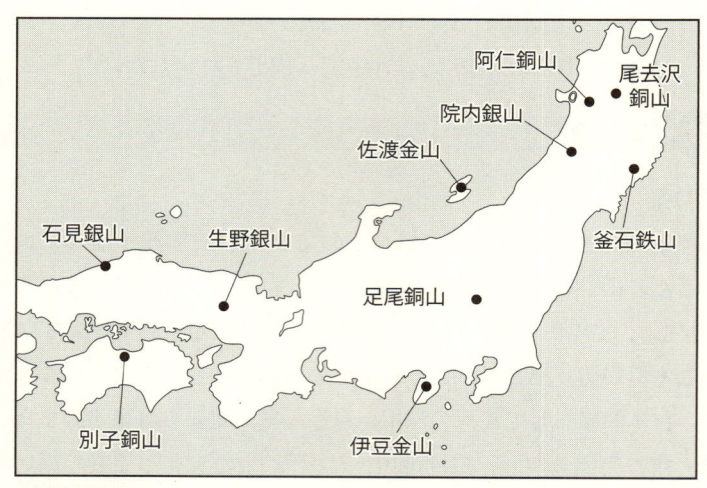

全国の鉱山

秋田藩の院内銀山、南部藩の尾去沢銅山、銅商泉屋（住友家）が開発した伊予別子銅山もあります。

鉄は従来、出雲・安芸地方のたたら製鉄が盛んでした。17世紀半ばから金銀銅に含まれる鉄を吹き分ける方法に変わっていきました。また、江戸後期には釜石鉄山が開かれ、生産はいっそう進みました。さらに、幕末には佐賀で石炭の採掘がはじまりました。

③牧畜業

牛馬は農耕・軍事・交通用に重視され、牧畜業が盛んになりました。馬の産地としては、南部・津軽など東北諸藩が知られ、白河などで馬市が開かれました。牛の産地は、但馬・出雲など山陰が有名で、各地に牛市が開かれましたが、なかでも天王寺の牛市がよく知られています。

④手工業

手工業生産も発達しました。はじめは自給自足の農村家内工業が中心でしたが、都市や商業の発達による需要の増加によりしだいに専門化が進みました。それとともに、諸藩が財源を確保するために特産品を保護し、専売政策をとるようになると、問屋制家内工業が発達するようになりました。

手工業製品を作る職人は同業者組合を組織し、商人の株仲間と同じく株という権利を購入し、仲間として認められることで、職人としての生活が可能になっていました。店・仕事場を構えている人を親方とし、親方は弟子（徒弟）を持ちます。弟子は、親方のもとで寝食をともにしながら、技術を磨きます。大抵の場合、10年前後の年季奉公を通じて一人前の職人になっていきました。

代表的な製品を挙げましょう。絹織物では高級織物を作る西陣織。18世紀には、西陣の高機(たかはた)の技術が桐生・足利などに伝えられました。これを田舎端物(いなかはたもの)といいます。さらに、藩主自身が小千谷から職人を集めた米沢織があります。綿織物では、純粋な藍で染める久留米絣(かすり)、小倉織など。麻織物では、奈良晒(さらし)、近江蚊帳(かや)、越後縮があります。陶磁器では、京焼(清水焼)、加賀九谷焼(くたにやき)などがあります。漆器では、能登輪島、飛騨春慶塗(しゅんけいぬり)など。醸造業では、伏見・伊丹・灘が、醤油では、播磨龍野(たつの)・下総銚子(ちょうし)・野田が知られています。製紙では、越前・美濃・播磨・土佐が知られています。その他、富山の売薬、備後の畳表などもあります。

❹ 商業

都市の発達によって商業も発達しました。生産と販売の分化が進み、商人の間でも、問屋→仲買→小売という商業上の分化が進みました。また、店を構えず行商する商人もいました。なかでも近江商人は扱う商品が出身の地域ごとに異なり、行商から大商人になった人もたくさんいます。

大名や幕領の蔵物(くらもの)は、まず蔵屋敷に送られました。蔵屋敷は、江戸・大坂に集中し、近畿・西海・東海・北陸の諸藩は大坂に、東北・関東の諸藩は江戸に蔵屋敷を作りました。大坂の蔵屋敷は中之島に集中しました。この蔵屋敷には蔵物の出納・保管を行う蔵元(くらもと)、その売却代金を保管し、藩への送金を行う掛屋(かけや)がいましたが、彼らは兼任していることも多かったのです。また、幕府の蔵米を預かり、旗本・御家人に売却している札差(ふださし)もいました。蔵物ははじめ納屋物(なやもの)(民間の産物)を上回っていましたが、18世紀初めには納屋物が蔵物を上回ることになりました。

問屋は多くの商品を売りさばく元締めですが、江戸初期の問屋は、国産品を扱う国問屋が多く、中期以降に仕入れ問屋が多くなっていきます。また、問屋を中心に株仲間が組織されています。幕府は当初、楽市令によって株仲間を承認しなかったのですが、しだいにこれを認めるようになっていきました。仲間に加入するためには、株という営業権を買う必要がありました。仲間になれば、営業上の特権を幕府から認められ、その代償として冥加金・運上金を納入することとなっていました。

江戸の荷受問屋仲間の十組問屋は、輸送路の保全と権益の確保を目的として1694年に結成されました。大坂の積荷問屋仲間の二十四組問屋もほぼ同じ頃生まれ、株仲間として公認されたのは1784年のことです。海外からの物品、舶来品は長崎会所を通じて大坂に集中しました。

専門市としては、大坂では堂島米市、天満の青物市、雑喉場魚市が、江戸では日本橋の魚市と神田の青物市が知られています。

5 貨幣・金融

①貨幣

貨幣は、幕府が鋳造権を掌握しており、発行機関として、金・銀・銭（銅ではありません）の3つの座がありました。ただし、この三貨（貨幣）が全国に流通したのは、元禄時代以降のことです。

まず、大判は、後藤四郎兵衛の大判座で鋳造されました。大判10両は一般に用いられるものではなく、贈答用の貨幣です。実際の価値は8両前後でした。小判は後藤庄三郎の金座で作られました。もともと金座は大判座と小判座の両方のことを指していたのですが、後には小判座を指すようになりました。

銀貨は銀座で作られますが、銀座の頭取には、上方の豪商末吉家と、金座を経営していた後藤家が就き、秀吉以来、信用のあった金銀細工人である大黒常是らを座人としてかかえ、銀貨鋳造を行わせました。銀座ははじめ、江戸と京都に置かれたものだけが、鋳造の実務にあたりました。銭座は、常設の機関ではなく、銅銭の鋳造にあたり臨時に置かれました。寛永通宝（1文銭）は3代将軍家光の時に発行されました。これ以外に4文銭も作られました。

金貨は通常、小判や1分銭などで、両・分・朱という定量（重量）計算（1両＝4分＝16朱）で、両は10進法で数えました。ただ、実際には単位表示がなされていなかったので、枚数だけを数える計数貨幣として使用されました。

これに対し銀貨は、貫・匁・分・厘という重量計算（1貫＝1000匁＝1万分＝10万厘）貨幣であり、円形の豆板銀とカキモチ型の丁銀があり、いずれも秤で量る秤量貨幣でした。銭貨は、貫・文という定量です。さらに、流通の範囲は特定され、上方の銀遣い、江戸の金遣いといわれていました。つまり、江戸と大坂で使用している貨幣が異なっていたのです。

鋳造権を持たない藩では、財政難を救うために領内だけで通用する藩札を発行しました。1630年、福山藩が銀札を発行したのがはじめで、藩札はその後、1707年に一時発行を禁止されましたが、各藩で発行され、1871年の調査では、244藩、14代官所・9旗本領で計1700種類の藩札が発行されていました。また、地域によっては、商人が発行する私札が流布されることもありました。

②**金融**

両替商は、三貨の交換だけでなく、現在の銀行のように、預金・

貸付・為替などの金融業務を営みました。先に触れたように、これはもともと江戸と大坂の使用する貨幣の相違から生じたものでした。両替商には、小額貨幣の両替を行う銭両替と、銀行のような業務を行う本両替がありました。大坂で本両替が発達し、1670年には天王寺屋・平野屋・鴻池屋などの十人両替が制度化され、本両替商を取り締まりました。また、旗本・御家人の給与である蔵米を売却し、金融業も兼務した札差（蔵宿）もいました。さらに、幕府は、秤座・枡座を定めて、度量衡を統一しました。秤座は京都の神氏と江戸の守随氏が管轄しました。枡は京枡とされ、京都の福井氏と江戸の樽屋が枡座になりました。

❻ 豪商たち

17世紀後半には豪商が台頭します。江戸初期の豪商が朱印船貿易を営んだ特権商人たちであったのに対し、この頃の豪商は多角経営によって財をなします。

三井高利は、伊勢松阪から江戸に出て、越後屋呉服店を「現金掛値なし」という商法で成功させました。なお、三井家の教訓書『町人考見録』は、高利の孫高房が記した書物です。

大坂の鴻池善右衛門（初代）は、伊丹の酒造業を母体に海運業と掛屋・両替商を営んで成功しました。3代目善右衛門は、鴻池新田の開発を行いました。紀伊国屋文左衛門は、寛永寺建立と明暦の大火の際、材木を買い占め、巨利を得ました。また、井原西鶴の『好色一代男』のモデルとされる淀屋辰五郎は、秀吉以来の材木商で、黄金で敷き詰めた座敷を作り、ガラス天井を作って、そこに金魚を泳がせたりしましたが、あまりの豪奢な生活をとがめられ、家財を没収されました。

7 都市の発達

　武士の城下町集住は、消費人口を増加させるとともに、彼らに商品を供給する商人・職人の数も増加させました。よく知られているように、江戸時代の三都（江戸・大坂・京都）の人口は、当時の世界の主要都市のそれと比較してもかなり多いものでした。特に江戸は、「将軍の御膝元」ともいわれ、参勤交代制が制度化された1635年以降、人口が急激に増加し、武士とその奉公人で約50万人、これに町人の人口を加えると100万人になり、同時代のロンドンの50万人を大きく上回っています。「天下の台所」とよばれた大坂で約50万人、伝統的産業都市である京都で約35万人でした。

　この三都に比べ、各地の城下町の人口は少なかったようです。都市にはこれ以外に、港町・門前町・宿場町・鉱山町などがありました。

　ところで、都市の景観はさほど変化していません。江戸初期の町の家の屋根は、ほとんど草葺きか板葺きで、火災を避けるために草屋根に土を塗ったり、板屋根に貝殻を置く程度でした。やがて富を蓄えた商人たちが、瓦葺き・土蔵造りの家や2階建ての家を建てはじめます。

8 陸上交通

　諸産業の発達、商業の発展によって交通が発達しました。陸上交通発達の最大の理由は、参勤交代制によります。幕府はそのために道路網を整備し、老中の配下に道中奉行を置いて、五街道を管轄しました。五街道の起点は江戸日本橋です。五街道とは、東海道（品川～大津・53宿）、中山道（板橋～守山・67宿）、甲州道中（内藤

新宿～下諏訪・44宿)、日光道中(千住～日光・21宿)、奥州道中(宇都宮～白河・10宿)です。五街道を幹線として脇街道(脇往還)が設けられました。脇街道のおもなものとして、北国街道、中国街道、山陰道、伊勢街道などが知られています。

　これらの街道で注目されるのは、五街道がすべて江戸を中心に放射状に出ていることであり、街道の施設として、一里塚(36町ごと)が設けられ、2～3里ごとに置かれた宿場町が整備されていることです。宿場町には、大名が宿泊する本陣・脇本陣と、庶民のための旅籠・木賃宿がありました。本陣は1宿に1本陣が多く、門・玄関・上段の間を持ち、格式が高く、主人は問屋・名主を兼ねていました。旅籠は食事・入浴つきの日本旅館と考えられますが、木賃宿は自分で食事を作るための木(薪)の代金(木賃)を払うだけの安宿でした。

　さらに、宿場町には問屋場を設け、人馬を常備しました。旅行・輸送の便を図るためのもので、問屋は道中奉行の管理を受けていました。例えば、東海道は、100人・100頭と決められ、中山道は、50人・50頭、これら以外は、25人・25頭と決まっていました。もちろんこれだけでは足らないので、宿駅近くの村から人馬を徴発してこれを補いました。これを助郷役といい、負担を強いられた村を助郷とよびました。助郷役には、常時一定の人馬を提供する常助郷と臨時に補助する加助郷が

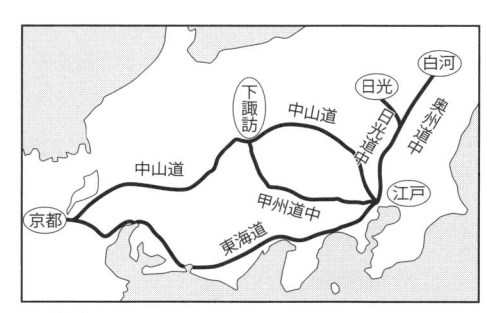

五街道

ありましたが、周辺農民の負担が重かったので、後に金納とされ、道中人足が雇われることになりました。

また、街道には関所が設けられました。全国で55カ所あったそうですが、関所は「入り鉄砲に出女」、すなわち江戸に鉄砲が入ることと江戸にいる大名妻女の脱出を防ぐという理由から設けられたのです。東海道の箱根関、新居関(今切関)、中山道の碓氷関などが知られています。河川には橋が架けられていない場所もありました。昔から「箱根八里は馬でも越すが越すに越されぬ大井川」といわれるように、東海道の大井川には架橋が禁じられ、人足を利用してしか渡れませんでした。これは、軍事的な理由から、そうしたと考えられています。

❾ 水上交通

物資の大量輸送には水上交通は欠かせません。まず、海上交通。1671年、陸奥荒浜から津軽海峡を経て、太平洋を通り、江戸に至る東廻り航路が、翌年には、出羽酒田から日本海沿岸を回り、瀬戸内海から大坂に至る西廻り航路がいずれも河村瑞賢により整備されました。西廻り航路は、はじめ金沢藩が開いたもので、敦賀・小浜から琵琶湖を経て京都に入るルートでしたが、後に変更されました。西廻り航路に就航した船を北前船といいます。北陸地方の商人によって運航されたことから、この名がつきました。

さらに、江戸から大坂までの南海路がありました。南海路に就航した船は、菱垣廻船と樽廻船がありました。菱垣廻船は、荷崩れ防止のために船の甲板に菱形の垣をつけたことにちなんでいます。樽廻船は酒樽のみをのせた船です。大坂から江戸に下り物とよばれた商品を積んだ船は、帰りには九十九里浜でとれた鰯(干鰯)を積

んで大坂に戻って来ました。

河川交通は、京都の角倉了以が幕府の命によって富士川・天竜川を開き、ついで保津川・高瀬川を開きました。また、河村瑞賢は、安治川を開きました。さらに、伏見から大坂には過書船が就航しています。これは徳川家康が設けた淀川貨客船の制度で、過書（関所通行許可書）を与えられた船のことです。

❿ 通信

飛脚には、幕府公用の継飛脚と各藩が設けた大名飛脚、三都の商人が幕府の許可を得て作った飛脚問屋を利用する町飛脚がありました。大名飛脚は、別名七里飛脚ともいわれますが、尾張・紀伊家などが東海道に７里ごとに小屋を設けたことにちなんでいます。町飛脚は、毎月３回大坂を出発したことから、三度飛脚とか、６日間で急ぎの便を運ぶことから定六ともよばれました。これ以外に大坂堂島米市の値段は、全国の米の値段を左右するものでしたから、できるだけ早く伝える必要があり、リレー形式で、手旗や烽火で伝えていく方法もとられました。

第6節　享保・寛政の改革

1　農村の変化

　幕藩体制は、文治政治以降、財政的な危機に直面します。その最大の原因は、農村からの収入の減少です。つまり、貨幣経済の農村への浸透によって、農家は貨幣需要を増大させ、自給自足を基本とする農村の構造が変化したのです。これにより農民の階層分化が進行しました。大きな原因は3つあります。①領主からの過重な貢租要求。②天災飢饉の頻発。後で詳しく見ますが、江戸時代は小氷期に入ったとされ、天候不順な時代でもあったようです。そして、③商業高利貸資本の侵入です。以上のような理由のために、貧農は借金に追われ、土地を手放し、小作人に転落していきました。一方、自らは耕作せず、小作料で生活する寄生地主が生まれました。

　寄生地主の発生について、もう少し詳しく述べておきましょう。江戸時代初期の農村は、本百姓の土地・屋敷が中心でした。しかし、この本百姓の中にも大百姓と小百姓がおり、平均10石・1町程度の小農経営が多かったのですが、大百姓の中には、2～3町歩を所有する者もいました。彼らは、下人や年季奉公人を使って耕作させました。これを地主手作といいます。しかし、元禄から享保にかけて地主手作が減少すると、寄生（質地）地主が生まれました。田畑を集積し地主化した農民と、土地を質に入れたり田畑を手放した貧しい農民とに分解したのです。

❷ 武士の窮乏

　農村の変化に伴い、幕藩体制も18世紀に入ると崩壊のきざしが見えはじめます。農民からの年貢に依存していた体制は、農民すなわち本百姓が分解しはじめると、途端に困難に陥りました。そこで幕府は、商人から冥加・運上や御用金という名の課税を行います。一方、藩でも町人から大名貸で借り入れ、その返済のために年貢収入の半分近くを利息として納めなければならない場合がありました。さらに、家臣への知行を減らし、半知といって知行高の半分の給金しか支払えなかったこともあったのです。今でいうなら、賃金カット・ボーナスなしの状態です。労働意欲＝モチベーションは当然下がります。こうした状態が長く続くと家臣の不満が高まるので、各藩では専売制の実施などで財政安定に努めましたが、武士の生活は、一向に向上しませんでした。下級武士の中には、内職をし、屋敷を町人に貸す者もおり、武士の身分を町人に売る者さえ現れたのでした。

❸ 享保の改革

①徳川吉宗

　幕藩体制の危機状況を再建しようとしたのが、8代将軍に就任した徳川吉宗でした。7代将軍家継は、幼少で跡継ぎのいないまま死んだため、1716年、御三家の紀伊藩から選ばれました。吉宗は、「諸事権現様御定めの通り」（権現様とは家康のことを指します）という幕府創設期への復帰を理念として掲げ、側用人政治を改め、譜代大名を重視する方向を示しました。その結果、新井白石が退任させられたのは当然のことでした。

吉宗は1716年、鷹狩りを復活させます。綱吉以来停止されていたものですが、武芸訓練の1つでもあり、あわせて民情視察にもなるという理由です。また、封建道徳を強調する一方で、室鳩巣に命じて『六諭衍義大意』を作成させ、民衆への教化を量り図りました。『六諭衍義』とは、明の太祖が作成した6カ条の民衆教化策を解説したものです。

②財政再建策

　吉宗は、財政再建に着手しました。倹約令を出して生活の引き締めを強調する一方で、各種の政策を実施していきました。

　1722年、大名に対し上米を命じました。その内容は、石高1万石につき米100石を上納させ、その見返りとして参勤交代の江戸在府期間を1年から半年に、在国を1年半とするものでした。これにより、年平均18万石の米が上納されましたが、1730年に一応の成果があったことを理由に廃止されました。なお、江戸在府半年といっても、大名の妻子の江戸在住は従来どおりでした。

　また、従来の検見法をやめて、豊凶にかかわりなく、年貢を徴収する定免法を採用しました。検見法とは、その年の作柄を調べて税率を決めるやり方で、坪刈りといって一坪の米を刈り取り、収穫状況を確認するなどの煩瑣な作業をしなければなりませんでした。それを、過去数年間の平均年貢率をもって豊凶に関係なく年貢を納入させる定免法を採用することにしたのです。あわせて隠田（検地帳未登録の隠し田）の摘発も行いました。さらに、田畑の等級に関係なく、年々の実収穫高を検見によって算出する有毛検見法も採用されました。加えて、三分一銀納法も採用されました。これは、田を畑に転作して商品作物を栽培していた畿内・西国の幕領におい

て、耕地の3分の1は畑作で換金作物を栽培していると見なし、その分の年貢を米納ではなく、銀で納入させるというものでした。その結果、年貢の増収が実現しました。

新田開発については、1722年江戸日本橋に高札を立て、幕領を中心に大商人が新田開発へ参加するように要請しました。また、1722年、質流れ禁令（流地禁止令）を発し、土地の売買を禁止しました。この命令のねらいは、農民の階層分化を防ぐことにありましたが、越後頸城郡高田や出羽長瀞村などで質地取り戻し騒動がおきたため、1723年に廃止されました。この命令が廃止されたことで、田畑永代売買禁止令は効力をなくし、小農中心の農政を改め、地主・富農の存在を認めることになりました。

商品作物栽培の奨励は、農家の現金収入を増やすための菜種などと、輸入品を国産化するための朝鮮人参・甘藷栽培に大別されます。なかでも甘藷（さつまいも）は、青木昆陽の登用により、当初は凶荒作物として普及したものでした。幕府は昆陽に甘藷研究を命じ、小石川薬園と江戸城吹上で試験栽培をしたのち、全国に栽培を奨励しました。また、甘蔗（さとうきび）の栽培もはじまり、中国人からは製糖法を学びました。この他に朝鮮人参・櫨・菜種・薬草などの栽培を奨励しました。

徳川吉宗　1684～1751

③経済政策

　経済については、商業を幕府の支配下に置く政策がとられました。まず、商工業者に対しては、問屋・仲買・小売ごとに仲間組合を結成させ、1721年、株仲間を公認することで、逆に統制を図りました。つまり、特権商人を通じて商工業を統制し、冥加・運上を徴収するために公認したということです。

　また、1736年、通貨を改鋳し、品位を落とした文字金銀（元文金銀）を発行しました。これは、通貨を増やすことで、米価の引き上げを図り、米価を含む物価の安定につながりました。吉宗自らが米価の調整を行ったために、彼は「米将軍（米公方）」とよばれました。

④法制・官制の整備

　吉宗は1717年、大岡忠相を町奉行に登用しました。また、従来の慣習によりきちんとした法がなかった訴訟関係の法整備を評定所に命じ、1742年には公事方御定書が作られました。この内上巻81ヵ条は、司法機関の規定や訴訟手続が中心で、下巻103ヵ条が刑罰規定となっています。この下巻のことを通常、「御定書百箇条」とよんでいます。これ以外に、幕府創設以来の触書を集めた「御触書寛保集成」が作成されました。集成はその後、宝暦・天明・天保の時期に作成されています。

　また、1721年、評定所の前に目安箱を設置し、庶民・武士から投書を受け付け、将軍自らがその内容を読みました。この投書によって実施された政策には、小石川養生所の設立や、江戸の町火消しの制度がありました（余談ですが、だから、テレビ番組の「暴れん坊将軍」は町火消しと関係しているのです）。

⑤人材登用策

1723年、足高の制が実施されました。この制度では、大目付・町奉行・勘定奉行は3000石という基準石高を決め、旗本などその役職に就いた時は、在任中のみ役職の禄高の不足分を支給するというものでした。つまり、人材登用と経費削減の両方を行おうとするものでした。この制度によって登用された人物には、勘定奉行の神尾春央、勘定格代官の田中丘隅、勘定吟味役の井沢弥惣兵衛、町奉行の大岡忠相がいます。

⑥その他の政策

金銭貸借によるトラブルの増加に対処するため、1719年には相対済令を出しています。これは、金銭貸借については、当事者同士の話し合いで解決するように指示したものです。しかし、逆に金融界に混乱が生じ、目安箱にもその不満が投書されたため、1729年には廃止されました。

吉宗はさらに、産業に役立つ実学を奨励しました。そのため、1720年にはキリスト教とは関係のない漢訳洋書の輸入を緩和し、青木昆陽・野呂元丈にオランダ語を学ばせました。

⑦改革の結果

以上のような享保改革で1722～1730年には石高は440万石に増え、年貢収納額は平均156万石になりました。しかし、それだけ矛盾は深まっていきました。例えば、享保期の百姓一揆が177件と上昇したことや、江戸で最初の打ちこわしがおこり、米問屋高間伝兵衛の店が打ちこわされたことがその一例です。

4 田沼時代

　田沼意次といえば、何となく賄賂政治家の代表で、テレビ番組でも、悪役のイメージですが、果たして本当にそうだったのでしょうか？たしかにまったく清廉潔白とはいえませんが、田沼を悪人にしたのは、次の松平定信ではないか、とも思えてきます。

　吉宗の後に将軍となった9代家重は、言葉さえ明瞭でなく、政治の実権は側用人の大岡忠光が握っていた、とされています。財政は赤字で、家重は引退に追い込まれ、家重の長男で吉宗が期待していた家治が10代将軍に就任します。家治は、武芸・学問に優れていたのですが、一般の老中との協調に欠け、家治お気に入りの側用人田沼意次に権力が集中しました。田沼はその後、側用人から老中格を経て、1772年老中に出世します。1775年には5万7000石の所領を与えられるまでになりました。子の意知も若年寄になっています。

　田沼の政治を要約すると、重商主義政策といえるでしょう。田沼は、座・会所を増設し、専売制の方向を示し、そこからあがる利益から冥加・運上を徴収していきました。その組織として人参座・鉄座・真鍮座を作ったのです。さらに、一般商工業者の株仲間も積極的に公認して、絹糸・繰綿の取引を統制し、手数料を取るために、絹糸貫目改会所や繰綿延売買会所を設けました。1781年に設けられた絹糸貫目改会所は、武蔵・上野の47の絹糸市場に改会所を設け、取引税を徴収しようとしました。しかし、夷屋・白木屋・大丸・越後屋など三都の呉服商と上野53カ村の反対（上州絹一揆）により、同年廃止になりました。一方、1759年、繰綿の現物取引と延売買を行う市場を公認します。堺に会所が設立され、翌1760

年には大坂、1774年には摂津平野にも設立されました。しかし、先物取引の影響は大きく、綿問屋が生産者に前金を貸し、仲買にも資金を融資して先買いを行った結果、摂津・河内・和泉の農民を圧迫する結果となりました。そして、農民たちは反対のために国訴を行ったので、1787年以後、会所は順次廃止されていきました。

田沼意次 1719～1788

次いで田沼は、明和五匁銀・南鐐二朱銀といった貨幣を鋳造しました。南鐐二朱銀は、これまで秤量貨幣であった銀貨を計数貨幣にすることで、銀貨中心の大坂の経済を江戸の経済に取り込むことがねらいでした。そして、二朱銀8枚で金1両と交換することにしました。そのため、田沼は貨幣原料である金銀の獲得に力を注ぎ、ラテンアメリカの銀鉱山の採取により相場が低下していたヨーロッパの銀を買い漁り、その代わりに専売制の銅・俵物を仲介者の清国商人に売りました。その必要から、銅座や俵物会所が設置されたのです。

この間田沼は、仙台藩医工藤平助の『赤蝦夷風説考』による提案を受け入れ、対ロシア貿易の前提である蝦夷地の開発と日露交易を計画しましたが、田沼の失脚により挫折してしまいました。また、下総の印旛沼・手賀沼の干拓を計画し、江戸・大坂の商人資本によって工事が進められましたが、洪水と田沼の失脚で失敗に終わりました。

以上のような田沼の重商主義政策は、財政の安定と強化に相当の成功を見ましたが、商人資本と結合し、賄賂を受け取ったために反感が強まりました。さらに、たまたま生じた1782年から1787年までの天明の大飢饉と1783年の浅間山の噴火によって農民が困窮し、ついに田沼の子で若年寄だった田沼意知が1784年、江戸城中で旗本佐野政言(さのまさこと)により殺害される事件がおこり、2年後の1786年、田沼自身も老中を罷免されてしまいました。

5　寛政の改革

①松平定信

　田沼に代わり11代将軍を補佐した老中松平定信の寛政の改革が実施されます。定信は、8代将軍吉宗の子・田安宗武(たやすむねたけ)を父に持ち、田安家から白河(しらかわ)松平家の養子となり、藩主として実績を持った人物でした。彼の自叙伝を『宇下人言(うげのひとごと)』といい、随筆を『花月草紙(かげつそうし)』といいます。ちなみに、『宇下人言』は「定信」という字を分割したものです。「宇」は「定」の冠の部分を、「下」は「定」の足の部分を、「人」は「信」の偏の部分、「言」は「信」のつくりの部分になります。自叙伝や文芸作品を書くのですから、才能もあるのでしょうが、自尊心＝プライドの高さ、ある種の傲慢さを感じてしまいます。

松平定信　1758〜1829

定信が担当した寛政の改革は、危機的状態であった幕府財政の建て直しを中心に、享保の改革を理想とするものでした。具体的には、座の廃止・株仲間の独占規制などにより、商業資本に一定の抑圧を加える一方で、江戸の新興大商人を勘定所御用達・米方御用達に登用し、その資金力と商業上のノウハウを利用する政策を採用したものでした。

②農村・都市対策

1782年から1787年にかけておきた天明の飢饉を背景に、寛政の改革が実施されます。また、1787年には天明の打ちこわしがおこり、都市対策も実行に移されなければならなくなりました。

改革の中心に据えられたのは、疲弊した農村の復興です。飢饉に備え、諸藩に囲米(かこいまい)を命じました。囲米は、諸藩の石高1万石につき、50石の米を備蓄するようにしたものです。この場合、飢饉対策用であることから、籾米(もみまい)のまま蓄えることを原則としていました。都市や農村でも社倉(しゃそう)(住民が分相応に穀物を出す)、義倉(ぎそう)(富裕者の義捐(ぎえん)・課税)などを実施しました。また、国や領主の財力をもって穀物を蓄える常平倉(じょうへいそう)も設けられました。

都市、特に江戸では1791年、七分積金(しちぶつみきん)も行われました。これは大都市での囲米の一種というべきもので、町費を負担する地主に命じ、町費(町入用)節約分の70％を積み立てさせ、その金を救済資金とし、浅草の町会所に管理させたものです。

さらに、農民の都市流入を防ぐため、1790年に旧里帰農令(きゅうりきのうれい)を出し、江戸で定職を持たない下層町民で、帰農希望者には旅費・農具代・食費を支給しました。この法令はこの年だけでなく、翌1791年、1793年と都合3回出されています。あわせて、江戸に出稼ぎ

にきた農民に対し、出稼ぎ禁止令を出しています。
　これ以外の都市対策としては、1790年、江戸石川島に人足寄場を設け、無宿人・軽犯罪者らに職業指導を行いました。人足寄場設置の目的が、打ちこわしをおこす無宿人らの強制収容にあったことは事実ですが、慈善救済のために利用されたことも事実です。
　ついで、困窮する旗本・御家人たちの救済のために、棄捐令も1789年に出されています。これは、6年以前（1784年）までの借金の破棄・帳消しを命じ、5年以内の借金は低利による年賦返済を命じたものでした。

③儒学の振興・文化統制

柴野栗山　1736～1807

　儒学の振興・奨励も図られました。半官半民の聖堂学問所を幕府の官立とし、1797年、昌平坂学問所としました。これに先立ち、1790年には、柴野栗山の意見を取り入れ、異学の禁を命じました。朱子学を正統の学問とし、古学・陽明学・古文辞学などの儒学を学問所で講義することを禁止しました。学問所の教官にあたる朱子学者を寛政の三博士といい、先の柴野栗山・尾藤二州・岡田寒泉（後に古賀精里に代わる）らが活躍しました。あわせて定信は風俗の矯正も厳しく行いました。湯屋での男女混浴禁止、女髪結いの禁止がそれです。他には文芸に対する粛正も行いました。洒落本作家山東京伝は、手鎖（手錠）50

日の刑に処されました。また黄表紙作家の恋川春町も処分され、出頭せず死亡し、喜多川歌麿も処分され、山東京伝の本を出版した蔦屋重三郎も処分されました。

さらに、『三国通覧図説』（三国とは、蝦夷・朝鮮・琉球のこと）・『海国兵談』の著者林子平は、出版を禁止されました。ただし、林子平らが示した海防の必要性については、定信も理解していたようで、自ら伊豆・相模を巡視しています。

③改革の結果

寛政の改革は、どのような結果を生んだのでしょうか。「世の中に蚊ほどうるさきものはなし、ぶんぶといふて夜もねむれず」「白河の清きに魚のすみかねて、もとのにごりの田沼こひしき」という落書が示すように、あまりに厳しい統制で、不満が高まり、しかも改革自体が反動的なものであったために、結局は失敗に終わりました。

特に、1789年、光格天皇が、父閑院宮典仁親王に上皇の尊号を贈ろうとしたのを中止させる尊号一件という事件がおきて以来、定信と将軍家斉との関係が悪化し、これに大奥の女中たちの定信に対する強い反発もあって、1793年定信は老中を辞任しました。

❻ 諸藩の中期藩政改革

幕政改革と並行して、諸藩の藩政改革も進められました。改革の中心は、財政改革と荒廃した農村復興のために人口の増加を目指す赤子養育法の実施や備荒貯蓄の充実です。なかでも、財政改革は各藩とも様々な努力をしたようで、専売制と年貢徴収の強化が中心でした。例えば、米沢藩の織物、松江藩の鉄・朝鮮人参栽培、佐賀藩

の陶器、鹿児島藩の砂糖、津和野藩の紙などの専売がこの時期に盛んになりました。これらの藩の藩主は、いずれも名君といわれ、米沢藩の上杉治憲、秋田藩の佐竹義和（よしまさ）、熊本藩の細川重賢（しげかた）らが知られています。

❼ 三大飢饉

　江戸時代265年間に飢饉は21回、凶作（ひどい不作）は130回おきました。実に2年に1度は米の不作に苦しんだことになります。こうした状況は何も日本だけではなかったようで、地球規模で天災・飢饉が発生しています。これを小氷期といいます。小氷期は14世紀半ばから19世紀半ばまで続いた寒冷な期間で、原因は太陽活動の低下（衰弱化）と火山活動の活発化にあるといわれており、飢饉・凶作の原因もここにあると考えられています。日本での小氷期は18世紀前後だとされています。またすでに触れましたが、1707年に富士山が噴火、1777年には三原山が噴火、1779年に桜島が噴火、1783年には浅間山が噴火しました。こうした火山の活発化や地震などの自然災害により、享保・天明・天保のいわゆる三大飢饉がおこったとも考えられます。享保の飢饉は、1732～33年、西日本を中心におきたもので、夏の長雨とイナゴ・ウンカの大発生により作柄は平年の3分の1にまで減少しました。1782年から1787年にかけての天明の大飢饉は、浅間山の噴火によって東北地方に冷害が発生しておこりました。津軽藩では藩人口の2分の1を超える13万人が餓死し、人肉食があったことが記録されています。さらに、1833～39年の天保の大飢饉は、全国的規模での大凶作によるものです。夏の低温多雨がその原因であり、飢饉は長期化しました。こうした凶作・飢饉の結果、娘の身売りや間引き

（子どもを産んですぐ殺してしまうこと）が日常化しました。そのため、18世紀以降人口は3000万人前後で停滞したとされています。

❽ 百姓一揆

　農村におけるこうした事態に困窮した農民たちは、幕府・藩・問屋・高利貸商人らに対し一揆をおこしました。こうした百姓一揆はおよそ3000件以上あったようです。一揆の形態も、時期により変化しました。

　17世紀、幕藩体制の安定期には、他領に逃げる逃散とともに、代表越訴一揆がおもでした。代表越訴とは、名主（庄屋）らが農民の代表として幕府・藩に訴えるもので、一揆がたとえ成功しても、代表者は法を犯した者として捕らえられ、処分されました。だから、彼らは死を覚悟して代表者となり、処刑された人たちは義民として長く称えられました。よく知られている義民としては、若狭の松木長操、上州の磔茂左衛門、下総の佐倉惣五郎らがいます。

　ついで18世紀になると村役人層だけでなく、全農民の参加による惣百姓一揆がおこります。要求も年貢減免だけでなく、藩専売制の廃止や、問屋の独占反対、質流れ地奪還の要求、助郷軽減など様々でした。代表的な一揆としては、1738年の磐城平一揆、1754年の久留米一揆があります。なお、時代は下りますが、1856年、岡山藩では、被差別部落の人々が藩の風俗規制に反対した渋染一揆をおこしています。

　さらに、この時期には、平百姓が村役人・富農層に年貢・村入用の公平な割り当てや、村役人の交代などを要求する村方騒動をおこしています。村方騒動の原因は、村請年貢制にあります。村役人

は、村入用から給分（給与）を与えられるようになっていながらも、その権威はしだいに低下しはじめていました。これに加えて、村財政に見合うだけの監査制度を村の内部で整備していることもあって、村役人の私欲横領を糾弾する運動が急増したのです。

　天明の大飢饉後、19世紀に入ると一揆はより激しいものとなっていきます。1823年には、大坂周辺の農民が、大坂問屋の特権に反対し、在郷商人の指導によって数カ国が連合した国訴がおこりました。さらに、物価上昇に苦しむ都市貧民たちによる打ちこわしが頻発しました。打ちこわしは、1733年、江戸でおきたものが最初とされますが、1787年のいわゆる天明の打ちこわし以来、各主要都市でおきています。

　幕末になると社会の革新を要求し、村役人の公選、土地再配分、年貢納入拒否などの要求を掲げた世直し一揆が頻発しました。1867年には京都・大坂を中心にええじゃないかの大乱舞が流行し、幕政は完全にマヒしてしまいました。ただし、こうした一揆は、幕藩体制打倒という明確な目標を持たず、組織も一時的なものでした。そのため、封建制を深部から動揺させましたが、政治闘争へとは結びつきませんでした。

第7節　列強の接近・天保の改革

❶ 列強の接近

①ロシアの接近

　「鎖国」体制下の日本とは異なり、世界は大きく変化していました。市民革命と産業革命による近代国家の成立です。このような変化の中で日本に接近したのは、地理的にも比較的近いロシアでした。ロシアは早くからシベリア経営を推し進めて東進し、ピョートル大帝の時、中国の西北辺境に達し、やがてカムチャツカ半島を占領しました。その結果、毛皮を求める商人たちは、千島列島・樺太に進出してきました。このことから、生活必需品の供給地として日本が重要視されはじめたのです。

　18世紀後半からロシアの女帝エカテリーナ2世は、積極的な外交政策を採用しました。1778年、北海道の厚岸にロシア船が来航し、通商を要求しましたが、松前藩は拒否しました。ついで、1792年、ラクスマンは漂流民大黒屋光太夫を伴い、根室に来航し、通商を求めます。しかし幕府はこれを拒否し、交渉は長崎で行うこととして、信牌（渡航許可証）を手渡しました。大黒屋光太夫のロシアでの体験談は後に桂川甫周がまとめ、『北槎聞略』として著されています。光太夫は伊勢国の船頭で、1782年、伊勢から江戸に向かう途中遭難し、漂流の結果、アリューシャン列島でロシア人に救われたという経験を持った人物でした。

　続いて1804年、レザノフがアレクサンドル1世の国書を持って、長崎に来航し、通商を求めましたが、幕府はこれも拒否してい

ます。レザノフはラクスマンに渡された信牌を持って長崎に来航し、日本人漂流民で仙台藩領民の津太夫ら4人を送還したのですが、通商要求は認められませんでした。その後もロシア船はしばしば蝦夷地に現れました。1811年、国後島に上陸したゴローニンを日本側が捕らえる事件がおきました。この事件に対し、ロシアは幕府の命により蝦夷地開発を行っていた高田屋嘉兵衛を捕らえました（ゴローニン事件）。1813年、ゴローニンと嘉兵衛は交換の上釈放されました。ゴローニンは2年余りの日本での監禁生活を『日本幽囚記』にまとめています。この頃の日本は、ロシアとの境界を択捉島までが日本、新知島までをロシアとし、得撫島は中立地帯と考えていたようで、ゴローニンは領域を侵したと見なされたようです。

相次ぐロシア船の来航に対して、幕府は蝦夷地経営を強化するとともに、海防を強化しました。1786年、最上徳内は、千島の択捉・得撫島を探検しました。ついで、ラクスマン来航に驚いた幕府は、1798年、近藤重蔵を東蝦夷地に送り、探検させました。近藤は択捉島に「大日本恵登呂府地」の標柱を立て、翌年東蝦夷を幕府の直轄とし、松前奉行を置いて、蝦夷地全土を支配しました。

1808年には、幕府は樺太探検のために、間宮林蔵を送り、樺太が島であることを確認しました。

間宮林蔵　1775～1844

間宮はその後も探検を続け、後にシーボルトによって名づけられた「間宮海峡」を発見しました。1821年、蝦夷地は松前氏に返還されたましが、1855年再び幕府直轄とされました。

このように日本を取り巻く状況が緊張してくると、幕府は従来の『オランダ風説書』に加え、『別段風説書』も提出するように要望しました。また、漂流民からの情報を重視し、先に触れた『北槎聞略』以外に、津太夫(つだゆう)が世界一周した経験をまとめ、『還海異聞(かんかいいぶん)』を作成しています。

②イギリス・アメリカの接近

18世紀後半以降、ヨーロッパではオランダの国力が低下し、イギリスが台頭してきました。イギリスはインドを植民地にした後、清を中心とする東アジアに進出しました。その上で19世紀初頭フランスに併合されたオランダを弱体化させるため、東アジアのオランダ領植民地を攻撃しました。1808年イギリス船フェートン号がオランダ商館調査のため、長崎に入港し、オランダ商館を襲いました。これを迎えた長崎奉行所はほとんど抵抗できす、責任を感じた長崎奉行松平康英は自殺しました（フェートン号事件）。

さらに、1818年にはイギリス人ゴルドンが浦賀に入港します。また、1824年にはイギリス捕鯨船の常陸大津浜・薩摩来航などの事件がくり返されました。幕府は、1825年、こうした事態に対処するため、異国船打払令(いこくせんうちはらいれい)（無二念打払令(むにねんうちはらいれい)）を出しました。異国船打払令とは、清・オランダ船以外の国の船は「二念なく」＝あれこれためらうことなく、打ち払う（攻撃する）ことを認めた命令です。

一方、アメリカは、国内で産業革命が進展し、中国との貿易に力を入れ、太平洋を航海する船舶や捕鯨船の基地として日本を重視す

第7節 列強の接近・天保の改革

第1章 原始・古代
第2章 中世
第3章 近世
第4章 近代
第5章 現代

295

るようになりました。1837年のモリソン号事件は、こうした状況を背景にした事件です。モリソン号は、日本人漂流民を乗せて浦賀に来航し、通商交渉も行おうとしたのですが、相模の浦賀と薩摩の山川で異国船打払令によって撃退されました。この事件を批判した高野長英・渡辺崋山ら尚歯会メンバーは、1839年蛮社の獄による弾圧を受けました。高野は『戊戌夢物語』でモリソン号事件の無謀さを記し、渡辺は『慎機論』で同じく事件の無謀さと外国事情を紹介しました。

これより先、ドイツ人医師シーボルトは、長崎郊外に鳴滝塾を開き、高野長英らを指導していましたが、天文方の高橋景保が伊能忠敬の作成した地図をシーボルトに贈ったことが発覚して、シーボルトは、1828年に追放になっています（シーボルト事件）。すなわち、蛮社の獄は、シーボルト事件の延長線上でおきたものと考えられます。

その後、1840年、イギリスと清との間にアヘン戦争が開始されました。1842年、イギリスに負けた清は、南京条約を結ばされ、その結果を知った日本は、異国船打払令を廃止して天保の薪水給与令を出しました。さらに、高島秋帆ら洋式兵学者を招き、軍制改革を実施しました。アメリカはモリソン号事件があったものの、日本重視の方

シーボルト　1796～1866

針は変わらず、1846年、東インド艦隊長官ビッドルが浦賀に来航し、改めて通商を要求しました。しかし、幕府はこの要求も拒否しています。

❷ 文化・文政時代（大御所時代）

11代将軍徳川家斉(いえなり)は、老中松平定信が辞任して以来、幕政を親裁し、1837年将軍職を子の家慶(いえよし)に譲ってもなお、江戸城西の丸で大御所として政権を担っていました。この家斉が政権を握っていた時代を一般に大御所時代とよんでいます。この時代、幕政の乱れはその頂点に達し、政治の無責任さが極端に目立つという状況でした。家斉自身、側室40人をかかえ、16人の女性を母とする55人の子を持ち、大御所つき大奥606人を擁していました。その補佐役であった老中水野忠成(みずのただあきら)は、無能で田沼にも増した賄賂政治家でした。そして田沼意次の子で側用人の田沼意正(たぬまおきまさ)を若年寄に就任させています。水野の悪政について、庶民は「水の出て　もとの田沼になりにける」と皮肉ったほどでした。

ところで、この時代の経済は、商品経済の発達に伴い、新興商人の動きが活発となったため、従来の株仲間を中心とする特権的な流通機構が崩れていきました。大坂市場が衰退し、江戸への入荷量が減少して諸物価が高騰する一方、米価の慢性的下落が進行したのです。こうした状況は、当然幕府経済に大きな影響を及ぼすことになります。そこで幕府は、都市の問屋商人に、より強力な特権を与え、江戸への商品の入荷量を増加させ、米価の調節を図ろうとしました。その具体的なあらわれが、1813年の菱垣廻船問屋仲間(ひがきかいせん)の結成承認です。また、貨幣改鋳をくり返しました。1818年から1832年までの間に実に8回もの改鋳を実施し、幕府は900万両の利益（出

目）を得ました。

　さらに、関東地方は幕府の開発計画とあいまって、田沼時代以降は商品作物生産が広がっていきました。化政期には、これを基盤とした新興商人が、江戸市場を対象に地廻りの商品を移入し、江戸地廻り経済圏が発展を見せることになりました。このような江戸と結びついた商品経済は、関東農村の農民層の分解を促し、新興＝在郷商人の成立と地主制を形成する一方、離村や出稼ぎが増加して、農村の耕地が荒廃することにもつながりました。特に、関東地方は、幕領や旗本領、中小の大名領が入り組んでいたこともあり、幕政の腐敗・後退が進むと風俗や治安の乱れが甚しくなっていきました。

　治安の乱れの中で、国定忠治のような長脇差をさす侠客が各地に横行するようになります。彼らは寺社の縁日などで博打をし、商人から「テラ銭」を巻き上げ、縄張り争いで殺し合いをしたのです。また、なかには警察力を補うために領主から十手と捕縄を預かって岡っぴきを兼ねる者まで現れました。幕府は、関東における支配を強化するために、1805年、関東取締出役（八州廻り）を設置して、取締を強化させ、1827年には関東全域に「御取締筋御改革」という触書を出しました。これと並行して同年、関東取締出役の下部組織として隣接した約4〜5の村を目安に大組合を作り、大組合の中心となる村を寄場、その村の名主を寄場役人として小組合の名主とともに全体を統括する寄場組合村も作られました。

　しかし、財政再建はうまくいかず、政治の乱れがいっそうひどくなっていきました。こうした状況の中で1837年、大坂町奉行の元与力で陽明学者として『洗心洞剳記』を著した大塩平八郎は、米価高騰で苦しむ都市民衆を目の当たりにして、30人ほどの仲間とともについに武装蜂起しました。大塩の乱です。反乱はわずか1日で

鎮圧されましたが、幕府の元役人が乱をおこしたという点に大きな意味がありました。さらに、大塩の乱に呼応して越後柏崎で国学者生田万（いくたよろず）が「大塩平八郎門弟」と称して反乱をおこしました。

　幕政の悪化に心を痛めた水戸藩主徳川斉昭（なりあき）は、1838年、12代将軍家慶に「戊戌封事（ぼじゅつふうじ）」という幕政改革の意見書を提出しました。そこでは、1833年以来の凶作から天保の大飢饉が襲い、各地に一揆が頻発していること、なかでも1836年の三河加茂一揆・甲州郡内一揆、1837年の佐渡騒動や大塩の乱のことを特記しています。対外的には、モリソン号事件が勃発するなど外国船の来航を警戒してもいます。こうした内容を斉昭は、「内憂（ないゆう）」と「外患（がいかん）」という語で表現したのでした。

❸　天保の改革

　「内憂」と「外患」が大きな問題になっていた頃、1841年に老中に水野忠邦（みずのただくに）が就任しました。水野は、肥前唐津藩主から浜松藩主を経て老中に就任した人物で、徳川家康の母の生家の出です。浜松藩主であった水野は、藩政改革を実施し、天保の大飢饉で、荒廃した農村の復興を図りました。

水野忠邦　1794〜1851

　水野は、享保・寛政の改革の政治に復帰することを目指し、まず乱れ切った風俗を正すために倹約令を出して、高級菓子・料理・衣服などを禁止するとともに、初物といわれるはしりの魚・野菜の売買や落語・女歌舞伎も禁止しました。また、人情本作家為永春水（ためながしゅんすい）

が、風俗を乱したという理由で手鎖50日の刑に処せられました。合巻作家の柳亭種彦も同じく風俗を乱すという理由で処分されました。市川団十郎も江戸から追放され、芝居小屋を郊外に移されました。このような厳しい政策は、林　述斎の次男であった鳥居耀蔵（あだなを妖怪といいます）が実施したものでした。

　農村復興策としては、1843年、人返しの法が出されました。これは人別を厳しくして、新たに江戸に住むことを禁止し、職人・奉公人の出稼ぎには村役人の免許（許可証）を必要とし、それ以外の出稼ぎ人の強制的帰農を命じたものです。また、印旛沼の干拓が計画され、江戸湾への水路構築と干拓をセットで取り組みましたが、水野の失脚により未完成に終わりました。

　旗本・御家人対策としては、棄捐令が出されました。天保の改革の棄捐令は、寛政の改革期のものとは異なり、貸付金の半額を免除し、後の半額を無利子・年賦返済とするものでした。

　物価引き下げ策としては、1841年、株仲間の解散が命じられました。これは物価の引き下げをねらったもので、諸藩の専売制を禁止しました。水野は、菱垣廻船積問屋の冥加金を廃止して、その代わりに問屋株仲間すべてを解散させました。こうして問屋大商人の買いだめ、価格つり上げは禁止され、営業競争の自由化が促されました。株仲間についてはその後、大坂町奉行阿部正蔵と江戸町奉行遠山金四郎（景元＝遠山の金さんです）が再興の要望書を提出したのですが、却下され、1851年にようやく再興されました。

　幕政改革の中心になったのが、上知令でした。上知令は、幕領集中策としての性格を持ち、江戸・大坂周辺の大名領・旗本領を返上させ、その代わりに替地や蔵米を支給しようとするものでした。しかし、老中土井位利や利害のある大名の反対にあい、水野が1843

年、老中から失脚したことで終了しました。

　天保の改革については、封建的・反動的改革という理解と絶対主義的改革という2つの理解があり、そのいずれであるかを決定することはできません。事実関係からすれば、例えば高島秋帆などの洋式軍事兵学者を登用していることもあって、単なる封建的・反動的改革とはいえず、絶対主義的改革と評価することも可能です。いずれにしても、その政策はあまりに厳し過ぎたため、水野が失脚すると、庶民は餅をつき、水野の屋敷に押しかけたといいます。狂歌にはそのことを、「古石や　瓦飛び込む水の家」と記されています。

　この時期の朝幕関係では以下のことが見逃せません。1841年、上皇兼仁（ともひと）の死後、漢風諡号（しごう）として「光格天皇」とおくられ、約900年近い中断の後に「天皇」とよぶことが復活しました。つまり、中世では「禁裏（きんり）」や「天子（てんし）」が天皇を指すよび方であり、江戸時代を通じても同様にこれらのよび方をしていました。だから、「天皇」というよび方自体がずっとなされてこなかった中で、逆にこの「天皇」号の再興が可能になったことは、相対的に幕政の動揺や弱体化を示すものと考えてよいでしょう。

❹ 西南雄藩の台頭

　寛政の改革期に続く天保期の藩政改革は、名君主導を受け継ぎながら、藩権力の強化を目指したものでした。この改革に成功した藩を雄藩（ゆうはん）といいますが、幕末の西南雄藩とよばれる大藩に集中していました。もちろん、一口に西南雄藩といっても、一律にとらえるべきでなく、各藩によって事情は異なっていました。

　薩摩藩の場合は、藩内の武士の比率が人口の40％を占め、農村に土着した郷士が中心の軍事的色彩の強い強固な支配体制を持って

島津斉彬　1809～1858

いました。これは逆からいえば、いまだ経済が発展し切れず、かつての戦国時代さながらの体制が強く残存していたというべきでしょう。だから、藩財政の窮乏は避けられず、藩主島津重豪は調所広郷を登用し、強固な支配体制を利用しながら、苛酷な農民収奪と藩専売制による藩政改革を実施しました。まず、調所は、藩の借財500万両を元金1000両につき年4両ずつ、250年間返済という事実上の借金踏み倒しを行います。そして専売制の強化を図りますが、特に砂糖については、奄美三島の農民に甘蔗（さとうきび）栽培を強制し、その専売制を強固なものにしました。さらに琉球密貿易によって財政再建を成し遂げました。その後新藩主島津斉彬は、殖産興業を推進していきます。

　長州藩は、薩摩藩に比べ、商品経済が発達していましたが、専売制を敷いていたため、農民の経済的発展が抑えられ、年貢負担の過重とあいまって不満が高まっていました。ついに1831年、防府からおこった一揆は、またたく間に広がり、113カ村10万人余りの農民が参加する防長大一揆となりました。一揆はその後も続き、1837年の大塩の乱の影響で再び大一揆がおこりました。度重なる一揆と藩財政の窮乏の中で、藩主毛利敬親は、村田清風を登用し、改革を実行させました。村田は専売制を緩め、商品生産からは取引税・運上を徴収する一方、下関の越荷方を拡充し、藩資金を西廻り航路の船に貸し付けて利潤を上げました。また、藩士の負債を肩代

わりして37年間で商人に返還する措置をとりました。

佐賀藩では、藩主鍋島直正が改革を実行しました。佐賀藩は早くから洋式軍備の強化を図っていましたが、1850年にはわが国初の反射炉を建設し、大砲鋳造をはじめました。また、農民の階層分化を防ぐために、大土地所有を制限する均田制を実施しました。

土佐藩では、藩主山内豊熙が馬淵嘉平らを登用し、「おこぜ組」（みにくい魚であるが、幸福をもたらすというので、この名前になりました）を作り改革にあたらせましたが、上層の武士からの反発が強く改革は中断してしまいました。その後、土佐藩では新藩主山内豊信が吉田東洋を登用し、大砲鋳造・砲台築造などの軍事力強化を行いました。

水戸藩では、徳川斉昭が藤田東湖・会沢安らを登用し改革を実施しましたが、藩内保守派の反対で失敗してしまいました。

越前藩でも藩主松平慶永が橋本左内・由利公正らを登用し、藩営貿易を計画しました。

これらの藩政改革について、いま一度要約すれば、改革に成功した藩は、貨幣経済の発展が遅く、いわば従来は「遅れた藩」でした。しかし、薩摩藩の場合は、武士が人口の40％を占め、支配が浸透しやすく、長州藩の場合は、防長大一揆の経験から、農民への対応を改め、藩財政の再建に成功しました。「遅れた藩」は逆にその「遅れ」を利用し、藩政改革に成功したのであり、江戸・大坂といった「進んだ地域」周辺の藩は、強固な改革を実施することができず、自滅していったといえるでしょう。

❺ 工場制手工業（マニュファクチュア）の発達

商品生産の発展は、生産様式の変化を促すこととなりました。と

はいえ、封建社会における手工業は、職人あるいは農民による家内工業に止まっており、なかなかそこから発達していきませんでした。しかし、18世紀過ぎには絹織物業を中心とする問屋制家内工業がしだいに浸透していきました。問屋制家内工業とは、その名のとおり、問屋仲間や豪農が道具と原料を貸し、製品を作らせるものです。そして、19世紀に入るとマニュファクチュア（工場制手工業）が出現します。すでに醸造業などでは、この方法がいち早く採用されていましたが、その広がりは、19世紀に本格化していきました。工場制手工業（マニュファクチュア）は、都市・農村の下層民から賃労働者を獲得し、それぞれ分業した工程を受け持たせて、製品を作らせます。この方法は特に、製糸業・絹織物業・綿織物業で広がっていきました。

　しかし、労働力不足・市場の制約・資金不足から、諸藩が経営する藩営マニュファクチュアが勢力を持つようになっていきました。幕末の西洋式技術導入による洋式機械工場は、この伏線上に設置されたといってよいでしょう。

　代表的な洋式機械工場としては、佐賀藩の反射炉以外に、水戸藩の江戸石川島造船所（1853年）、薩摩藩の鹿児島紡績工場（1867年）、幕府の韮山反射炉（1856年）・横須賀製鉄所（後の造船所・1865年）・長崎造船所（1855年）などを挙げることができます。

第8節　江戸幕府の解体

❶ 開国直前の状況

　列強の接近と通商拒否は、そう長く続くわけではありませんでした。アヘン戦争後、1844年、フランスは琉球に来航し、ここを通じて薩摩藩と貿易を開始するようになりました。さらに、同年、オランダ国王ウィレム2世は、特使コープスを派遣し、将軍家慶に開国を迫りましたが、拒否されました。一方、アメリカでは、1848年、カリフォルニアで金鉱が発見され、ゴールドラッシュの時代を迎えます。メキシコ戦争の勝利と金鉱の発見を受けて、アメリカ国内では西部開発が進んでいったことを背景に、太平洋を横断して中国と貿易する計画（サンフランシスコ～上海）が立てられました。あわせて北太平洋での捕鯨業も活発になり、薪炭・飲料水・食料の補給基地・寄港地として、日本の開国がぜひとも必要になってきたのです。すでにアメリカは、1846年、東インド艦隊司令長官ビッドルを派遣しましたが、開国には成功しませんでした。

　ちなみに欧米の捕鯨の目的は、鯨の油（鯨油）をとるだけのものであり、肉やその他は捨てていました。欧米にとって鯨油は、灯油や機械油としての必需品だったのです。一方、日本では、食料として捕鯨をしていました。獲った鯨は肉・骨・ひげまでそれこそ丸ごと利用し、その命を奪った以上、無駄なく利用する文化があったのです。現代では、欧米諸国と日本の間には、捕鯨に対する理解に大きな隔たりがあります。しかしながら、日本の捕鯨を批判する国々の人たちは、自国の捕鯨文化や海洋資源（マグロやその他）の利用

に関する歴史を知り、反省を踏まえた上で、反捕鯨活動をしているのかどうか気になるところです。

❷ ペリー来航・開国

　1853年、東インド艦隊司令長官ペリーが、4隻の軍艦を率いて琉球を経て、浦賀に来航しました。ペリーがアメリカのノーフォーク港を出発したのは1852年11月24日、浦賀到着（投錨（とうびょう）＝錨（いかり）を下ろして船が止まること）が1853年7月8日のことでした。実に7カ月半もかかっています。もちろん途中で琉球（沖縄）に立ち寄っているのですが、それにしても日数がかかり過ぎているように思われるその最大の理由は、アフリカ南岸の喜望峰回りで日本にやって来たからなのです。つまり途中で港に立ち寄り石炭と飲食物を補充しなければならなかったため、外回り航路でやって来たというわけです。ちなみに「太平のねむりを覚ます蒸気船　たった四はいで夜もねむれず」という狂歌は、よく知られていますが、2隻が半蒸

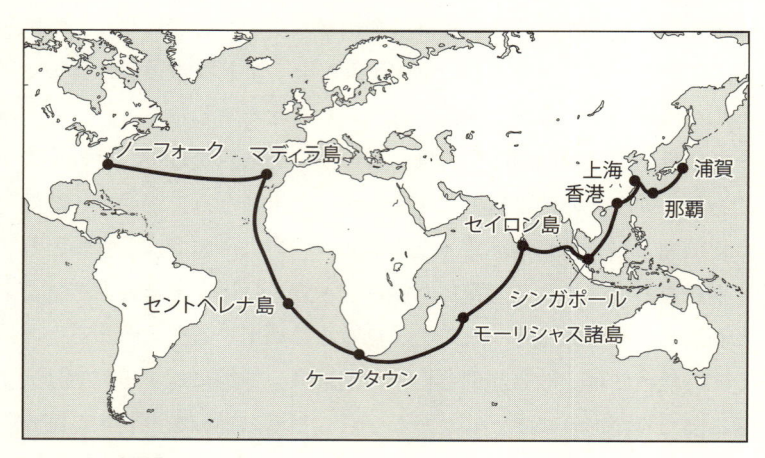

ペリー来航図

気・半帆船の外輪式の軍艦（旗艦サスケハナ号・ミシシッピ号）で、あとの２隻（プリマス号・サラトガ号）は帆船でした。外輪式とは、船の外側についている水車のようなものを回転させて進む船のことです。しかも、いつも蒸気で動いているのではなく、外洋で風があれば帆船と同じく帆を揚げて航海していました。実は、ペリーは最初から旗艦サスケハナ号に乗船していたのではありません。蒸気船ミシシッピ号でアメリカを出発し、途中香港から艦隊に加わったサスケハナ号に乗り移ったのは上海で、日本到着の少し前の1853年５月４日のことでした。なぜ、こんな瑣末なことにこだわるのかといえば、世界史の動向を感じ取ってほしいからです。つまり、ペリー来航の時点ではいまだスエズ運河は開かれていませんでした。スエズ運河は1869年に開かれましたから、それ以前はこの世界一周大コースともいうべきコースを利用するほかなかったのです。

　ペリーは、浦賀に入港後、浦賀奉行に大統領フィルモアの国書を手渡し、開国を要求しました。ペリー派遣の最大のねらいは、「日本諸島沿岸において座礁・破損もしくは台風のため、やむなく避泊する合衆国船舶乗員の生命・財産の保護に関し、日本国政府と永久的な取り決めを行うこと」（大統領フルモアの国書の冒頭）でした。

　幕府は、老中阿部正弘を中心に協議を進めるとともに、江戸在住の諸侯に意見を求め、あわせて朝廷にこのことを報告しました。その結果、これ以後朝廷の地位がしだいに上昇していくことになります。阿部は国書について翌年に回答することを約束しました。しかし、阿部に具体的な案があったわけではなく、いわゆる「ぶらかし策」という、その場しのぎの案でアメリカとの交渉をごまかそう（たぶらかそう）としたに過ぎません。この時阿部がやったことはただ１つ、1853年に従来の大船建造の禁止を解いたことだけでした。

その前後に、ペリーは、軍事基地・寄港地として琉球・小笠原を押さえ、そこに貯炭所を設けました。だから、この時点ですでに開国はなされていたと考えてもよいでしょう。翌1854年、約束どおりペリーは神奈川沖に再来航しました。ペリーは、今度は7隻の船を率いてきました。そして日本側全権林復斎大学頭とアメリカ側全権ペリーとの間で日米和親条約12カ条が結ばれました。この条約では①下田・箱館の開港、②薪水・食料の供給、③領事駐在、④片務的最恵国待遇などが取り決められました。これと並行して、1853年7月、ロシアの海軍中将プチャーチンが長崎に来航し、開国を要求しました。こちらは勘定・外国奉行であった川路聖謨が対応しました。ロシアとも、1855年、日露和親条約が結ばれ、択捉島と得撫島間に国境を設け、樺太を両国共有としました。さらに、下田・箱館以外に長崎の開港が決められたため、アメリカにも最恵国待遇の措置により開港が認められました。これら以外に日英和親条約（1854年、スターリングとの間に締結、長崎・箱館の開港など）、日蘭和親条約（1855年、グルティウスとの間に、下田・箱館の開港、待遇改善など）も結ばれました。

3 安政の改革

　この間、幕政を担当した老中阿部正弘は、国内では「挙国一致策」を実施しました。まず、江川英竜・川路聖謨ら有能幕臣を登用するとともに、前水戸藩主徳川斉昭を幕政参与とし、水戸・薩摩・土佐・越前の藩主らの協力を取り付けます。同時に江戸湾に砲台（台場＝フジテレビのあるお台場です）を築き、講武所・蕃書調所を江戸に、長崎にはオランダの援助を受けて海軍伝習所を設けて、軍制強化を図りました。

❹ 安政の5カ国条約

　日米和親条約に基づき、1856年、ハリスが駐日総領事として来日し、下田に近い玉泉寺を初の領事館としました。このアメリカ総領事館に掲げられた米国旗にこだわった研究者がいます。亡くなった日本近現代史研究者の黒羽清隆氏です。米国旗のストライプはいまと同じ13ですが、合衆国を構成する星の数は50ある現在とは違って31しかありませんでした（黒羽清隆『日本史への招待』、大和出版）。アメリカ合衆国の支配領域が現在のようなものではなかったことを黒羽氏は一見何気ない米国旗の星の数で述べておられるのですが、世界へ進出したての新興国であったアメリカの姿を見ることができます。

ハリス　1804～1878

　翌1857年、江戸に出府したハリスは、老中堀田正睦と会見し、自由貿易を強く要求しました。このため、幕府は、1857年の年末から1858年の年始にかけての1カ月を費やしただけで、日米修好通商条約14カ条と貿易章程7則を締結しました。この時堀田は、条約勅許を求めて、京都の朝廷にまで出向きましたが勅許は得られず、結果的に辞任に追い込まれました。代わって1858年4月、彦根藩主井伊直弼が大老に就任しましたが、井伊は勅許を経ることなく、日米修好通商条約に調印しました。

　条約調印に向けて、ハリスは同じ頃、清国がアロー号事件でイギリス・フランスに敗北し天津条約を結ばされたことを幕府に報告

します。そして日本が同様の条約をこれらの国々から要求されないようにするためには、アメリカとの条約締結しかないと脅迫し、幕府はこれに応じることとなりました。アメリカとの同様の条約は、他にイギリス・フランス・ロシア・オランダとも結ばれました（安政の5カ国条約）。

　日米修好通商条約は、総領事ハリスと日本側代表下田奉行井上清直（いのうえきよなお）、目付岩瀬忠震（いわせただなり）が話し合った結果結ばれたものです。条約の内容は、①神奈川・箱館・新潟・兵庫・長崎の5港を開港する。あわせて江戸・大坂を開市する。②領事裁判権を容認する。③片務的な協定関税制を認める。輸出税は一律5％、輸入税は平均20％とするという、関税自主権が欠如したものです。④開港場に居留地を設定し、一般外国人の国内旅行は禁止する。⑤1872年以降に改訂を可能とする。ただし、1年前に通告を必要とする、というものでした。この条約の本質はまさに不平等条約であることが明らかでした。同条約批准は、1860年、新見正興（しんみまさおき）一行が、ポーハタン号で渡米してなされました。なお、その際幕府は、ポーハタン号に同行させるために咸臨丸（かんりんまる）を随行させました。この船の提督は木村喜毅（きむらよしたけ）、艦長は勝海舟でした。また、通訳には1851年に帰国したジョン万次郎が採用されています。

　なお、日米修好通商条約で開港場所とされた神奈川は東海道の重要な拠点であったため、幕府はこれに代えて当時は寒村だった横浜を開港場としました。神奈川にするか横浜にするかで外国勢との対立も生じたのですが、神奈川は水深も浅く、結局横浜が選ばれることになりました。同じく兵庫港は、1867年5月にようやく開港されたのですが、港のすぐ東隣の神戸村に居留地が設けられ、そちらが中心となったため、神戸港といういい方が一般的なものになりました。

日米修好通商条約と天津条約との違いは、中国（清）が結んだ天津条約より、日本が結んだ条約の方がずっとマシな条約でした。なぜなら、天津条約は、アロー号事件の敗北を喫して結ばれた「敗戦条約」であったのに対し、日米間の条約は、交渉条約であったからです。

井伊直弼　1815～1860

5 明治維新論

ところで、学界の本格的な論争に立ち入って述べることまではしませんが、この当時同じアジアにありながらも、なぜ、日本だけが清やインドのように植民地にならなかったのか、ということを考えておきたいと思います。実際に、日本は欧米先進国の植民地になる危険性もありましたが、かろうじて、あるいは幸いにも植民地にならずに済んだのです。その理由は、各研究者により見解が相違しており、結論づけることはできませんが、そのことを承知の上であえて整理すると、①欧米諸国が中国の太平天国の乱やインドのセポイの乱の経験から、武力外交がかえって反乱を激化させ、本来の目的＝貿易・市場の開放などを達成できないと考えたこと、②欧米列強の関心が、当面日本よりも中国にあったこと、③欧米列強間の戦争、つまり、ロシア・クリミア戦争（1853年）、アメリカの南北戦争（1861～65年）などが続き、アジアよりも国内問題の解決が優先されたこと、などが考えられます。

6 開港後の貿易

　1859年、幕府は列強との貿易を開始しました。また、同年横浜を開港しました。この貿易の特徴は、以下の6つです。①貿易の中心港は横浜で、全体の80％を占めていました。貿易相手国はイギリスが中心です。アメリカは、南北戦争が災いして後退しました。②貿易の仕方は、条約締結国が外国人に一定地域に限って居住・貿易を許可する地域、居住地で行われました。日本側の商人を売込商といい、生糸を大量に扱った茂木惣兵衛が知られています。③貿易額は、1860～67年は輸出超過でした。④輸出品では、生糸・茶が合計で90％を占めていました。生糸以外に蚕卵紙という蚕の卵（蛾の卵です）が生みつけられた紙が輸出されました。なぜ、こんなものが輸出されたのでしょうか。それは、この当時フランス・イタリアなどヨーロッパの生糸生産国で蛾の病気が広がり、まともな生糸をとることができなかったという事情があります。輸入品の約80％は綿糸・綿製品・毛織物です。綿糸生産は日本でも盛んでしたが、安いイギリス製品が輸入されたため、一時期壊滅的な打撃を被りました。生糸の大量輸出は、原料不足をおこし、西陣などの特産地が危機に陥りました。⑤こうした状況を打開するために、幕府は五品江戸廻送令を1860年に出しました。しかし、幕府が期待した物価引き下げも大して効果はありませんでした。⑥さらに、開国と同時に金貨が大量に流出しました。日本では金1：銀5の交換比率でしたが、国際的には金1：銀15であったことによります。つまり、外国人が金1kgを銀15kgに換えて日本に持ち込み、それを金と交換すると、日本では金3kgを渡すことになります。こうして流出した金は50万両といわれています。

貿易の影響は、明らかでした。輸出超過（出超）による輸出品不足で、物価が上昇（騰貴）し、下級武士・農民・都市貧民の困窮化がいっそう進むことになったのです。その結果、各地で百姓一揆・打ちこわしが引きおこされました。他に流通機構の変化を挙げると在郷商人が台頭し、生産地と開港場を結ぶ新しい流通ルート（例えば、生糸における横浜〜八王子ルート）が形成されていきました。

　ところで、貿易がはじまった際、日本人とイギリス人がどのように会話（やりとり）をしていたのか、こういうことを考えたことはありませんか？　日本近現代史をジャンルとして作り出したパイオニアともいえる研究者、服部之総（はっとりしそう）氏が説明しています。まず、「ハ・マ・チ・ド・リ」という言葉が、英語で何といっているか想像してください。わかりますか？「ハ・マ・チ・ド・リ」＝「How much dollar ?」と日本人はイギリス人やアメリカ人に問いかけます。逆にイギリス人・アメリカ人は、彼らなりの得体のしれない日本語でやりとりしたとのことです（服部之総「Moods cashey」『黒船前後・志士と経済』、岩波文庫）。こういうたどたどしい英語を「ピヂン・イングリッシュ」＝赤ちゃん英語といい、逆の日本語を「ピヂン・ジャパニーズ」あるいは「ヨコハマ・ジャパニーズ」というそうです。しかし、「おそるべし、商人たち」ですね。必要は発明の母とはよくいったものです。

❼ 幕府の分裂

　修好通商条約調印をめぐり、幕府内部は分裂しはじめます。先に見たように、まず、条約調印をめぐり意見を求められた徳川斉昭（とくがわなりあき）・越前藩主松平慶永（まつだいらよしなが）らは、朝廷の勅許を受けるべきだと述べました。これを受けて朝廷に赴いた老中堀田正睦に対し、孝明天皇（こうめい）は、勅許

を拒否します。さらに、13代将軍家定の後継者問題が発生しました。家定は病弱で無能であり、後継の嫡子がいませんでした。そこで、徳川斉昭・松平慶永らは、年齢と聡明さから、斉昭の子一橋慶喜を推しました。このグループを一橋派といいます。一方、井伊直弼ら有力譜代大名は、血脈と正統性を理由に、紀伊藩主の子徳川慶福を推しました。こちらを南紀派といいます。こうした状況の中で、幕府は井伊直弼を大老とし、井伊による独裁政治が開始されました。先に見たように、列強の圧迫に動揺した井伊は、修好通商条約調印を強行しました。さらに、1858年から1859年にかけて、一橋派を中心に敵対勢力を弾圧しました。安政の大獄です。徳川斉昭・松平慶永は蟄居・謹慎に処せられ、橋本左内・頼三樹三郎・吉田松陰は身分をわきまえずに政治批判を行ったという理由で処刑され、梅田雲浜は獄死しました。こうした井伊の弾圧に対し、もともと尊王の気風が強かった水戸藩を中心とする浪人たちは、1860年、桜田門外で井伊を襲撃、暗殺しました（桜田門外の変）。

吉田松陰　1830～1859

❽ 幕府の公武合体策

井伊の後を受けて老中となった安藤信正と下総関宿藩藩主久世広周は、朝廷と幕府、さらに雄藩との融合による公武合体策を実行しました。その最初の試みが14代将軍家茂の妻に孝明天皇の妹

和宮を迎えるというものでした。天皇は最初これに反対しましたが、攘夷実現のためという説明を受け、これを受け入れました。和宮はこの時すでに有栖川宮熾仁親王と婚約していたのですが、これを破棄して家茂と結婚したのでした。当然のことながら、政略結婚であり、反発が生じます。老中安藤信正は、婚礼の直前、江戸坂下門外で儒者大橋訥庵をリーダーとする水戸藩浪士に襲撃され、失脚しました（坂下門外の変）。

❾ 薩摩藩の公武合体策

　幕府主導の公武合体策が失敗に終わった後、今度は薩摩藩主後見役の島津久光（藩主島津忠義の父）が公武合体策を進めていきます。久光は、勅使大原重徳とともに江戸に出向き、幕政改革を要望しました。江戸への旅の途中、京都伏見の寺田屋に集合していた尊王攘夷派の薩摩藩士有馬新七や久留米の神官真木和泉を捕らえる寺田屋事件がおきています。江戸に着いた久光は、直ちに幕政改革を要求し、実行させました。これが文久の改革です。その内容は、以下の６つが挙げられます。①一橋慶喜を将軍後見職に、松平慶永を政事総裁役に、松平容保を京都守護職にすること。②参勤交代を緩和すること。従来のやり方を改め、３年に１回とする。ただし、大々名は江戸在府１年、他は在府100日、あわせて大名の妻子の帰藩許可がなされました。③また、西洋式軍制を採用すること。歩騎砲３隊の編成が決まりました。④さらに、兵賦令が制定され、幕臣から石高に応じて兵士または兵賦金を徴収し、銃隊を編成すること。⑤1862年に蕃書調所を改め、洋書調所としました。⑥幕府から留学生を欧米に送ること。西周・津田真道・榎本武揚の３人が1862年、オランダに送られました。

10 尊王攘夷運動の激化

　この尊王攘夷運動の思想は、欧米人を「蛮夷」と嫌悪する反発から出発し、それとともに水戸学的な尊王論や復古神道による「日本＝神国説」によって理論化されたもので、尊王と攘夷が結合したものです。攘夷運動は、開国後盛んになり、ハリスの通訳でオランダ人のヒュースケンの暗殺（1860年）、イギリス公使館高輪東禅寺事件（1861年）がおきていました。そして、公武合体策のある程度の成功は、尊攘派をいっそう過激な行動に導きました。1862年の生麦（なまむぎ）事件は、薩摩藩の実行であるから別としても、同年の江戸品川のイギリス公使館襲撃事件など攘夷運動が激化していきます。東禅寺事件後、イギリスは品川御殿山に公使館を移転しようとしていたのですが、長州藩の高杉晋作（たかすぎしんさく）や久坂玄瑞（くさかげんずい）らが公使館を襲撃し全焼させたのです。

　文久期の尊攘派が、絶大な権威を持った政治的カリスマとしての天皇を、歴史の舞台に登場させた理由は、現実的な力関係では圧倒的に弱い立場にある自分たち（士族＝下級武士）を天皇の権威を借りることで代償し、状況突破の梃子（てこ）にしようとしていたからです。しかし、こうして出現したのは、現実の天皇とはまったく異なる、志士たちの幻想としての天皇でした。なぜなら天皇は、基本的には公武合体を認め、身分の低い志士たちをうまく利用しようとしてい

高杉晋作　1839～1867

ただけだからです。

　尊攘派の中心的存在であった長州藩は、久坂玄瑞をリーダーとし、活動を活発化させていました。土佐藩でも武市瑞山(たけちずいざん)らが台頭してきます。長州藩の尊攘派は、公家の三条実美(さんじょうさねとみ)を通じて孝明天皇を動かし、幕府に攘夷決行を要請させました。その結果、幕府は1863年5月10日を期して攘夷決行を実施する布告を出しました。布告を受けた長州藩では、同日下関海峡を通過する外国船に砲撃を行います。こうした尊攘派の動きに対し、京都守護職の松平容保は、薩摩藩と協力し、同年8月18日、京都を制圧し、長州藩士と三条実美ら尊攘派公家7人を追放しました（文久3年8月18日の政変）。

　尊攘派による天皇の大和行幸は、この政変によって中止されました。これと前後して尊攘派による絶望的な挙兵が決行されます。京都の池田屋が新撰組によって襲撃された池田屋事件をはじめ、土佐の吉村寅太郎の天誅組(てんちゅうぐみ)の乱、筑前の平野国臣らの生野の変などがそれでした。また、真木和泉・久坂玄瑞らに率いられた一行は、京都の蛤(はまぐり)御門で会津・薩摩両藩と戦い敗北しました（禁門の変）。

⑪ 薩長改革派の台頭

　すでに1863年の時点で、西南雄藩は欧米との武力衝突を経験していました。その1つが、生麦事件の解決を要求するイギリス艦隊の砲撃を受けた薩英戦争であり、ついで長州藩の外国船砲撃事件でした。後者については、1864年、イギリス・アメリカ・フランス・オランダの四国連合艦隊が来襲し、陸戦隊の上陸を許した四国艦隊下関砲撃事件（下関戦争）へとつながります。

　薩摩藩は薩英戦争の敗北後、逆にイギリスに接近するようになっ

ていきます。また下関戦争で長州藩が敗北すると、幕府は長州藩征討を全国の大名によびかけ、征討に成功しました（第一次長州征討）。この時、高杉晋作・桂小五郎(かつらこごろう)らは、あくまでも幕府と戦うことを主張し、1863年、武士・町民・農民からなる奇兵隊(きへいたい)を組織しました。征討によって長州藩内に一時的に強まった保守的・日和見的指導部に対し、彼らはこの奇兵隊をはじめとする諸隊を動かして内乱をおこしました。そして延べ2カ月にわたる戦いの結果、1865年、桂・高杉を中心にロンドンに密留学してきた井上聞多(いのうえもんた)（井上馨）・伊藤俊輔(しゅんすけ)（伊藤博文）を加えた新たな藩政指導部が形成されました。

同様のことは、薩摩藩でも薩英戦争後におこりました。西郷隆盛(さいごうたかもり)・大久保利通(おおくぼとしみち)らは、イギリスと結びつき藩内の改革を実施し、新たな指導部を形成しました。薩摩・長州両藩に誕生した新しいグループは、従来の尊攘派ではなく、開国討幕派というべきグループでした。

⑫ 薩長連合

1865年、外交上の大きな問題と内政上の問題が発生します。外交上の大きな問題から見ていきましょう。条約勅許が得られないまま調印された修好通商条約に対して、イギリス・フランス・オランダ・アメリカは条約勅許と延期されていた兵庫開港を要求し艦隊をそろえて兵庫沖に現れました。朝廷も外国の強い要求に押され、条約勅許についてはしぶしぶ承認しましたが、兵庫開港は不許可にしました。そこで4カ国は兵庫開港延期の代わりとして輸入関税約20％を一挙に5％に下げる改税約書(かいぜいやくしょ)を要求しました。これまでの安政の5カ国条約では、貿易章程で、従価税(じゅうかぜい)（商品の価格に従い課税する方法）で、輸出品は5％、輸入品は5〜35％の範囲、

平均約20%という関税を決めていました。ところが、改税約書では、従価税をやめ、従量税(じゅうりょうぜい)(商品の数量に従って課税する方法)に改めることにしたので、価格の高い商品の輸入が有利になりました。また、従量税の決め方も従価税の基準と同じく5％と低くしたので輸入が促進されました。つまり、これまでの輸出超過から輸入超過に転じたのです。イギリス公使パークスはこの時の幕府の対応を見て、幕府が無力な状態に陥っていると判断するようになりました。

次に内政上の問題です。1865年、幕府は再度長州征討を命令し、将軍家茂は大坂城に入りました。ところが、翌1866年1月、土佐の坂本龍馬(さかもとりょうま)・中岡慎太郎(なかおかしんたろう)の仲介によって薩長連合が成立します。これは、予定されている第二次長州征討にあたり結ばれたものでした。薩長連合は、京都の薩摩藩藩邸で坂本龍馬立ち会いのもと、木戸孝允(きどたかよし)・薩摩藩家老小松帯刀(こまつたてわき)・西郷隆盛と結ばれました。さらに薩長2藩は、鉄砲の売込商グラバーを通じて結びつくことになりました。グラバー(長崎のグラバー邸を作った人物です)の背後には、イギリス公使パークスがいました。このことからもわかるように、薩長連合は、軍事同盟だったのです。

1866年6月、幕府は第二次長州征討を実施しました。しかし、薩長連合が結ばれていたことで、薩摩藩は出兵せず、戦意を失った幕府軍は、同年7月将軍家茂の病死を理由に撤兵しました。一方、朝廷では孝明天皇が急死し、1867年、14歳の睦仁(むつひと)親王が即位しました。のちの明治天皇です。

⓭ 慶応の改革

家茂に代わり15代将軍に就任した徳川慶喜(とくがわよしのぶ)は、フランス公使レ

徳川慶喜　1837〜1913

オン=ロッシュの指導と援助によって慶応の改革を実施しました。ロッシュはイギリス公使パークスに対抗して崩壊寸前の幕府に協力したのでした。イギリス・フランス両国が朝廷・幕府のそれぞれの背後で対立（場外乱闘）したのです。フランスの協力を得た幕府は政治改革を実施しました。それは、①幕府の機構改革を進め、5局＝国内事務・外国事務・海軍・陸軍・会計を設け、それぞれに専任老中を置く。②フランスの援助のもとで軍制改革を実行する。③フランスの技術援助を受け、横須賀製鉄所を建設し、あわせて艦船を購入する。こうした幕府側の動きに対し、薩摩藩は雄藩連合による統一政権を構想しましたが、1867年5月の四侯会議（兵庫開港などに関する松平慶永［越前］・山内豊信［土佐］・伊達宗城［宇和島］・島津久光［薩摩］らの会議）の失敗から、武力による討幕を決定しました。

14　討幕の密勅

　討幕の機運は、民衆の世直し一揆・ええじゃないかの広がりとともに高まっていきました。朝廷はついに薩長2藩に対し、1867年10月14日、討幕の密勅を下しました。しかし、同日、かねてから、公武合体の巨頭、前土佐藩主山内豊信とその家臣後藤象二郎がすすめていた政権奉還の建白（大政奉還）が上表されました。こ

の文書は、坂本龍馬の「船中八策」の影響を受けたもので、天皇のもとで各藩の代表者が議会を構成するといった公議政体論的な政権構想でした。大政奉還の上表が出されたため、討幕の密勅はいったん取り消されることになりました。

　討幕派の方では、再度計画を練り直し、同年12月9日、王政復古の大号令を出すことに成功しました。ここでは、①摂政・関白の廃止、②総裁・議定・参与の新設が決められ、総裁には有栖川宮熾仁親王が任命され、副総裁には三条実美、議定には、皇族・公家・大名ら10名が、参与には公卿5名、同年12月12日には討幕派の藩士15名（西郷隆盛・大久保利通・広沢真臣・木戸孝允・後藤象二郎・福岡孝弟ら）が任命されました。さらに、12月9日深夜、新任の三職は小御所会議を開き、徳川慶喜の辞官（内大臣職の辞任）と領地没収を命じました。

⑮ 戊辰戦争

　こうした動きに対し、旧幕府側は、新政府に対して反乱をおこしました。戊辰戦争のはじまりです。この内戦は大別して4つの戦いに分けられます。まず、①鳥羽・伏見の戦い。大坂城にいた徳川慶喜は、旗本・会津・桑名3万人の兵を率いて入京を図り、鳥羽・伏見で新政府軍と戦いましたが敗北し、慶喜は、軍艦開揚で江戸に戻りました。②東征戦争。新政府軍は、東海・東山・北陸3道に分かれ、江戸に向けて進軍しました。慶喜はすでに戦意を喪失しており、勝海舟・西郷隆盛の会談で江戸城は無血開城されました。旧幕府軍の一部、彰義隊が上野に立て籠もりましたが、一日で新政府軍によって鎮圧されました。③奥羽越列藩同盟の抵抗。会津藩を中心とする東北・北陸の31の諸藩は同盟を組織し、新政府軍と戦い

ました。新政府軍は会津平定を達成し、東北征討を終了させました。会津白虎隊の悲劇はこの時のことです。④五稜郭の戦い。旧幕府海軍のリーダーであった榎本武揚は、函館五稜郭を拠点に戦いますが、黒田清隆の指揮する新政府軍に敗北しました。この五稜郭の戦いを最後に新政府軍と旧幕府軍との戦闘は終了しました。

　また、この一連の戦いの間、各地で政治の一新を求める草莽隊が誕生し、新政府軍に協力しました。その中で相楽総三が率いた赤報隊が知られていますが、後に相楽は偽官軍を組織したという理由で処刑されました。

Column 生活に欠かせない木炭

　江戸時代に入り、食生活に変化があらわれたことについては、本文でも粉食の広まりについて簡単に触れました。炊事に欠かせなかったものに炭（木炭）があります。ここでは、木炭そのものについて見ておくことにしましょう。

　近世に木炭の需要が増加したのは、「一般庶民に炊事・暖房用の炭を買える経済力がひろがったこと、室内用の燃料に炭を最も便利とするような建築様式（書院造）が普及したことなど」（樋口清之『木炭』、法政大学出版局）に原因がありました。また「江戸・大坂・京都の大消費都市では、周辺の産地からの生産では不足して、自然に遠距離輸送を発達させたし、その他の中小都市も周辺に産地を必要とした」（前掲『木炭』）ということです。そこで、各地に木炭の名産品が生まれましたが、木炭はどの家庭でも必要とされるものでしたから、各藩には木炭の産地があったと考えられます。しかも、わが国は山に囲まれ、山までの距離はさほど遠くはありません。あちこちで炭焼き窯が設けられ、炭が作られていたと思われます。

　もともと炭焼きは山間部の農民が冬の休閑期に副業として行ったもので、専門の職人はいなかったのですが、平野部の農民よりも低い扱いをされていたようです（前掲『木炭』）。

　なお、もっともよく知られている紀州炭（備長炭）は、火力が強く火持ちがする名品で、紀州田辺の特産であるウバメガシ（姥目樫）を用いたものです。

第4章 近代

近代の流れとキーワード

政治・社会の動き	外交の動き
中央集権国家の形成 五箇条の御誓文(1868年)　政体書 版籍奉還(1869年)　廃藩置県(1871年) 徴兵告諭(1872年)　徴兵令 地租改正条例(1873年) **自由民権運動** 征韓論(1873年) 民撰議院設立建白書(1874年) 大阪会議(1875年) 立憲政体樹立の詔(1875年) 　讒謗律・新聞紙条例(1875年) 西南戦争(1877年) 国会期成同盟結成(1880年) 集会条例(1880年) 開拓使官有物払下事件(1881年) 明治十四年の政変 国会開設の勅諭(1881年) 自由党結成(1881年) 立憲改進党結成(1882年) 福島事件(1882年)　秩父事件(1884年) 加波山事件(1884年) **内閣制度創設** **第1次伊藤内閣** 　大同団結運動(1887年) 　三大事件建白運動(1887年) **黒田清隆内閣** 　大日本帝国憲法発布(1889年) **第1次山県内閣** 　第1回衆議院総選挙(1890年) **第1次松方内閣→第2次伊藤内閣** 　第2次松方内閣（松隈内閣）(1897年) **第3次伊藤内閣→第1次大隈内閣**	日清修好条規(1871年) 岩倉遣欧使節団派遣(1871年) 琉球藩設置(1872年) 台湾出兵(1874年) 樺太・千島交換条約(1875年) 江華島事件(1875年)→日朝修好条規(1876年) 条約改正　寺島宗則外交(1878年) 琉球処分・沖縄県設置(1879年) 壬午軍乱(1882年)　閔妃・大院君 甲申政変(1884年)　事大党・独立党 天津条約(1885年) 鹿鳴館外交　井上馨外交 大隈重信外交 青木周蔵外交 陸奥宗光外交　甲午農民戦争(1894年) 日清戦争(1894年)→下関条約(1895年) 　三国干渉(1895年) 　列強の中国分割 義和団事件(1900年)→北清事変

政治・社会の動き	外交の動き
第2次山県内閣 　治安警察法（1900年） 　立憲政友会結成（1900年） 　社会民主党結成（1901年） 　足尾鉱毒事件 　日比谷焼打事件（1905年） 大逆事件（1910年） 第1次護憲運動　大正政変（1913年） 米騒動　寺内内閣総辞職（1918年） 原敬内閣（本格的政党内閣）（1918年） 関東大震災　震災恐慌（1923年） 第2次護憲運動　護憲三派内閣 　治安維持法（1925年） 　普通選挙法（1925年） 金融恐慌（1927年）　震災手形 井上財政（金解禁）（1930年）　昭和恐慌 高橋財政（金輸出再禁止）（1931年） 五・一五事件（1932年）　犬養毅首相暗殺 二・二六事件（1936年） 国家総動員法公布（1938年） 「欧州情勢は複雑怪奇」（平沼内閣） 「欧州大戦不介入」（阿部内閣） 新体制運動　大政翼賛会結成（1940年） 翼賛選挙 学徒出陣　学童疎開 広島・長崎原爆投下（1945年）　敗戦	北京議定書（1901年） 日英同盟締結（1902年） 日露戦争（1904年）　日韓議定書　日韓協約Ⅰ ポーツマス条約（1905年）　日韓協約Ⅱ 関東都督府　南満州鉄道 ハーグ密使事件（1907年） 日韓協約Ⅲ　義兵運動 韓国併合条約（1910年）　朝鮮総督府 小村寿太郎外交　日米通商航海条約（1911年） 第1次世界大戦（1914年） 二十一カ条要求（1915年） シベリア出兵（1918年） ベルサイユ条約（1919年）　パリ講和会議 ワシントン会議（1921年）　国際連盟成立 日ソ基本条約（1925年） 山東出兵（1927年） 世界恐慌（1929年） ロンドン海軍軍縮条約（1930年） 満州事変（柳条湖事件）（1931年） 満州国建国（1932年）　日満議定書 国際連盟脱退（1933年） 日独防共協定（→日独伊防共協定）（1937年） 日中戦争（盧溝橋事件）（1937年） 近衛声明Ⅰ（国民政府対手トセズ） ノモンハン事件（1939年） 北部仏印進駐（1940年）　日独伊三国同盟 日ソ中立条約（1941年）　関東軍特別演習 アジア太平洋戦争開始（1941年） 南部仏印進駐（1941年）　ミッドウェー海戦 （1942年） 大東亜会議（1943年）

第1節　明治維新政府の改革

1 新政府の政策

　誕生したばかりの新政府は、まず外国公使団に開国和親を宣言しました。日本が攘夷運動をしないことを明らかにしたのです。ついで、戊辰戦争の最中の1868年3月、16歳の天皇は、五箇条の御誓文を発令しました。これは、越前藩士由利公正→土佐藩士福岡孝弟→長州藩士木戸孝允という過程を経て作成されたものです。まず、由利の案は、諸藩が推薦する貢士に議会の議員の役割を持たせようとしました。この案を受けて福岡の案は、貢士を徴士とよびかえ、土佐藩の公議政体論を具体化し、列侯会議を第一条に置きました。しかし、木戸の案はこれを否定し、天皇が百官を率いて天地神祇に誓う形式を採用しました。以上の経過は、新政府がどのような政治組織を形成するかという問題でしたが、御誓文の趣旨は、王政復古・公議世論の尊重・開国和親にありました。さらに、同時に発令された五榜の掲示（高札［立て札］）は、旧幕府時代の民衆支配策を受け継ぎ、徒党・強訴・キリスト教を禁止しました。このキリスト教禁止の継続によって、長崎県浦上のキリシタンが弾圧される事件が

東京行幸　"Le Monde Illustré", February 20th, 1869

おこりましたが、列国の抗議を受け、1873年に捕らえられた信者3400人余りは釈放されました（浦上信徒弾圧事件）。あわせて、キリシタン禁止の高札も廃止されました。

これらとは別に同年閏(うるう)4月、政体書(せいたいしょ)が発布されました。政体書は、福岡孝弟・副島種臣(そえじまたねおみ)らが、アメリカ憲法を模倣して作成したものです。形式的には、三権分立の体制を整え、新たに組織した太政官に権力を集中させました。また、高級官吏は4年ごとに選挙によって交代することとなっていましたが、ほとんど実施されることはありませんでした。

こうした政策と並行して政府は、江戸を東京と改め、天皇が東京行幸を行いました。また、年号を明治とし、一世一元の制を実施しました。

❷ 版籍奉還・廃藩置県

政府は1868年10月、藩治職制を公布しました。これは、従来バラバラだった諸藩の職制に基準を設け、統一することにしたものです。これによって政府の藩統制を進めるものでした。あわせて、旧幕府に味方した藩や幕府直轄領を没収・削減して、府・県を設置しましたが、これ以外の土地は、藩のまま存続していました。しかしこれらの藩は、戊辰戦争に至る危機の中で藩収入の2年分に当たる約7800万円の負債を抱えており、藩財政は危機に瀕していたのです。こうした状況を踏まえて、政府は中央集権体制を樹立すべく、藩制を廃止し、改革を断行していきます。

1869年、薩長土肥4藩主の版籍奉還(はんせきほうかん)の上表(じょうひょう)が出されました。この上表を出させるにあたっては、大久保利通・木戸が尽力しました。版籍の版は版図＝土地のことを指し、籍は戸籍を指します。つ

まり、土地と人民を新政府に返すことを意味します。また、藩主は、新たに知藩事に任命され、家禄(かろく)を支給されました。

その後1871年、廃藩置県が断行されました。その実施にあたっては、強い抵抗が予想されたので、薩長土の兵を御親兵(ごしんぺい)として集め、その武力を背景にして行われたのです。廃止された藩は全部で261藩にのぼりました。当初は3府302県が置かれましたが、1871年には3府72県となり、1888年には3府43県に整理されました。廃藩置県によって知藩事は罷免され、東京に住居を移し、中央政府が任命した府知事・県令を地方へ派遣することになりました。

3 中央官制の変遷

　明治初期の中央官制はめまぐるしく変化しました。1867年12月、王政復古の大号令によって三職が設置され、翌年三職は、三職七科制から三職八局制になりました。1868年、政体書が出され、三職に代わって太政官が設置されました。太政官にはその下に立法機関としての議政官がありました。議政官はさらに、議定・参与からなる上局と各府藩県選出の貢士からなる下局に分かれており、行政との関係が不明確で、上局は間もなく廃止され、下局は公議所から集議院へと再編成されました。1869年の版籍奉還を機に、太政官とは別に神祇官(じんぎかん)が設けられ、太政官の下に各省が置かれました。1871年の廃藩置県でまたもや官制改革が行われ、太政官は、正院(しょういん)・左院・右院の三院制となります。正院は、太政大臣・左右大臣・参議からなる政治の最高機関であり、左院は立法機関、右院は各省の連絡機関となりました。各省は卿（長官）と大輔（次官）がおもな職務を遂行することになっていました。

　太政官とは別に設置された神祇官は、1869年の設置当初は、太

政官よりも上位の組織とされましたが、1871年には神祇省となり翌1872年には教部省になりました。政府の宗教政策が定まらず何度も変更を余儀なくされたことがわかります。

❹ 兵制改革・警察制度

廃藩置県直後、政府は親兵（御親兵）と各藩から吸収した藩兵をあわせ、直属の常備軍を編制し、4鎮台（東京・大阪・仙台・熊本）に配置しました。次に軍隊の編制を士族のみにするか国民皆兵とするかが問題になりましたが、結局1869年、兵部省が設置され（これが大村益次郎の功績です）、国民皆兵による軍隊が組織されるようになります。親兵は、廃藩置県を実施するための武力として薩摩・長州・土佐から1万人の兵士が集められ、組織されたものです。親兵はその後1872年、近衛兵と改称され、あわせて兵部省は、陸軍・海軍の2省となりました。また、同年11月、徴兵告諭が出され、翌1873年には徴兵令によって、男子満20歳以上の人々が兵役につくこととなり、鎮台も従来の4鎮台に加えて、名古屋・広島が加わり、計6鎮台とされました。

徴兵令には徴兵免除の規定がありました。それは、①身長5尺1寸（約154.5cm）未満の者、②官吏・官公立学校生徒、③留学生、④戸主・家督相続者、⑤代人料270円納入者など、でした。この徴兵制は庶民からは、徴兵告諭の「血税」という語句が誤解を受け（つまり、生血を吸われると勘違いし）、旧士族からは、これまでの特権を奪うものだと考えられました。特に庶民からの誤解が生じた問題は単なる誤解に止まらず、1873年から1874年にかけて岡山・香川など全国13県で血税一揆がおこるに至りました。しかし、吸血鬼ではないのですからいくらなんでも生血を吸われるというのは、

ひどい誤解であり、こうした理解（解釈）はおかしいという人もいます。そうではなく、兵役が3年で、兵役終了後第1後備役2年、第2後備役2年と都合7年間もの間拘束されるのを嫌ってのことだったというのです。後備役とは、現役（兵役3年）の後も戦争などに備えて準備を続けることを指します。たしかに、こうした考えも十分成り立つと考えられます。

その後の兵制についてもあわせて述べておくと、1877年の西南戦争後、その対処をめぐり近衛兵が反乱をおこした竹橋事件が発生しました。また、翌年、陸軍は参謀本部を設け、軍を直接指揮する軍令機関を独立させました。竹橋事件の軍独自の処置は、1882年、軍人の絶対的服従を命じた軍人勅諭を出すことで解決するものでした。軍人勅諭作成には西周らが尽力しました。1883年には徴兵令が改正され、代人料が廃止されます。1888年には、鎮台の呼称を師団と改め、対外戦争を想定した軍を天皇に直属するものとしました。1889年には徴兵令が三度改正され、免除規定が大幅に廃止されました。1893年には海軍に軍令部が設置され、海軍も指揮・命令機関が独立しました。

兵制改革とあわせて政府は、1871年、邏卒制度を設け、1873年、内務省を中心に警察制度を全国に拡大し、翌1874年には東京に警視庁を設置しました。東京とは異なり地方の場合は、1872年司法省警保局が警察を担当しましたが、翌1873年から内務省設置に伴い、内務省が警察を担当することになりました。

5 四民平等

政府は、封建的身分秩序の撤廃に努めました。1869年の版籍奉還から1872年にかけて公家・大名を華族、武士を士族と卒（1872

年廃止)、一般の民衆と賤民を平民としました。華族・士族・平民の人口構成を見ると、1873年の総人口3300万人中93%（3110万人が）平民で、華族が2800人、士族が190万人となります。なお、賤民については、1871年、いわゆる「解放令」が出されたのですが、形式的なものに過ぎませんでした。1871年には戸籍法を定め、国民すべてを戸籍に登録することとし、翌1872年、壬申戸籍を作成しました。この戸籍には、旧身分を示す俗称が記載され、差別は温存されました。四民平等は差別を完全になくすことはできませんでしたが、①平民の苗字の使用が認められたこと。②華士族と平民との通婚が認められたこと。③居住移転・職業選択の自由が認められたこと。④えた・非人の称が廃止されたこと。以上4点について一定の前進がありました。

❻ 士族解体

　戊辰戦争で莫大な支出を余儀なくされた諸藩は、俸禄（武士が藩主から禄米を与えられること）を削減・整理しました。また版籍奉還によって知藩事は、家禄（給与のこと）を領地の10分の1にされたため、藩士の家禄はさらに削減されました。その一方で、政府は明治維新の功績者に対しては1869年から賞典禄の支給をはじめました。家禄と賞典禄とをあわせて秩禄といいますが、その支出は政府の財政を圧迫していくこととなり、その対応が求められることになりました。そこでまず、①1873年の整理（家禄奉還法の公布と実施）。これは、希望者に家禄の6年分の現金と秩禄公債を手渡すものでした。1875年に中止されるまでに出願者13万6000人、奉還禄高約610万円、支給総額約3950万円となり、士族の人員・家禄の約20%が削減されました。しかし、いま見たように、残り

の80%の士族はこの措置に応じなかったため、思ったほどの効果はありませんでした。そこで、②1876年の最終処分が実施されることになります。政府はまず1875年、これまでの家禄・賞典禄の支給を米＝現物から金禄（きんろく）に変更しました。その理由は、米価の変動で予算に狂いが生じるためです。こうした措置をとって、次に1876年、金禄発行条例を布告し、家禄・賞典禄を廃止して、元の高に応じて公債を支給することにしました。士族は、5～14年分の俸禄に代わる金禄公債証書を支給され、あわせて5～7％の利子を受け取ることになりました。ただ、金禄公債は、支給後6年目から元金が償還され、30年間で全額返還されることになっていました。つまり、6年間は無収入で生活しなければならない士族が多数存在したことになります。士族のうちの大半を占める下級士族は、1人平均548円の金禄公債を支給されました。その利子は5％であり、27円40銭（約28円）しか得られませんでした。当時の米価が米1石5円でしたから、彼らの生活は相当苦しく、士族の没落は必至だったといえるでしょう。

　士族（旧武士）としての誇りも1871年の散髪令・脱刀令、1876年の廃刀令で奪われました。ちょん髷（まげ）は時代遅れになり、刀も失ったのです。そもそも江戸時代を通じてまともな刀をどれだけの武士が所有していたかわかりませんが、彼らのプライドを保つ道具の所有が否定され、生活も困窮の極みに陥りました。一部は商売に手を出し、失敗して「士族の商法」と馬鹿にされ、また、屯田兵として北海道で原野の開拓に臨むという新たな途を歩む者もいました。没落士族のために、政府は開墾・帰農奨励や生業資金の貸付などの士族授産も実施しましたが、大して効果は上がりませんでした。

❼ 地租改正

　廃藩置県後、政府は旧幕府・藩の年貢徴収権を受け継いで、農民が納入する年貢の売却によって財政を賄っていました。しかし、戊辰戦争をはじめとする相次ぐ内乱鎮圧のために、軍事費支出が増大して、極端な赤字に見舞われていました。

　財政の安定のためには新たな租税制度を作るしか方法がありません。そこで実施されたのが地租改正でした。その実施のために、政府は1871年、田畑勝手作禁止令（作付け制限令）を廃止し、翌年、田畑永代売買禁止令を解きました。そして1872年、土地所有の国家的承認をする必要から地券（壬申地券）を発行しました。地券には、土地の所在地、面積、地価が記されています。以上の作業が終わり、1873年、地租改正条例が発布されました。条例の内容は、①政府の定めた地価に従い、その100分の3（3％）を地租として徴収し、耕地・宅地を問わず金納とする、税率3％のうち1％は民費＝地方税とする、②地租の額は豊凶にかかわらず、一定とし、納税義務者は地券を所有する土地所有者とする。というものでした。ところで、地価は、政府を通して県令・府知事が決定する法定価格であり、実際の売買価格ではありません。その算出方法は、「旧来の歳入を減ぜざるを目的とし」ています。

　地租改正によって政府の財政収入は安定しました。しかし、従来の地主・小作関係は変化することなく、そのまま温存され、小作料は現物納のままでした。また、誰が所有しているかがわからない土地＝入会地などは官有地とされました。一般農民も米を現金に換える手間が増えました。当然のことながら、こうしたやり方は一般農民の反発をよび、農民たちは地租改正反対の行動をおこしはじめま

す。1876年の真壁騒動（茨城県）や伊勢暴動（三重・愛知・岐阜・堺）などの大規模な地租改正反対一揆がおこり、政府は翌年地租を3％から2.5％に減額する措置をとらざるを得なくなりました。例の「竹槍でドンと突き出す二分五厘」です。

　地租改正事業は1880年前後に終了し、政府は毎年一定額の地租を現金で得られるようになりました。そして財政的に安定し、次に述べる殖産興業政策（産業振興政策）に、その収入を注ぎ込むことができるようになりました。

❽ 殖産興業政策

　政府はまず、全国的な流通を促すために、従来の経済体制（封建経済）を否定しました。1868年5月、「商法大意」を出し、株仲間・座の特権を否定します。同年には関所を廃止し、1872年には助郷役を廃止しました。こうした施策と並行しながら殖産興業政策を実施するため、1868年閏4月、会計官に商法司（1869年3月廃止）を設置しましたが、効果は上がらず、1870年に工部省を設け、重工業の育成と工部美術学校・工部大学校による工業教育を進めました。1873年には内務省が設置され、軽工業の官営模範工場の育成にあたりました。殖産興業政策の中枢が工部省中心から内務省に移っていき、工部省は鉱山・鉄道を、内務省は商工業・農業などを担当することとなりました。また、生産の奨励のために、1877年から大久保利通が提唱し、国内の物産を集めた内国勧業博覧会が開催されました。この政策のうち、特に重視されたのが軍事産業の育成で、陸軍系の東京・大阪砲兵工廠や海軍系の横須賀・長崎造船所をはじめ、三池・高島炭坑も重視されました。次に重視されたのが、当時の輸出産業の花形であった製糸業で、1872年に

群馬県の富岡製糸場がフランス人技師ブリューナの指導で設立されました。

北海道開拓は、1869年、開拓使が設置され、アメリカ人ケプロンの指導のもと、大規模農法が採用されました。さらに、先に述べた1874年から制度化された屯田兵の活躍も挙げられます。

❾ 貨幣・金融政策

政府は、維新後ただちに太政官札（高額紙幣）・民部省札（補助紙幣）を発行しました。しかし、これらは不換紙幣であり、大量に発行されたために経済が混乱しました。あわせて1868年、藩札の発行も禁止されています。この経済の混乱をおさめるため、1871年、伊藤博文の建議で新貨条例が公布されました。この条例によって、①円・銭・厘の十進法が採用され、②金・銀・銅の貨幣が発行され、③金本位制が実施されました。しかし、幕末に金が大量に流出したことと、アジア市場、なかでも中国が銀本位制を採用していた関係もあり、金本位制は名目だけで実際には金銀複本位制でした。

翌1872年、国立銀行条例が公布され、公金の出納事務と正貨兌換紙幣である銀行券が発行されました。ここでいう国立銀行とは、アメリカのナショナルバンク制を採用したもので、民営（民間）の銀行でした。三井・小野組が共同出資し、初代頭取に渋沢栄一が就任した第一国立銀行がそのはじまりです。しかし、条例の内容が厳しいため、1873年に開業した国立銀行はわずか4行しかありませんでした。1876年、条例が改正され、正貨兌換義務が廃止されました。この結果、銀行設立が盛んになり、153行となりましたが、これだけの銀行から一斉に不換紙幣が発行されて流通したために、政府はインフレに苦しむことになります。

10 通信制度

　越後高田藩出身の前島密により、1871年、東京・大阪・京都に郵便制度が開始されました。翌年には全国に施行され、1873年には飛脚制度が廃止されて郵便事業は民部省の管轄となりました。また、1877年には万国郵便連合に加盟しました。

　電信は、1869年、東京～横浜間、1874年には青森～東京～長崎間が開通しました。1871年には長崎～上海間に海底電線が敷設されました。さらに、1879年、万国電信条約に加盟しました。電話は、1877年に輸入され、当初は、各官庁に設置されたのですが、1890年には東京～横浜間と両市内に電話交換が開始されました。

11 交通

　鉄道は、陸蒸気とよばれ、イギリスの機関車とレールを使い、1872年、東京（新橋）～横浜間29kmが開通しました。速度は約30kmで、53分間で走りました。その後、1889年には東京～神戸間が開通します。民間では、1881年、日本鉄道会社が設立されました。海運業は、当初政府が回漕会社を設立しましたが失敗しました。1870年、岩崎弥太郎が九十九商会を創設し、これが1875年、郵便汽船三菱会社に発展しました。

12 岩倉遣欧使節団

　1868年、明治政府は開国和親を宣言し、諸外国から承認されました。翌年には外務省を設置し、外交を開始しました。そのうえで、政府は1871年から1873年にかけて岩倉具視を大使とし、木戸孝允・大久保利通・伊藤博文らを副使とする使節団を横浜から出発さ

せました。この使節団派遣の目的は、もちろん幕末に締結された不平等条約の改正でした。つまり、1858年に結ばれた日米修好通商条約第13条で、改正交渉の解禁期日（1872年7月4日）の前年に通達することが明記されていたので1871年に出発したのです。使節団派遣計画はオランダ系アメリカ人宣教師フルベッキの意見に従い、大隈重信が提案したといわれています。使節団は、明治新政府成立の挨拶と不平等条約改正の予備交渉、欧米の文物・制度の調査・研究を進めるために派遣されました。一行は、48名の使節団を編成し、留学生約60名とともにアメリカに向かいました。どうやら、使節団の総員と留学生の正確な数ははっきりしないようで、総員46名、約60名の留学生とあるものや、使節団は約50名で構成されたというものまであります。

　使節団は、条約改正の準備会談に入りましたが、ほとんど相手にされませんでした。その理由は、日本にはいまだ近代的諸制度の整備ができていなかったことによります。なお、あまり知られていないことですが、使節団は条約改正の全権委任状を持たずに日本を出発するという致命的な失敗をしています。条約改正を迫るその第一歩で、アメリカ側から指摘を受けたのでした。おそらく、岩倉たちは全権委任状が必要だということを知らなかったのだろうと思います。使節団側は天皇

岩倉遣欧使節団　左から木戸孝允、山口尚芳、岩倉具視、伊藤博文、大久保利通

から信任を得ているから大丈夫だと弁解しますが、「万国法規」＝国際法上では、全権委任状があってはじめて対応が可能であることだと諭され、慌てて大久保利通と伊藤博文を、全権委任状を取りに日本に戻らせました。ところが、日本にいた留守政府の外務卿副島種臣・外務大輔寺島宗則(てらしまむねのり)は全権委任状を大久保らに渡すことを拒否します。やみくもに大慌てで、条約改正交渉をすれば、日本にとってはかえって不利益が生じると考えてのことでした。一方、大久保らも何も持たず、そのまま再びアメリカに戻るわけにもいきません。そこで、寺島が大久保らに随行し全権委任状を与えることにしますが、条約改正交渉は中止することになりました。

　こうした顛末で条約改正交渉は失敗に終わりましたが、使節団は、その後欧米諸国の実態を調査するために、イギリス・フランス・ベルギー・ドイツ（プロシア）・ロシア・デンマーク・イタリア・スイスを歴訪し、1873年に帰国しました。総額100万円をかけたこの旅行は、欧米諸国の進んだ実態を理解することにつながりました。なお、使節団の中に5名の女子留学生がいたことはよく知られています。そのうちの最年少者で当時8歳だった津田梅子は、その後1900年に女子英学塾（現在の津田塾大学）を設立しました。

　岩倉遣欧使節団の記録は、『米欧回覧実記』（全5冊、岩波文庫）で読めます。記録したのが歴史学者の久米邦武(くめくにたけ)で、かなり詳細に記録されており、銅版画（エッチング）による挿絵もなかなかのものです。彼らは先進国の様子にただ単に驚くだけでなく、日本でも実行に移そうと努力しました。このあたりが、明治人の気骨を感じさせます。帰国に際し、使節団は、アジア諸国に立ち寄りながら帰国するのですが、欧米に対する憧れに対し、アジア蔑視の視点がすでに芽生えていることがよくわかります。例えば、ベトナム（当時の

サイゴン［西貢］）にも立ち寄っていますが、すでに「遅れたアジア」というとらえ方をしていたことは隠せません。

⑬ 国境の画定

　国境の画定も本格化しました。ロシアとの交渉をすべきとの意見は、黒田清隆から出されていましたが、政府は1875年、榎本武揚（えのもとたけあき）を派遣し、樺太・千島交換条約を締結しました。これにより、樺太はロシアに編入され、千島全島は日本領に編入されることになりました。さらに、アメリカとの交渉によって1876年、小笠原諸島を日本領として承認させることに成功しました。小笠原諸島は、内務省が、その後東京府が管轄することになります。

⑭ 琉球問題

　政府は、従来薩摩藩と清国に両属していた琉球を日本領とし、1872年、琉球国を改め、琉球藩を設置し、外務省の管轄下に置きました。さらに1875年、政府は琉球藩に清国との関係を断ち、日本の年号を使用するよう命じました。ついで、1879年、琉球藩を沖縄県にし、藩王尚泰（しょうたい）を東京に移住させました（琉球処分）。この件についても清国から抗議があり、前アメリカ大統領グラントが調停しましたが、解決しませんでした。

⑮ 日清関係

　1871年、日本側全権伊達宗城（だてむねなり）と清国側全権李鴻章（りこうしょう）が日清修好条規を結び、対等外交関係に入りましたが、琉球問題がこじれて関係は悪化しました。1871年、台湾に漂着した琉球島民が台湾の原住民に殺害された事件がおこり、日本は清国にその責任を追及しま

したが、清国側は拒否しました。そのため、1874年、西郷従道の指揮する軍が台湾に派遣されました。台湾出兵です。この事件は、最終的にはイギリス公使ウェードの仲介と大久保利通の交渉で解決し、日本は見舞金50万両を獲得しました。

なお、ここで、よく使用されるものの、その違いがいまひとつはっきりしない国際関係の用語について確認しておきましょう。①条約＝国家間の合意で法的拘束力を持つもの。②条規＝条文の規則・規定。③協定＝条約の一種で、本質的には条約と異なりません。④協約＝個人と団体、または団体同士の間に結ばれた契約。以上の違いをきちんと理解しておくとよいでしょう。

16 日朝関係

朝鮮は、外交政策として海禁政策をとっており、日本が明治維新後、同国に要求した外交再開を拒否しました。そのため、西郷・大隈・三条ら留守政府（当時、政府のおもだった人たちは、岩倉遣欧使節団の一員として海外滞在中でした）内部では、武力で朝鮮を開国すべきだという征韓論が台頭しました。この論の代表者であった西郷隆盛は、没落士族の現状を打破し、あわせて朝鮮開国を実現させようと考えたのです。1873年9月、岩倉使節団が帰国すると、使節団のメンバーたちは西郷らの計画を中止させました。彼らは内治、すなわち国内政策を最優先すべきだと考えたのであり、征韓論自体に反対したわけではありません。しかし、いったん政府が決定した計画を否定されたことで、征韓論派の西郷・板垣・江藤・後藤らは参議を辞職しました（これを征韓論政変、明治六年政変ともいいます）。その後、1875年、江華島事件がおこります。日本の軍艦雲揚が、北緯38度線に近い江華島沖で測量中に朝鮮から攻撃を受

第1節　明治維新政府の改革

けたのです。政府はこの事件を利用して朝鮮に圧力をかけ、翌年に日朝修好条規（江華条約）12カ条を締結させることに成功しました。この条約は、黒田清隆が全権となり、井上 馨（いのうえかおる）が副全権となって朝鮮で交渉が行われました。条約の内容は、①釜山・仁川・元山の3港の開港、②関税の免除、③日本人居留地の設定、④領事裁判権の承認でした。特に関税と領事裁判権からわかるように、欧米が日本に突きつけたものと同様の不平等条約を、朝鮮に認めさせたのです。

黒田清隆　1840～1900

第2節　大日本帝国憲法の制定

1　士族反乱

　征韓論で下野した参議たちを中心とした没落士族たちは、尊王攘夷論者であったため、政府が採用する欧化政策に批判的でした。しかも、従来の特権はことごとく奪われていくばかりでした。そんな中、1874年正月早々、高知県の士族が岩倉具視を襲います。そして同年、民撰議院設立建白書にも署名した江藤新平を迎えた佐賀の士族たちは、1万2000名を集め、反乱をおこしました（佐賀の乱）。続く1876年、廃刀令に憤激した熊本の士族は、太田黒伴雄を中心に敬神党（神風連）を結成し蜂起しましたが、鎮圧されてしまいました（敬神党の乱［神風連の乱］）。この敬神党の乱に呼応した旧秋月藩士族たちは、宮崎車之助をリーダーに蜂起しますが、これも鎮圧されてしまいます（秋月の乱）。一方、山口の萩では、参議前原一誠を中心とした不平士族が、旧藩校明倫館を拠点に挙兵しました。しかし、同藩出身の山県有朋の命令を受けた政府軍によって、この反乱も鎮圧されました（萩の乱）。士族の反乱が相次ぐ中で、西郷隆盛は、彼が設立した私学校の生徒たちの要請を受けて、ついに蜂起しました。西南戦争の開始です。戦闘は、約8カ月に及び、西郷以下300名の士族は、戦死あるいは自殺しました。

　征韓論政変（明治六年の政変）は、現象的には朝鮮政策をめぐる政府部内の内紛として展開しましたが、実質的には王政復古以後の国家権力を支えてきた社会的勢力の大きな分裂を意味しており、公然たる反政府的気運を拡大する契機となったと考えられます。

2 自由民権運動

　まず、自由民権運動とは何かについてまとめておきます。①定義は立憲政体の樹立を目指して明治前半期にくり広げられた政治運動であること、②要求（目標）は、国会開設・立憲政体樹立を目指していること、③思想は、代議政体論・天賦人権論を背景にしていること、④運動の媒介は、新聞（新たなマスメディアの果たした役割大）・雑誌・政談演説会であった（民権運動の高揚は新たなパフォーマンス抜きにしては考えられない）、ということです。別のいい方をすれば、近代的な政治・社会運動がはじめられたということです。民権運動は時期によって運動の中心（主体）を担う人々に変化があり、それを踏まえて示すと以下のようになります。

1）士族民権

　征韓論で下野した参議、板垣退助・後藤象二郎・江藤新平・副島種臣らと由利公正・小室信夫らは、1874年1月、東京で愛国公党を結成し、有司専制（官僚独裁のこと）に反対し、議会設立を要求する民撰議院設立建白書（民撰議院とは国会のこと）を政府左院に提出しました。その内容は、イギリス人ブラックが発行していた邦字新聞『日新真事誌』に発表され、たちまち賛否両論がおこりました。運動参加者たちは、建白書で政府を有司専制だと批判し、国会の開設を要求したのです。なお、愛国公党は同年3月消滅してしまいました。この建白書提出をきっかけに西日本を中心に地方政治結社（政社）が相次いで結成されます。その中心となったのが、板垣退助らが土佐で結成した立志社でした。各地の地方政治結社は、1875年、代表者を大阪に送り、愛国社を結成しました。

板垣退助　1837～1919　44歳当時

　これに対し政府は、井上馨の斡旋で、大久保利通と板垣退助、さらに台湾出兵を批判し、参議を辞めていた木戸孝允を加えて大阪会議を開催しました。この会議は、孤立していた大久保政権の再編成を目指して開催されたものでした。会議の結果、漸次立憲政体樹立の詔（みことのり）が出され、元老院（立法）・大審院（司法）を設置し、府知事・県令を集め地方官会議を開くことが決定されました。この会議の結果、木戸・板垣の政府（参議）復帰が決まり、板垣の活動の母体であった愛国社は一時活動を停止しました。政府は一定程度民権派の要求を受け入れましたが、それだけではなく、大阪会議の直後、新聞紙条例と讒謗律を制定するとともに、出版条例（1869年制定）を改正し、反政府的な言論活動を厳しく取り締まりました。ちなみに「讒謗」とは、「ひどい悪口をいう」という意味で、政府批判を封じ込めようとしたものです。

　1877年、西南戦争の際に、立志社のグループが挙兵しようと計画し、メンバーが捕らえられる事件もおきています。この時期の運動は、その点で、士族層が主体であり、士族反乱と大差なかったと評価することもできるでしょう。西南戦争の結果、武力による抵抗は無理であることを運動家たちは認識しました。そして、言論で政府を批判しながら、国民に政治改革を訴えていくことが重視されるようになったのです。

2）豪農民権

　1879年の府県会の開設によって、地方の豪農層が議員となり、民権運動の有力な担い手として加わりました。これより少し早く、1877年の西南戦争の最中に片岡健吉らは、国会開設・地租軽減・対等外交を要求する立志社建白を天皇に上奏しようとしましたが却下されました。また、1878年には一時活動を停止していた愛国社も活動を再開しました。そして1880年、第4回愛国社大会が大阪で開かれ、新たに国会期成同盟に発展することが決まりました。同盟は、2府22県、8万7000人余りの国会開設要求の署名を集め、政府に提出しましたが、受理されませんでした。しかし、運動は大きく発展します。政府はこうした動きに対して、同年、集会条例を制定し、取り締まりを強めました。なお、集会条例は、1880年12月と1882年の2度にわたって改正されました。

3）明治14年の政変

　1878年、大久保利通が暗殺され、政府は伊藤博文と大隈重信が中心になって運営されていました。大隈は1881年、明治14年の政変がおきる直前には、イギリス流の憲法を作成し、ただちに国会を開設すべきだと主張していました。おそらく民権運動の動きを彼なりに察知していたのでしょう。一方、伊藤は君主権の強いドイツ型の憲法を作成すべきだと考え、大隈と対立を深めていきました。

　こうした対立の中で偶然、開拓使官有物払い下げ事件がおきたのです。政府批判が強まり、伊藤は窮地に陥ります。そこで、国会期成同盟の大会開催中に払い下げ中止を発表し、問題を迅速に処理することにしました。同時に政府内の反対派である大隈を罷免し、1890年に国会を開設するという国会開設の勅諭を公表して、難局

を乗り切ったのです。この事件は、開拓使長官の黒田清隆と同じ薩摩藩出身の政商五代友厚(こだいともあつ)の関西貿易社（商会）に、10年の歳月と1400万円の費用を投じた官有物（倉庫・船舶）を39万円・30年賦・無利子で払い下げようとしたものでした。政府内部でも大隈がこのことを批判し、世論の攻撃も強まったため、払い下げは中止されたのです。

　明治14年の政変の結果は、次のように評価できるでしょう。つまり、政変以前には政治情勢を左右する主導権は、民権運動側にあり、政府権力は運動への対応に追われ、情勢に追随する立場にあったと考えられます。しかし、政変が伊藤博文を首謀者として政府中枢が計画・実施したものであったことから、政変後、憲法作成を含め政治情勢全般における主導権はしだいに政府側に移っていきました。ここがターニングポイントだったのです。

4）政党の結成

　民権派の要求であった国会開設は受け入れられました。そこで、民権派は政党の結成をはじめます。1880年12月、東京に有志が集まり、自由党という名の政党が結成されました。しかし、この自由党については、メンバー内部の対立・混乱があったため、自由党は全国的な政党として発展することがなかったようです。ただ、政党結成の気運は広がり、各地に自由党が作られました。こうした流れの中で、1881年、国会期成同盟第3回大会を基盤として板垣退助を総理とする自由党が結成されました。翌1882年には大隈重信を党首とする立憲改進党が結成され、さらに同年、吏党（政府の御用政党）立憲帝政党も福地源一郎(ふくちげんいちろう)を党首として結成されました。

　自由党は、その性格としてフランス流の急進的な立場をとり、国

民主権・一院制議会・普通選挙を綱領として、不平士族・豪農・自作農らを基盤としていきました。一方、立憲改進党は、イギリス流の穏健主義の立場をとり、主権は君民同治にあるとし、二院制議会・制限選挙の綱領を持っていました。三菱などの商工業者の支持を得ていたのですが、自由党のような大衆的な基盤はありませんでした。立憲帝政党は、主権在君主義（天皇主権）を説き、神官・儒学者・僧侶らを支持層にしていました。

　先の民権運動の定義で示したように、民権政党はそれぞれ機関紙に準じる新聞を発行し、自党の考えを明らかにしました。自由党系の新聞は、成島 柳 北が1874年に発行した『朝 野新聞』、西園寺公望が社長だった『東洋自由新聞』（1881年発行）があります。改進党系では、前島密が1872年発行した『郵便報知新聞』、さらに自由党系から改進党系に転換した『朝野新聞』があります。帝政党系では、1872年福地源一郎が発行した『東京日日新聞』があります。

5）激化事件

　民権運動が順調に活動しているように見えたこの時期、国家財政は危機に瀕していました。西南戦争以降の極端なインフレ政策のために、政府はその対策に苦慮していました。明治14年の政変で財政担当者であった大隈が罷免されると、代わって松方正義が大蔵卿に就任しました。松方は、激しいインフレを抑えるためにデフレ政策を実施していきました。デフレ政策の効果があらわれ、米価が下落し、繭価も大幅に下落すると、農民の階層分化が急速に進み、豪農と中小農民との対立がはじまりました。事実、1885年農商務省の「興業意見」では、全人口の58％が下等の生活をしていると推

定しています。政府は、民権運動の高揚に対して、集会条例を利用して弾圧する一方で、1882年11月、懐柔策として自由党の幹部板垣と後藤を外遊させました。その費用は三井から提供されたものでした。その結果、党内でもこの外遊を批判する人たちが多くなり、改進党も板垣らの外遊を批判しましたが、逆に自由党は大隈と三菱の関係を暴露し、両党は一番協力しあう必要がある時期に対立を激化させてしまいました。

　松方デフレ政策の影響は、特に東日本の養蚕地帯に広がっていきました。1882年、河野広中を議長とする福島県議会は、薩摩藩出身の県令三島通庸が進める道路開発のための強制労働と工事人夫賃徴収をやめさせようとします。これに対し三島が県警に福島自由党の主要メンバーの逮捕を命じると、農民たち数千人は喜多方警察署を取り囲みました。警察は2000人の農民たちを逮捕し、内乱を計画したという理由で58人を起訴しました（福島事件、福島・喜多方事件ともいいます）。その後、新潟自由党のメンバーが内乱陰謀の容疑で検挙された高田事件や、1884年、群馬自由党員が貧農たちを率いて高利貸と政府高官の暗殺計画を立てた群馬事件、茨城自由党の急進派がダイナマイトを準備し、政府高官と新県令三島通庸（栃木県令と兼任）を暗殺する計画で加波山で蜂起した加波山事件などがおこりました。この事件では、7人が死刑に処せられました。加波山事件の最中、1884年10月に自由党は解党しました。自由党解党の理由は、松方デフレ政策により民権運動を推進してきた地方の豪農たちが経営難に陥り没落し、あるいは資金的に政治運動を支え切れなくなり、組織的にも全国的な運動を統制し切れなくなったことが原因している、と考えられます。

　1884年、自由党解党後、埼玉西部の秩父の農民たちは困民党を

結成し、借金の 40 年賦返済・小作料減免・村費半減などを要求して蜂起し、警察・郡役所・高利貸などを襲いました。困民党は旧自由党の田代栄助の指導で激しい行動に出たのです。事件は 9 日間で終了しましたが、陸軍と警察を動員して弾圧しなければ鎮圧できませんでした（秩父事件）。事件後の処分も厳しく、12 人に死刑が宣告され、うち数人が処刑されました。有罪となった者は罰金刑を含めて 4000 人余りにのぼりました。

　1884 年、朝鮮で甲申事変がおこると民権派は、活動の拠点を求め、朝鮮の内政改革のために武器を携え大阪から出港する計画を立てました。事件は事前に警察の知るところとなり、大井憲太郎・福田英子らが捕らえられました（大阪事件）。福田は、当時女性の民権運動家として知られ、後に社会主義運動に参加した人物です。自らの経歴などについては『妾（わらわ）の半生涯』という著作に記されてい

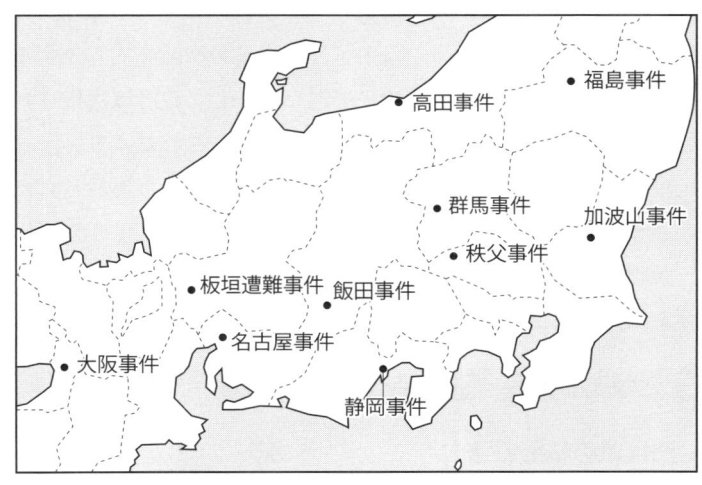

激化事件の発生したところ

6) 大同団結運動

星亨　1850～1901

民権運動は、相次ぐ激化事件によって完全にマヒしてしまいました。1886年、旧自由党有志が東京で集会を開催し、この席で発起人星亨が大同団結の趣旨（自由民権運動各派と団結して国会開設に備える）を説明しました。これを受けて後藤象二郎は丁亥倶楽部を設立し、有志の運動を提唱すると、しだいにこの運動の中心的指導者になっていきました。翌1887年、同様の集会が大阪でも開かれました。この時、伊藤博文内閣は、条約改正案を審議しており、これに対して片岡健吉らは、地租軽減・言論集会の自由・外交失策の挽回を内容とする三大事件建白書をまとめ、元老院に提出しました。政府は民権運動の再燃に対し、同年、保安条例を制定しました。これにより、尾崎行雄・星亨・中江兆民・片岡健吉ら570名が東京から追放されました。さらに政府は、民権運動活動家への懐柔策として、1888年2月、大隈重信を第1次伊藤内閣の外相に迎え、1889年3月には、後藤象二郎を黒田清隆内閣の逓信大臣に迎えました。

3 大日本帝国憲法の制定

1) 民権派の私擬憲法

国会開設が政府の発表により明らかになると、民権各派は憲法草

案（私擬憲法）を作成しました。憲法草案（憲法プラン）は政府当局者・民権運動家・反民権派のものも含めて現在までで94点あるそうです（新井勝紘『自由民権と近代社会　日本の時代史22』、吉川弘文館）。一概に私擬憲法といっても、その背景とする思想には、天賦人権論を基礎とする人民主権論と立憲君主論との2種類の考えがありました。前者は、一般的に自由党系のものが多く、後者は改進党系のものが多いという特徴があります。植木枝盛の「東洋大日本国国憲按」（これをわずかに修正したものを日本国国憲按といいます）は、人民主権論を採用した代表的な草案で、抵抗権・革命権を認めた徹底的な民主主義を表明していました。また、1881年立志社が作成した「日本憲法見込案」もあります。さらに、福沢諭吉の慶応義塾出身者や縁故の実業家をおもな会員とする交詢社は、「私擬憲法案」を発表しており、また千葉卓三郎ら東京五日市の青年たちは、学芸講談会という会を作り、各国の憲法の学習を通じて「日本帝国憲法」（通称を「五日市憲法草案」といい、全204条あります）を作成しました。特に、五日市憲法草案は、青年たちが学習結社（団体）を結成し、自ら学びながら憲法草案を作成するという過程を経たもので、画期的なものだったといえるでしょう。

2）元老院草案

　民権派の草案作成とは別に、政府も1876年から元老院で「日本国憲按」という憲法草案を作成し、1880年に完成しましたが、岩倉具視の反対で廃棄されました。廃棄された理由は、立法権を議会に認めるなど君主権の制限が強かったためでした。そもそも、「日本国憲按」は、1875年の漸次立憲政体樹立の詔を受けてつくられたものでした。ところが、それが民主的過ぎるという理由で否定さ

れたのです。

3）草案作成過程

　岩倉具視は、明治14年の政変の数カ月前に『大綱領』を発表し、明治憲法の原型となる方針を明らかにしました。それは①天皇主権、②それを制限しない限りにおいての議会の承認、③天皇の統帥権承認、の３点を柱とするものでした。この方針を受け継いだ伊藤博文は、1882年から1883年にかけてヨーロッパに渡り、ドイツ（プロシア）の憲法理論をドイツのベルリン大学教授のグナイスト、オーストリアのウィーン大学教授のシュタインから学びました。伊藤は帰国後、宮中に制度取調局（後の内閣法制局）を設置し、憲法の起草にあたります。制度取調局のメンバーは、長官に伊藤博文が就任し、伊藤の下に井上馨・伊東巳代治(いとうみよじ)・金子堅太郎(かねこけんたろう)とドイツ人法律顧問ロエスレルが任じられました。草案は1886年秋頃から井上とロエスレルが試案を作成し、1887年６月から神奈川県の夏島にあった伊藤の別荘で制度取調局のメンバーが合宿して、修正案（夏島草案）を作成しました。その後、首相官邸のあった東京高輪での２回の会議でさらに修正が加えられました。こうしてできあがった憲法草案は、1888年創設された枢密院で３回にわたる審議を経て完成されました。なお、枢密院の初代議長には伊藤博文が就任しました。

　完成された憲法＝大日本帝国憲法（明治憲法）は、全文７章76条からなり、欽定憲法(きんていけんぽう)としての性格を持つもので、1889年２月11日、黒田清隆首相に手渡されました。

4）憲法の内容

　まず天皇は、神聖不可侵の国家元首として存在します。天皇は、

統治権の総攬者として力を有しています。それは、官制の制定、文武官僚の任免、宣戦・講和、条約締結などの外交権、緊急勅令（議会の協賛を得ないで天皇が発する法律に代わる命令）の制定、統帥権（陸海軍の指揮権）など大きな権限（天皇大権）を持っていました。統治権の行使は、行政権の場合は、国務大臣の輔弼（天皇がとるべき行為について進言・上奏し、責任を負うこと）により、立法権の場合は、帝国議会の協賛を経て行われると定められていました。だから、内閣は天皇に対して責任を負うこととなります。また、帝国議会は、国民から選挙で選ばれる衆議院議員と、皇族・華族・勅撰議員を中核とする貴族院とから構成され、衆議院が予算の先決権を持つ以外、両院は平等でした。

現在でいう基本的人権（臣民の権利）については、居住移転の自由、信書の秘密、言論・著作・印行・集会および結社の自由は認められていましたが、それらはいずれも制限つきでした。

❹ 諸制度の整備

1）華族令・内閣制

憲法制定と並行して国家体制の整備が行われました。まず、1884年に華族令が公布され、華族の身分にあった者および明治維新の功労者に爵位が与えられました。それは、公・侯・伯・子・男の5爵位で国会開設時の永久与党を作るためのものでした。

ついで、翌1885年、内閣制度が作られました。発足した内閣は、9名の国務大臣中7名が薩摩と長州出身者という完全な藩閥政府でした。内閣制が創設されたことにより、宮内大臣と内大臣が置かれることになりました。宮内省の長官である宮内大臣は、宮中事務の責任者として華族の監督も行いました。内大臣は内大臣府の長官

で、宮中・府中の別を制度化するために置かれ、天皇の補佐にあたりました。内大臣には三条実美(さんじょうさねとみ)が就任しました。

2) 皇室財産

　皇室財産は、1872年から設定されました。その大半は、官有財産であった山林・株式で、宮内省が管理しました。その強化は、岩倉具視の提案で1885年から1890年にかけて進められました。これにより、約365万haの皇室所有地が成立しました。政府は日本銀行・横浜正金銀行の政府所有株式を皇室に移し、1887年の日本郵船の株式をあわせて計850万円の株式を天皇が所有することになりました。こうして天皇は、日本最大の山林地主・株式資本家となったのです。

　なお、1889年、明治憲法制定と同時に皇室関係の法規として皇室典範が制定されました。皇位継承や即位、皇族などについて規定されています。

5 地方行政制度

　憲法に基づく政治体制の成立と並行して、地方自治制度が整備されていきました。いま一度、明治初期からの動向を年表として記すと以下のようになります。

1868年　政体書―府藩県三治制
1869年　版籍奉還―旧藩主を知藩事に任命し、石高に代わり家禄を与える。
1870年　藩制画一化―職制・財政・家禄などを共通にし、知藩事の家禄を藩高の1割とした。
1871年　廃藩置県―261藩廃止・3府302県設置。同年11月に3府72県、88年には3府43県となる。
1872年　大区小区制―従来の郡町村を廃止し、大区小区制を導入。

1878年　三新法―郡区町村編制法・府県会規則・地方税規則
　　　　郡区町村編制法―大区小区制を廃止。郡町村が地方行政の単位。町村ごとに戸長を選ぶ。
　　　　府県会規則―公選の府県会を設置。
　　　　地方税規則―府県税や民費(地租改正で課税することが決定)を徴収することが明確化される。
1884年　戸長の公選を廃止し、府知事・県令が選任することとなる。
1888年　市制・町村制―人口2万5000人以上の町を市とし、郡と対等の行政区画とする。
　　　　市長は、市会の推薦する候補者を内務大臣が任命する。
　　　　町村長は無給。町村会で公選。
　　　　市町村会議員選挙は、納税額による選挙制限。3年に1回の半数改選(任期6年)
1890年　府県制・郡制―府県会議員は、市会・郡会議員などの間接選挙で選出。

　1888年の市制・町村制、1890年の府県制・郡制の公布にあたって、内務大臣山県有朋を中心に、ドイツ人顧問モッセの助言を受け、ドイツを模範とする地方自治制度が導入されました。年表を見て、気づくことはありませんか？　いずれも大日本帝国憲法制定以前に地方自治制度を実施していることです。これは、政府と政党との対立を事前に避け、政党の力が地方に広がるのを避けるためだったのです。

❻ 沖縄・北海道

　沖縄では、琉球処分後も県民には公民権を与えない旧慣温存策がとられました。宮古・八重山島民では、15〜50歳の男女に年貢を人頭割する人頭税が採用されていました。これは薩摩藩以来継続されていたもので、島民たちはその廃止を求めて立ち上がりましたが、弾圧されました。その後1899年、地租改正が実施されまし

た。県の農業技師謝花昇(じゃはなのぼる)らは、県民の権利を守るため、衆議院議員選挙法に基づき選挙権を与えよ、と訴えますが、選挙法の適用は、ようやく1912年になってからのことでした。

　一方、北海道では、1869年、開拓使が設置され、同年、北海道と改称されました。すでに見たように1874年には屯田兵制が設けられました。1881年の明治14年の政変の結果、翌1882年開拓使が廃止され、函館・札幌・根室の3県が設置されましたが、1886年、北海道庁に改められました。政府は先住民であるアイヌに対しては厳しい統制を行います。1871年の戸籍法によりアイヌの人々も戸籍に登録されることになりました。そのために、日本風の姓名をつけることが求められました。翌1872年には、北海道土地売貸(ばいたい)規則と地所規則が定められ、土地の所有権を確定しようとしました。これらの規則は、従来アイヌが狩猟・漁労のために共有していた土地も対象とし、移住してきた和人のみに適用されました。その結果、アイヌは土地を和人に奪われることとなりました。

　1877年、北海道地券発行条例が定められ、土地所有者には地券が発行されましたが、アイヌの人たちの居住地は当面のあいだ、すべて官有地に編入されてしまいました。加えて、日本人入植者たちは鹿・熊・鮭などを乱獲したため、アイヌの人々の生活は苦しくなっていきました。1899年には、アイヌ人保護を名目に、北海道旧土人保護法（旧土人とはアイヌ人のこと）を公布しました。この法は、1戸につき最高1万5000坪を給付し、アイヌを農民にするためのものでした。しかし、土地は相続できても、質権や抵当権などは設定することができず、15年以内にその土地を開墾しなければ没収することになっていました。さらに、和人とは別の小学校が設置され、日本語が強制されました。

7 諸法典の整備

1) 刑法

　1870年、新律綱領が制定されました。これは養老律や江戸時代の御定書百箇条を参考にしたもので、刑罰は笞・杖・徒・流・死と決まっており、適用には身分による差がありました（律令とはなんと長生きな法律なのでしょう）。1873年、司法卿江藤新平は、フランス刑法を参考にして、改定律令を制定しました。しかし皮肉なことに、この法の制定者である江藤は、翌年、自らが作成したこの法によって死刑に処されることになります。その後、1882年、フランス人ボアソナードが顧問となり刑法と治罪法が施行されました。刑法は、法律で事前に犯罪と規定されない限り、その行為に刑罰を科すことはできないとする罪刑法定主義の原則に基づき制定されたものです。また皇室への犯罪である大逆罪や不敬罪、政治犯罪にあたる内乱罪も設けられました。治罪法は、裁判の取り決めが記されていますが、1890年に改訂されて、ドイツ流の刑事訴訟法が公布・施行されました。また、刑法も1907年にドイツ流の新刑法に改正されました。

2) 民法

　民法は、1880年、大木喬任法編纂局総裁のもとで、ボアソナードと箕作麟祥によってフランス流民法が作られ、1890年4月公布、1893年施行と予定されていました。しかし、ドイツ法学を学んだ学者たちから施行延期が提案されます。いわゆる民法典論争です。延期派の穂積八束は、「民法出でて忠孝亡ぶ」と批判し、賛成派の梅謙次郎と対立し、ついに改正民法が作成されることとなりま

した。1898 年に公布された民法は、戸主権の絶対・家督相続権・男女不平等の内容を含んでおり、近代家族制度の支柱となりました。

3）商法

　商法も日本の習慣にあわないと批判され、1890 年、ドイツ人ロエスレルらが作成し、公布された商法は、翌 1891 年施行の予定でしたが延期され、1899 年になって修正された商法が公布・施行されました。

8　初期議会

1）衆議院議員選挙法

　憲法公布の翌日、1889 年 2 月 12 日、黒田清隆首相は超然主義演説を行いました。政党とは一線を画して政治を行う態度を表明したのです。こうした政府と政党との対立状況の中で、1890 年 7 月、最初の衆議院議員選挙が実施されました。この選挙法は、直接国税 15 円以上納入者の男子満 25 歳以上に選挙権が与えられるという制限選挙であり、小選挙区・記名投票とされていました。選挙権を有する者は、全人口の 1.1％に過ぎませんでした。しかし、第 1 回総選挙の投票率は 93.9％でした。

2）議会の動向

　第 1 回総選挙で、かつての民権派（民党＝立憲自由党・立憲改進党）は総議席数 300 のうち 171 議席を占めました。内訳は、立憲自由党 130、立憲改進党 41 です。民党優位のもとで第 1 議会は開催されました。山県有朋首相は、主権線（国境）と利益線（朝鮮付近）の防衛のための軍事費増強を議会に訴えました。しかし、民党

側は、民力休養（地租軽減と経費節減＝行政改革）を主張し、対立しました。山県内閣は、こうした事態に対して、立憲自由党土佐派議員29名を買収して、切り崩しを図りました。買収された議員の中には、「東洋大日本国国憲按」を作成した植木枝盛も含まれています。この裏切りを知った中江兆民は、議会は「無血虫の陳列場」だと批判し、議員を辞職します。中江兆民が批判した日本の国会は、その後どれだけ進歩したのでしょうか。

　第2議会では、民党は政府予算案のうち、軍艦建造費・製鉄所設立費の全額削減を要求して、政府と対立しました。松方正義内閣の樺山資紀海相（海軍大臣）は、この予算案の説明の際、「民力休養・政費節減」を批判する有名な蛮勇演説を行います。そして松方首相は、議会を解散し、民党を抑え込むことにしました。1892年に実施された第2回総選挙では、品川弥二郎内相を先頭に選挙大干渉が行われましたが、民党はわずか8議席を減らしただけの163議席を確保し、第3議会で内閣は、選挙大干渉を批判され、総辞職に追い込まれました。

　内閣は次に第2次伊藤内閣となりました。この内閣は、山県・黒田・井上馨ら明治維新の功労者を集めた内閣だったために、俗に「元勲内閣」とよばれています。伊藤は組閣後、「明治政府末路の一戦」と決意表明を行い、並々ならぬ覚悟で政治を運営することを明らかにしました。1892年11月、開会された第4議会で民党は、軍艦建造費削減、酒・

中江兆民　1847～1901

煙草増税案否決、内閣弾劾上奏案可決をもって対立しました。政府は、議会を停止し、天皇の名で政府と議会に建艦詔勅（和衷協同の詔）を出させることに成功しました。この詔勅は、皇室歳費の10分の1を6年間支出することと、官吏（文武官）の俸給10分の1の供出を示したものでした。この詔勅の効果は大きく、民党は、予算案をほぼ原案どおり承認しました。

　第5議会以降、民党は条約改正に対立の争点を求めていきました。第2次伊藤内閣の陸奥宗光外相の進める改正案では、治外法権撤廃のために、外国人の内地雑居を認めることになっていたのですが、これを時期尚早だとして対立したのです。立憲改進党を中心とする民党と国民協会は連合して対外硬派連合（対外硬六派）を結成し、1893年12月、現行条約励行決議案を提出し、政府に迫りました。政府はこれに対し、議会を解散します。翌1894年3月に実施された第3回総選挙でも、対外硬派連合は167議席を確保しました。また、政府と協力関係にあった自由党（119議席）も対外硬派とは一線を画しつつも、同調する姿勢を示しました。

　第6議会でも民党が、内閣の内政・外交を批判する弾劾決議を通過させたため、1894年6月2日、政府はまたもや議会を解散しました。しかし、朝鮮で甲午農民戦争（東学党の乱）がおこり、政府が天津条約を理由に朝鮮への出兵を決め、これがきっかけとなって日清戦争が開始されました。日清戦争の開始直後の9月に第4回総選挙が行われましたが、民党はすでにかつてのように政府と対立する姿勢をとりませんでした。天皇・政府・大本営が広島に移動したこともあり、同年10月、広島で開会された第7議会では、軍事費1億5000万円をわずか30分で可決しました。

❾ 条約改正

1）寺島外交

　岩倉使節団の交渉失敗の後、政府は本格的な条約改正交渉を実行に移しました。まず、外務卿寺島宗則は、税権回復を柱に交渉を行い、アメリカの同意を得て、吉田・エバーツ条約を結ぶまでになりました。しかし、この条約は、同じ内容の条約を他の国々とも結ぶことを前提としており、イギリスとドイツが反対したため、失敗に終わりました。さらに条約改正交渉中に、横浜在留のイギリス人ハートレーがアヘンを密輸しようとして税関に摘発され、イギリスの領事裁判に訴えたにもかかわらず、領事は領事裁判権（＝治外法権）を利用して無罪を宣告するというハートレー事件がおこります。これを受けて、法権回復こそ先に解決しなければならないという世論が高まりました。

2）井上外交

　寺島宗則に次いで、外務卿から井上馨が第1次伊藤内閣の外相に就任します。井上は、法権・税権の一部回復を目指して交渉を行います。改正案は、外国人判事の任用と外国人の内地雑居を認める代わりに治外法権を撤廃し、あわせて関税率を引き上げるというものでした。内地雑居とは、幕末の開国以来、外国人は居留地として認められた場所だけが行動可能な範囲でした。これを諸国は、日本中どこでも自由に生活し行動できることを求めたものです。この井上案に対して内閣法律顧問ボアソナードが反対意見を出したのを皮切りに、政府内でも谷干城農商務大臣が辞任し、民権派も三大事件建白書を提出するなど批判が相次ぎました。また、コレラの流行を

防ぐ検疫規則を外国人が無視したこと、英国船ノルマントン号が紀伊半島沖で座礁した際、日本人船客23人全員が溺死したにもかかわらず、イギリス人船長は領事裁判権を理由に無罪となったため、国民の怒りは頂点に達しました。

　井上は、列国の外交官の歓心を買うために、イギリス人コンドルが設計した鹿鳴館(ろくめいかん)（東京日比谷にありました）で連日、舞踏会や宴会を開き、徹底した欧化主義政策を実施したので、知識人・政府関係者以外に庶民からも反発を受けることとなりました。これが、いわゆる鹿鳴館外交というものです。舞踏会のために、政府のお歴々は洋服を新調したり、踊りを覚えたりと大変でした。しかし、洋服屋にオーダーメードしたものの、できあがって着る際には、太って着ることができなかったり、高官の奥様方は、背中の開いたドレスを着ても、背中に膏薬(こうやく)（サロンパスのようなもの）を貼ったままで、笑いを誘ったりと、もうしっちゃかめっちゃかだったようです。だいたい士族といっても、下級武士です。これまでの習慣を一挙に改めるなんてことはできません。このあたりについては、『ビゴー日本素描集』『続ビゴー日本素描集』（いずれも岩波文庫）に滑稽な日本人の姿が風刺画として数多く描かれています。

「鹿鳴館の月曜日」　ビゴー作　行儀のわるい芸者たちが描かれている

3）大隈外交

　1888年、黒田清隆内閣の外相に就任した大隈重信は、欧米諸国と各国別に交渉を行いました。内容は、外国人判事（裁判官）を大審院に限定するとしたほかは、先の井上案と変わらないものでした。また、井上と同じく徹底した秘密主義をとり、国民に内容を知らせなかったのです。ところが、大隈の交渉内容が『ロンドン・タイムス』に掲載され、新聞『日本』がこれを翻訳して報道すると、たちまち激しい反対運動が展開されました。この反対運動はしだいに激化し、国家主義団体玄洋社社員の来島恒喜が大隈に爆弾を投げつけ負傷させたことで、改正交渉は中止されてしまいました。黒田内閣も総辞職することになります。

4）青木外交

　山県内閣の青木周蔵外相は、治外法権撤廃交渉に絞りイギリスとの交渉を開始しました。当時、イギリスはロシアの南下政策・アジア進出に対抗するために、「名誉ある孤立政策」を捨て、日本との交渉に応じました。改正案が両国で作成されたのですが、1891年、来日したロシア皇太子が滋賀県大津で津田三蔵巡査に襲われるという大津事件がおこったため、青木外相はその責任をとって辞職し、交渉は中断されてしまいました。政府は、この事件でロシアからの報復を恐れ、司法当局に圧力をかけ、津田を死刑にするよう要求しましたが、大審院の院長児島惟謙は、これを拒否し、津田を無期懲役として司法権の独立を守りました。

5）陸奥外交～小村外交

　その後成立した第2次伊藤内閣の外相陸奥宗光は、前任の外相青

木周蔵を駐英公使に任命し、イギリスとの交渉にあたらせ、1894年、ついに日英通商航海条約締結にこぎつけます。同条約の調印は、同年の7月16日のことでした。日清戦争開戦の直前で、イギリスが日本の朝鮮政策を支持したことを意味するものだと理解されています。この条約締結により、治外法権の完全撤廃と関税の一部引き上げが実現しました。条約は、1899年、青木周蔵外相の時に実施されました。そして有効期間12年が終了する1911年、さらに小村寿太郎外相が交渉を行い、日英通商航海条約の改正と日米通商航海条約の改正の調印がなされ、ついに税権の完全回復に成功しました。

第3節　資本主義の発達

❶ 松方財政

　1877年の西南戦争や殖産興業政策による出費で、国家財政は危機に瀕しました。これに対して政府は、太政官札や国立銀行券を乱発したので、インフレは激化しました。

　ちなみにインフレとは、通貨の価値が下がり、物価がどんどん上がる現象のことを指します。つまり、紙幣を発行し過ぎたために、貨幣価値が下がって物価が上昇することです。デフレとはその逆で、通貨の発行高が少ないため金詰まりになり、市場に商品があっても一般人には買えず、業者は倒産し、労働者・勤労者は失業する現象を指します。

松方正義　1835～1924

　また輸入の急増で、政府の正貨保有率は減少する一方でした。そのような状況下で、財政に指導権を持つ参議大隈重信と大蔵卿佐野常民が明治14年の政変で辞職し、新たに薩摩出身の松方正義が参議兼大蔵卿に就きます。松方の財政方針は、①酒造税を新たに設けるなどの大増税を図る一方で、②経費節減のために官営工場の払い下げを進めました。すでに政府は、1880年に工場払い下げ概則を公布していましたが、その内容が厳し過ぎたために払い下げが進ん

でいませんでした。そして1884年、概則が廃止されると、民間への払い下げが進んでいきました。さらに、③大量の不換紙幣の整理を進めました（紙幣整理）。そのために1882年、唯一の発券銀行として日本銀行を設立しました。1885年には、日本銀行から銀貨を本位貨幣とする兌換券（銀兌換）が発行されました。

　ここで改めて貨幣の確認をしておきます。まず①正貨＝それ自身、実質上の価値を持つ金銀貨幣。紙幣やアルミなどの貨幣ではありません。②兌換紙幣＝銀行が正貨と引き換えることを約束して発行する紙幣。③不換紙幣＝正貨と交換されない紙幣。④本位貨幣＝国の通貨制度の基礎になる貨幣。貨幣制度の基準。standard moneyのことです。

　松方による一連の財政政策は、デフレを進行させるもので、物価が安定し、輸出もしだい伸びていきました。統計的にも、1882年から1893年までは輸出超過となっています。しかし、米価・農産物価格が下落したため、農民への影響は深刻なものになりました。不況のために租税が支払えなくなった農民が急増し、田畑を売って小作人となったり、都市に流出する一方で、富裕な農民が地主となり、そこに土地が集中しました。

　松方財政の特徴は、①紙幣整理政策の目標を中央銀行の設立と正貨準備の蓄積に求めたこと。②1882年の壬午軍乱を契機とする軍備拡張を目的とした大増税政策を実施したこと。以上2点を挙げることができるでしょう。

　日本の資本主義発達にとって松方財政は、ある種、イギリスの第2次囲い込みに相当する意味を持ったと思われます。現物納（米納）から金納に変わった租税徴収で、金納できなくなった農民が土地を手放し、都市に流入し（農村から離れ）、労働者になっていく

ということです。

❷ 企業勃興

　日本銀行が、銀兌換券を発行し、兌換制度が開始された1886年頃から、鉄道・紡績業・鉱山業などを中心に企業勃興（会社設立ブーム）がはじまります。一方で官営事業の民間への払い下げが本格化したこともあって、産業革命がはじまりました。これも用語の確認ですが、産業革命とは、機械の発明などの技術革新を原動力とし、手工業から機械制大工業への移行を中心とした、その国全体の経済的・社会的大変革のことです。これにより、資本主義的生産様式が確立します。

❸ 第1次産業革命

1) 製糸業

　幕末以来発展してきた製糸業は、信州地方を中心に洋式機械をまねた器械製糸が普及していきました。これは木製のマニュファクチュア段階のものでしたが、従来の座繰製糸に比べると生産力はアップし、1894年には器械製糸の生産量が座繰製糸の生産量を上回りました。1897年、日本の輸出品の第1位が生糸となり、輸出総額の34％を占めるに至ります。

　製糸業は、日清戦争後、片倉組や郡是製糸などの大企業が生まれますが、大半は小規模な企業中心でした。生糸や羽二重はおもにアメリカに輸出されました。その外貨で日本は、欧米諸国から軍艦・兵器・鉄・機械などを購入したのです。1909年、清国を抜いて日本は世界第1位の生糸輸出国になりました。

2）紡績業

　産業革命の中心は紡績業です。1876年、臥雲辰致（がうんたっち）が水力を利用するガラ紡を発明しましたが、1887年をピークに機械紡績（洋式機械）に圧倒されました。紡績工場は、1882年、渋沢栄一が華族らによびかけて作った大阪紡績会社が設立され、翌1883年から操業が開始されました。大阪紡績会社の特徴は、①大阪という都会に工場を建設したこと、②深夜業に電灯を使用したこと、③良質な中国産綿花を使用したこと、④蒸気力を利用した機械紡績であったこと、などです。

　その後、1890年には鐘ヶ淵紡績などの工場が作られ、綿糸の国内生産高は輸入綿糸を上回るようになりました。しかし、この年に株式会社設立ブームがおこったため資金が追いつかず、わが国最初の恐慌に見舞われます。そして以下のような対策によって、不況からの脱出が図られました。①ミュール紡績機からリング紡績機へと転換させ、効率よく作業を進めることを可能にしました。ミュール紡績機は1799年発明された機械で、糸を紡ぐ機械とそれをローラーで動かす機械とを組み合わせたもので、2つの機械の混合ということからミュール（騾馬（らば）＝雌の馬と雄のロバとの間にできた雑種）と名づけられました。リング紡績機は1840年頃からイギリスで実用化された機械で、索伸（さくしん）（糸を伸ばすこと）・加撚（かねん）（糸をよること）・巻き取りを連続して行えるようにしたものです。②若年女子労働者を低賃金で採用し、寄宿舎から工場へ通わせる長時間労働によって労働力を賄いました。③安価なインド産綿花を使用しました。

　その結果、1897年には綿糸の輸出量が輸入量を超えるまでになりました。なお、農村の綿織物業では、1897年に豊田佐吉が発明

した自動織機が利用されました。

3）鉄道・海運業

　鉄道は、1881年、日本鉄道会社が設立され、好成績を上げました。1891年には上野～青森間が開通し、1889年には東海道線が全通し（東京～神戸間）、営業キロ数では民営鉄道（私鉄）が官営鉄道（国鉄）を上回りました。

　海運業では、1885年、三菱会社と共同運輸会社が合併し、半官半民の日本郵船会社が設立され、遠洋航路の開拓・進出を図ることになりました。

4）鉱山業

　鉱山業では、特に需要が増加した石炭業が発展しました。1888年、三池炭坑が三井に払い下げられ、機械が導入されたことから大経営がはじまりました。鉱山労働は、独特のやり方で管理されていました。坑夫たちは、小屋（納屋）に居住し、納屋頭とよばれる人物に支配され、低賃金での労働を強いられていたのです。納屋頭は仕事の請け負い、賃金の支払いなどから坑夫の逃亡を防ぐための監視まで引き受けていました。また、明治前期には囚人も労働者として採用されました。

5）最初の恐慌

　以上のような産業革命の進展は、過剰生産や金利の高騰を招き、1890年、日本で最初の恐慌をもたらしました。しかも前年おきた凶作によって米価が高騰したため、国民生活はさらに苦しいものとなりました。

4 金本位制の確立

1) 金本位制とは

　まず、金本位制という用語の説明からはじめましょう。①金本位制とは、一国の通貨を一定量の金で示すことです。例えば、1897年、日本が金本位制を採用した際、金2分（0.75 g）を1円と定めました。これは、1円分の金（0.75 g）を溶かした金貨を作り、1円の価値（法定平価）を決めたのと同じです。世界各国が金本位制を採用していれば、それぞれの国の通貨ではなく（日本では円、アメリカではドルといった区別をすることなく）、一定量の金を媒介にして2国間の貨幣交換レート（為替相場）は固定され、取引が行われることになります。②中央銀行（日本の場合は日本銀行）は、発行した紙幣（日本銀行券）などを法定価格で交換することを保証します。これを兌換義務といい、例えば、10円分の紙幣を日本銀行に持って行き、金と交換してくれるように頼むと、0.75 g×10＝7.5 g分の金、つまり金貨10枚をもらえることになります。だから、金本位制のもとで発行された紙幣は、金貨と交換することを義務づけられた紙幣であり、兌換紙幣といわれます。

　このようにして決められた兌換義務を守るためには、通貨（紙幣＋コイン）は、その国が所有している金貨の保有量（正貨準備高）の制約を受けることとなります。さらに、③金本位制を実施した国は、金貨（正貨）の輸出入を自由化しなければなりません。つまり、政府が輸出入を制限してはいけないのです。

2) 日本の金本位制確立過程

　すでにある程度述べてきたことを含め、もう一度見ていきましょ

う。1871年、政府は新貨条例で金本位制を採用することを発表しました。しかし、幕末以来の金の流出と不換紙幣の乱発で、金本位制を実施することはできませんでした。しかも、アジア市場向けの銀貨も正貨としたために、金銀複本位制になってしまいました。これは事実上の銀本位制ですが、交換を要求された場合、金貨もしくは銀貨と交換することを約束するものです。

　その後、松方財政政策の実施により政府は、1885年に日本銀行券を発行し、翌1886年に銀兌換を開始して、銀本位制に移行しました。しかし、欧米市場は金本位制を採用しており、欧米と取引するためには、金本位制に移行する必要がありました。この時点で日本国内に金が大量に所有されていれば、金本位制に移行できたのですが、当時、日本にはそれだけの余裕はありませんでした。

　1894年の日清戦争で勝利した日本は、清から庫平銀(こへいぎん)（清国の秤で量った銀）2億両(テール)を賠償金として獲得しました。本来なら、日本は大量の銀を賠償金として得ることになっていましたが、清は賠償金を銀で支払うだけの財政的余裕がありませんでした。そこで、イギリスをはじめとする欧米諸国から日本へ支払う賠償金を借金したのです。そして、日本は多額の賠償金を庫平銀ではなく、金と交換可能な英貨ポンドで受け取り、これをロンドン銀行に預金して金貨を獲得し、金本位制を採用することを可能にしたのでした。こうしてようやく1897年、貨幣法を定め、金本位制を実施することができました。

3）銀行資本の成長と特殊銀行

　従来の国立銀行は、日本銀行ができたため、発券銀行としての役割をなくし、一般の市中銀行（通常の銀行）に変わっていきました。

また、政府の保護を受けた政商系の三井・三菱・住友・安田などの銀行は、中小銀行を吸収して成長を遂げました。紡績業や製糸業などの産業資本の急成長は、こうした銀行からの資本面での協力があったからです。

　これとは別に、政府は特殊銀行の成立を促進していきました。1880年、貿易金融を行う特殊銀行として横浜正金銀行が設立されました。1897年には、産業融資のために日本勧業銀行が、1902年には、外貨導入や対外投資のために日本興業銀行が設立されています。さらに政府は、1899年に台湾銀行を、1911年には韓国併合に伴い朝鮮銀行を設立し、資本の対外進出を図りました。

5 第2次産業革命

1) 紡績業

　1894年、綿糸輸出税（価格の5％の関税）が廃止され、中国への輸出が急増しました。さらに、1896年には綿花輸入税が廃止され、中国・インドの綿花輸入は無関税となり、紡績業の発達が一挙に進みます。1897年には綿糸輸出高が輸入高を上回り、輸出産業として発展していきました。

2) 鉄鋼業

　軍備拡張政策の中で、官営八幡製鉄所が建設されました。八幡製鉄所は、農商務省所管のもとで建設され、1901年、ドイツの技術を導入して操業が開始されました。原料の鉄鉱石は、中国の大冶鉄山の鉄鉱石を確保し、八幡周辺の筑豊炭田と後には満州の撫順炭田の石炭を利用しました。一方、民間の製鉄業は、1907年、北海道室蘭に、イギリスと三井の合弁会社として日本製鋼所が設立さ

れ、おもに海軍用の鉄鋼が生産されました。

また、工作機械の生産は、当初、日本ではうまくいかず、苦労した分野でしたが、池貝鉄工所が1905年、アメリカ式の標準旋盤の国産化に成功し、専門の企業が生まれていくことになりました。

3）造船業・海運業

政府は、1896年、航海奨励法と造船奨励法を制定し、造船業・海運業を援助しました。この2法の制定で大型鉄鋼船の建造が本格化し、海軍工廠の呉・横須賀以外に、川崎造船所・石川島造船所・三菱長崎造船所などでも大型船が建造されるようになりました。また、遠洋航路の開設が進み、1893年、ボンベイ（ムンバイ）航路が開かれ、インド産綿花輸送がスムーズに行われるようになりました。さらに、1896年には豪州航路（横浜～メルボルン）と欧米航路（北米シアトル航路・欧州アントワープ航路）が開設されました。

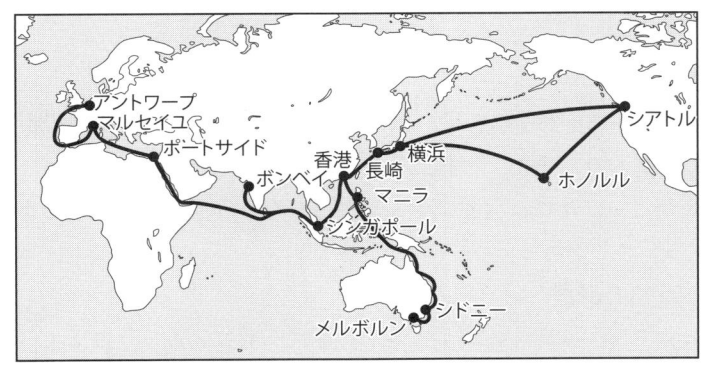

遠洋航路の開拓

4）鉄道業

　鉄道は単に物資を運ぶだけでなく、兵士を運ぶという軍事的な意味を持ちます。また兵士以外の人々も短時間で長距離の移動が可能になり、遠くの人々と交流するきっかけにもなります。1892年、政府は鉄道敷設法を制定し、私鉄を買収する方針を決定しました。この流れで1906年、鉄道国有法が制定され、私鉄17社が買収・国有化されました。その結果、鉄道全体の90％以上が国有になりました。鉄道全体の営業距離数は、1892年時点で約3107kmでしたが、1907年には約7807kmになりました（原田勝正『日本の鉄道』、吉川弘文館）。

5）貿易の進展

　貿易もしだいに発展していきました。輸出ではアジア、輸入ではアメリカ・ヨーロッパが中心でした。日本の貿易は、原料・資源である綿花・鉄鉱石を輸入し、半製品である生糸・綿製品を輸出する加工貿易型に成長しました。

6）恐慌

　1900年から翌年にかけ、銀行の倒産が相次いで資本主義恐慌がおこりました。また、日露戦争で軍需物資を中心に好況となったのですが、1907年には日露戦争後の恐慌となり、不況が続きました。

7）財閥の形成

　財閥とは、一族で独占企業を多数傘下におさめたコンツェルン形態の巨大独占資本のことです。その中心は持株会社で、三井合名会社・三菱合資会社・住友合資会社・安田保善社などがそれにあたり

ます。持株会社は、それぞれ三井家・岩崎家・住友家・安田家の財閥家族だけが株式を所有しており、閉鎖的な一族による企業支配を可能としていました。財閥は、資本力にものをいわせ、恐慌のたびに肥大化し、日本経済の中心を牛耳っていきました。

8) 農業の変化

　農業の中心は依然として米作でした。米の生産は、全体的には増加しましたが、人口の急増に追いつかず、1897年以降、朝鮮や東南アジアから米が輸入されました。

　農村では、耕地を小作人に貸して高率の小作料を取る地主制が拡大しました。地主は、蓄積した資本を企業や公債などに投資し、耕作から離れて寄生地主となる者もいました。このことを小作地率で見ると、地租改正条例が出された1873年の小作地率は27.4％だったのですが、1880年代の松方デフレ政策によって地主の土地所有は急増しました。これは、自作農の没落が原因しています。しかし、地主の土地所有も小作人の抵抗や、米価と肥料代などの格差から限界に突きあたり、1940年の45.9％をピークにして減少に転じています。

9) 産業革命の特徴

　日本の産業革命は、以下の特徴を持っています。①機械・技術は先進資本主義国からの輸入・移植に依存していたこと。②先進的大工業（機械工業）と後進的中小工業（マニュファクチュア）の二重構造であったこと。③工業の全分野が、軍事工業の発展を原動力としていること。すなわち、軍事工業優先のみならず、軍事工業の発展を基礎に成り立っていること。④国家のアジア侵略が資本家の利

益追求に便宜を図ることとなり、結果的に産業革命を後押ししたということです。これは日本が戦争によって獲得した領土・植民地に資本進出し、財閥系企業が経済支配していったことを示しています。例えば、台湾に三井が進出し、台湾製糖が成立したことや、満州（中国東北部）で、南満州鉄道（満鉄）が同地の経済を大きく支配していったことなどを指します。

6 社会運動の展開

1）下層社会の形成

産業革命の進展とともに、農村で生活できなくなった貧農の次男や三男たちが、東京・大阪などの大都市に流入し、貧民窟（スラム）を形成しはじめました。彼らは当初、「細民」とよばれ、井戸・便所を共同利用し、不衛生な棟割長屋に住んでいました。彼らの職業は、日雇い人夫・人力車夫・職人などで、「職工」とよばれた工場労働者も若干いました。

2）工場労働者

日清戦争後から急増した工場労働者は、おもに繊維産業部門の労働者で、年少の女性労働者（女工─本当は、「工女」が正しいのですが、女工といういい方が定着しています）が中心でした。彼女たちは、苦しい家計を補うために出稼ぎに出た貧農の子でした。

一方、官営の重工業・鉱山・運輸部門は男性労働者が多数を占めました。彼らは、15～18時間の長時間労働を強いられ、しかも低賃金でした。1902年の男性の日給は約40銭、女工の日給は約20銭で、小売米1升17銭と比べればいかに低い賃金かがわかります。そして一定量の生糸生産中に占める賃金部分はインドより10％も

低かったのです。研究者はこれを「インド以下賃金」とよんでいるほどです。

3）労働運動の展開

当初の自然発生的ストライキは、低賃金に苦しめられている女工たちによるものでした。1886年の甲府雨宮製糸ストライキ、1889年と1894年の大阪天満紡績ストライキなどは、その代表例です。このような労働者の生活の実態は、横山源之助の『日本之下層社会』や高島炭坑の坑夫虐待を報じた『日本人』、さらには農商務省がまとめ、工場法制定に利用した『職工事情』、1925年細井和喜蔵が出版した『女工哀史』などに記されています。

1897年、アメリカから帰国した高野房太郎が中心となって、職工義友会が結成され、さらに片山潜が加わり、同年職工義友会は、労働組合期成会に発展しました。やがて、この指導下に鉄工組合が設立され、1898年には日本鉄道会社に日本鉄道矯正会が結成され、活版工印刷懇話会（1899年に活版工組合に改組）も結成されましたが、1900年山県内閣が制定した治安警察法によって軒並み弾圧されてしまいました。

4）小作争議

農村でも小作争議が発生しました。1896年には島根県で小作人組合が作られ、1902年には宮崎民蔵が土地所有の平均化を主張する土地復権同志会を結成しました。

5）社会主義運動

労働運動の展開とともに、社会主義運動も開始されました。1898

年には社会主義研究会が作られ、1901年、これを母体に社会民主党が結成されました。しかし、この党は、わが国最初の社会主義政党として活動することはできませんでした。治安警察法による弾圧を受けて、結成2日後に結社禁止処分を受けてしまったからです。その後、1903年には平民社が結成され、日露戦争に対する非戦論を主張しました。平民社が1905年解散した後、1906年には堺利彦らが中心となり日本社会党が結成されました。時の西園寺公望内閣は、合法政党としてその活動を承認しましたが、桂太郎内閣に代わったことによる弾圧と同党内部の対立（直接行動論と議会政策論との対立）によって解党してしまいました。

1910年には、大逆事件がおこり、幸徳秋水以下12名が死刑に処せられ、社会主義運動は「冬の時代」を迎えることとなりました。

6）足尾鉱毒事件

古河市兵衛（ふるかわいちべえ）が所有していた足尾銅山から流出した鉱毒（銅・亜鉛・鉛・砒素（ひそ）などが含まれていました）によって渡良瀬川（わたらせがわ）下流の田畑が汚染されました。また、製錬の際に発生する亜硫酸ガスによって銅山周辺の山林は枯れてしまいました。

鉱山の監督は、農商務大臣が行うことになっていましたが、鉱毒事件が問題になった時の農商務大臣は陸奥宗光であり、陸奥の次男が古河の養子になっていた関係で問題への対応はまったくなされなかったのです。1891年、立憲改進党の代議士田中正造（たなかしょうぞう）は、衆議院でこの問題を取り上げました。社会主義者・キリスト教徒・学生たちは田中を支援する活動を行いましたが、政府はいま述べた理由から何ら対策を講じませんでした。田中らはたびたび、被害農民たちとともに政府や議会に操業停止の請願のために上京しました。こ

れを「押出し」といいますが、政府は弾圧するばかりで、何ら対応をしませんでした。

　1901年、田中正造は、議員を辞職し、天皇にこの問題を直訴しました。その直訴状は、幸徳秋水が起草した文に、田中が加筆・修正をしたものでしたが、護衛の騎兵に阻まれ天皇には届きませんでした。近代に入って最初の公害反対運動は、農商務大臣の縁故関係で取り上げられることなく、汚染は広がる一方でした。1907年、政府は、地元に残り最後まで抵抗した16戸を強制破壊しました。田中は最後まで抵抗を緩めることなく戦い続けましたが、1913年に亡くなりました。

田中正造　1841～1913

7）その他の運動

　この時期、いま述べた運動以外にも様々な運動が進められました。1895年、軍隊組織によるキリスト教伝道と慈善事業を進める救世軍のライト大佐が来日して日本救世軍を作り、山室軍平（やまむろぐんぺい）が日本人初の士官となりました。また、1886年に、禁酒や公娼廃止運動を進める東京婦人矯風会が矢島楫子（やじまかじこ）によって結成されました。さらに、社会の改良を求める動きも強まり、1896年には金井延（かないのぶる）ら経済学者を中心に社会政策学会が組織され、1900年には内務省の官吏らが貧民研究会を作りました。この研究会はその後1908年、中央慈善研究会へと発展しました。

8）工場法

　劣悪な労働条件に苦しむ人々に対し、政府は1911年、工場法を制定しました。この法は、「最低就業年齢12歳、15歳未満の者及び女子の労働時間は12時間まで」などを決め、15人以上の工場に適用されました。しかし資本家側の抵抗が強く、制定されてすぐには施行されず、1916年になってようやく施行されましたが、深夜業（夜間の就業）禁止は15年間の猶予が与えられていました。しかし、15年後の1926年になっても、深夜業禁止は実行されず、1929年の改正でようやく実施されたのです。

第4節　日清・日露戦争

1　壬午軍乱（壬午事変）

　日本は利益線（朝鮮）への進出を図っていました。しかし、このことは朝鮮の宗主国である清との対決を強めずにはおきませんでした。当時朝鮮国内では、政治改革が進められていました。日本はすでに1880年、漢城に公使館を設置し、政治改革の指導にあたっていました。一方、朝鮮国内では国王高宗の王妃、閔妃らのグループと親清派の大院君らのグループが対立していました。閔妃派は、日本から軍事顧問を招くなどの政治改革を実施し、朝鮮に新式の軍隊を創設しました。しかし新式の軍に対し旧来の軍への待遇が悪く、給料（米で支給されました）の遅配などがおきた結果、下級兵士らが暴動をおこしました。大院君はこの暴動を利用して閔妃などの政敵を一掃するべく、1882年7月、反日クーデターをおこして日本公使館を襲撃しました。この時、数名が殺害され、公使らは公使館を放棄して長崎に引き上げました。これが壬午軍乱（事変）です。

　大院君はいったん政権を握りますが、反乱鎮圧に派遣された清国軍が大院君を反乱の首謀者として天津に連れ去り幽閉したため、政権は閔妃に戻りました。事件後、日本は軍艦4隻と1500名の兵士とともに朝鮮に戻ります。一方、清は朝鮮側の要請を受け、朝鮮への干渉を決め、2000名もの兵を送り、軍乱の首謀者ら170名を逮捕し、11名を処刑しました。これを指揮したのが袁世凱で、清は朝鮮に勢力を保ちました。結局、事態収拾のために、朝鮮政府（閔妃政権）と日本の間に済物浦条約（済物浦は仁川の旧名）が結ばれ

ました。日本はこの条約の締結によって、日本公使館警備のための軍の駐留と賠償金50万円を認めさせました。

❷ 甲申事変

　閔妃政権は当初、金玉均(きんぎょくきん)・朴泳孝(ぼくえいこう)ら開化派と結んでいました。しかし、壬午軍乱で清との関係が強まると、彼らとは敵対する保守派（＝事大党）を支援するようになりました。そこで金玉均・朴泳孝ら（＝独立党）は日本との接近を強め、清が清仏戦争で敗北したことを絶好の機会ととらえ、クーデターをおこしました。親清派の事大党は清に救援を求めたので、清国軍が日本軍を排除することとなり、クーデターは失敗に終わりました。これが、1884年の甲申(こうしん)事変（甲申政変）です。

　事変後、日本は漢城条約（京城条約）を結び、朝鮮に謝罪させ、賠償金を支払わせました。さらに、日本政府は、日清関係の悪化を回避するため、伊藤博文が天津に行き、李鴻章(りこうしょう)と交渉して1885年、天津条約を結びました。この条約によって、日清両国軍の朝鮮からの撤兵と今後の出兵については相互通告することが決まりました。日本国内でもロシアの朝鮮進出に対し、清国と提携して朝鮮への干渉を行い、朝鮮を永世中立国とすべきだという山県有朋の意見（意見書を「外交政略論」といいます）も出されるなど、清国との協調も考慮されました。その後、朝鮮は日本に対し、1889年、防穀令（対日穀物輸出禁止令）を公布し、輸入米が重大な危機に瀕する事態に陥りました。防穀令は、1890年、一応解除され、1893年朝鮮は11万円の賠償金を日本へ支払ってようやく解決しましたが、日本は清国に解決に向けての調停を依頼していました。

　一方で、1884年の甲申事変以後、日本軍の兵力が増強されてい

きました。1885年から1894年までに陸軍は近衛師団を含め7個師団に、海軍は2倍にもなっていました。

❸ 甲午農民戦争

1894年、朝鮮国内で甲午農民戦争（東学党の乱）がおこりました。東学党は「斥倭洋倡義」をスローガンとする農民の秘密結社で、西学（キリスト教）に対し東学と称する民衆宗教であり、崔済愚が創始したものでした。そして幹部の全琫準らが農民たちを率いて大反乱をおこしたのです。朝鮮政府は、清国軍に乱の鎮圧のために出兵を要請し、同年6月に出兵したので、清の通知を受けた日本も対抗上、公使館警備を名目に、東京に大本営を設置し、清国軍の数倍に当たる軍を出兵しました。あわせて日本政府は朝鮮政府に内政改革を要求しています。そもそも、日本側の出兵がなされた時点で、反乱はすでに鎮静化しており、出兵の名目はなくなっていました。しかし時の伊藤内閣は第6議会解散直後で、総選挙を控えており、国内対策上何の成果もなく撤兵できず、外交的な成果を得ようと朝鮮政府に内政改革を要求することにしたのです。日本と朝鮮・中国の緊迫状態の中で、日本軍は7月23日に王宮（景福宮）を占領しました。東学党の農民軍は朝鮮政府と和解して事件は終了しますが、日清の対立は深まるばかりでした。

❹ 日清戦争

1894年7月25日、日清戦争は豊島沖の海戦により事実上はじまりました。8月1日、清に正式に宣戦布告がなされました。日本軍は平壌で清国陸軍を破り、同年9月になると、黄海海戦で清国の北洋艦隊を敗北させました。この間に天皇以下帝国議会が広島に移

っています。並々ならぬ決意で戦争を進めていたことがよくわかります。さらに、10月には遼東半島を占領し、ついで山東半島・威海衛(かいえい)を占領し、北洋艦隊を降伏させました。日本軍が遼東半島の旅順を占領して以後、朝鮮半島での戦いでなく、中国本土での戦いに変化していきました。こうなると、中国に利権を持つ欧米列強も戦いを傍観していることができず、権益擁護のために戦争への干渉をはじめました。朝鮮国内でも義兵闘争（農民の武装闘争）が広がっていきました。1894年12月、清国は講和交渉を通告してきました。これに従って1895年3月、下関で会談が行われ、翌4月、首相伊藤博文・外相陸奥宗光と清国全権李鴻章の間で下関条約が結ばれました。この条約では①朝鮮を独立国として清国が承認し、従来の宗主関係をやめること。②遼東半島・台湾・澎湖諸島を割譲すること。③賠償金2億両(テール)（日本円で約3億1000万円）を支払うこと。④沙市・重慶・蘇州・杭州の開市・開港と、日清通商航海条約の締結、が決められました。

この日清通商航海条約は、日本が欧米から押し付けられていた不平等条約と同じ内容を含むもので、治外法権・関税免除・最恵国待遇・租界（中国の国内であ

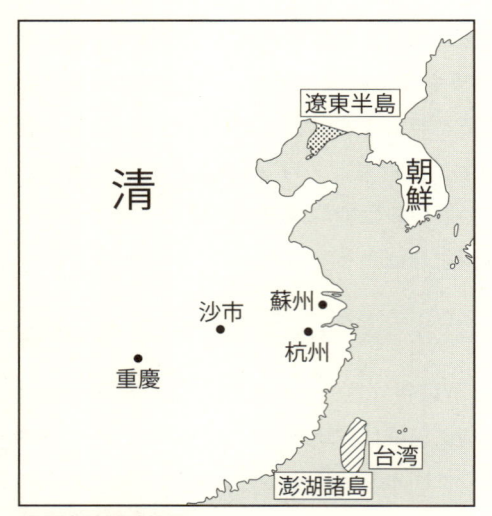

下関条約関連地図

りながら、中国の行政権が及ばない土地）設定権などが認められました。

この戦いの勝因としては、①小口径・長距離単発の村田銃で陸軍が統一されていたこと、②高速力・速射砲中心の海軍の武装が清国艦隊に勝っていたこと、が挙げられます。しかし、この戦争では日本軍の戦死者が1417人だったのに対して、病死・変死が1万2041人と約10倍を超えており、衛生管理を含めた課題を突きつけられることになりました。

❺ 三国干渉

下関条約調印後、ロシアはドイツ・フランスとともに遼東半島の清国への返還を日本に要求してきました。日本は、当時の国力から判断してロシアと戦うだけの力を有していないと判断し、ロシア側の要求を受け入れ遼東半島を清国に返還しました。その結果、日本は清から3000万両（テール）（日本円で約5000万円）の賠償金を受け取り、総額は約3億6000万円となりました。しかし、ロシアの干渉に対し、国民は屈辱を覚え、「臥薪嘗胆」（がしんしょうたん）（薪の上に臥し、肝をなめる＝耐えがたきを耐え、忍びがたきを忍ぶ）というスローガンが国内で叫ばれるようになりました。

ところで、この賠償金は、開戦前の日本の国家予算の4年分を超える額でした。政府は、全体の約63％（約2億2600万円）を八幡製鉄所の建設費を含む軍備拡張費に充てると同時に、賠償金はロンドン銀行を通じて金貨で獲得することで、金本位制を確立しました。

6 日清戦争後の政治

岩崎弥太郎　1834～1885
三菱財閥創業者

　日清戦争直前、民党と政府との対立が棚上げされたことから、民党と政府は互いに妥協していくことになりました。第2次伊藤内閣は、自由党と提携し、板垣退助を内相に迎えました。自由党はその代償として軍事費拡大を認めることになります。ついで、第2次松方内閣は、岩崎弥太郎の斡旋により、改進党を中心に結成された進歩党と連携しました。そして大隈重信を外相として迎えると同時に、進歩党員を次官に迎えました。この内閣を松隈内閣といいます。しかし、次の第3次伊藤内閣が懸案の地租増徴案を提出したため、これに反対する政党との連携に失敗してしまいます。結局、地租増徴案は189議席を占める自由・進歩両党によって否決され、その後、両党は合同して憲政党を結成しました。

　この憲政党を基盤にして最初の政党内閣である隈板内閣が成立します。首相大隈重信、内相板垣退助、陸相・海相以外は憲政党員が占めた内閣が誕生しました。しかし、内部対立が続いたこの内閣は、1898年8月21日、文相尾崎行雄が行った「共和演説」を機に、党も憲政党（旧自由党系）と憲政本党（旧進歩党系）に分裂し、4カ月余りの短命に終わってしまいました。

　隈板内閣の後を受けた第2次山県内閣は、衆議院議員選挙法の直

接国税を15円から10円に下げることを条件に、憲政党の抱き込みに成功します。そして地租を現行の2.5％から3.3％に増税し、同時に文官任用令を改正しました。この改正は、従来、大臣が私的に文官（高級官吏）を任用していましたが、政党内閣の誕生によって、文官が政党員で占められるという状況が生じたことに対してとられた措置でした。これ以後、文官の任用にあたっては、文官任用試験合格者のみを採用することとした、政党員を排除するための命令だったのです。

　また、軍部大臣現役武官制を確立し、陸相・海相はともに現役の中将・大将から選ぶことになりました。ちなみに軍人には現役・予備役・後備役があります。予備・後備がOBだとすると、現役は今まさに軍の中で活躍している軍人です。あわせて治安警察法を制定し、しだいに高まってきた社会運動を弾圧しました。

　しかし、政府要人の中でも政党に対する意見は分かれていきました。山県有朋の政党拒否・弾圧に対し、伊藤博文は政党を利用する方法をとりました。伊藤は、星亨ら憲政党幹部と接触し、同党を1900年に立憲政友会に再組織することに成功しました。こうした動きに対し、中江兆民の弟子、幸徳秋水は「自由党を祭る文」を発表して批判しました。かつての民権政党であった自由党のように、批判精神あふれる政党はなくなってしまったのです。

　伊藤は、政友会を基盤に第4次伊藤内閣を組閣しました。しかし、山県は伊藤のやり方に批判的で、この内閣は半年余りで終わってしまいます。これ以後、山県・伊藤らは政界の第一線を退き、元老に就任することとなりました。元老は、天皇の諮問に応じて国務の相談にのるという役職でしたが、後には後継首相を推薦し、外交問題に介入しました。

7 帝国主義

　19世紀末から20世紀初頭にかけて、欧米諸国は「帝国主義」とよばれる新たな政治・経済体制の段階に突入しました。「帝国主義」とは、レーニンの『帝国主義論』によると、①生産の独占的集中、②金融資本による経済支配、③資本の輸出、④以上の①〜③を支える背景として武力による植民地獲得と領土拡張政策をとる、というものです。

　欧米諸国（アメリカ・イギリス・フランスなど）はいうまでもなく、日本も日清戦争の勝利後、アジアに植民地を持つ早熟な帝国主義国家として勢力を広げていくことになりますが、日本が帝国主義国家となる時期は、もう少し遅い時期（日露戦争後）になってからと考えられます。

8 帝国主義列強の中国分割

1）日清戦争後の朝鮮

　日清戦争後、ロシアは朝鮮に接近し、朝鮮国内に親露政権が誕生しました。これについて、もう少し詳しく見ると、1894年7月23日（豊島沖海戦の2日前）、日本軍は景福館を占領し、大院君政権を朝鮮国内に樹立します。清国側に寝返った閔妃政権に対抗するためです。ところが、日清戦争後の1895年9月、今度は閔妃グループがロシア公使の援助を受け、クーデターをおこし、大院君と親日派を一掃しました。この事態に対し、1895年10月、公使三浦梧楼が閔妃の暗殺を計画します。そして日本軍守備隊（公使館警備の軍隊です）と日本人壮士（実態は中国各地で様々な画策を行った大陸浪人）を宮廷に送り込み、閔妃殺害を遂行させたといわれて

います。しかし、親日政権は民衆の反日闘争で崩壊し、親露政権が朝鮮で実権を握ることになります。

2）欧米列強の中国分割

　日清戦争による清の敗北後、アジアにおいては、中国が欧米列強の争奪の場となりました。まずロシアは、清と露清密約とよばれる対日軍事同盟を結び、満州北部の東清鉄道敷設権と旅順・大連の租借権を獲得しました。

　フランスは、雲南・広西・広東3省の鉱山採掘権と広州湾の租借権を得ました。ドイツは、膠州湾の租借権と山東省の鉄道敷設権・鉱山採掘権を獲得しました。イギリスは、九龍半島と威海衛の租借権を得ました。日本は、福建省を他国に割譲しないように要求し、これを受け入れさせました。アメリカだけが中国分割に加わることができませんでした。アメリカは1823年以来、モンロー主義（米大統領モンローが発表した外交政策）で、不干渉主義をとっていたのですが、この外交方針を改め、国務長官ジョン＝ヘイは、「門戸開放・領土保全」を要求しました。これは、中国に関係する各国が勢力範囲内で通商の自由を要求するもので、具体的には中国の領土保全（これ以上、欧米列強や日本は中国を分割するな）、門戸開放（アメリカも中国進出に参加させよ）、商業上の機会均等（アメリカも中国との通商に参加させよ）の3原則を要求したものでした。1898年の米西戦争（スペインとの戦争）での勝利後、南北戦争以来のアジア侵略の出遅れを、ハワイ併合、フィリピン領有で何とか取り戻していく中での動きでした。

　以上のような欧米列強を中心とする中国分割に対して康有為らは、内政の改革を図るため、中国に立憲政治を導入し、「変法運動」

を開始しましたが、西太后ら保守派の弾圧により失敗してしまいました。

3）台湾支配

　下関講和条約が結ばれ、台湾は日本の植民地になりましたが、日本の支配がスムーズに進んだわけではありません。1895年5月、台湾では割譲反対派が台湾民主国の建国を宣言し、日本支配に抵抗しました。日本軍は各地で民衆のゲリラ戦に巻き込まれました。5カ月にわたる激しい戦闘の結果、台湾の軍民1万4000人、日本軍戦死者527人が出ました。同年8月には台湾総督府を設置しましたが、当初、軍政（軍事支配）を敷かなければならなかった理由は、台湾の人々の激しい抵抗があったからです。台湾は、製糖業を中心に米・樟脳（火薬の原料として利用）・木材を供給する場所として利用され、1897年に設置された台湾銀行が日本からの資本導入の窓口となりました。

4）日露間の交渉

　ロシアは、1896年の露清密約を利用し、中国への進出だけでなく、朝鮮への進出を強めていきました。日本としてはこのロシアの動きを止めることはできないにしても、何とか調整し、一時的にせよ緊張関係を緩和する必要が生じました。そこで、1896年、閔妃死亡後の処理と両国の警備兵力の調整を議題とし、小村寿太郎駐韓公使とウェーバー（ロシア）駐韓公使が話し合った結果、同年5月、小村・ウェーバー覚書が結ばれました。

　ついで、1896年6月には、山県有朋外相がロシア皇帝ニコライ2世の戴冠式に出席した機会を利用し、ロバノフ（ロシア）外相と

話し合い、日露両国の合意による対朝鮮財政への援助、両国が軍隊を出兵する場合の協定などが、山県・ロバノフ協定として結ばれました。

しかし、朝鮮をめぐる両国の対立を埋めることができず、1898年4月、西徳二郎外相は駐日公使ローゼンと協議し、日本がロシアの旅順・大連租借を黙認する代わりに、ロシアは朝鮮における日本の経済進出を認める、西・ローゼン協定を結ぶことに成功しました。

❾ 義和団事件

1900年、清国で義和団の乱がおこりました。この団体は、農民を中心とする民族主義的な拳法の団体で、孫悟空を神とする宗教結社でしたが、「扶清滅洋」をスローガンとし、天津の外国人居留地と北京の外国公使館を包囲・襲撃するに至りました。この事件に対して列強（日・米・英・仏・露・独など8カ国）は、約3万2000人の軍を派遣し、北京を制圧しました（北清事変）。日本は、この時約2万もの兵を送り込みました。翌年、北京議定書が列強と清国代表李鴻章との間で締結されました。この議定書では、①公使館所在区域の治外法権、②公使館守備隊の駐留承認が決まり、巨額の賠償金を課しました。この事件を利用してロシアは、満州を占領し、東清鉄道保護の名目で大軍を駐屯させました。さらに、旅順・大連とウラジオストクとの連絡を保つために、朝鮮に海軍基地を作る計画も持っていました。

❿ 外交をめぐる国内の対立

ロシアの動きに対して、日本政府の内部では外交上の意見対立が

生じました。1つは、ロシアの満州における行動の自由を認める代わりに日本の朝鮮支配をロシア側に認めさせるという満韓交換論の立場に立つ日露協商論であり、こちらは伊藤博文・井上馨らが支持していました。もう1つが、イギリスと結び、ロシアの進出を抑えるという日英同盟論であり、山県有朋・小村寿太郎らが主張していました。日英同盟論は、イギリスの外交政策とも合致していたため、両国の接近が強まり、1902年、第1次桂太郎内閣のもとで、日英同盟協約が結ばれました。協約の内容は、①清国・韓国の独立と領土保全、またこれらの国々における日本・イギリスの利益保護、②利益保護のための戦争の場合、どちらか一国が中立を厳守する、③2国以上の戦闘の場合は共同戦闘を義務づける、というものでした。

11 日露開戦直前の国内世論

ロシアとの交渉打ち切りと日英同盟を背景に満州撤兵を要求する日本は、戦争の準備をはじめました。日英同盟締結後、国内の世論は、戸水寛人・金井延ら東京帝大七博士の意見や頭山満・近衛篤麿ら対露同志会の活動に見られるような主戦論に傾いていきました。こうした動きに対し、少数派でしたが、平民社に集まった社会主義者、幸徳秋水・堺利彦や内村鑑三のようなキリスト教徒らの非戦論が展開されたことも見逃せません。何しろ日清戦争の際には、戦争反対の意見はまったくないといった状況でしたから、たとえ少数派であれ、戦争反対の意見（＝非戦論［単なる戦争反対だけでなく、戦争そのものに絶対反対する立場］）を説く人々が出てきたことは注目する必要があるでしょう。

12 日露戦争

　日英同盟を基礎に、日本はイギリスから支援を受けることができました。海軍では戦艦6隻と装甲巡洋艦4隻をイギリスから供給され、陸軍では戦争中使用した銃砲弾の4割近くを供給されました。さらに、イギリスの海底ケーブル電信網を利用することでロシア軍の動きをつかむこともできました。当時の戦艦は排水量1万5000トン前後で、30cm主砲4門、15cm副砲10数門。装甲巡洋艦は排水量1万トン前後、20cm主砲4門、15cm副砲10数門を装備していました。また、当時の日本軍の1個師団は歩兵4個連隊・砲兵1個連隊、騎兵1個連隊からなり、2万人前後の兵力でした。陸軍は、日清戦争後、従来の8個師団から日露開戦前に13個師団に増設していました。ですから、軍事費だけでなく、兵力でも国民の負担は大きなものであったことがわかります。

　1904年2月8日、日露戦争が開始されました。この戦争は世界最初の総力戦ともいわれています。日本軍は韓国（1897年に大韓帝国［韓国］と国名を改称しました）の仁川沖でロシア艦隊を攻撃し、同月10日、ロシアに宣戦布告しました。陸軍は、総司令官大山巌(おおやまいわお)の指揮で、遼陽・沙河・奉天大会戦に勝利し、同年11月、ロシア東洋艦隊の基地、旅順への総攻撃を行いました。この攻撃の責任者は乃木希典(のぎまれすけ)で、ロ

東郷平八郎　1847〜1934

シア陸軍の機関銃に阻まれながら、兵力13万、155日間をかけて占領しました。
　一方、東郷平八郎率いる海軍は、1905年5月、7カ月かけてヨーロッパ（バルト海）から回航してきたバルチック艦隊を対馬海峡で迎え撃ち、日本海海戦に勝利しました。しかし、この戦争は、日本の圧勝ということではありませんでした。日本はこの戦いで兵士130万人（うち戦没者8万8000人、戦傷病者約44万人）、戦費（臨時軍事費）約18億円（1904年の国家予算の約6倍）のうち、約4割（7億円）をイギリス・アメリカからの外債に依存し、さらに、内債を6億円充当させていました。つまり、借金をした上で戦争していたわけで、戦争が長期化すると勝利の展望が失われるという戦いだったのです。一方、ロシア側も、国内では、ツアーリ（皇帝）の圧政に対し首都ペテルスブルグで血の日曜日事件がおこり、この事件に呼応して第1次ロシア革命が勃発しました。

⑬ ポーツマス条約

1905年9月、アメリカ大統領セオドア＝ローズベルトの斡旋で、ポーツマス会議が開催され、ロシアとの講和条約が結ばれました。日本側は、小村寿太郎外相が、ロシア側はウィッテが全権でした。条約の内容は、①日本の韓国における指導権の容認、②旅順・大連の租借権と長春〜旅順間の鉄道とその付属の利権、③北緯50度以南の樺太の割

小村寿太郎　1855〜1911

譲、④沿海州・カムチャツカでの漁業権の獲得、⑤清国に関する機会均等です。しかし、下関条約とは異なり、条約締結の際、賠償金を獲得することができませんでした。ウィッテが自国を敗戦国と認めず、15億円の賠償金の要求に頑強に抵抗し、結局日本が賠償金要求を撤回することで、ようやく条約が結ばれることになったからです。しかし賠償金が得られなかったことで、日本国内では、条約反対の国民大会が開かれ、民衆による日比谷焼き打ち事件がおきました。

日露戦争でとりあえず勝利したことは、日本国内では非常にインパクトがありました。この後、ある地域では「征露(せいろ)」という私年号を使って表記することも行われていたようです。例えば滋賀県では、県内の村長が旅順陥落の戦勝式の際に読みあげた式辞で使用しました（『今津町史』第4巻）。こうした例は比較的多かったと思われます。ちなみに、薬の正露丸は、もともと「征露丸」と書かれていたのです。

また、アジアの国々では、アジアの小国である日本がヨーロッパの大国ロシアとの戦争に勝利したことを知り、独立・解放運動の気運が高まりました。例えば、ベトナムの儒学者で反フランス抵抗運動のリーダーであったファン＝ボイ＝チャウは、ベトナム人青年の日本への留学運動（東遊(ドンズー)運動）を組織しています。

⑭ 朝鮮支配

日露戦争後、日本は韓国支配を進めました。1904年、日露戦争が開始される直前、日韓議定書を韓国に認めさせ、韓国国内での自由通行権を得た日本は、同年8月、第1次日韓協約を結んで、韓国に日本人顧問を送り、財政と外交に介入しました。翌1905年には、

アメリカと桂・タフト協定を結び、日本の韓国支配をアメリカに承認させる代わりにアメリカのフィリピン支配を承認しました。

　また、この年、イギリスとも第2次日英同盟を結び、韓国支配を承認させました。さらに、同年11月、第2次日韓協約（韓国保護条約ないし乙巳（いっし）保護条約ともいいます）を結び、韓国から外交権を奪います。ついで漢城に統監府を設置し、韓国を保護国にしました。つまり、国家主権の一部を奪い半独立状態にしたのです。当時、枢密院議長であった伊藤博文は、韓国の閣僚に協約内容についての賛否を問いました。これに対し李完用（りかんよう）らが賛成します。彼らは後に「乙巳五賊（いっしごぞく）」とよばれ、売国奴として扱われることになります。

　新たに発足した統監府の初代統監には伊藤博文が就任しました。しかし、1907年、オランダのハーグで開催された第2回万国平和会議に、韓国皇帝高宗（こうそう）が日本の韓国支配の実情を報告するための密使を送り、第2次日韓協約廃棄を訴えようとした、ハーグ密使事件がおこります。密使の報告は認められず、逆に伊藤は、韓国皇帝を退位させ、同年7月24日、第3次日韓協約を結ばせ、内政権を奪って韓国の正規軍を解散させました。

　こうした日本の韓国支配に対し、韓国国内では、各地で農民たちの義兵（義勇兵）と旧韓国軍将兵が結びつき義兵運動が展開されました。これに対し日本軍（朝鮮駐箚軍（ちょうせんちゅうさつぐん））は義兵運動を徹底的に弾圧しました。初代統監伊藤博文は、韓国を保護国として支配する間接統治を進めようとしていたのですが、義兵運動の激化で保護国化ができないことがわかり、1909年、第2代統監曽根荒助（そねこうすけ）にその地位を譲り、枢密院議長に就任しました。この年の10月26日、伊藤はハルビン駅頭で、韓国の民族主義的青年団体のリーダー安重根（あんじゅうこん）に殺害されました。そして、翌1910年、日本はついに日韓併合条

約を韓国政府に突きつけ、韓国を日本の植民地にしました。統監府は、朝鮮総督府と改められ、第3代統監であった寺内正毅が初代総督に就任しました。

韓国併合に際し、詩人の石川啄木は、「地図の上　朝鮮国にくろぐろと　墨をぬりつつ　秋風を聞く」という詩を発表しました。日韓併合条約により、日本の植民地になった朝鮮＝韓国。その場所を確認しつつ、啄木は、墨を塗ったのです。それは、決して植民地になったことを祝うものではありませんでした。「秋風を聞く」という最後の箇所で、そのことがわかります。

❶❺ 満州支配

一方、満州（中国東北部）では、1906年、関東都督府が置かれ、関東州（遼東半島南端の日本租借地で、旅順と大連があります）の行政にあたりました。また、同年、南満州鉄道株式会社（満鉄）が設立されました。満鉄の本社は大連に置かれ、初代総裁には後藤新平が就任しました。満鉄は、半官半民の会社で、鉄道だけでなく、鉱工業・調査・拓殖などの経営を行いました。

1905年、アメリカの鉄道王ハリマンが長春～旅順間の鉄道を買収して、日米共同経営を要求した桂・ハリマン覚書がまとまりましたが、その後政府は、この覚書を拒否しました。反対の中心には小村寿太郎外相がいました。1906年にはサンフランシスコで日本人学童隔離問題も発生します。1908年には、日米紳士協定が結ばれ、日本人移民の問題解決が図られますが、うまくいきませんでした。さらに、アメリカは、1909年、国務長官ノックスが満鉄の中立化案を提案しましたが、日本はこれも拒否しました。アメリカは、満鉄を中国侵略の遅れを取り戻すための足がかりにして、さらにはア

メリカの金融資本（銀行）を中国に進出させようと考えたのですが、うまくいきませんでした。この結果、アメリカ国内では、当時増加してきた日本人移民の排斥運動がおこり、黄禍論（イエローペリル）が強まりました。アメリカの反日感情の高まりです。日本人排斥運動は1920年まで続きました。問題の打開のため、1908年、駐米大使高平小五郎と国務長官ルートの間で協定が結ばれました（高平・ルート協定）が、事態の根本的な解決には至りませんでした。

16 日露戦争後の外交

　イギリスとの間に結ばれていた日英同盟は、1905年に改定され、適用範囲をインドまで拡大し、有効期間を10年に延長しました。その後1911年には再改定され、アメリカに対しては、この同盟の適用を除外することになりました。そのため、日英関係はしだいに冷却化していきます。一方、ロシアとは、1907・1910・1912・1916年の4回にわたって日露協約が結ばれました。このうち、1907年の第1次日露協約は、日本の南満州・朝鮮支配を認める代わりに、ロシアの北満州・外蒙古支配を認めるものでした。1910年の第2次日露協約は、先のノックスの満鉄中立化案に対抗したもので、1912年の第3次日露協約は、辛亥革命を通じて内蒙古の分割を決めたものでした。第4次日露協約は、世界大戦（第1次世界大戦）発生後の中国情勢に対して、日本・ロシアはどのように対応すべきかを決めたものですが、1917年、ロシア革命がおこった結果、第4次日露協約は失効しました。

第5節　大正期の動向

1　桂園時代から第2次大隈内閣まで

　明治末期から大正初期の政治は、陸軍をバックにしていた桂太郎と政友会の第2代総裁西園寺公望が交互に内閣を組閣していたので、「桂園時代(けいえん)」とよばれています。第1次桂内閣が日比谷焼打ち事件で崩壊し、ポーツマス条約を非難しないことを条件に西園寺が内閣を組閣しました。

1) 第1次西園寺内閣

　この内閣が成立してから、元老山県有朋は、西園寺には知らせず、軍独自で「帝国国防方針(ていこくこくぼうほうしん)」を作成しました。その内容はロシア・アメリカ・フランス・ドイツを仮想敵国とし、①陸軍は現行の17

西園寺公望　1849～1940

桂太郎　1847～1913

個師団を25個師団に（戦時は50個師団）すること。②海軍は、戦艦8隻・装甲巡洋艦8隻の8・8艦隊を造るという計画でした。西園寺内閣は、独自に鉄道国有法制定や日本社会党の結成承認などを実施したのですが、1907年の恐慌によって内閣は瓦解しました。

2）第2次桂内閣

　この内閣は、1910年の大逆事件を処理し、また翌1911年に特別高等警察を設置して、社会主義者を弾圧しました。また、日露戦争後の不況によって国民の不満が高まったことから、1908年戊申(ぼしん)詔書を出して、勤倹貯蓄（無駄な出費を抑え貯蓄すること）を奨励し、国民の間に広まった個人主義・享楽主義風潮を是正させる努力をしました。あわせて、翌1909年には、内務省が中心となり、地方自治体の財政再建・産業振興・民心向上などを目指す地方改良運動を実施しました。1910年には帝国在郷軍人会を組織し、地域に戦争協力の体制を広げていきました。

3）第2次西園寺内閣

　1911年、第2次西園寺内閣が誕生しました。この時陸軍は、先の「帝国国防方針」に基づき朝鮮支配の安定のためという理由から、2個師団増設を要求しました。これに対し、政府は折からの不況打破のために日銀総裁であった山本達雄(やまもとたつお)を蔵相に迎え、財界の要望を重視し、2個師団増設要求を拒否しました。これに対して、陸相上原勇作が大正天皇に帷幄上奏(いあくじょうそう)（大臣が単独で天皇に政務を報告すること）を行い、その上で陸相を辞任しました。陸軍は軍部大臣現役武官制を利用して、後任の陸相を出さなかったので、内閣は総辞職することとなりました。この嫌がらせを「陸軍のストライ

キ」ともいいます。こうした陸軍の横暴さを批判する新聞記者・政党・実業家たちは憲政擁護会を組織しました。

4）第3次桂内閣

　第2次桂内閣を西園寺に譲った後、桂太郎は内大臣に就任していました。内大臣は、宮中の官職で、明治憲法では、宮中と府中（行政）を区別するために、天皇の補佐をしますが、政治への関与は否定されていました。第2次西園寺内閣が崩壊すると桂は、宮中を出て、第3次桂内閣を組閣しました。彼はあらかじめ大正天皇からの詔勅により、政府と桂に対する批判を封じ込め、議会無視の態度を示したのです。こうした桂の姿勢に対し、進歩的ジャーナリストを中心に立憲国民党の犬養 毅、政友会の尾崎行雄らは、「閥族打破・憲政擁護」をスローガンに護憲運動を展開しました（第1次護憲運動）。しかしこうした動きを桂は無視し、居直りを続けていました。さらに、桂は国民党の一部を切り崩し、自分の意のままになる政党、立憲同志会の結成を目指しました。しかし、新党が結成されたのは、桂の死後の1913年12月のことでした。

　桂の退陣を要求する運動は激しくなるばかりで、1913年尾崎行雄の衆議院での演説、「（彼らは）忠君愛国は自分の一手専売の如く唱えておりまするが、その為すところを見れば、常に玉座（天皇の御座所）の陰に隠れて政敵を狙撃するが如き挙動を執っているのである」に示されたように、議会は桂内閣の退陣を決議しました。議会の外では尾崎らを支援する数万人の民衆が取り巻く状況になり、内乱の危機が説かれはじめ、桂内閣は組閣後わずか53日で総辞職することになりました（大正政変）。事実、再三の停会に怒った民衆は、交番を焼き打ちし、政府系新聞社を襲撃したのです。

5）山本権兵衛内閣

山本権兵衛　1852～1933

　桂内閣の後を受けて、海軍出身で薩摩閥の山本権兵衛内閣が成立しました。元老になった西園寺公望から山本が推薦されると、尾崎行雄ら憲政擁護運動を進めてきた人々は落胆し、尾崎ら24名は政友会を離党し、政友倶楽部を組織しました。一方、犬養毅ら立憲国民党のメンバーは政友会と絶縁しました。

　山本内閣は、政友会を与党とし、その援助を条件に組閣された内閣でした。この内閣では、軍部大臣現役武官制を廃止し、文官任用令を改正しました。軍部大臣現役武官制改正で、大臣の任用範囲を現役以外の予備・後備役にまで広げることになりました。文官任用令の改正も、一部の高級官僚を自由任用することができるとして改めたものです。

　ところで、山本内閣の時に、廃税運動が実施されています。これは、営業税・織物消費税・通行税に反対するもので、日露戦後に実施する予定でしたが、結局は廃止されずに普通税に改められました。

　山本内閣は、シーメンス事件が1914年におきたために内閣を総辞職することになりました。この事件は、軍需品買い入れをめぐり、ドイツのシーメンス社と海軍高官の贈収賄が暴露された事件で、あわせてイギリスのビッカーズ社への軍艦金剛発注をめぐる三井物産会社と海軍高官との贈収賄事件も発覚しました。このため、軍閥批判の運動がおこり、議会は海軍拡張費を否決しました。1914年、

山本内閣が倒れると、後継首相には貴族院から擁立された山県閥の清浦奎吾(きようらけいご)が指名されましたが、海軍は海相推薦を拒否し、抵抗しました。その結果、困り果てた元老山県らは、大衆的な人気の高い大隈重信を首相に起用することにしました。

6) 第2次大隈内閣

　第2次大隈内閣は立憲同志会を準与党として誕生しました。同志会はそもそも桂太郎の与党として作られたもので、1913年2月11日、第3次桂内閣が倒れ、桂自身も同年10月に死去した後、同年末に加藤高明を総裁として正式に結成された政党です。第2次大隈内閣は、山本内閣が倒れた後、1914年4月に組閣されました。組閣にあたり大隈は、陸軍の2個師団増設と政友会打倒、外交問題の整理を委ねられました。議会は政友会が優勢で、当然2個師団増設は否決されました。そこで、1915年3月、大隈は総選挙を実施し、彼の与党である立憲同志会は381議席中153議席を獲得すると、この議席数を基礎にして2個師団増設を通過させました。しかし、外交方針をめぐる元老との対立、選挙干渉の責任をとらされることになり、1916年10月に総辞職しました。

❷　第1次世界大戦

　日露戦争後、ロシアの弱体化に伴い、イギリスとドイツの対立が激化してきました。ドイツが北アフリカのモロッコ、東ヨーロッパのバルカン半島において勢力範囲を拡大する一方で、イギリスは広大な植民地を必死に防衛していたのです。そこでイギリスは、トルコとバルカン半島への南下策をとりはじめていたロシアと、北アフリカのモロッコでドイツと利害関係が発生していたフランスと結び、

1907年、三国協商を成立させました。ドイツ側は、すでに1882年、ドイツ・オーストリア＝ハンガリー・イタリア3国による三国同盟で対抗していました。

　戦争を予想していた欧米各国は、軍備拡張を進めました。各国は国家財政の30～40%を軍備拡張に投入しました。建艦競争はイギリスを先頭に弩級（ドレッドノート級）から超弩級へと進み、膨大な物的・人的資源が主力艦建造に注ぎ込まれていきました。ちなみに、弩級とは1906年、イギリスが建造した排水量1万8110トン、30cm主砲10門を装備したもので、戦艦ドレッドノート号にちなんでつけられた名称です。しかし、1909年、イギリスは34cm主砲を搭載した戦艦・巡洋戦艦を完成させ、これ以後の戦艦・巡洋戦艦は超弩級とよぶようになりました。

　1914年6月、オーストリア皇太子が、セルビアの民族主義団体に属する青年に暗殺されるというサラエヴォ事件がおきると、全ヨーロッパは、大戦争に巻き込まれていきました（第1次世界大戦）。

　この時の日本の政権は、山本内閣から代わった第2次大隈内閣でした。日本は元老井上馨が「大正時代の天佑（天からの助け）」と評したように、国内をまとめ、アジアへの勢力拡大が可能となるチャンスと位置づけたのでした。こうして、大隈内閣の外相加藤高明は、日英同盟を理由に1914年8月23日、ドイツに宣戦布告しました。日本陸軍は、中国におけるドイツ最大の勢力範囲である青島要塞を攻撃し占領しました。これにより山東省のドイツ権益を奪うことになりました。海軍は、同年11月までに赤道以北のドイツ領南洋諸島を占領しました。政府はイギリスに対し、南洋諸島の永久保持を希望することを秘密覚書で明らかにしていました。さらに

1917年、イギリスの要請に応じ、ドイツのUボート（潜水艦）攻撃のために、地中海に1艦隊を派遣しました。

❸ 辛亥革命

中国では、孫文が率いる中国同盟会が、1905年東京で結成され、「民族独立・民権伸長・民生安定」の三民主義をスローガンに活動し、1911年、清朝打倒に成功しました。これを辛亥革命といいます。翌年、軍閥の巨頭袁世凱を初代大総統とする中華民国が成立しました。中国が共和制の国家を成立させたことは、アジア諸国に大きな影響を与えることになりましたが、国内では袁世凱とその後継の軍閥勢力が武装闘争と内紛を続け、これに革命勢力が加わる混乱状態が続くこととなりました。

❹ 21カ条の要求

大隈内閣は1915年、袁世凱政権に21カ条の要求を突きつけました。その内容は、①山東省のドイツ権益の継承、②旅順・大連・南満州鉄道の租借権の延長、③漢冶萍公司の共同経営、④福建省沿岸の島嶼の他国への不割譲、⑤中国の軍事・財政顧問に日本人の採用、を要求したもので、袁世凱政権は、第5号の一部を除き、16カ条を承認しました。中国が21カ条要求の大半を承認した1915年5月9日を中国民衆は「国恥記念日」とし、抗日運動を激化させました。日本のこうした中国侵略は、利害が絡むイギリス・アメリカの反発を招きました。そこで、1917年、日本はアメリカと石井・ランシング協定を結び、中国における特殊権益をアメリカに承認させる代わりに、アメリカの従来からの要求である「中国の門戸開放・機会均等」を認めることにしました。

こうした日本の侵略主義・膨張主義に反対する知識人がいなかったわけではありません。吉野作造や『大阪朝日新聞』が日本の侵略を正当としたのに対し、日本の対外膨張政策に真っ向から挑戦した例外的存在は、三浦銕太郎率いる『東洋経済新報』でした。三浦は、1913年発表の論説で大日本主義（日本帝国主義）の害毒を全面的に批判し、小日本主義＝満州放棄の道を進むべきであると主張しました。この三浦の言論は、石橋湛山に継承され、『東洋経済新報』は、21カ条要求に徹底的に反対しました。

5　シベリア出兵と寺内正毅内閣

　1917年、三国協商の一国、ロシアで社会主義革命がおこりました。同年3月、皇帝が追放され、11月にはレーニンの率いるロシア社会民主労働党（ボリシェビキ）が権力を掌握しました。ソビエト政府は、1918年、すべての交戦国に講和をよびかけると同時に、ドイツとの間に単独で講和条約を結びました。三国協商の一国ロシアが、第1次世界大戦から離脱したのです。第1次世界大戦は、原子爆弾以外のすべての兵器が登場し、使用された戦争だといわれます。戦車・飛行機・潜水艦・毒ガス（サリンなど）が使われ、約800万人が戦死し、2000万人が負傷したとされています。

　ロシア革命の成功は、帝国主義諸国に大きな影響を及ぼします。革命の広がりを恐れた帝国主義諸国は、

寺内正毅　1852〜1919

日本・イギリス・アメリカ・フランスが中心になり、旧オーストリア軍（チェコスロバキア兵）の救出を名目にロシア革命干渉戦争（シベリア出兵）を開始しました。1916年に大隈内閣の後を受けて誕生した寺内正毅内閣は、シベリア出兵を利用してシベリアの獲得をねらい、連合国軍で最大の兵力を投入しました。寺内が、朝鮮総督・陸軍大将の経歴を持つ人物であったために、世論はこの内閣を「非立憲＝ビリケン内閣」とよび批判しました。ビリケンとは、頭がとがったアメリカの福の神のことですが、寺内の頭と顔がこれに似ていたことにもちなんでいます。あわせて寺内内閣は、1917年から1918年にかけて袁世凱政権に代わって中国のリーダーになった段祺瑞に対して、私設秘書西原亀三を通して、1億4500万円もの借款を行いました。しかし、この借款は、寺内内閣の崩壊によって、そのほとんどが返済されずに終わりました。

❻ 米騒動

シベリア出兵に伴い米の買い占め、売り惜しみがなされ、米価が急上昇しました。1917年米1石16円50銭だったものが、1918年には、1月には23円80銭、2月には25円50銭、5月には27円となり、8月にはついに50円を突破するまでになりました（大阪堂島米相場）。「うなぎのぼり」という表現がありますが、それどころの騒ぎではありません。民衆は、これに対し立ち上がりました。1918年7月20日の朝早く、富山県の魚津町の海岸に集まった女性たちは、米価暴騰の原因は米の県外への移出だと考え、米の積み出しを中止するよう訴えました。彼女たちの行動は警察の説得でおさまりましたが、同じような訴えはその後も続きました。8月3日、今度は西水橋町で海岸に集まった約200人の女性たちが米屋に押

しかけ米の廉売を求め、受け入れられなければ米屋を焼き払うと迫りました。主婦たちがおこした自然発生的蜂起は、新聞にも「越中女一揆」として報じられました。米の県外移出禁止と安売り要求は、またたく間に全国に広がり、1道3府38県、約70万人が参加するまでになりました。寺内内閣は、騒動を鎮圧するために軍隊まで動員したのですが、同年9月ついに総辞職しました。

❼ 原敬内閣

原敬　1856～1921

寺内内閣に代わり政党嫌いの元老山県有朋が選んだ首相は、政友会総裁の原 敬（はらたかし）でした。原は爵位を持たない「平民宰相」として人気を博しました。原内閣は、陸相（田中義一（たなかぎいち））・海相（加藤友三郎（かとうともさぶろう））・外相（内田康哉（うちだこうさい））以外は、すべて政友会党員から選んだ本格的政党内閣でした。組閣後、原は①教育の改善、②交通通信機関の整備、③国防の充実、④産業および貿易の振興、という「四大政綱」を発表し、大学令を制定し、鉄道を拡充する政策を実施していきました。

折から1919年10月は憲法発布30周年にあたっていて、全国で普通選挙法制定に向けての運動が展開されていました。しかし原は、国民が願った最大の要求、すなわち普通選挙法の制定を拒否しました。原は選挙法を改正して、選挙権の納税資格を直接国税10円から3円以上の納入者に引き下げ、政友会の拡張のために、従来の大

選挙区制を改め、小選挙区制としました。改められた選挙法で、原は1920年5月総選挙を実施し、議員総数464名中、政友会議員278名の当選を勝ち取りました。

また、シベリア出兵を継続し、1920年には、ニコラエフスクで日本軍がソビエトのパルチザン（partisan、武器を取ってゲリラ戦をする、労働者・農民による非正規の戦闘組織のこと）に包囲され、攻撃を受けた尼港事件がおきてもなお、シベリア出兵をやめませんでした。ちなみに、日本がシベリア出兵を終了するのは1922年のことであり、この時、原はすでにこの世にはいませんでした。

さらに、政府は1920年、東京帝大助教授森戸辰男が発表した論文「クロポトキンの社会思想の研究」が無政府主義思想を広めるものだという理由で問題視し、森戸を起訴しました。

国民は、「平民宰相」としての原の登場を歓迎しましたが、彼が行った政治は、党利党略に走った極めて保守・反動的な政治以外の何ものでもなく、しだいに国民は彼に対する批判を強めていきました。そして1921年11月、国鉄労働者の中岡艮一によって東京駅で刺殺されました。

原敬暗殺後、高橋是清が全閣僚留任のまま、後継内閣を組閣しました。しかし、統制力に欠ける高橋のもとで、政友会内部に路線対立が生じ、ワシントン会議終了後の1922年6月、この内閣は総辞職しました。

近代史研究者の服部之総氏は平民宰相原敬についてこう評価しています。「……かれにおくられている『平民宰相』という幻想めいた代名詞の、かくされた実体が、…」（『服部之総全集、第18巻―明治の指導者Ⅱ―』、福村書店）と。つまり、原は「平民宰相」でも何でもなかったのです。ただ爵位を持たなかっただけでした。

8 大戦景気

　第1次世界大戦の際、日本はほとんどこの戦争とは無関係であったために、アメリカと同様、大戦景気にわきかえりました。貿易では、1914年に債務約11億円という借金を抱えていた日本は、輸出超過となり、1920年には債権27億円となりました。より具体的に述べると、①ヨーロッパ諸国から日本に軍需品やその他の製品の注文が殺到しました。さらに、ドイツがこれまで輸出していたアジア諸国からも発注がありました。②また、世界的な船舶不足と貿易拡大により、造船ブームがおこり、イギリス・アメリカに次ぐ世界第3位の海運国となりました。海上運賃や海上保険料収入も増大し、船成金が続出しました。その代表として、内田信也の内田汽船会社が知られています。鈴木商店も鉄などの物資や船舶の買い付けで、三井・三菱に次ぐ財閥となっていきました。

　軽工業の発達も目覚ましいものでした。紡績業では、イギリスを追い越し、世界第1位となりました。大戦のためにイギリスがアジア市場から後退し、代わりにその地位を日本が占めるようになったのです。大戦期に東洋紡績・大日本紡績・鐘淵紡績の3大紡績の独占体制ができあがりました。また、農村では、繭の生産額が1914～19年に約4.4倍に増加しました。生糸は、アメリカの好況を背景に次々と輸出されました。

　重工業では、八幡製鉄所の大拡張と、1918年に満鉄が設立した鞍山製鉄所を挙げることができます。また、1918年には、工業生産額が農業生産額を上回りました。さらに、ドイツからの輸入途絶により化学肥料・薬品などの化学工業が発展していきました。政府は、化学工業の援助のために1915年、染料医薬品製造奨励法を公

布し、資本金600万円以上の染料会社と50万円以上の医薬品会社は、10年間あらゆる損失を補償され、年8分の配当が行えるように、政府から補助金を与えられることになりました。

　工業原動力も蒸気からしだいに電気に変わっていきました。特に1915年、福島県猪苗代(いなわしろ)水力発電所が完成し、猪苗代湖～東京間約200kmを11万5000ボルト、総出力4万2000kwの高圧送電が成功したことは大きな意味を持ちました。これは当時、世界第3位の超高圧長距離送電に成功したことになります。

　工業の発達に比べ、農業は、旧式農業の改良にとどまる状態でした。たしかに、農業技術の進歩はありましたが、農業の近代化には進むことができなかったようです。農業技術の進歩では、耕地整理が進み、過燐酸石灰(かりんさん)・硫安・硫酸カリなどの化学肥料が使用されるようになりました。この点では、化学工業の発達が裏打ちしたといえるでしょう。また、米の品種改良も進み、冷害に強い品種が作られていきました。さらに、栽培技術も進歩していきました。塩水の比重を利用して種子（種籾(たねもみ)）の良否を区別する塩水選、苗代の間に適当な通路を作る短冊型共同苗代、規則正しく苗を植える正条植えといった技術により、狭い耕地でも収穫量を上げることができるようになりました。

❾ 戦後恐慌

　しかし、好景気はそう長くは続かず、1920年には戦後恐慌がおこりました。大戦が終了し、ヨーロッパ諸国の生産が回復してくると大戦景気は終わってしまったのです。1919年出超は入超に転じ、翌1920年3月、東京の株式市場の暴落がおこり、恐慌が発生しました。第1次世界大戦の間、イギリス・アメリカが金輸出禁止を行

ったため、日本も同じ措置をとりました。つまり、金本位制から離脱したのです。欧米諸国は、戦争終了後金本位制に復帰しましたが、日本は大戦景気の時期に一時的に膨張した経済を適切にコントロールできなかったために、金本位制への復帰を果たすことができませんでした。このことも、日本が欧米との貿易をスムーズに進められない原因になりました。

　大戦景気と戦後恐慌を通じて、銀行資本の集中、金融資本による産業支配が進行し、三井・三菱などの財閥を頂点とする独占資本主義が確立しました。独占資本の団体も結成されるようになり、1917年には日本工業倶楽部が、1922年には日本経済連盟会が結成されました。

　巨大独占企業は、この機を通じて、これまで以上の力を持つことができましたが、中小の企業は次々と倒産しました。また倒産の危機に直面した企業で、日本銀行からの特別融資金と大蔵省預金部の救済資金によって、何とか倒産を免れることができた企業もありました。特に大蔵省預金部資金は、国民がわずかなお金を黙々と蓄えた郵便貯金ですから、企業は国民に助けられ生き延びたといってもいい過ぎではありません。

⑩ 第1次世界大戦後の外交

1）パリ講和会議

　1919年、パリで講和会議が開催されました。会議は、前年アメリカ大統領ウィルソンが提案した民族自決権を柱とする平和原則14カ条（秘密外交廃止・軍備縮小・民族自決・国際連盟の設立など）とイギリス・フランスの賠償要求が絡みあったものでした。ウィルソンの平和原則は、ロシア革命のリーダーだったレーニンの

「平和に対する布告」に対抗して作成されたものでした。日本はこの会議に、西園寺公望らを全権として送り、英・米・仏・伊とともに5大国の一国として参加しました。会議の結果、締結されたベルサイユ条約は、ドイツに対し、領土の削減、植民地の放棄、陸・海軍の制限などとともに、「天文学的数字」と表現される賠償金を課しました。この条約による新たな国際政治体制をベルサイユ体制とよびます。英・米・仏3国主導の支配体制が確立したということです。日本はこの体制に加わると同時に、大戦中に獲得した山東半島の旧ドイツ利権の継承と赤道以北の旧ドイツ領南洋諸島の委任統治権を得ました。委任統治は、軍事施設を作ることはできませんが、行政と住民に対する教育などの責任を日本が負うことになりますので、対象地域は事実上の植民地となったといえるでしょう。

2）アジアでの反日運動

　日本がドイツから山東半島の利権を継承したことに対し、中国国内では各地で激しい反発が生じました。1919年5月4日、北京で学生を中心とするデモが行われ、反日運動が展開されました（5・4運動）。この事件より少し早く、朝鮮でも、京城（ソウル）で日本の支配に対して独立を宣言する集会とデモが行われ、運動は全国に広がりました（3・1運動）。3・1運動に際して、1919年4月15日、京城に近い水原郡堤岩里でキリスト教徒20数名が殺害された堤岩里事件も発生しています。

3）国際連盟

　1920年、ウィルソンの提案に基づき、国際平和のための常設機関、国際連盟が創設されました。アメリカは提案国でありながら、

上院が反対し（モンロー主義＝国際孤立主義）、加盟しませんでした。また、ドイツも1926年まで加盟せず、ソ連も1934年にようやく加盟しました。日本は、英・仏・伊とともに常任理事国になりました。

4）ワシントン会議

幣原喜重郎 1872～1951

　この頃アメリカは、太平洋地域と中国侵略のためには、日本の勢力拡大を弱める必要があると考えていました。そこで列強間の勢力均衡（バランス＝オブ＝パワー）を図る国際会議という名目で、大統領ハーディングの招請により、1921年11月から翌1922年2月まで、ワシントン会議が開催されました。この会議は、アジア・太平洋地域の国際秩序を作ろうとするものでした。日本はこの会議に、海相加藤友三郎と駐米大使幣原喜重郎らを全権として参加しました。会議では以下の3つの条約が締結されました。

　①四カ国条約―日・米・英・仏の4カ国で結ばれ、太平洋上の島嶼の領土保全と安全保障を取り決めました。本来は、日英同盟にアメリカを加えた3国同盟にするというイギリス案が先にあったのですが、アメリカが反対し、フランスを含めて四カ国条約になりました。この条約締結により、日英同盟は廃棄されました。

　②九カ国条約―日・米・英・仏・中・伊・蘭・ベルギー・ポルトガルが参加し、中国の主権尊重・領土保全・門戸開放を決めました。

この結果、日本は山東省の旧ドイツ利権を放棄し（21カ条要求第1号の放棄）、あわせてアメリカとの石井・ランシング協定を廃棄しました。この条約は、アメリカが提案した対中国4原則（中国の主権尊重、有力な中国政府の完成、商工業上の機会均等と門戸開放、中国に新勢力範囲を作ることの禁止）を確認するためのものでした。日本にとっては、アメリカの主導で、中国の利権を手放すに至ったことを意味します。

　③海軍軍縮条約─日・米・英・仏・伊の5カ国で結ばれ、主力艦（戦艦・巡洋戦艦）と航空母艦の比率を米・英5：日本3：仏・伊1.67と定め、むこう10年間にわたり主力艦の建造はしないことを定めました。より詳しく述べると、主力艦は排水量3万5000トン以下、備砲16インチ以下に。航空母艦は排水量2万7000トン以下とすることになりました。ちなみに、巡洋戦艦とは、戦艦と同等の攻撃力を備え戦艦よりも高速力ですが、防御力は弱かったとされる船のことです。

　あらためて、ワシントン会議の結果誕生したワシントン体制とは何かということを考えておきましょう。ワシントン体制とは、九カ国条約を主柱とする東アジアの国際秩序をいいます。これはヨーロッパのベルサイユ体制に対応するものでした。この体制は、第1次世界大戦前に列強が獲得・設定した、既得の領有権や諸権益を何ら否定するものではありません。その一方で、中国の主権・独立の尊重を唱え、新たな特権・独占・勢力範囲の設定を否認することによって、ソ連の出現と連動する中国の反帝国主義ナショナリズムに共同して対応し、帝国主義支配の存続を図った列強の中国共同支配体制だと考えられています。

　ではなぜ、日本はこのワシントン体制に従ったのでしょうか。日

本は、海軍兵力では世界3強の1つにまでのし上がりながら、経済的には依然として弱国であるという事情がありました。大戦景気による成長にもかかわらず、日本経済は先進諸国に比べて低水準にあり、さらに日本は戦略的物資（軍備拡張に必要な石油・鉄鉱石など）の大半を米・英からの供給に頼っていました。しかも、これら米・英からの物資輸入を支えたのは、つまるところ生糸という贅沢品原料の対米輸出だったのです。

11 社会・労働運動の発展

1）大正デモクラシーの思想

　1916年、東京帝大教授吉野作造は、『中央公論』に「憲政の本義を説いて其有終の美を済すの途を論ず」という論文を発表しました。この論文は、政治上一般民衆を重んじるもので、政治の目的は民衆の福利にあり、政策決定は民衆の意向に基づくべきだと主張し、その実現のためには政党内閣制の実施と普通選挙法の制定が不可欠だと述べたものです。吉野は、人民主権の民主主義と区別して、こうした政治のあり方を「民本主義」といいました。

　また、同じく東京帝大教授美濃部達吉は、天皇機関説を発表しました。この憲法学説は、国家が法的人格を有し、法人としての国家が主権の主体であり、天皇は国家統治の最高機関であるとする理論でした。美濃部の説は、天皇主権論をとる東京帝大教授上杉慎吉との間で激しい論争を引きおこしましたが、強力な世論の支持に支えられて当時の支配的な学説となりました。

2）労働運動

　経済の発展によって労働者、なかでも男子労働者の比率は増加し

ていきました。労働者の総数は増加しても、彼らを取り巻く環境は大きくは変化しませんでした。つまり、低賃金・長時間労働は改善されることがなかったのです。こうした状況の中で労働運動は、本格的に団体を組織し、そのもとで厳しい労働条件に対する改善を要求するようになります。

　1912年、鈴木文治によって結成された友愛会は、はじめ労資協調的な団体で、共済組合としての性格が濃いものでした。しかし大戦景気に伴う労働者の増加と戦後恐慌によって労働運動が増加すると、1919年には大日本労働総同盟友愛会と改称され、1921年には、日本労働総同盟と再改称し、産業別編成の戦闘的労働組合に変貌を遂げました。こうした運動の高まりの中で1920年5月2日には日本最初のメーデーが行われました。本来メーデーは5月1日であるのに、なぜ5月2日だったのかといえば、5月2日が日曜日だったからです。現在では、5月1日前後に実施されています。

3）農民運動

　寄生地主制のもとで高額小作料に苦しめられていた小作人たちの運動も本格化していきました。1922年、賀川豊彦・杉山元治郎をリーダーとした日本農民組合が結成されました。農民運動の高まりに対して政府は1924年、小作調停法を制定して地主の利益を擁護し、地主側も1925年、大日本地主協会を組織して、小作争議に対抗しました。

4）被差別部落の解放運動

　過酷な身分差別に苦しむ被差別部落の人々も、1922年、西光万吉・松本治一郎らは、「人の世に熱あれ、人間に光あれ」と宣言し、

差別された人間の権利を回復するため、京都で全国水平社を設立して、差別糾弾の戦いを進めていきました。

5）社会主義運動

長い「冬の時代」を過ごした社会主義者も、1920年、日本社会主義同盟を結成し、活動を再開しました。まもなく社会主義運動は、無政府主義と共産主義との間に対立（アナ・ボル論争）が生じます。ロシア革命に影響を受けた共産主義者たちは、1922年、コミンテルン（第3インターナショナル）の指導下に非合法の日本共産党を結成しました。「大逆事件」以来、久しぶりに活動を再開したのです。

6）女性運動

1911年、平塚らいてうらは、青鞜社を結成しました。当初、青鞜社は文学運動にとどまっていましたが、1920年、平塚・市川房枝・奥むめおらが中心となって新婦人協会を結成しました。協会は、婦人参政権獲得と治安警察法第5条の改正（第5条には、女性の政治集会参加が認められていませんでした）を要求しました。治安警察法第5条改正は、1922年に実現し、女性も政治集会に参加できるようになりましたが、婦人参政権は獲得できませんでした。

平塚らいてう　1886～1971

1918年には与謝野晶子・平塚らいてうらが、女性の自立には経済的自立が必要か、国家による母性保護が必要かをめぐって激しい

論争（母性保護論争）を戦わせました。論争を通じて彼女たちは、家庭生活を保障するためには政治活動の自由と参政権が必要だと考え、1924年、婦人参政権獲得期成同盟会（翌年、婦選獲得同盟と改称）を組織し、さらに活動を続けました。また、職業婦人の増加によって1916年には友愛会内部に婦人部が設置されました。社会主義の女性団体も山川菊栄・伊藤野枝らにより1921年、赤瀾会が結成されました。

7）知識人の運動

1918年、吉野作造を中心に黎明会が組織され、1920年にかけて全国的な啓蒙運動が展開されました。また、吉野の影響を受けた東京帝大の学生を中心に新人会が結成されました。

8）国家主義運動

これ以外に、国家主義運動が行われていたことも見逃せません。1930年代のファシズム運動は、すでに1920年代から準備されていたのです。1919年、国家改造（財閥や官僚制を排除し、天皇を中心とする国家を作ること）・アジア民族解放を主張する人々が集まり、猶存社が結成されました。中心的なメンバーは、1923年『日本改造法案大綱』を著した理論家北一輝と大川周明でした。

12 中間内閣の時代

高橋是清内閣の後、2つの中間内閣（非政党内閣）が続きました。加藤友三郎内閣がまず組閣され、政友会が閣外から協力しました。加藤は、海相を兼任して海軍軍縮条約を実行し、シベリア撤兵と山東半島からの撤兵を実現させました。1923年8月26日、加藤が

病死すると、同年9月2日、山本権兵衛が第2次内閣を組閣しました（山本震災内閣）。

山本内閣が組閣されている最中、9月1日、午前11時58分、相模湾北西部を震源とするマグニチュード7.9の直下型地震が関東地方を襲いました。被害は、罹災者340万人、死者・行方不明者14万人を数え、被害総額は約60億円を超えました。この関東大震災のことを大正大震災ともいいます。また、この震災では火事の被害がクローズアップされていますが、実際には津波被害もおきていることにも注意が必要でしょう。

関東大震災で政府は戒厳令を発令しましたが、混乱の中でデマが飛び交い、警察や恐怖心に駆られた民衆により自警団が組織され、彼らによって多くの朝鮮人と中国人が殺害されました。

また、この混乱に乗じて活動家や社会主義者が殺害される事件もおきました。例えば、亀戸警察に捕らえられた労働運動の活動家（川合義虎・平沢計七ら）が警察と軍隊によって殺害され（亀戸事件）、次に、無政府主義者の大杉栄と内縁の妻伊藤野枝、大杉の甥が憲兵隊大尉甘粕正彦によって殺害されました（甘粕事件）。この大杉らの虐殺に憤った難波大助は、同年、摂政宮（摂政で皇太子だった頃の昭和天皇）狙撃事件（虎ノ門事件）をおこし、その責任をとって山本内閣は総辞職しました。

⑬ 第2次護憲内閣

山本内閣の後、枢密院議長の清浦奎吾が貴族院をバックに組閣しました。各政党は、清浦内閣の成立を超然内閣の出現ととらえ、憲政会・政友会・革新倶楽部は護憲運動を開始しました（第2次護憲運動）。3党は、「普選断行、貴族院改革、行政整理」をスローガン

第5節　大正期の動向

に活動しました。前回の第1次護憲運動とは違って、今回は、護憲を説く3党が主導権を握り、民衆を巻き込むことなく運動が展開されました。3党の代表者たちは、国民に階級闘争が広がることを恐れたのです。ですから、政治を担当する政治家だけの運動であったということです。

政友会は、この時期、高橋是清総裁と対立する床次竹二郎らが党を分裂させ、政友本党を結成し、清浦内閣を支持しました。清浦は、こうした状況を利用し、普通選挙を実施すると声明し、民衆と政党を懐柔しようとしたのですがうまくいかず、1924年5月、議会を解散し、総選挙を実施しました。選挙の結果、政友会（高橋是清）・憲政会（加藤高明）・革新倶楽部（犬養毅）は284名の議員を当選させました。この結果を見て、清浦内閣は総辞職し、衆議院第1党となった憲政会の加藤高明を首相とする護憲三派内閣（第1次加藤内閣）が誕生しました。

⑭　加藤高明内閣

加藤高明内閣は、加藤を首相に、政友会の高橋是清を農商務大臣に、革新倶楽部の犬養毅を逓信大臣に迎えた3党連立の内閣でした。しかし、この内閣は加藤首相が三菱財閥の岩崎家の女婿であったことから三菱財閥と深い関係があり、「三菱内閣」ともよべるものでした。加藤は1925年3月、国民の長年の要求であった普通選挙法

加藤高明　1860～1926

を制定しました。この法は、男子満25歳以上に選挙権を与え、満30歳以上に被選挙権を与えるもので、有権者は4倍に増加しました。しかし、女性には選挙権が与えられなかっただけでなく、日本国内の同一市町村に1年以上住んでいなくてはならないという制限がありました。つまり、貧困のために移動が激しい人は除外されることになるのです。また、普通選挙法制定に伴って予想される無産政党（共産党以外の社会主義政党の総称）の進出を抑えるために、同年、治安維持法を制定しました。「国体（＝天皇制）の変革」「私有財産制否認」を目的とする結社の組織者・加入者を、最高10年間懲役・禁錮刑に処することを可能にしたのでした。同法は、植民地の台湾・樺太・朝鮮でも施行されました。

さらに、ソ連との正式な国交を樹立するために、1925年、日ソ基本条約を締結しました。この内閣では、これ以外に、宇垣一成陸相によって現有21個師団を17個師団に削減されました（宇垣軍縮）。ただし、その代わりに中学校以上の学校で軍事教練が導入されることになりました。

貴族院改革も護憲運動のスローガンの中に入っており、それを進めようとして貴族院令の改正を実施しますが、あまり効果はなく、爵位を持つ議員の減員が決まっただけでした。

ところで、護憲三派内閣は、1925年8月、崩壊してしまいます。その理由は、政友会が高橋是清総裁に代えて陸軍の田中義一を総裁に迎えたことにはじまります。田中は先の選挙で、政友会の分裂組織政友本党に敗れたことを重視し、革新倶楽部の大半を吸収したのです。このため三派間のバランスがとれなくなり、第1党であった憲政会は、単独で内閣を組閣することになりました（第2次加藤内閣）。

第6節　恐慌下の日本

❶ 金融恐慌

　おさらいになりますが、日本は1890年に最初の恐慌に見舞われ、1897年に日清戦後恐慌、1900年から1901年に資本主義恐慌、1907年に日露戦後恐慌、1920年に戦後恐慌を経験しました。

　ここで改めて、恐慌とは何かについて理解していただきたいと思います。資本主義社会においては、生産の拡大・投資は個々の企業の計算・採算に基づいて決定されますが、社会全体としては基本的に無計画・無計算です。したがって、その生産に対する有効需要（国内市場と海外市場の購買力）は必然的にバランスを失い、生産力の相対的過剰という現象を招いてしまいます。そこで、商品のおびただしい滞貨（在庫）がはじまり、操業短縮・資本の減少という過程を経て、企業の倒産がおこります。さらに倒産は、その企業に資金を貸し付けていた市中銀行・一般銀行の取り立て不能（こげつき）につながり、不景気の波は、連鎖反応的に商店→生産会社→銀行という経路をたどっていきます。これが恐慌です。

　また、手形についても説明しておきましょう。手形とは、ある期限までに支払いを約束した有価証券のことをいいます。満期日（決済期限）前に支払手段として利用できる信用貨幣として、流通します。逆に決済期限までに支払いを完了できなければ、不渡りということになります。不渡りの手形とは信用貨幣ではなく、ただの紙切れ（ゴミ）になったものです。さて、関東大震災では、多くの決済不能となった手形（震災手形）が生じ、その処理が問題となってい

若槻礼次郎　1866～1949

きます。

そして加藤高明の病死を受けて、同じ憲政会の若槻礼次郎が組閣し、元号も「昭和」と改まった矢先に、金融恐慌が発生しました。若槻内閣は、関東大震災後の不況を克服するため、支払いを猶予するなど震災手形の処理を中心とする銀行経営の健全化を図っていきました。しかし、片岡直温蔵相が議会で、実際にはまだ休業していなかった渡辺銀行が破綻したと述べたこと（失言）によって、一部銀行の不健全な経営状態が明らかになると、多数の預金者が銀行に殺到する取り付け騒ぎ（預金の引き出しの集中のこと）が発生しました。こうした金融不安から、渡辺銀行をはじめとする44の銀行が相次いで休業に追い込まれたのです。

　さらに、1927年4月には、大戦中に急成長を遂げ、一時は三井・三菱をしのぐ勢いだった鈴木商店が倒産しました。鈴木商店は、手広く商売を行い、樟脳なども扱っていたのですが、総合企業（総合商社）としては未熟でした。そのため、鈴木商店に巨額の融資をしていた台湾銀行が危機に陥りました。

　台湾銀行は、単なる一般の銀行ではなく、名前からもわかるように、日本の植民地台湾の経済支配を担った銀行でした。当然ながら、若槻内閣は、緊急勅令により台湾銀行を救済しようとします。しかし、外相幣原喜重郎の協調外交に不満で、政友会と結びついた伊東巳代治ら枢密院のメンバーは、この緊急勅令案を否決し、若槻内閣を総辞職に追い込みました。

枢密院が反対した理由をもう少し詳しく述べておくと、以下のようになります。第1次世界大戦前後から日本経済の中国に対する依存度は高くなっていました。商品を輸出する市場としてだけでなく、綿紡績（在華紡）をはじめとする産業では、中国人を低賃金・長時間労働で働かせることによって収益を上げる、資本の輸出を行っていました。しかし、中国国内では排日運動がおきるとともに、民族資本がしだいに活発になっており、日本商品の中国への輸出は低下するばかりでした。こうした状況に対して、幣原喜重郎は、対米英協調・対中国武力侵略回避を骨子とする協調外交政策を採用していましたが、財界、特に三井と軍部・政友会は、この外交政策に強く反対していました。このグループの代表者が先の伊東巳代治だったのです。ここに、国民の窮乏を無視してまで、自分たちの利益を優先させようとする財界・軍・政党の姿を見出すことができます。

　若槻内閣総辞職後、政友会の田中義一が首相に就任しました。田中は首相と外相を兼任し、組閣しました。田中内閣は、緊急勅令により3週間のモラトリアム（支払猶予令）を発し、全国の銀行を休業させ、日銀は20億円近くの非常貸し出しを行って金融恐慌を鎮静化させました。この時、銀行の再開に備えるため、大量の紙幣を発行したのですが、印刷が間にあわず、裏が白紙の状態の紙幣（裏白紙幣）を市場に出すという有様でした。

　この恐慌を通じて、それまで中小銀行に預けられていた預金は、大口については三井・三菱・住友・安田・第一の五大財閥系銀行に集中することになり、小口については郵便貯金（大蔵省預金部資金）に集中していきました。1927年3月、銀行法が制定され、銀行は株式会社に限られ、最低資本金100万円も必要とされました。その結果、1417行あった銀行のうち790行は資格がない銀行と判

断され、財閥系銀行に吸収されました。また、問題の一翼を担った鈴木商店と関連企業は、三井・三菱に分割され吸収されました。こうして恐慌によって、結果的に利益を得たのは財閥と国家でした。

❷ 強硬外交

田中義一 1864～1929

　田中内閣が誕生したことは、必然的に中国に対する外交政策が変化したことを意味します。田中首相は、先に述べたように外相を兼任し、対中国強硬政策を実行したのです。

　ここで再び中国の状況を見ておきましょう。辛亥革命後の軍閥（地方の軍事政権）の割拠と混乱の中で、孫文らは広東（かんとん）に軍事政権を樹立し、さらに1919年、中国国民党を結成しました。一方、五・四運動の高揚を受けて、1921年、中国共産党が結成されました。両党は、1924年、「連ソ容共・軍閥打倒・帝国主義打倒」を目標に第1次国共合作を実現します。こうした動きの中で、1925年5月、上海の内外綿工場（在華紡＝日本人経営の紡績工場の1つ）でストライキがおこり、経営者が共産党員労働者を殺害しました。これをきっかけとして、ストライキは青島にも広がります。同年5月30日、ストの弾圧に抗議した上海の労働者・学生のデモ隊にイギリス人署長の命令を受けた租界警察が発砲し、10数名が殺害される事件がおきました（五・三〇事件）。この事件は、中国全土に反帝国主義の運動を燃え上がらせる発火点になりました。

こうした中で、1925年7月、広東に国民政府が樹立され、翌1926年、孫文の後を継いだ蔣介石が率いる国民革命軍は、華中の都市武漢を占領し、国民政府をここに移しました。1927年3月には上海を占領し、次いで南京を占領しました。南京占領の際、国民革命軍によってイギリス・アメリカ・日本などの領事館・居留民が襲われ、多数の死傷者を出しました。この事件を南京事件といいます。事件後、列強から強い抗議を受けた蔣介石は、同年4月、反共クーデターをおこし、南京に国民政府を移しました。当然共産党との協力関係も終了し、1927年7月、第1次国共合作は終了しました。

❸ 山東出兵と東方会議

　1927年、国民革命軍は中国北部に勢力を持つ軍事政権を打倒するための北伐（国民革命）を開始し、山東省に接近してきました。これに対して日本は「居留民保護・権益擁護」を理由に、同年5月、関東軍から約2000名を山東省に派遣、7月にも約2200名を増派しました（第1次山東出兵）。翌1928年、北伐の再開に応じて日本は再度山東出兵を決定し、支那駐屯軍（歩兵4個中隊）と第六師団（熊本）を派遣し、済南に入って来た国民革命軍と衝突しました（済南事件）。

　この間、田中内閣は、第1次山東出兵と並行しながら、1927年6月から7月にかけて東京で、中国政策の基本方針を決めるために、外務省・軍部・満州鉄道の首脳部を集め、東方会議を開きました。この会議で、中国への積極介入を確認し、中国東北部＝満州を日本の支配下に置くとする「対支政策綱領」を決定しました。

④ 満州某重大事件＝張作霖爆殺事件

　日本側の北伐阻止にもかかわらず、北伐軍は北京にまで迫って来ました。そこで政府は、日本と関係の深かった満州軍閥の張作霖に北京から奉天への引き上げを勧告しました。これに従って張作霖は奉天に引き上げたのですが、奉天郊外で列車ごと爆殺されてしまいます。この事件は、関東軍参謀河本大作大佐が計画し、東宮鉄男が実行した謀略でした。関東軍は、必ずしも日本に忠実でなかった張作霖の下野を望み、張作霖爆殺の混乱に乗じて関東軍を出動させる満州占領を計画したのですが、失敗に終わりました。

　この事件がおきた時、軍部は国民党のスパイがおこしたものだとし、真相を国民に知らせませんでした。そのため、民政党（憲政会は1927年に民政党に改称しました）は、「満州某重大事件」とよんで議会で攻撃しましたが、政府や陸軍は真相を公表せず、関係者の行政処分にとどめただけでした。しかし、事件の真相を知った天皇は田中首相を叱責し、田中は責任をとって、1929年内閣を総辞職しました。

⑤ パリ不戦条約

　中国には武力を背景とする強い姿勢を示した田中内閣でしたが、欧米に対しては、依然として協調外交政策を継続させていました。というのも、日本はいまだ欧米と戦うだけの準備をしていなかったからです。1928年のパリ不戦条約の調印が、そのことをよくあらわしています。このように当時の外交には二重性があったのです。ちなみに、政府は不戦を誓う条約文の「人民の名において」という語句について、天皇主権である明治憲法では受け入れることはでき

ないとし、この語句を適用除外して不戦条約を締結しました。

❻ 田中内閣の内政

　社会運動の内部では、改良的な右派と革命的な左派の対立が激化していました。左派の中心である日本共産党は1924年、弾圧によって一時解党しましたが、1926年再建されました。また、合法社会主義政党（無産政党）や労働組合でも左右両派の対立が激化していました。

　日本労働総同盟や日本農民組合も左派・中間派・右派が対立し、それと並行して無産政党も左派の労働農民党、中間派の日本労農党、右派の社会民衆党が分立していました。1928年、普通選挙法制定後の最初の総選挙が実施されました。無産政党からの当選者は8名でしたが、非合法の日本共産党が、選挙を通じてなかば公然と活動を行ったため、同年3月15日、政府は共産党員や支持者を検挙しました（3・15事件）。さらに、田中内閣は、1928年6月、緊急勅令により治安維持法を改正し、国体（天皇制）の変革を目的とする結社行為に死刑・無期懲役を科すこととし、結社に直接関係しない者にも当局が国体変革の意思があると判断すれば、重刑に科すことができるとしました。また、1911年に、社会主義者を取り締まるために東京・大阪に設置された特別高等警察を全国に配置しました。さらに、翌1929年4月16日にも再び共産党員と支持者を大量に検挙します（4・16事件）。

❼ 浜口雄幸内閣

　立憲民政党の浜口雄幸が、田中義一内閣の後を受け継いだのは、1929年7月のことです。浜口内閣は、組閣後「十大政綱」を発表

し、①協調外交の復活、②金解禁の断行、③金解禁のための財政緊縮、④産業合理化を進めること、などを明らかにしました。そして、まず、予算の大幅削減、官吏・軍人の減俸、行政整理、公債発行の停止などの措置をとり、物価の引き下げを図ります。さらに低賃金・労働強化によって生産コストを引き下げる産業合理化を進め、企業利益の増大に努めました。こうしたデフレ政策を進めた井上準之助蔵相の名をとって、これを井上財政といいます。

8 金解禁

　金解禁というと、その語感からか、まったく逆に理解する人もたくさんいるように思いますが、「金解禁とは、金本位制に復帰すること」です。金の輸出入を禁止していた状態を解禁（自由化）することです。

　第1次世界大戦中、欧米各国は、金輸出禁止の措置をとり、日本も1917年、これにならって金輸出禁止に踏み切りました。しかし、大戦終了後、欧米各国は順次金本位制に復帰していきます。アメリカは1919年、ドイツは1924年、イギリスは1925年、イタリアは1927年、フランスは1928年に復帰しました。一方日本は、戦後恐慌・震災恐慌・金融恐慌とくり返された慢性的不況の中で、なかなか金本位制に復帰できませんでした。なぜなら、政府が景気刺激策と企業への救済融資を行ったために、物価は国際的に見ても割高となり、国際競争力が高まらなかったからです。その結果、浜口内閣成立時には円とドルとの為替相場は、1917年当時は100円＝49.85ドルだったのが、100円＝46〜47ドルと円安になり、その変動幅も大きかったのです。したがって、このままの経済状況で金輸出禁止時の為替相場（旧平価）で金解禁を実施すれば、円高の

ために輸出品は割高になり、国際競争力のない企業はつぶれてしまいます。そこで政府は、産業合理化を進め、公債発行を停止するとともに、緊縮財政によるデフレ政策を実施しました。そうして輸出品が割高にならないように物価引き下げを図ったのです。このような準備を経て、ようやく政府は1930年1月11日、金解禁を実施することができました。

❾ 昭和恐慌

　1929年10月24日（ブラック・サーズデー＝暗黒の木曜日）、ニューヨークのウォール街の株式市場で株の暴落がはじまりました。第1次世界大戦後、アメリカは世界の工業生産力と金保有の半分を占め、資本主義の中心国はイギリスからアメリカに移っていました。そのアメリカで過剰生産による恐慌がおこり、1930年には世界中に広がっていったのです。

　世界恐慌の波は、日本にも波及してきました。浜口内閣の金解禁による貿易拡大策は、世界恐慌のためにまったく効果を上げることができませんでした。貿易額は3〜4割の減少で、特に輸出額が減少しました。アメリカ向けの輸出の花形である生糸の価格も大暴落してしまいました。国内の物価も下落し、前年比5〜6割となりました。金は、1930年から1931年で輸出入総額44億円の15％（7億3000万円）が流出してしまいました。そのため企業の操業短縮・生産制限が行われ、失業者は1931年で約200万人となりました。

　さらに、農村にも恐慌の影響は広がっていきました。1930年は、繭価の大暴落だけでなく、天候が例年になく良かったことから豊作となり、米価は前年比5割にまで下がりました。日本の農業が

これまで経験したことがない「豊作飢饉」がおこったのです。その状態を『日本経済年報・第1巻』では、「キャベツ50個でやっと敷島1つにしか当たらず、蕪（かぶら）100把なければバット1つしか買えません」と記録しています。ちなみに、敷島やバットというのは、タバコの銘柄です。敷島1箱が18銭でバット1箱は7銭でした。ところが、翌1931年には、北海道・東北では冷害がおこり、いまだかつてない凶作になりました。宮沢賢治は、「西暦千九百三十一年の秋のこのすさまじき風景を恐らく私は忘れることができないであろう」と記し、さらに「十一月三日」の中で、「サムサノナツハ　オロオロアルキ」と記しました。農民は、豊作飢饉と凶作のダブルパンチに見舞われたのでした。農民たちは、土地を手放しただけでなく、借金のかたに娘の身売りをしました。そして子どもたちは欠食児童となって、飢えをしのぐために冷害でも育つ大根をかじるほかなかったのです。

　こうした状況に対し、労働者や農民は組織を固めて戦いはじめました。労働争議件数・労働組合組織率ともに1931年は戦前で最高の数字に達したのです。小作争議も急増し、昭和恐慌が終了後の1935年から1937年にも6000件を超える争議がありました。ところが、政府は運動の高揚に対して徹底した弾圧を行い、組織の分裂を策動しました。資

宮沢賢治　1896〜1933

本家も政府と一体となって、労働者・農民を犠牲にしながら、資本の独占化を図り利潤を維持しようとします。資本家はカルテル（企業連合）による生産協定を行い、さらにトラスト（企業合同）まで進めました。政府はその方向を支援するために、1931年4月、重要産業統制法を公布してカルテル結成を促し、国家権力と独占資本との結びつきを強化したのです。

❿ ロンドン会議

　1927年、田中義一内閣の時にアメリカ大統領クーリッジの提案でジュネーブ軍縮会議が開催されました。日本は斎藤実全権が参加しましたが、アメリカとイギリスの意見がまとまらず、補助艦制限は決まらずに終了しました。

　その後浜口内閣は、1930年イギリスの提案で開催されたロンドン会議に参加し、補助艦保有制限に同意しました。日本はこの会議に若槻礼次郎と海相財部彪を全権として派遣しました。このロンドン会議では、主力艦建造禁止の5年間延長と補助艦（巡洋艦・駆逐艦・潜水艦など）の保有制限（英・米10：日本6.975）が決められました。しかし、海軍軍令部の艦隊派（加藤寛治ら）や政友会は兵力の決定を目的とするこの条約は、天皇の統帥権を侵すもの（統帥権干犯＝明治憲法第11条違反）だとして、激しく政府を攻撃しました。政府は、ようやく条約を締結したものの、経済政策の失敗や政党政治に対する幻滅もあって世論の支持を失いました。こうした流れの中で、「国家改造」を叫ぶ右翼が台頭し、1930年11月、右翼団体の青年によって浜口首相は、東京駅で狙撃され重傷を負いました。浜口はこの時の傷のために翌1931年4月退陣し（死亡は同年8月）、第2次若槻内閣が成立しました。

なお、この時期の政党内閣の制約と特徴についてまとめておきます。①首相の指名は、西園寺公望（元老）の一存により決定し、政党・衆議院には何の権限もありませんでした。②陸海軍大臣は、軍部大臣現役武官制の有無にかかわらず、武官に限られ、政党員は就任できませんでした（シビリアン・コントロール＝文民統制が不可能）。③元老・貴族院・枢密院・軍部などの専制勢力が衆議院の外に存在し、特に軍の統帥権については、内閣はまったく関与できませんでした。④政党内閣の首相のうち、衆議院議員は、浜口雄幸と犬養毅だけで、加藤高明・若槻礼次郎・田中義一は貴族院議員であり、かつ爵位を有した華族でした。⑤政党は、政権の獲得・維持を目的としており、そのために必要であれば、上記のような専制権力に依存して反対政党を圧迫し、政策の貫徹に努めました。つまり、現在のような政党内閣制とは異なり、政党を中心とする政治に国民の意見がストレートに反映されることはなかった、と考えた方がよいでしょう。

第7節　満州事変と日本

1 満州事変

1) 歴史用語の確認

① 「事変」─「宣戦布告なしでする戦争行為」のこと。戦争と一緒ですが、宣戦布告がありません。さらに宣戦布告とは、戦争をすることを相手国に通告することです。
② 「満蒙権益」─日本が中国の南満州・東部内蒙古に設けた排他的な権利・利益のことで、具体的には、関東州の租借権や東清鉄道の経営権などを指します。
③ 「満州国」─中国の東北3省（黒竜江・吉林・遼寧）と熱河省に作った傀儡国家。なお、傀儡とは、黒幕に操られ、舞台の表面で踊らされる者をいいます。満州国の場合は、日本が捏造した国であるのに、まるでこの地域の人々が望んでいたかのように見せかけている状態を指します。
④ 「関東軍」─1919年4月、関東州（日露戦争後ロシアから引き継いだ遼東半島における日本の租借地）の統治機関である関東庁設置とともに置かれた軍隊のことです。

2) 満蒙の危機

　満州への武力侵略は以前から計画されており、それは対ソ戦略と市場拡大を目的としたものでした。具体的には、対ソ攻撃と中国侵略、朝鮮支配の維持・安定です。これらは政治的・軍事的・経済的な必要性を背景としていました。すなわち市場拡大とは、満州を資

本輸出の場所として、原料供給地として、さらには、日本の過剰人口を送り込む場所とすることを意味したのです。この満州占領計画が一挙に進められようとした背景には、相次ぐ不況と恐慌がありました。そうした矢先、「日本のドル箱」ともいうべき満鉄が、1930年、創業以来の赤字になりました。その理由は、1928年、蔣介石の国民政府に張学良政権が合流し、中国資本によって満鉄包囲線計画が実施されたからです。満鉄の経営悪化は、軍部・右翼などに危機感を与えることとなり、彼らは「満蒙の危機」を叫びはじめました。

満鉄包囲線計画とは、中国が日本の新鉄道建設を拒否し、自国で満鉄と並行する鉄道を敷設しようとしたものです。そして実際に1927年には打通線（打虎山～通遼間）と吉海線（吉林～海竜間）を開通させました。これは、満鉄の長春～奉天～大連間の並行線となりました。翌1928年には連山湾を起点とする3大幹線と支線を敷設する計画を立てました。これでさらに満鉄はダメージを被ることが必至となりました。

3）満州事変の勃発

満州占領計画を1929年頃から具体化しはじめていた関東軍の石原莞爾（いしはらかんじ）・板垣征四郎（いたがきせいしろう）らは、占領計画を実行に移し、「国家改造」を実現しようと考えていました。国家改造とは、重臣（元老ら）・政党・財閥などを排除し、天皇のもとに国民が集う国家を理想とする運動のことです。

折から、中村大尉事件がおこりました。1931年6月、対ソ戦準備のため、満州西北地方（興安嶺（こうあんれい））でスパイ活動中だった中村震太郎（なかむらしんたろう）大尉が、中国軍に銃殺された事件です。また同年7月、満州の

長春郊外の万宝山（まんぽうざん）で、移住してきた朝鮮人が中国人と対立した万宝山事件がおこりました。相次いで事件が発生し、日本国内では対外強硬論がわき上がりました。関東軍は、こうした状況を利用して、1931年9月18日、奉天（ほうてん）（現在の瀋陽（しんよう））郊外の柳条湖（りゅうじょうこ）で満鉄線を爆破します。そして中国軍の仕業だと偽り、これを口実に軍事行動を開始しました。9月21日には、朝鮮軍（朝鮮に駐屯する日本軍）も関東軍に呼応して独断で越境攻撃をしました。また、10月8日には張学良の根拠地である錦州（きんしゅう）に空爆を加えました。

石原莞爾　1889〜1949

　第2次若槻内閣は、一応、不拡大方針を表明しましたが、関東軍は短期間で戦線を拡大し、翌1932年2月までには、全満州の主要都市と鉄道を制圧しました。欧米列強は当然のことながら、日本の侵略行為を批判しました。

　1931年12月、閣内不一致で第2次若槻内閣が退陣し、政友会の犬養毅内閣が誕生します。犬養内閣は、若槻内閣の協調外交と財政緊縮策を改め、強硬外交・インフレ政策へと転換しました。

　満州事変への関心は依然として続いていました。そこで、1932年1月には、陸軍が列強の関心をそらすために、軍事行動を上海まで拡大させました（第1次上海事件）。事件は、上海で布教活動（托鉢（たくはつ））を行っていた日本山妙法寺の僧侶を日本側が買収した中国人に殺害させ、それを口実に海軍陸戦隊を派遣し、上海を占領しようとしたものでした。しかし、上海市民らの抵抗が強く、また欧米

諸国の権益が複雑に入り組んでいる場所であったために、日本は厳しい非難を浴び、停戦協定を結んで撤退せざるを得ませんでした。

4) 満州国の建国

愛新覚羅溥儀　1906～1967
満州国皇帝時代

中国政府は、日本の行った柳条湖事件を国際連盟に提訴しました。国際連盟は、事件の不拡大と日中両国政府に即時撤退を通告するとともに、イギリスのリットン卿を団長とし、米・英・仏・独・伊の委員からなる調査団を1932年1月に派遣することを決定しました。調査団は、同年3～6月まで調査を行いましたが、日本は、この調査団が現地に到着するまでに既成事実を作るため、1932年3月1日、満州国を独立させ、清朝最後の皇帝（廃帝）愛新覚羅溥儀を執政にしました。その後、満州国は1934年には溥儀を皇帝にして満州帝国と改められました。満州国は建国にあたって、「五族協和＝漢民族・満州民族・蒙古民族・朝鮮民族・日本民族の協和（仲良くすること）」と「王道楽土（仁徳を基にして国をおさめる理想国家）」を唱えましたが、その実態は日本の完全な傀儡国家でした。満州国承認に消極的であった犬養内閣に代わって（直接には五・一五事件が原因して内閣崩壊）成立した斎藤実内閣は、1932年9月15日満議定書を取り交わし、満州国を承認しました。

❷ 国際連盟脱退

　1932年10月、リットン調査団は報告書を公表しました。報告書は日本の行為を非難していましたが、もう一方で日本に対する妥協的な姿勢も示していました。妥協的な姿勢とは、東3省（奉天・吉林・黒竜江）の3省に自治的な地方政府を設置し、日本を主とする列強の国際管理下に置くことの提案です。しかし、1933年2月、関東軍は新たに華北に近接する熱河省に侵攻しました。日本軍が占領地域を拡大しようとしていると見なされ、国際連盟は日本に厳しい対応をするようになりました。こうした状況の下で同月24日に開催された国際連盟総会では、満州国不承認などを内容とする対日勧告案が42：1で可決されました。松岡洋右全権は、満州国承認以外のいかなる案にも同意できないとして、同年3月、連盟を脱退しました（「国連よ、さらば」です）。

❸ ファシズムの台頭

　ここでも歴史用語の確認からはじめましょう。ファシズムという用語です。もともとファシズムとは、イタリア語の「ファッショ」＝束ねるという意味から派生した言葉です。ドイツ・イタリア・日本などでこの体制が確立したと考えられています。徹底した反共主義で、自由主義・個人主義を排撃し、国家主義・軍国主義の政治体制を作ります。ただし、単なる国家主義や軍国主義と異なるのは、全体主義や指導者の原理に基づき専制的な体制を作る点であり、労働組合やその他の組織を解体し、国家による統制のもとに同質化・画一化による国民統合と組織的な大衆動員がなされるところに違いがあります。一般的には、日本でもファシズムが政治体制として成

立したと理解されていますが、ファシズムの成立を否定し、軍部の台頭などで説明する研究もあります。

1）桜会の結成

　軍部・右翼を中心とした「革新」を標榜する勢力は、政党政治・議会政治を否定し、天皇を中心とする「国家改造」を目指しました。そしてベルサイユ・ワシントン体制の打破に向けて、活動を開始します。その契機となったのが、ロンドン海軍軍縮条約締結に対する統帥権干犯問題でした。この流れの中で1930年、橋本欣五郎陸軍中佐を中心に、中佐以下の現役将校が桜会という秘密結社を組織しました。

2）三月事件

　1931年3月、橋本欣五郎ら桜会のメンバーが大川周明ら右翼と組んで、宇垣一成陸相を首班とする軍部内閣樹立を計画しました。これは、社会民衆党の赤松克麿・亀井貫一郎らを加え、1万人程度のデモを行い、浜口内閣に辞職を迫ろうとしたものでしたが、肝心の宇垣が脱落してしまったので実現しませんでした（三月事件）。

3）十月事件（錦旗革命事件）

　さらに、1931年10月、桜会と右翼が結び、若槻首相・幣原外相を殺害し、陸軍大将荒木貞夫を首班とする軍部内閣樹立の計画が立てられましたが、失敗に終わりました。

4）血盟団事件

　軍部のクーデター計画に刺激され、右翼の活動も活発になりまし

た。日蓮主義者井上日召は、「一人一殺」を唱え、血盟団を組織し、政財界の要人の暗殺を計画しました。1932年2月、同団の小沼正が、前蔵相井上準之助を射殺し、3月には菱沼五郎が三井合名理事長団琢磨を射殺しました。

5）五・一五事件

ついで、血盟団とも関係があった海軍青年将校古賀清志・三上卓らは、右翼愛郷塾の橘孝三郎や陸軍士官候補生らとクーデターを計画しました。1932年5月15日、犬養毅首相を官邸で射殺しました。右翼は変電所を襲い、東京を暗黒にして戒厳令を出させることで、国家改造を行う計画でしたが、失敗に終わりました。しかし、加藤高明内閣から続いた「憲政の常道」（政党内閣制）は終了しました。元老西園寺公望は海軍大将斎藤実を推薦し、軍部・政党・官僚の妥協の産物である「挙国一致内閣」を組閣しました。挙国一致とは軍部だけでなく、政友会の高橋是清を蔵相に、民政党の山本達夫を内相に、政党には属さない内田康哉を外相に迎えるなどそれぞれ第一線の政治家を大臣とした内閣だったからです。

6）滝川事件（京大事件）

斎藤内閣の時、鳩山一郎文相の指示で1933年、滝川事件がおこりました。これは京都帝大教授の滝川幸辰の『刑法読本』と『刑法講義』が国体（天皇制のこと）破壊の危険がある赤化思想（共産主義のこと）であるとされ、内務省によって発売禁止され、滝川の京都帝大教授辞職を要求した事件です。これに対し、学問の自由に対する弾圧だとして京都帝大法学部全教授39人が辞表を提出し抵抗しましたが、結局、滝川の休職が発令されてしまいます。学問の自

由に対する国家からの干渉も厳しくなりました。

7) 天皇機関説事件

　斎藤内閣は、1934年3月、いわゆる帝人事件で批判が高まり総辞職しました。これは中島商相と鳩山文相が帝国人絹会社の株売買をめぐる疑獄事件で株を不正に安く入手したとの噂が流れ、政治問題化したものでした。総辞職直後に中島商相は、収監されたのですが、1937年に全員が無罪になりました。

　その後内閣は岡田啓介が継ぎました。広田弘毅（ひろたこうき）外相、高橋是清蔵相と、斎藤内閣時の挙国一致内閣の要素は受け継いでいます。

　岡田内閣の成立直後、陸軍省新聞班は、『国防の本義と其強化の提唱』というパンフレットを発行します。パンフレットの内容は、統制経済など国防軍事優先の国防国家を提唱し、個人主義・自由主義思想を排撃するものでした。

　翌1935年2月、天皇機関説事件がおこりました。超国家主義者の蓑田胸喜（みのだきょうき）らが、美濃部達吉の天皇機関説は反国体的な学説だと攻撃したのです。これを受けて菊池武夫（きくちたけお）が貴族院で美濃部批判を行いました。美濃部は、自らの学説の正しさは譲りませんでしたが、その著作『憲法撮要』は発禁処分にされました。しかし、政友会・軍部・右翼は事件を政府攻撃に利用したため、美濃部はついに貴族院議員を辞職しました。そして、政府は1935年8月と10月の2度にわたり、統治権の主体が天皇にあるとする国体明徴声明を発表しました。

8) 転向の時代

　転向とは、それまでの思想的立場、特に、社会主義（共産主義）

思想を捨てて、他の思想を持つようになることをいいます。

満州事変を契機に、国民は新聞・雑誌を通じてしだいに排外主義にとらわれ、軍部を支持する傾向を強めていきました。こうした中で社会民衆党は、満州事変を承認し、全国労農大衆党の党内にも満州事変支持勢力が誕生しました。その後、無産政党は従来以上に右傾化し、1932年には赤松克麿を中心に日本国家社会党が結成されました。この赤松は、先の三月事件にも名前が挙がった人物です。

残った社会民衆党と全国労農大衆党のメンバーたちが合同して社会大衆党を結成しましたが、しだいに親軍的な傾向を強めていきました。さらに1933年には共産党幹部の佐野学・鍋山貞親が獄中から転向を声明し、以後転向する者が続出しました。共産党は、再建後も合法活動はまったくできない状態でしたが、1935年には幹部の転向と弾圧によって活動停止の状態となりました。

9）二・二六事件

五・一五事件後、陸軍では統制派と皇道派の2つのグループが生まれ、対立するようになりました。両者は「国家改造」を目指す点では同じですが、その方法が異なります。まず、中堅幹部を中心とする統制派は、官僚・財閥とも提携しながら総力戦に対応した「高度国防国家」建設を目指しました。一方、青年将校を中心とする皇道派は、北一輝の『日本改造法案大

北一輝　1883～1937　二・二六事件では直接関与しなかったものの銃殺刑に処された

綱』の影響を受けて、官僚・財閥・政党を攻撃し、天皇を全面に立てた国家改造を計画しました。そもそも両者の対立は、陸軍内部のリーダーシップの争いであり、皇道派は、荒木貞夫元陸相（犬養内閣時）や真崎甚三郎参謀次長らが天皇親政論と対ソ主敵論を説き、クーデターをおこして国家改造を目指す青年将校の支持を集めました。これに対し統制派は、永田鉄山軍務局長らが青年将校らの動きを抑え、陸軍中央部の統制を維持し、官僚・財閥などの協力を取り付けながら、統制経済を強化しようとしました。

　1935年、両派の対立が激化する中で、真崎が教育総監を更迭されると、両派の対立はエスカレートし、皇道派の相沢三郎中佐が永田鉄山を斬殺するに至りました（相沢事件）。ついに、1936年2月26日、皇道派は「昭和維新」を合言葉に1500名近い兵を動員してクーデターを実行しました。岡田啓介首相は、女中部屋から脱出して助かりましたが、高橋是清蔵相・斎藤実内大臣・渡辺錠太郎陸軍教育総監は殺害されました。東京市内には戒厳令が敷かれ、混乱に陥りました。皇道派が敬愛した天皇は、皇道派を反乱軍とみなし、強硬な態度を示したため、29日には首謀者を含む皇道派メンバーは捕えられました。

❹ 経済の軍事化

　満州事変前後の経済について見ておきましょう。金解禁が浜口内閣・第2次若槻内閣で実施されましたが、1931年12月、犬養毅政友会内閣が誕生すると、高橋是清蔵相は、金解禁を再禁止し、金本位制から離脱して、管理通貨制に移行しました。そのため一時的に円相場は下落しましたが、満州事変による軍需景気と相まって恐慌克服の一助となりました。

1）高橋財政

　高橋蔵相の財政政策は、一言でいえばインフレ政策でした。インフレによって景気回復を図り、満州事変勃発によって増加する軍事費を賄うために赤字公債を発行しました。

2）軍事生産の増加

　政府は満州事変に伴う軍事生産の増加を図るために赤字公債を発行し、その財源を元に鉄鋼業では、製鉄大合同が行われました。さらに、軍需生産を中心とした重化学工業が発展し、新興財閥が台頭していきました。なかでも、鮎川義介の日産コンツェルン（満州重工業開発会社）は満州に進出し、三井・三菱に次ぐ第3位の財閥となりました。他に朝鮮に進出して水力発電と窒素工業でコンツェルンを形成した野口遵の日窒（戦後チッソ水俣病の原因になった企業です）や、昭和電工を中心とした森矗昶の森コンツェルンや、中野友礼の日曹コンツェルン、大河内正敏の理研コンツェルンなどが知られています。

3）輸出の増加

　管理通貨制への移行によって円の為替相場は下落しましたが、逆に円安と低賃金を利用して日本の輸出は急増していきました。1933年、綿布輸出高はイギリスに代わって第1位となり、1934年には日本だけが大恐慌以前の規模を超えました。しかし、欧米列強は、日本に対し、ソーシャルダンピング（不当な低賃金による安売り）と批判し、ブロック経済圏の結束を強めました。ブロック経済が生まれる背景には、当然、世界恐慌の影響がありました。

　1933年、66カ国の代表がロンドンに集まり、世界通貨経済会議

が開催されました。金本位制や通商問題が取り上げられ、世界経済の方向性が決まるはずでしたが、結局話し合いはまとまらず失敗に終わってしまいました。つまりこうした状況の中で、日本だけがいわば一人勝ちの状態で国際経済の舞台に立っていたのでした。列強は、他国の経済進出を阻止するために、植民地と結びつき、経済ブロックを形成します。1932年のイギリス（オタワ協定）からはじまり、アメリカ（汎米経済ブロック）、フランス（フランス経済ブロック）などが次々と作られていきました。

4）農村の不況

　高橋財政が力を発揮したのは、工業部門だけで、農村は不況から脱出できませんでした。高橋は、斎藤内閣時に時局匡救予算を通し、救農土木事業をおこすことで農民に現金収入の道を確保しようとしました。さらに、「自力更生・隣保共助」をスローガンとする農山漁村経済更生運動を推進し、産業組合（現在の農協＝JAのはじまり）を拡充します。これによって農民の組織化を図り、農家の発展、節約を進めましたが、1934年の東北地方の大凶作が農村の窮乏に追い打ちをかけ、農村の不況からの脱出は不可能となりました。こうした状況を打開するために、1932年からの試験的移民を経て、1936年、広田弘毅内閣は、満蒙移民事業（「百万戸移民計画」の策定）を本格化させました。

第8節　日中全面戦争の開始

1　広田弘毅内閣

　2.26事件の後、岡田啓介内閣の前外相で外交官出身だった広田弘毅が組閣しました。陸軍は、統制派が主導権を掌握し、閣僚人事にまで干渉して、軍部大臣現役武官制を復活させました。また、広田首相・有田八郎外相・馬場鍈一蔵相・永野修身海相・寺内寿一陸相の5相会議で「国策の基準」を決定し、大陸における日本の地位確立と南方進出を確認しました。さらに、「準戦時体制」

広田弘毅　1878～1948

確立を目指す政策実現を要求して認めさせると、馬場蔵相のもとで、公債増発と増税による軍需インフレ策を採用させました。その結果、軍事費は全歳出の43％にも達しました。さらに、軍部は1936年、帝国国防方針を改定（最初は1907年に制定）して、米・英・ソ・中を仮想敵国とし、同年末のワシントン・ロンドン海軍軍縮条約の満期失効を前に、陸軍は50個師団、海軍は主力艦・空母12隻を造る計画を立てました。

　外交では、ソ連が1934年、国際連盟に加入し、国際社会でも大きな勢力を持つようになりました。政府はソ連の指導下にあったコミンテルン（第3インターナショナル）が反ファシズムの人民戦線

の結成を促したことに対抗し、1936年にドイツとの間に日独防共協定（翌1937年にはイタリアも参加）を結びました。

2 華北分離工作

満州国建国後、反満州抗日運動を鎮圧した関東軍は、1933年1月、山海関を占領し、同年2月には内蒙古の熱河省（ねっかしょう）を占領しました。4月には長城線を越えて北京（北平）がある河北省に侵攻しました。

中国の蔣介石国民党政権は、満州事変勃発直後、江西省瑞金（ずいきん）に成立した中華ソビエト共和国臨時政府への攻撃を優先させるため、日本とは和平策をとりました。そこで、1935年5月、日本は中国との間に塘沽（タンクー）停戦協定を結びました。これで満州事変は一応終息し、長城以南に非武装地帯の設定を認めさせました。この非武装地帯を足場に、軍部は華北侵略を開始しました。華北を重視した理由は、この地域が①反共の防波堤として価値ある地域だと考えたこと、②石炭・綿花・鉄鉱石・工業用原料塩・羊毛などが獲得できる場所であったこと、が挙げられます。

1935年6月には、支那駐屯軍により河北省を対象とする梅津・何応欽（かおうきん）協定が結ばれ、国民政府に河北省から党機関を撤退させることを承認させました。さらに関東軍がチャハル省を対象とする土肥原（どひはら）・秦徳純（しんとくじゅん）協定を結び、チャハル省から宋哲元（そうてつげん）軍の撤退を認めさせました。こうして両地域から国民政府の政治・軍事機関が撤退しました。さらに、同年末には日本軍は、塘沽（タンクー）停戦協定の非武装地帯を範囲とした冀東（きとう）防共自治政府（冀とは、河北省のこと）を作りました。この政府は殷汝耕（いんじょこう）を主席とする傀儡政権であり、日本製品を無関税で輸入し、日本がそれを中国に転送し、中国の関税を免れる密輸入の拠点として利用されました。これに対し、中国側は、日本

による傀儡化を牽制するために、冀察政務委員会（察とはチャハル省のこと）を設置しました。こちらは宋哲元を委員長とし、北京に設立された政務処理機関でした。翌1936年8月、広田内閣は、「北支処理要綱」を発表し、華北5省（河北・チャハル・山東・山西・綏遠省）の自治化（＝分離）を決定しました。こうした日本の華北での勢力拡大に対し、もともと親日地方政権だった冀察政務委員会が抗日に転換するなど、日本に対する風当たりは強くなっていきました。

❸ 中国国内情勢

　中国国内では国共内戦が続いていました。国民党の攻撃は激しく、共産党は一時期、拠点としていた瑞金を離れ、1934年10月、大西遷を行い、陝西省延安に移らざるを得なくなったほどでした。共産党側は、この大西遷の途中、1935年に8・1宣言＝「抗日救国のために全同胞に告げる書」を発表し、内戦の停止と国民党・共産党による抗日運動の展開を訴えましたが、実現には至りませんでした。そうした一進一退の状況の中で、1936年12月、西安事件がおこります。すでに蔣介石のもとで共産党と戦っていた張学良（張作霖の息子）は、1936年、督励のために西安に来た蔣介石を監禁し、国共内戦の停止を要求したのでした（西安事件）。共産党は、周恩来を西安に派遣しました。1937年8月、第2次国共合作が実現し、同年9月抗日民族統一戦線が結成されました。

❹ 第1次近衛内閣

　日本国内では、1937年1月、広田内閣は政党の反発と馬場財政に対する財界の反発、さらに政友会の浜田国松代議士と寺内寿一陸

相との衝突を直接のきっかけとして総辞職しました。広田内閣の後、陸軍出身の宇垣一成が軍部抑制を期待されて後継首相に選ばれました。しかし、軍部主導の政治を目論む陸軍が宇垣内閣実現に反発し、陸相を出さなかったために、組閣することができず、代わって陸軍大将の林銑十郎が内閣を作りました。しかし、林も政党側からの反発が強く、1937年4月30日に実施された第20回総選挙で敗北した結果、軍からも見放され、わずか4カ月で総辞職しました。

　そこで元老西園寺公望は、華族出身の近衛文麿を首相に推挙し、1937年6月、近衛内閣が誕生しました。近衛は、華族の名門出身で、陸軍をはじめ各界からの期待を集めた政治家でした。

5　日中戦争の開始

　組閣したばかりの近衛内閣を待っていたのが、盧溝橋（ろこうきょう）事件でした。事件は、1937年7月7日、北京郊外の永定河（えいていが）にかかる盧溝橋でおこります。支那駐屯軍（北清事変後、北京議定書により北京・天津地方に配備された軍）の1つが演習していたところ、演習終了後に、中国軍側から実弾発射があり、1人の兵士が行方不明になっていることが報告されました。この事態を重く見た日本軍は攻撃を開始し、中国軍と戦闘になりました。しかし、行方不明の兵士は20分後には隊に復帰していたことから、この戦闘がいかに無意味なものであったかがわかります。そして、この戦闘をきっかけとして、日中戦争がはじまることになります。

　盧溝橋事件自体は、7月11日、停戦協定が結ばれましたが、政府は、同じ日に3個師団の派遣を決定し、戦争準備を固め、7月下旬、北京・天津付近で一斉攻撃を開始しました。政府は当初、この戦闘を「北支事変」とよびましたが、戦線は一挙に拡大します。

第8節　日中全面戦争の開始

8月13日には、上海陸戦隊の大山勇夫中尉射殺事件を機に上海に拡大し（第2次上海事変）、同日、政府は上海派遣軍（2個師団）の派遣を決定するとともに海軍も15日から長崎県大村基地から南京・上海への空襲（渡洋爆撃）を開始しました。さらに戦線は内蒙古にまで拡大しました。政府も戦争のよび方を「支那事変」と改めました。日本は9月には上海派遣軍に3個師団を増派し、11月にも第10軍（3個師団半）を投入し、中国側の上海防衛線をようやく突破し、その後急進撃し、同年12月13日、国民政府の首都南京を陥落させました。南京占領後、中国駐在のドイツ大使トラウトマンが和平工作を行いますが失敗し、国民政府は、首都を重慶に移しました。この南京占領の際、松井石根大将が率いる日本軍の兵士が、2カ月にわたって略奪・暴行行為におよび、多数の中国人投降兵・捕虜・市民を無差別に殺害したといわれています（南京事件または南京大虐殺）。犠牲者は、戦闘員を含め、数千というものから約20〜30万人というものまで諸説あり、虐殺そのものを否定する説も含めて、激しい論争が続いています。

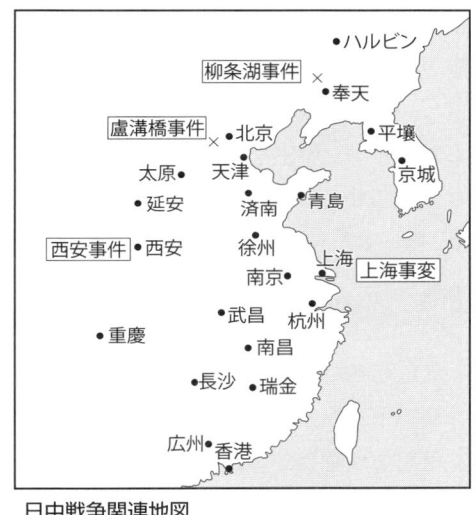

　そもそも、偶発的な事件であった盧溝橋事件が、日中全面戦争に

拡大した理由は何だったのでしょうか。①日本が防共と資源・市場確保のために華北を分離・支配しようという欲望を募らせたことに対し、中国が、抗日救国の民族的抵抗に立ち上がったこと、②それにも関わらず、中国を簡単に屈服させ、華北分離を実現できるという甘い判断で武力を発動したこと、しかも国務と統帥との分裂のもとで、統一した戦争指導がなされなかったこと、によると考えられます。

❻ 戦線の膠着

先に述べたとおり、日本はこの間、ドイツの駐華大使トラウトマンに和平工作を委ねましたが、工作は進展せず、しかも予想外に早く首都を攻略したこともあり、交渉を打ち切ります。

首都占領で勢いづいた政府は、1938年1月、「国民政府対手(あいて)トセズ」とする第1次近衛声明を発表しました。しかし、中国では抗日戦線の活動が活発になってきており、米・英の援助を受けるようになったため、戦争は長期化することになりました。日本は、広東・武漢へと戦線を拡大しましたが、兵力不足でこれ以上は不可能となり、点と線(都市と鉄道・道路)の確保だけで精いっぱい杯でした。

こうした状況の中で、1938年11月、近衛首相は、戦争の目的は日本を中心とした新秩序をアジアに樹立すること(東亜新秩序建設)にあると声明を出しました(第2次近衛声明)。さらに、同年

近衛文麿　1891〜1945

12月、「善隣友好・共同防共・経済提携」の近衛三原則（第3次近衛声明）を発表し、国民政府の分断を図ろうとしました。

しかし、ドイツが英・仏を牽制するために要求した、日独伊防共協定を軍事同盟に発展・強化させる案をめぐって、近衛内閣は、これに賛成する陸軍と、反対する外務省・海軍の閣内対立に陥り、1939年1月に総辞職しました。

7　汪兆銘政権

重慶で蔣介石の独裁体制が強化されると、蔣介石に継ぐ国民党ナンバー2の地位にあった汪兆銘は実権を失いはじめました。日本側は、蔣介石と汪兆銘の対立を利用し、汪兆銘を日本に協力させる工作を行い、重慶から脱出させました。しかし、汪が脱出しただけで、彼に従う者はいませんでした。結局、蔣介石政権とは異なる親日政権を作る計画は、1940年3月になってようやく、汪兆銘による南京政権で実現しますが、この政権は、日本の傀儡政権に過ぎず、戦争は一層長期化することになりました。なお、日中戦争の間に、日本軍は中国で毒ガスを使用し、内蒙古ではアヘンを生産したことが確認されています。ハルビンでは細菌戦部隊（731部隊）を配備し、中国人やロシア人捕虜に対して残虐な人体実験を行ったとされています。さらに、陸軍は1939年、蔣介石政権の紙幣（法幣）の偽札を撒き、中国経済を混乱させる計画を立て、1942年から第9陸軍技術研究所（登戸研究所）で本格的に偽札造りがはじまり中国に送られました。

8　戦時体制の強化

政府は、日中戦争が開始されてしばらくした1937年10月、「挙

国一致・尽忠報国・堅忍不抜」をスローガンとし、戦争協力の教化を目的とした国民精神総動員運動を開始しました。さらに、戦争遂行のために政府機構の整備も行い、企画庁と資源局を合併した企画院を同年10月に創設して、内閣直属の総合的な国策企画機関としました。

⑨ 国家総動員法

　創設された企画院は、戦時統制を強化するために、国家総動員法を立案し、1938年4月に制定しました。この法律は、すべての資本・物資・労働力を、議会の承認を必要とせず無条件に動員・強制できる権限を政府に与えるものでした。この法案について、委員会で答弁を行なっていた陸軍の佐藤賢了中佐が宮脇長吉の野次に対し、「黙れ！」と叫ぶ事件がおこりましたが、反対らしい反対もなく、国会を通過しました。なお、国家総動員法の制定によって、国民を軍事工場に強制動員する国民徴用令などの勅令が出されました。

⑩ 統制経済

　日中戦争が開始されると近衛内閣は、1937年9月、臨時資金調整法・輸出入品等臨時措置法などを公布しました。軍需産業育成のために、資金供給を活発化し、そして軍需物資確保のために、輸出入品を制限・禁止する統制をはじめました。また、国家総動員法とほぼ同時に制定された電力国家管理法は、電力供給を軍事工場に集中することがねらいでしたが、結果的に、私企業への国家介入を強めることにもなりました。

　政府は1939年10月、価格等統制令を制定し、物価・資金・給与・家賃を1939年9月18日の水準に固定しようとしました。し

かし、かえって闇価格の横行を招く結果となりました。さらに、国内向けの綿製品の生産・販売が禁止され、1940年には砂糖・マッチ・木炭などに切符制が敷かれました。翌1941年には米が配給制になり、衣料にも切符制が実施されることになりました。食糧生産は1939年以降低下しはじめ、1940年から米の供出制が実施されましたが、食糧難の抜本的解決にはほど遠い状態でした。

⑪ 学問・思想への弾圧

満州事変以後、マルクス主義研究ばかりでなく、自由主義・民主主義的な研究に対する弾圧も激しくなりました。1932年、野呂栄太郎を中心に刊行された『日本資本主義発達史講座』はマルクス主義研究者が、資本主義の現状と権力の分析を科学的に分析したものとして知られていますが、この講座の執筆者たち（講座派とよばれる研究者）が相次いで捕らえられ、野呂も1933年に逮捕された後、翌年拷問のために獄死しました。

1937年から1938年にかけては、コミンテルンの指導により人民戦線結成を計画したという理由で、雑誌『労農』を中心に活動を行っていた合法左翼グループのメンバーが捕らえられました（第1次・第2次人民戦線事件）。

1937年には東京帝大教授矢内原忠雄が、植民地政策を批判したという理由で、東京帝大から追放されました。また、1938年にはイギリス流の自由主義の立場に立つ東京帝大教授河合栄治郎が、右翼などの攻撃を受け、『ファシズム批判』が発売禁止となり、休職させられました。さらに、1940年には、日本古代史の実証主義的研究を行っていた津田左右吉の著書、『神代史の研究』『古事記及び日本書紀の研究』が不敬思想だとされて攻撃を受け、発売禁止処分

にされました。

12 第2次世界大戦の勃発

　ヨーロッパではドイツの侵略行動が活発になっていました。1938年のオーストリア併合とチェコスロバキア併合に続き、ドイツは東進を開始しました。英仏伊独の4カ国は1938年9月、ミュンヘンで会議を開きましたが、解決の糸口は見出せませんでした。1939年、ついにドイツはポーランドに侵攻し、これを機に連合国との戦争が開始されました。

　ドイツはこの頃、日独伊防共協定を発展させるよう日本に要求してきました。具体的には、防共協定の仮想敵国をソ連以外に、英・仏にも拡大し、軍事同盟にするよう求めてきたのです。陸軍は、このドイツの提案に賛成しましたが、海軍・外務省は有田八郎外相らを中心に元老・重臣をまとめ、ドイツの提案は、英・米との対立を激化させるとして同盟の対象をソ連に限定しようとしました。第1次近衛内閣は、この問題をめぐり閣内不一致をきたし、1939年1月に総辞職しました。

　近衛内閣の後継は、司法官僚出身の平沼騏一郎でした。防共協定の問題は、この内閣に持ち越されました。平沼内閣は、ドイツの提案した軍事同盟の検討を重ねましたが、ドイツは突如1939年8月、ソ連と独ソ不可侵条約を締結しました。外交方針を見失った平沼は、「欧州情勢は複雑怪奇」だとして組閣後わずか237日で総辞職しました。平沼に代わって今度は陸軍出身の阿部信行が首相になりました。阿部内閣の時、1939年9月3日、第2次世界大戦が開始されました。阿部は大戦不介入方針をとりましたが、1939年、多数の衆議院議員が阿部内閣退陣を要求し、陸海軍の支持も失い、

組閣後140日で総辞職しました。

短命内閣が2つ続いた後、1940年1月、海軍大将で親米派とされる米内光政(よないみつまさ)が組閣しました。米内も大戦不介入方針をとりましたが、ドイツは1940年、電撃作戦で、同年5月にはオランダ・ベルギーに侵攻し、6月にはフランス国境を突破してパリを占領しました。陸軍はこのドイツの快進撃に驚き、ドイツとの軍事同盟締結によって活路を見出そうとします。さらに同時期、近衛文麿が進めていた新体制運動に同調して、ドイツとの関係を強化する方針を固めました。そして大戦不介入をとる米内内閣を倒すため、畑俊六(はたしゅんろく)陸相を単独辞職させ、後任の陸相を出しませんでした。このため、米内内閣は総辞職せざるを得なくなりました。

⑬ 対ソ紛争

第1次近衛内閣とその後の後継内閣の時期に、日本はソ連との紛争を経験しました。まず、1938年7月、陸軍は、朝鮮に近接した満ソ国境付近の張鼓峰で戦闘をおこし敗北しました（張鼓峰事件）。さらに、1939年5月平沼内閣の時には、満州とモンゴル人民共和国（1921年、世界で2番目の社会主義国として建国）との国境線ノモンハンで大規模な戦闘を行い、敗北しました。日本ではこれをノモンハン事件とよんでいますが、モンゴルでは「ハルハ河の勝利」あるいは「ハルハ河

ノモンハン周辺

戦争」とよんでいます。日本軍は、モンゴルのタムスクへの空爆と第23師団・戦車隊の投入で、攻撃を開始しましたが、日本の軽戦車は、ソ連の重火器の攻撃に耐えられず、次々と破壊されていきました。戦闘の結果、第23師団は壊滅し、戦死者約8000人、戦傷者約9000人、行方不明者約1000人、戦病者約2300人という甚大な被害を出しました。日本陸軍は、この敗戦をひた隠して、作戦を強行した参謀・司令部の責任を問うことなく、北進論（ソ連への侵攻策）を捨てて南進論をとることになりました。

14 第2次近衛内閣

　1940年7月16日、米内内閣の倒れた後、ドイツ（ナチス流）の政治体制（新体制）を作る運動を開始していた近衛文麿は、陸軍の支持を得ながら、同年7月22日、第2次近衛内閣を組閣しました。そして近衛の新体制運動は、同年10月に大政翼賛会として結実し、既成政党は自発的に解散して合流しました。この組織の総裁には近衛自身が就任しましたが、当初予定していた組織ではなく、知事が各府県の支部長となる政府の御用組織となってしまったため、まさに「上意下達」の機関としての意味しか持ちませんでした。翼賛会はその後1942年には、下部組織として部落会・町内会・隣組が組み込まれ、大日本産業報国会・農業報国会・大日本婦人会・大日本青少年団などのあらゆる団体を傘下におさめていきました。また、すでに1938年には政府と資本家が出資して作った協調会が中心となって産業報国連盟が結成され、各職場には産業報国会が組織されていましたが、1940年に中央組織が大日本産業報国会に改組・強化され、すべての労働組合が解散させられました。農民団体も同様に、農業報国会が結成されました。

近衛は第2次内閣の組閣に先立ち、閣僚就任予定者の東条英機（陸相）と松岡洋右（外相）らと会談（荻窪会談）し、その内容を踏まえ、「基本国策要綱」と「時局処理要綱」を組閣直後に発表しました。この2つの要綱では「八紘一宇（はっこういちう）」を理念とした「大東亜新秩序（大東亜共栄圏）」の建設を基本方針として、独・伊との連携強化、ソ連との国交調整、南方進出などが定められました。

❶⑮ 日独伊三国同盟

　また、第2次近衛内閣は、1940年9月、ベルリンで日独伊三国同盟を締結しました。その内容は、3国がそれぞれヨーロッパ・アジアで領土再分割を行い、まだ参戦していない第三国、すなわちアメリカから攻撃された場合は、あらゆる方法で相互援助することが決められました。また、南進政策を進めるには、北方の安全を固めることが必要となり、1941年4月、松岡洋右外相は、日ソ中立条約を結びます。日ソ両国関係の維持、相互不可侵および、一方が第三国の軍事行動の対象となる場合の中立を決めました。しかし、この条約を締結して間もなく、1941年6月、ドイツは独ソ不可侵条約を無視して、突如ソ連への侵入を開始しました。これを受けて政府は、同年7月2日、天皇臨席のもとで開いた大本営政府連絡会議で「帝国国策要綱」を決定し、南北併進策を推進する決定をしました。それはすなわち、南進策を強化し、対米英戦争を辞さず、あわせて対ソ戦を行う計画を立てたことになります。この計画のもとで、1941年7月から9月にかけて、関東軍特種演習（関特演）と称して約70万の兵力をソ連・満州の国境周辺に集中させました。

16 南進政策

　日本は1940年5月から6月にかけてオランダ・フランスがドイツに敗北したことを利用し、蘭印（オランダ領東インド［現在のインドネシア］）に対して石油・錫(すず)・ゴムなどの物資獲得交渉を開始しました。そして同年9月、日本は南方進出と蔣介石政権援助物資輸送ルート（援蔣ルート）遮断を目的に、北部仏印（フランス領インドシナ北部）への進駐を行いました。こうした日本の動きにアメリカは警戒感を強め、1939年7月、平沼内閣時に、日米通商航海条約の廃棄を通告し、翌1940年1月、阿部内閣時に条約は失効しました。このことはアメリカがいつでも日本に対して石油・鉄などの物資輸出禁止の措置をとれるようになったことを意味します。事実、1940年7月、アメリカは石油・屑鉄の対日輸出を許可制にしました。

17 日米交渉

　アメリカとの戦争は避けるべきだと考えていた近衛文麿は、駐米大使の野村吉三郎に命じて、1941年4月からアメリカの国務長官ハルとの交渉を行わせました。しかし、松岡外相は、日米交渉に否定的でした。そこで、近衛は、松岡外相を更迭するため、いったん内閣を総辞職させ、後任の外相に豊田貞次郎(とよだていじろう)海軍大将を就任させる、

コーデル・ハル　1871～1955
1945年にノーベル平和賞を受賞

第3次内閣を組閣しました。

⑱ 南部仏印進駐

　日米交渉が続けられている一方で、1941年7月、陸軍は南方作戦の基地を確保するために、南部仏印（フランス領インドシナ南部）に進駐しました。アメリカは直ちにイギリス・オランダとともに、日本資産の凍結と対日石油輸出を全面禁止にしました。アメリカやイギリスにとっては、フィリピン・マレー半島のそれぞれの利権が脅かされると判断したからです。日本はこの措置を「ＡＢＣＤ包囲陣」（A=アメリカ America、B＝イギリス Britain、C＝中国 China、D＝オランダ Dutch）に囲まれたと判断します。日米交渉は依然として続けられていましたが、同年9月6日、御前会議が開かれ、10月初旬までに対米交渉がまとまらない場合は、対米英蘭戦争を決行するという「帝国国策遂行要領」が決定されました。第3次近衛内閣の中では、日米交渉の継続を望む近衛と開戦決定を推進する東条英機陸相との対立が深まり、同年10月16日、近衛内閣は総辞職しました。

第9節　アジア太平洋戦争

❶ 東条英機内閣

　近衛文麿の後継首相には、1941年9月6日の御前会議の白紙撤回を条件に、内大臣木戸幸一が推薦した東条英機が就任しました。11月15日、再度開かれた御前会議で、野村吉三郎の補佐として来栖三郎をアメリカに派遣することを決める一方で、12月初旬の開戦を決定しました。これに対し、アメリカも対日戦を決意し、1941年11月26日、ハル・ノートを手渡しました。事実上の最後通牒の覚書でした。その内容は、①日本の中国・仏印からの全面撤退、②日独伊三国同盟の事実上の廃止、③蔣介石政権の承認でした。つまり、日本が満州事変以前の状態に戻るよう要求したのです。日本としては到底これを受け入れることができず、12月1日の御前会議で、対米開戦を決定しました。東条は、内相・陸相を兼任し、独裁的な政権を確保して以後の戦争を進めていきました。

❷ アジア太平洋戦争の開始

　かつて政府は支那事変を含め、大東亜戦争と命名しました。通常、太平洋戦争といわれていますが、近年は「アジア太平洋戦争」とよばれるようになりました。この「アジア太平洋戦争」といういい方は、日本の戦争を範囲を含めて考慮した際、太平洋地域だけでなく、中国・朝鮮を含むアジア諸国（東南アジア諸国を当然含む）で戦争が展開されていたことを受けてのものです。

　1941年12月8日、日本は真珠湾のアメリカ太平洋艦隊に大損

害を与えました。また、陸軍もマレー半島に奇襲上陸しました。真珠湾への攻撃は、日米交渉打ち切りの通告がハル国務長官に届く1時間前に実施されました。その結果、アメリカでは日本の行為を「だましうち」と批判されました。

　先にも触れたとおり、開戦直後に政府は、この戦争を、日中戦争を含め「大東亜共栄圏」を確立するという意味で「大東亜戦争」とよび、植民地解放を名目としていました。開戦早々イギリスの極東艦隊の主力を壊滅させ、香港・シンガポール・ビルマ（現在のミャンマー）・オランダ領東インド諸島・フィリピン諸島を占領し、開戦半年にして東南アジア一帯をほぼ制圧しました。

　アジア太平洋戦争はいくつかの画期・段階があります。それを示すと、以下のようになります。① 1941年12月〜1942年8月の連合国のガダルカナル島上陸まで。初期の作戦成功を過大評価し、戦争能力を上回る戦域の拡大をした時期です。② 1942年8月〜1943年2月の日本軍のガダルカナル島撤退まで。戦局の主導権が完全に連合国側に移った時期です。③ 1943年2月〜1944年7月のマリアナ諸島陥落まで。連合国の戦略的攻勢の時期で、日本本土が米軍の爆撃圏内に入った時期です。そして最後が、④ 1944年7月〜1945年8月の降伏までの時期となります。

❸ 戦局の転換

　1942年5月のサンゴ海海戦、同年6月のミッドウェー海戦で敗北し、連合艦隊の空母機動部隊が大打撃を受け、戦局は大きく転換しました。制海・制空の2つを喪失したのです。さらに1943年2月のガダルカナル島での陸軍の敗北で、全戦線での日本軍の敗退がはじまりました。同年9月には枢軸国の一国であるイタリアが連

合国側に敗北します。1944年7月には太平洋上の拠点であるサイパンも陥落しました。

4 東条内閣の内政・外交

東条内閣は、1942年4月、戦争で1年延期されていた第21回総選挙を実施しました。この選挙ではかなり露骨な選挙干渉が行われました。翼賛政治体制協議会の推薦候補者を多数当選（定員466名中381名）させましたが、自由立候補によって当選した人たちもいました。その中には尾崎行雄・片山哲・芦田均らがいました（翼賛選挙）。しかし、彼らを含めて当選者全員で翼賛政治会が組織され、これが唯一の政治団体になりました（1945年3月に大日本政治会に改組されます）。

外交面では、1943年11月、日本が占領したアジア地域の代表者を東京に集めて大東亜会議を開催しました。中華民国（汪兆銘政権）、満州国（張景恵）、タイ（ワンワイ＝タヤコン）、フィリピン（ウラレル）、ビルマ（バー＝モウ）、自由インド仮政府（チャンドラ＝ボース）の代表者が参加しましたが、逆にこれらの地域では日本に対する抵抗が強まっていきました。日本がアジア、なかでも東南アジアを重視して占領した理由は、①重要国防資源（鉄鉱石・石油・ボーキサイトなど）の獲得。そのために、軍政を敷いて、独立運動を抑圧し、現地住民は日本軍へ絶対服従させられました。②現地住民に大東亜共栄圏の理念を浸透させ、戦争協力に動員するためでした。

5 戦時下の国民生活

兵力・労働力不足を補うために、戦時動員体制が一層強化されま

した。まず1943年には、20歳以上の理科系・教員養成系学校以外の学生は徴兵猶予が撤廃され、戦場に送り込まれました（学徒出陣）。あわせて徴兵年齢も1年引き下げられ、19歳になりました。翌1944年には残った中学生以上の学生が勤労動員され（学徒動員）、あわせて独身女性も女子挺身隊として軍事工場へ動員されました。さらに、同年8月には、東京・大阪など大都市の国民学校生徒の集団疎開（学童集団疎開）が実施されました。

1945年3月には、国民勤労動員令が出され、国民だけでなく、朝鮮人・台湾人らをあわせて敗戦時には約600万人が根こそぎ動員されていました。こうした動員の強化と並行して思想統制も強化されました。若干時期が前後しますが、1936年、治安維持法違反者の釈放後の監視をする思想犯保護観察制度が実施されました。1941年には、再犯の恐れのある治安維持法違反者を無期限に拘束できる予防拘禁制度が設けられました。また、同年3月には国防保安法が制定されています。

1942年には、企業整備令が出され、民間用ガラス・ゴム・石鹸の製造管理が決められました。

戦争協力組織も次々に作られています。1941年、国民学校令が出され「皇国民練成」を目的とした8年間の義務教育が実施されました。そして1945年3月には「決戦教育措置

出陣学徒壮行会　1943年神宮外苑の陸上競技場

要綱」によって、国民学校高等科から大学までのすべての授業が停止されるに至りました。1942年には日本文学報国会（会長徳富蘇峰）が結成され、文学者の戦争協力組織が作られます。1943年には日本美術報国会（会長横山大観）が同様の趣旨で結成されました。そしてこれらの総仕上げとして1945年6月、大政翼賛会やその傘下の団体などを解散して、小学校卒業以上の男子65歳以下、女子45歳以下で組織された国民義勇隊は、防空と物資輸送に従事させられました。

６　戦時下のアジア

「大東亜共栄圏」は名ばかりのものでしたが、その支配の実態を見ておくことにしましょう。中国では南京占領後も中国共産党の拠点などに対する掃討作戦が実行されたといわれています（中国側はこれを「三光作戦」と呼んでいます）。

朝鮮では、日本式の氏の使用を事実上強制した創氏改名や神社参拝・日本語教育の徹底を図る皇民化政策が実施されました。また、朝鮮人や中国人を日本に強制連行し、土木工事や鉱山などで働かせました。さらに、他の列強と同様、占領各地に作られた慰安施設で、日本兵の相手をさせられた慰安婦も数多くいました。それが強制であったか、国や軍の関与があったかどうかについては諸説あり、激しい論争となっています。また東南アジアでは、多額の軍票（占領地で軍隊が使用した不換紙幣）が使用されたためにインフレーションがおこりました。なお、ベトナムでは、1944年から1945年にかけて米の徴発に災害や疾病が加わり、大飢饉が発生し、100万人以上の人々が餓死しました。

アジア、特に東南アジア地域での事件も多数発生しています。

1942年4月、フィリピンのバターン半島で日本軍に降伏したアメリカ軍・フィリピン軍兵士に対し、捕虜収容所まで炎天下約100kmの道のりを歩かせたことで多数死亡させた事件（バターン死の行進）。1942年11月、建設命令が出されたインド侵攻作戦実施のために、タイ西部の山岳地帯を横断してビルマに通じる軍用鉄道を敷設するために、連合軍捕虜とアジア人労働者（労務者）を酷使し、多数の死者を出した泰緬（泰＝タイ・緬＝ビルマ）鉄道の問題などです。

　こうした軍政と弾圧は、当然のごとく反発をよぶことになります。例えばフィリピンではフクバラハップ（抗日人民軍）が、ベトナムではベトミン（ベトナム独立同盟）が組織されました。

❼ 連合国軍の攻勢

　1944年7月、日本の「絶対国防圏」マリアナ諸島のサイパン島が陥落し、東条内閣は責任をとって総辞職しました。代わって陸軍の小磯国昭（こいそくにあき）と海軍の米内光政（よないみつまさ）との連立内閣が成立しました。一方、ヨーロッパでは、1944年8月にはノルマンディーに上陸した連合軍によってパリが解放されました。さらに同年10月、アメリカはフィリピンに上陸し、12月にはレイテ沖海戦で日本の連合艦隊が壊滅しました。最大の戦艦武蔵を失ったのもこの戦いでした。米軍は、翌1945年2月、硫黄島を占領します。日本軍守備隊2万人はここで玉砕しました。

❽ 本土空襲と沖縄戦

　太平洋上の制海・制空権を失った日本は、マリアナ諸島を基地とするB29爆撃機による本土への空襲を受けるようになります。

1944年11月、マリアナ基地から東京に初爆撃がなされ、他の主要都市も米軍の空襲を受けました。その最大のものが、1945年3月10日の東京大空襲です。米軍のB29約300機が飛来し、焼夷弾爆撃を無差別に行い、約2時間半で約10万人の市民が虐殺されました。さらに、1945年4月1日、米軍は沖縄本島に上陸しました。日本軍は沖縄県民約3万人を防衛隊として召集し、中学校・高等女学校の生徒たちは、鉄血勤皇隊・ひめゆり隊などに編制され（学徒隊）、地上戦に動員されました。しかし、3カ月に及ぶ激戦の末、6月23日、守備軍の壊滅で日本は敗北し、沖縄本島はアメリカの占領下に入りました。沖縄戦の最中、住民や学徒隊が集団自決したことや、日本軍の強制で自決したことも知られています。
　日本軍は戦争末期には特攻隊や人間魚雷「回天」などでの攻撃を行い、沖縄戦では戦艦大和を投入する作戦も実施しましたが、戦局を好転させることはできませんでした。

❾ 敗戦への道

　沖縄戦の敗北が明らかになった時、小磯内閣は260日で退陣し、鈴木貫太郎が首相となりました。ヨーロッパでは1945年5月、ドイツが無条件降伏をし、日本だけが依然として戦争を続けているという状況になりました。
　すでに1943年11月、エジプトのカイロでローズベルト米大統領・チャーチル英首相・蒋介石中国代表が会談し、日本の無条件降伏まで戦うことが決められました。その後、1945年2月、クリミア半島のヤルタでローズベルト・チャーチル・スターリンが会談し、ソ連の対日参戦が決定されました。さらに、同年7月、トルーマン・チャーチル（途中、政変でアトリーと交代）・スターリンが

第9節　アジア太平洋戦争

ドイツのベルリン郊外のポツダムで会談し、対日戦争の終結および戦後処理方針を決定し、中国の同意を得て、ポツダム宣言として発表しました。

　連合国側が着々と日本の敗戦後の扱いを検討している間に、国内でも戦争終結への動きが活発化してきました。まず、1945年2月、近衛文麿は、早期講和を天皇に上奏しました（近衛上奏）。しかし、軍部は依然として徹底抗戦を主張し、天皇自身も統帥部の「決戦講和論」（米軍に一度大打撃を与えてからでないと戦争終結はしないという論）を支持していたために、近衛の上奏は実行されず、木戸幸一内大臣を早期講和に同調させるに留まりました。

　ポツダム宣言が出されてからも政府は、その対応に苦慮していました。1945年8月6日午前8時15分、B29エノラ＝ゲイ号からウラン235原子爆弾が広島に投下され、約20万人の市民が無差別に虐殺されました。8月8日にはソ連が対日参戦し、8月9日から戦闘状態に入りました。満州・朝鮮・樺太・千島にソ連軍が侵攻し、関東軍は敗走、満州国は崩壊しました。満州にいた満蒙開拓団の人々や、在留邦人は置き去りにされ、現地で暴行や略奪を受け、集団自決することもありました。その際、現在でも問題になっている

エノラ＝ゲイ　原爆投下任務終了後

471

中国残留日本人孤児の問題が発生しています。さらに、8月9日午前11時2分、B29ボックス＝カー号は、プルトニウム239原子爆弾を長崎に投下しました。その結果、約9万人が犠牲になりました。

　この時になって天皇・重臣・政府はようやくポツダム宣言受諾を検討しはじめました。軍部の中には徹底抗戦を主張するグループも存在しましたが、天皇のいわゆる「聖断」によって8月10日、ポツダム宣言受諾が決定され、8月14日、再び開かれた御前会議で無条件降伏が決まり、連合国へ通告しました。国民への発表は翌8月15日正午、天皇のラジオ放送、いわゆる「玉音放送」によって発表されました。そして、9月2日、東京湾のアメリカ戦艦ミズーリ号で降伏文書の調印が行われ、アジア太平洋戦争は終結しました。

　この戦争は日本にとって単なる「終戦」ではありません。たしかに「終戦記念日」といわれていますが、日本はポツダム宣言を受け入れて敗れたのですから、「敗戦」です。その敗戦の日は、8月14日なのか、降伏文書を調印した9月2日なのか議論が分かれるところですが、いずれにせよ8月15日ではないことはたしかです。国際法上の規定でいえば、降伏文書が調印された9月2日、日本は敗戦国になったといえます。

Column 洋食の広がり

　明治になると、西洋料理が食べられるようになりました。すでに、ペリーの再来航時（1854年）に日本側の接待への返礼として、西洋料理の接待がなされていました（江原絢子『家庭料理の近代』、吉川弘文館）。

　その後、洋食は明治末から大正にかけてカレーライス・コロッケなどが作られ広まっていきました。

　カレーライスは、本来インド料理ですが、宗主国であるイギリスで改変されたものが日本に入ってきました。食堂のメニューにカレーライスが加わり、庶民にも広がっていきました。

　カレーライスが大衆化していったのと同じ頃、コロッケが食べられはじめます。コロッケのはじまりは、フランス料理のクロケットとよばれるクリームコロッケのようなものか、オランダ料理のクロケットとよばれるジャガイモコロッケか、とされていますが、正確なことはわかりません。1917年、益田太郎冠者が作詞した「コロッケの唄」が流行したように、コロッケは庶民の定番おかずの１つになっていきました。「今日もコロッケ、明日もコロッケ、コロッケ、コロッケ」という歌詞どおり、家庭ではコロッケは手軽なおかずでした。さらに、1960年代になるとハンバーグが食卓にのぼるようになりました。

　いま世界では、日本食の良さ、ヘルシーさが注目されているようです。私たちは洋食だけでなく、中華料理・韓国料理、東南アジア諸国の料理も食べるようになっています。まさに食のグローバル化がはじまっているのです。

第5章 現代

現代の流れとキーワード

政治・社会の動き	外交の動き
民主化の推進 政治犯釈放・治安維持法廃止 五大改革指令(1945年) 　婦人解放・労働組合結成・教育の自由主義化・圧政的諸制度廃止・経済民主化 天皇の人間宣言(1946年)　戦後初の総選挙 日本国憲法公布→施行(1946年) 財閥解体・農地改革 傾斜生産方式(石炭・鉄鋼業中心) 改正民法公布(戸主権廃止) **占領政策の転換** 政令201号　国家公務員の争議禁止 経済安定九原則　均衡予算・徴税強化 　ドッジ＝ライン(1949年)　シャウプ勧告 下山・三鷹・松川事件(1949年) レッドパージ(1950年) 警察予備隊創設(1950年) 保安隊(1952年) 基地反対闘争(1953年) 自衛隊(1954年) **55年体制の成立・展開** 社会党統一　自由民主党結成(1955年) 神武景気(1955〜57年) 岩戸景気(1959〜61年) 安保闘争激化　岸内閣総辞職(1960年) 東海道新幹線開通(1964年) 東京オリンピック開催(1964年) いざなぎ景気(1966〜70年) 公害対策基本法(1967年) 環境庁設置(1971年)	降伏文書調印(1945年)　GHQ設置 極東国際軍事裁判開始(1946年) 冷戦 朝鮮戦争開始(1950年) サンフランシスコ講和会議開催(1951年) 日米安保条約調印(1951年) 日米行政協定調印(1952年) MSA協定(日米相互防衛援助協定)調印 (1954年) 日ソ共同宣言(1956年)　日本の国連加盟 日韓基本条約(1965年) 新安保条約調印(1970年) 沖縄返還協定調印(1971年)

政治・社会の動き	外交の動き
	日中共同声明(1972年)　国交回復
第1次石油危機(1973年)　物価高騰	第4次中東戦争勃発(1973年)
	→石油価格上昇
ロッキード事件(1976年)	
田中角栄前首相逮捕	
	日中平和友好条約(1978年)
第2次石油危機(1979年)	
	日米貿易摩擦
電電公社・専売・国鉄民営化(1985年)	プラザ合意(1985年)　円高
バブル経済　消費税導入(1987年)	
リクルート事件(1988年)	
	ベルリンの壁崩壊(1989年)　東西ドイツ統一
PKO法制定(1992年)	湾岸戦争(1991年)
バブル経済崩壊	ソ連解体(1991年)　冷戦体制終結
自民党分裂(1993年)	
55年体制崩壊	
非自民8派連立内閣	
＝細川護熙内閣(1993年)	
自民・社会・さきがけ3党連立内閣	
＝村山富市内閣(1994年)	
阪神・淡路大震災(1995年)	
	日米安保共同宣言(1996年)
郵政民営化(2001年)　小泉純一郎内閣	
新自由主義・構造改革	
日本人拉致問題	
政権交代(2009年)　民主党内閣	
東日本大震災(2011年)	
福島第1原発事故	

第1節　占領下の日本

1　占領の開始

　1945年8月30日、連合国軍最高司令官マッカーサーが厚木飛行場に到着し、9月2日、東京湾上の米軍艦ミズーリ号の艦上で、マッカーサーと日本全権重光葵(しげみつまもる)外相・梅津美治郎(うめづよしじろう)参謀総長との間で降伏文書が調印されました。日本はこれにより連合国軍の占領を受けることになります。日本の統治権は、連合国軍最高司令官総司令部（General Headquarters of the Supreme Commander for Allied Powers = GHQ）に従属することとなりました。降伏文書には、①日本のすべての官庁・軍は降伏を実施するため、GHQの出す布告・命令などを実施すること。②日本は、ポツダム宣言の実施のため、GHQ司令官に要求されたすべての命令を出し、行動をとることを約束すること、の2点が記されていました。

　連合国軍は、最高司令官マッカーサーが日本政府に指令・勧告して占領政策を実行する間接統治の方法で支配しました。その政策は、ワシントンにあり11カ

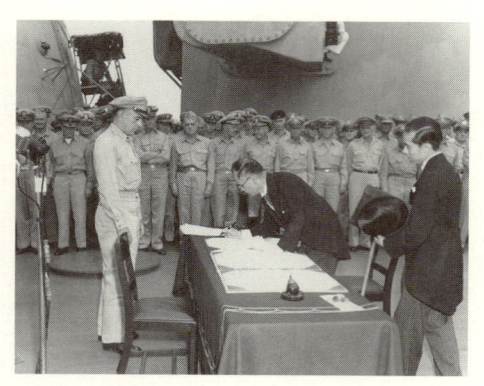

降伏文書調印　戦艦ミズーリ上　署名しているのは重光葵外相

国（アメリカ・イギリス・フランス・ソ連・中国・カナダ・オーストラリア・インド・オランダ・フィリピン・ニュージーランド）で構成する極東委員会（Far Eastern Commission = FEC）から与えられ、米政府を介在させて、GHQ の諮問機関である対日理事会（本部は東京、Allied Council for Japan = ACJ、アメリカ・イギリス・中国・ソ連で構成）で審議されましたが、対日理事会は GHQ の諮問機関に過ぎず、事実上はアメリカの単独占領でした。

　占領軍は、ドイツのように直接軍政を敷かず、GHQ の指示のもとに日本政府が統治するという間接統治方式で支配することになりました。この方式がよかったと思う方もおられるようですが、アメリカが超法規的な権力を持っていたことには変わりありません。先に述べた降伏文書の2つの内容をもう一度読み直してみましょう。GHQ、具体的には最高司令官のマッカーサーの絶対的な指示に従う以外、他に途はなかったのです。GHQ の指示は、いわゆるポツダム勅令として発布され、それは憲法以上の拘束力を持ちました。ポツダム勅令は、正式には、勅令542号＝「ポツダム宣言の受諾に伴ひ発する命令に関する件」といいます。日本国憲法施行後はポツダム政令といわれました。簡単にいえば、これに逆らうことは許されていなかったのです。

❷ 東久邇宮稔彦内閣

　1945年8月17日、皇族出身の東久邇宮稔彦（ひがしくにのみやなるひこ）が首相となりました。さらに、この内閣の副首相格の近衛文麿が国務大臣として入閣しました。東久邇宮内閣は、「一億総懺悔（ざんげ）」をよびかけ、「国体護持」に国民を結集させようとしました。同年10月、GHQ は、天皇批判の自由、治安維持法・特別高等警察の廃止、政治犯の釈放を

指令しましたが、これを実行不能として内閣は総辞職しました。

3 幣原内閣

　次に幣原喜重郎が首相になりました。GHQは、この内閣に①婦人の解放（婦人参政権の付与）、②労働組合の奨励、③教育の自由主義化、④圧制的諸制度の廃止、⑤経済の民主化、のいわゆる五大改革指令を出しました。他方、連合国は戦争犯罪容疑者（戦犯）を逮捕し、1946年5月から東条英機ら28名を「平和に対する罪」を犯したA級戦犯として、極東国際軍事裁判（東京裁判）で審理しました。しかし、天皇については、アメリカは天皇制を維持したいと考えていたことから、あらかじめ訴追対象者から外していました。天皇は1946年1月、自ら神格を否定した詔書（いわゆる「天皇の人間宣言」）を発表しました。また、GHQの指令によって戦争協力者21万人の公職追放が実施されました。

　この東京裁判についての評価は様々あり、一概にいえませんが、戦勝国が敗戦国を裁くことが本当にフェアなのかどうかは、考える必要があるでしょう。また、天皇の戦争責任についても、アメリカは占領当初から天皇の罪は問わないことを方針にしていましたが、アメリカ国民、あるいは裁判に関係したアメリカ人が個人的に天皇についてどう考えていたのかは別のことといえるでしょう。なお、A級戦犯（この裁判のために設けられた「平和に対する罪」で捕えられた人たち）以外に、従来の国際法上の非人道的行為により捕らえられたB・C級戦犯のうち900人余りが死刑になっています。

❹ 民主化政策の実行

1）財閥解体

　GHQは、日本の軍国主義の基盤と見なした財閥解体と農地改革を指令しました。1945年政府は、4大財閥をはじめとして、計15財閥（三井・三菱・住友・安田・川崎・野村・浅野・渋沢・大倉・古河・日産・日窒・理研・中島・日曹）の資産凍結を命じました。次に1946年8月、持株会社整理委員会を設け、これらの財閥本社の株券は委員会に一括管理され、株式の公開（約200億円分）がなされ、11財閥の本社機構を解散させました。これが財閥解体です。

　さらに、1947年4月には、公正な自由競争と経済の民主的発展を図るために、独占禁止法が公布され、持株会社やカルテル・トラストなどが禁止されました。この法の公布により、同年7月、法の実施監督機関として違反行為の監視のために公正取引委員会が設置されました。また、同年12月には、過度経済力集中排除法が公布され、325社が独占企業に指定され、分割が命じられました。しかし、実際に分割処分を受けたのは、日本製鉄など11社に過ぎませんでした。しかも、財閥系銀行はこの処分の対象外とされたために生き残り、後にはこれらの銀行を基礎に独占企業の再建が進められました。

2）農地改革

　1945年12月、GHQは農地改革を指令しました。そのねらいは、地主と小作人との前近代的関係である寄生地主制を解体し、小作人を解放して、自作農を創設することでした。政府は主食の供出

量確保のために、第1次農地改革を実施しました。まず、1938年に制定されていた農地調整法を改正し、不在地主を認めず、5町歩以上の在村地主の所有地を強制的に小作人に譲渡させようとしました。しかし、在村地主を保護するため、小作地経営と家族に対する土地分散を認めた不徹底さがソ連・イギリスから批判を受けることになりました。そのため、1947年から1949年にかけて第2次農地改革が実施されました。政府は、新たに自作農創設特別措置法を制定するとともに、農地調整法を再改正し、不在地主の全貸付地と内地1町歩・北海道4町歩以上の在村地主の貸付地を対象とする強制買い上げを実施しました。その結果、1949年までに約190万町歩の農地が解放されました。また、残存小作地の小作料は、最高限度で田の場合は25%、畑では15%以内の金納とされました。しかし、山林原野に対する解放はなされませんでした。巨大な山林地主が残ったままで、山林原野(入会地)と水利権は解放されることなく、山林地主の農民支配は未解決のままになりました。なお、農地改革は、1950年7月にはすべて終了しました。

3) 労働三法の制定

　GHQは、労働組合の奨励についても指令しました。占領軍は、日本の労働者の低賃金が国内市場を狭くし、日本の侵略性を生み出すのだと考えました。さらに、労働運動は軍国主義的で反民主的な勢力(旧勢力)に対して反発し、バランスを保つ勢力だと判断し、労働運動の広がりを日本政府に働きかけました。そのために占領軍の指示で、日本政府は労働立法を制定しました。

　1945年12月に労働組合法が制定され、労働者の団結権・争議権・団体交渉権が保障されました。翌1946年9月には労使関係を

調整する労働関係調整法が公布され、1947年4月には、1日8時間労働、女性・年少労働者の制限などを規定した労働基準法が制定されました。

4）教育の民主化

　GHQは、教育が軍国主義を生み出すとし、1945年10月、軍国主義・超国家主義的な教育を禁止しました。同年12月、神道と国家の分離を指令し、神社神道から国家の宗教（国教）としての特権的地位を奪いました。次に、修身・国史・地理の授業が廃止されました。この3教科が戦前日本の軍国主義を支えた基幹教科だと判断してのことです。しかし、新しい教科書が間に合わなかったために、従来の教科書が不適当な箇所を墨で塗りつぶして使用されました（墨塗り教科書）。

　1946年来日した米国教育使節団の勧告を受けて、1947年、教育基本法と6・3・3制を規定した学校教育法が制定されました。また、1948年には教育委員会法が制定されて、都道府県・市町村に教育委員会が設置され、公選の教育委員が選ばれました。これは、教育の中央集権・官僚統制を否定し、教育の民主化・地方分権化・官僚統制からの独立を目的としたものでした。しかし、1956年には教育委員会法は改正され、地方自治体の首長が議会の同意を得て委員を任命する教育委員会に変更されました。

❺ 日本国憲法の制定

　幣原内閣は1945年10月、GHQが発した憲法改正の指示を受けて、憲法改正案を作成することになりました。同年10月25日、松本 烝治国務大臣を委員長とする憲法問題調査委員会を発足させ、

草案作成を行いました。この松本烝治案について説明しておきましょう。松本は、美濃部達吉門下の法学者を招き、憲法問題調査委員会を組織しました。そのため、この案は、天皇機関説の立場からする改憲構想が示されることとなり、旧態依然とした案になってしまいました。具体的には、①天皇統治の原則は不変とする。②議会権限の拡充と天皇大権のある程度の制限を行う。③国務大臣は、国政全般にわたり輔弼責任と議会に対して責任を負う。④人民の権利と自由を、議会の決定による法律以外では制限できないことにする、というものでした。

　これと並行して民間でも草案が作成されました。自由民権運動の際の憲法草案作成の広がりと同様のことがおきたのです。いくつかの草案を紹介しましょう。①天皇制存続を主張した進歩党案、②国家主権説の自由党案、③イギリスの立憲君主制を主張した社会党案、④人民共和制を主張した共産党案、⑤共和制を主張した高野岩三郎らの案、⑥国民主権に基づく立憲君主制を説いた鈴木安蔵ら憲法研究会案などがありました。特に憲法研究会の「憲法草案要綱」に記されていた基本的人権の条項は、現在の日本国憲法に取り入れられています。また、高野は個人的に共和制を導入した草案を発表したことでも知られています。

　松本らが作成した政府案は、天皇の統治権についてはほとんど変更しなかったため、GHQは、1946年2月、独自の草案を示し、もしこの案を政府が受諾しないならば、国民に直接案を発表し、政府を新憲法作成に関与させないと告げました。これがマッカーサー三原則といわれるものです。具体的には、①「天皇は国の最上位にある」が、その職務・権能は国民の基本的意思に基づき行使される。②防衛戦争を含む一切の戦争の放棄と戦力の不保持。③封建制

度の廃止。以上3点が受け入れの条件でした。GHQは日本側に次のように述べたとされています。つまり、「この憲法草案が受け入れられることが、あなた方が（権力の座に）生き残る期待をかけるただひとつの道であることは、いくら強調し過ぎても強調し過ぎることはありません」と。さらに「新しい憲法が受け入れられるなら、実際問題としては天皇は安泰になると考えています」とつけ加えることも忘れてはいませんでした（高柳・大友・田中編著『日本国憲法制定の過程Ⅰ』、有斐閣、この箇所は、孫崎享『戦後史の正体』、創元社からの重引です）。これは、マッカーサーが信頼をおいたホイットニー民政局長の発言で、1946年2月13日になされたものです。こうした事実を指して、「日本国憲法は、米国が作成した草案を日本語に訳し、少し修正を加えたものです」（前掲『戦後史の正体』）ということは十分可能でしょう。

　ともかく、GHQ案は、象徴天皇制と戦争放棄を含む案でした。幣原内閣は、この案を受け入れ、同案に従い再度改正草案を作成しました。GHQ案に基づく草案は、1946年5月、第90臨時議会で審議され、8月24日、衆議院を通過しました。この議会は前年改正された、男女平等の衆議院議員選挙法に基づいて行われた、総選挙の結果当選した議員により構成されたものでした。

　日本国憲法は、11章103条、口語体、ひらかな書きで記され、国民主権・平和主義・基本的人権の尊重の3大基本原則を特徴としています。憲法は、1946年11月3日公布され、翌1947年5月3日から施行されました。

❻ 諸法制の改正

　新憲法制定に伴い、他の法令の改正も行われました。1947年4

月、地方自治法が改正され、都道府県知事は従来の任命制に変わり、住民の直接選挙による公選制になりました。同年10月、国家公務員法が公布されました。また、同年12月には新警察法が公布されて、自治体警察と国家地方警察の2本立てになり、中央集権的な警察制度は廃止されました。自治体警察は人口5000人以上の市町村に設置されるもので、市町村公安委員会が運営管理をしました（全国で1605設置）。一方、国家地方警察は、自治体警察が設置されない地域の警察で、首相直属の国家公安委員会が運営管理しました。警察機構の再編とあわせて内務省も解体されました。

　刑法も1947年10月改正され、不敬罪・姦通罪が廃止されました。民法は、1947年12月に改正され、翌1948年1月施行されました。従来の家父長的家族制度が改められました。つまり、家・戸主・家督相続制は廃止され、妻と子の均等配分制が採用され、男女平等の原則、夫婦の権利平等の原則が決められたのです。

7　政党の復活

　1945年10月から12月にかけて、政党も活動を再開しました。長い間非合法活動を強いられていた日本共産党（徳田球一書記長）が1945年10月、合法的に活動できるようになりました。四分五裂していた無産政党は同年11月に合同して日本社会党（片山哲書記長）となりました。旧民政党は日本進歩党（町田忠治総裁）を、旧政友会は日本自由党（鳩山一郎総裁）を結成しました。また、労使協調・協同組合主義をとる日本協同党（千石興太郎総裁）も結成されました。そして、1945年12月、衆議院議員選挙法が改正され、満20歳以上の男女に選挙権が与えられました。翌1946年4月、改正された選挙法に従い、戦後初の総選挙（無記名制限連記

制・大選挙区制で有権者は、人口の 52.3％でした）が実施されました。この選挙で第1党となった日本自由党は、鳩山一郎総裁（滝川事件の時、文部大臣だった人物です）が公職追放になったため、幣原内閣の外相であった吉田茂を総裁にし、内閣を組織しました。なお、この選挙では女性議員が 39 名当選を果たしました。

❽ 第1次吉田内閣から芦田均内閣まで

　吉田内閣は、1946 年6月からの帝国議会で、日本国憲法を成立させ（同年 11 月3日公布）、財閥解体や第2次農地改革を進めました。翌 1947 年、新憲法に基づく総選挙が実施され、この選挙で日本自由党は第2党となり、代わって第1党は日本社会党が占めました。そのため、吉田内閣は総辞職し、社会党・国民協同党・民主党の三党連立による社会党首班片山哲内閣が誕生しました。しかし、片山内閣は党内対立（左派からの批判）

吉田茂　1878～1967

が強く総辞職しました。この内閣の誕生と内部対立についても、先に引用した孫崎氏の著書に説明がなされています。簡単にまとめると、GHQ の指示に忠実に従うなら、どの政党のどんな人物でもよいと考えていたマッカーサーは、片山がキリスト教徒であったことを理由に内閣の誕生を認めたというのです。片山内閣の対立の原因は、平野農相が左派過ぎる政策を出すと、GHQ が片山に平野解任を求め、首相はその指示どおり、平野を解任しました。しかし逆に

首相は、平野派 40 名の議員の支持を失って総辞職に追い込まれたというのです（前掲『戦後史の正体』）。

続いて三党連立のまま、民主党の芦田均を首班とする内閣が生まれました。しかし、この内閣で閣僚の汚職事件（昭和電工事件）がおこりました。これは、復興金融金庫をめぐる昭和電工社長日野原節三社長の官界への贈収賄事件で、社会党の西尾末広、元自由党幹事長大野伴睦・経済安定本部長官栗栖赳夫らが逮捕されました。2度にわたり誕生した三党連立内閣はいずれも短命でした。

代わって連立内閣に加わらなかった民主自由党の吉田茂が首相に就任し、第2次吉田内閣を組閣しました。1949年1月に行われた総選挙で民主自由党が圧勝したため、第3～第5次までの長期政権が続くことになりました。

❾ 経済危機

政治改革が進められる一方で、国民生活は混乱が続いていました。失業者は、復員兵・引揚者を合計すれば約 1400 万人にのぼりました。なかでも食糧・衣料・住宅不足は戦争末期以上に深刻化していました。都市に住む人々は、わずかばかりの衣類を持って農村に買出しに出かけ、米・芋などの食料と交換してもらう生活をせざるを得ない状態に陥っていたのです。都市住民たちは、こういう生活を、自分が持つ衣類を竹の子の皮に譬え、その皮を一枚一枚剥いでいく生活、すなわち「竹の子生活」と自嘲的に表現しました。しかし、衣類と食料との物々交換も思うほどうまくいきませんでした。

こうした状況の中で、1946年5月1日、戦後初のメーデー、第17回メーデーが開催され、労働者は「働けるだけ食わせろ」をスローガンに掲げました。ついで同月19日、食糧メーデーが行われ

ました。25万人もの人々が参加したこのメーデーに驚き、危機感を募らせた占領軍は、翌20日、「暴民デモは許さない」と声明を発し、占領目的阻害行為処罰令を公布して、強硬な姿勢を明らかにしました。しかし、肝心の食糧危機は、翌年末まで続きました。

物資不足に加え、戦後処理のため紙幣が乱発されました。その結果インフレが急速に進行しました。1946年2月、幣原内閣は、金融緊急措置令を出し、預貯金の封鎖（預貯金の引き出し制限）と新円と旧円の交換制限などを実施し、紙幣の収縮を図りましたが、大して効果は上がりませんでした。

第1次吉田内閣は、経済危機に対処するため、経済安定本部と物価庁を設置しました。1946年の年末からは、資金・資材を石炭・鉄鋼・電力・肥料などの基幹産業に優先的に投入する傾斜生産方式を採用し、その融資のために、復興金融金庫を設けました。この経済政策は、片山・芦田内閣も継続して進めていきましたが、復興金融金庫からの巨額の融資は紙幣の増発を招き、逆にインフレを助長しました（復金インフレ）。

占領軍は、危機的な状態が続いている日本に対し、占領地救済資金（ガリオア資金）と占領地経済復興援助費（エロア資金）で、援助しました。ガリオア資金は住民救済のための資金で、食料の援助と放出を行い、エロア資金は産業復興のための資金で綿花や羊毛の輸入に充てられました。これらの援助で当面の危機的状況を緩和できたことは事実ですが、1949年、GHQは、両資金による物資を国内で売り渡した代金の円を特別会計に繰り入れさせ、それを重要産業に貸し付けさせました。つまり、援助した分は後から取り戻しているのです。

10 労働運動の高揚

　GHQの奨励もあり労働組合の組織率は一挙に進みました。戦前、1936年に42万人だった組織は、1948年には667万人になりました。この間、労働組合の全国組織（ナショナルセンター）も成立し、1946年8月、社会党系の日本労働組合総同盟（総同盟）と共産党系の全日本産業別労働組合会議（産別会議）が結成されました。

　労働運動の最大の山場は、1947年2月1日を期して計画された2・1ゼネストでした。ゼネストとは、general strike の略です。統一指令のもとに行われる大規模なストライキのことで、全国全産業にわたるものと、特定一産業部門に限るものとがあります。総同盟罷業ともいいます。

　2・1ゼネストは、1946年秋、産別会議の指導で海員組合・国鉄労組・東芝労組などが首切り反対・賃上げ要求のストライキを行って成果を上げた（十月闘争）ことに端を発します。この成果を受けて、今度は官公庁労働者を中心に、全国労働組合共同闘争委員会（全闘）を発足させ、賃上げや吉田内閣打倒を目指して計画されたものでしたが、GHQは中止を命じ、ゼネストは実施されませんでした。そしてGHQは、1948年7月、芦田内閣に公務員の争議禁止を命じました（政令201号）。ついで、第2次吉田内閣のもとで、国家公務員法が改正され、公務員の団体交渉権・争議権が剥奪されました。また、1949年6月、労働組合法も大幅に改正されました。

11 経済安定9原則

　第2次吉田内閣に対してGHQは、1948年12月、均衡予算・徴

税強化・物価安定などを柱とする経済安定9原則を提示しました。翌年1月の総選挙で圧勝した吉田茂率いる民主自由党は、第3次内閣を組織しました。この内閣に対し、先の経済安定9原則を実現するために派遣されたのが、デトロイト銀行頭取のドッジでした。彼は、1949年の均衡予算・復興金融金庫の融資打ち切り・減税禁止などを指示し、この緊縮予算案を通過させました（ドッジ・ライン）。さらに、ドッジ・ラインを補足するためにコロンビア大学教授で経済学者のシャウプが来日し、1ドル＝360円の単一為替レートが設定され、大衆課税の強化を中心とする税制改革も実施されました。

これら一連の政策はデフレ政策だったのでインフレは急速に抑えられ、大企業を中心に生産の回復が進みましたが、行政整理や企業の人員整理で失業者が増加し、労働運動は激化しました。しかし、1949年7月から8月にかけて相次いでおきた下山・三鷹・松川事件で労働運動は後退していきました。この3つの事件は、いずれも国鉄労働者に対する弾圧事件としての性格を持っています。

1949年6月、約28万人の人員整理を求めた行政機関職員定員法が制定されました。国鉄はこの法に基づき同年7月4日、第1次人員整理約3万人を発表しました。発表の翌日、国鉄総裁下山定則が行方不明になり、7月6日、常磐線綾瀬駅付近で、死体で発見されました（下山事件）。自殺か他殺かの真相はいまだ不明のままです。三鷹事件は、同年7月15日、中央線三鷹駅での無人電車暴走事件です。さらに、同年8月17日、東北本線福島県松川駅付近での列車転覆事件（松川事件）がありました。三鷹・松川事件は、犯人として共産党員や国鉄労働者が検挙され、人員整理を容易に進めるための世論誘導に利用されましたが、真相はいずれも不明のまま

で、検挙された人々は無罪となっています。一説には占領軍による陰謀事件と考える人もいる、不可思議な事件です。

第2節　冷戦の開始と講和

1 冷戦

　第2次世界大戦の終了直前の1945年4月、連合国の代表者はサンフランシスコで会議を開き、国際連合を結成することに同意し、同年10月、51カ国の参加で国際連合（国連・United Nations＝UN）が創設されました。しかし、国連が発足して間もなく、世界はアメリカを中心とする資本主義陣営と、ソ連を中心とする社会主義陣営との間で対立がはじまりました。特に、東欧での人民民主主義国家の成立を危険視した資本主義陣営では、イギリス首相のチャーチルが、ヨーロッパ内にソ連を中心とする「鉄のカーテン」が下ろされたと表現しました。さらに、1947年3月、米大統領トルーマンは、ソ連を中心とする社会主義陣営の「封じ込め」を発表し（トルーマン・ドクトリン）、同年6月にはこれを受けて、国務長官マーシャルが社会主義陣営を排除した欧州援助計画（マーシャル・プラン）を発表しました。

鉄のカーテン　（チャーチル演説時）

このような動きに対し、社会主義陣営も1947年、コミンフォルム（共産党・労働者党情報局）を結成して対立します。1949年4月になるとアメリカは、ヨーロッパ諸国とNATO（北大西洋条約機構）を作り、共同防衛体制を築きました。これに対し社会主義側は、1955年にワルシャワ条約機構（東ヨーロッパ友好協力相互援助協定）を作り対抗しました。こうしてソ連を中心とする東側（社会主義陣営）とアメリカを中心とする西側（資本主義陣）営は、国連でともに活動をしつつも対立を深めるという、いわゆる「冷戦」（Cold War）状態に突入しました。

2　アジアの変化

　日本の敗戦後に、アジア諸国は相次いで独立を果たしました。しかし、朝鮮半島ではアメリカとソ連が二分して占領した結果、1948年、大韓民国（韓国）と朝鮮民主主義人民共和国（北朝鮮）に分裂して国家の独立がなされました。また、中国では日本の敗戦後、国共内戦が再開され、蔣介石が率いる国民党政権は台湾に逃れると、毛沢東を主席とする中華人民共和国と蔣介石の中華民国が1949年に成立しました。誕生して間もない中華人民共和国は、アメリカ・中華民国政府と対抗するため、1950年2月に、ソ連と中ソ友好同盟相互援助条約を結びました。

3　占領政策の変化

　こうしたヨーロッパやアジア情勢の変化に伴い、アメリカの日本占領政策は大きな変化を示すこととなりました。1948年1月、米陸軍長官のロイヤルは演説を行い、日本産業の戦争潜在力をアメリカの「極東の工場」として再建し、強力な日本政府を育成して、社

会主義（全体主義）の脅威への防壁（反共の防波堤）にする必要があることを明らかにしました。この演説を受ける形で、日本の敗戦直後の民主化政策は終了し、民主化を阻止する「逆コース」がはじまりました。

❹ 朝鮮戦争と日本

　1950年6月25日、武力による南北朝鮮統一を目指した朝鮮民主主義人民共和国軍（北朝鮮軍）が北緯38度線を越えて大韓民国内に突入し、朝鮮戦争がはじまりました。同年6月28日、国連緊急安保理事会は、ソ連の不参加のまま、米軍を中心とする国連軍（「朝鮮国連軍」といい、国連憲章で想定された国連軍ではありません）を編制し、朝鮮半島に派遣することが決定されました。1950年10月末には中国義勇軍が北朝鮮を支援し、戦闘は膠着状態に陥りました。マッカーサーは、戦局打開のために、トルーマン大統領に中国東北部の爆撃を提案しましたが受け入れられず、解任されました。後任の最高司令官にはリッジウェイが就任しました。しかし、大統領自身も、同年11月、朝鮮戦争打開のために「原爆使用も辞さない」と発言し、英首相アトリーがワシントンに行き、12月7日ようやく原爆投下は断念されるという一幕もありました。

　朝鮮戦争が開始される直前の1950年5月3日、GHQは共産党中央委員24名を追放し、続いて同党の機関紙『アカハタ』の停刊を指令し、吉田内閣も9月1日、共産党員およびその同調者を職場・学園から排除するレッド・パージを閣議決定しました。一方、同年10月から翌年にかけて戦争責任により公職追放されていた者に対する追放を解除しました。さらに、同年8月にはGHQの指令に基づき警察予備隊の設置と海上保安庁の増員が実施されました。

警察予備隊は、米軍の朝鮮出兵後、マッカーサーの要請で国内の治安維持を目的として公布された警察予備隊令によって設置された組織でした。つまり、国会の審議ではなくポツダム政令 260 号により、武器などはすべてアメリカから貸与され、指揮もアメリカ軍が行うものだったのです。自衛隊の元祖はアメリカの要求と援助で作られたということです。自国を守ることが軍の組織原則ですが、日本の場合はそうではありませんでした。海上保安庁は 1948 年、芦田内閣時に海上の治安維持のために設置された運輸省の外局機関です。警察予備隊には追放解除された旧軍人が多数参加し、日本の再軍備の出発点にもなりました。

5 サンフランシスコ講和会議

1950 年 9 月、米大統領トルーマンは、「対日講和 7 原則」を発表し、日本との講和を急ぎます。その理由はいうまでもなく朝鮮戦争の開始でした。日本を独立させ、反共の砦とすることです。アメリカは、第 3 次吉田内閣と講和成立後も引き続き米軍が日本に駐留することを条件に交渉を開始しました。国務省顧問ダレスの講和構想が具体化されていきます。日本ではアメリカを中心とする資本主義陣営とのみ講和を急ぐ「単独講和（片面講和）」の動きに対し、資本主義・社会主義両陣営ともに講和すべきだとする「全面講和」を主張する国民運動もおきました。しかし、1951 年 7 月、日米両政府は国民運動を黙殺し、同年 9 月 4 日からサンフランシスコ市（戦勝記念館オペラハウス）で平和条約調印の会議を開催しました。会議には 52 カ国が参加しましたが、インド・ビルマ（現ミャンマー）・ユーゴスラビアは会議に招かれたものの参加せず、中国は米・英の意見対立のために、両中国政府（中華人民共和国・中華

第2節　冷戦の開始と講和

民国)とも招かれませんでした。9月8日、48カ国と日本との間にサンフランシスコ平和条約が結ばれましたが、ソ連・チェコスロバキア・ポーランドは調印を拒否しました。この条約は、7章27条からなり、①日本の主権回復、②朝鮮の独立承認、③台湾・澎湖諸島・千島列島の放棄などが決められていました。

サンフランシスコ平和条約調印の同日、サンフランシスコ郊外の米陸軍第六軍基地の下士官クラブ軍に招かれた吉田茂は、アチソン国務長官・ダレス国務省顧問・ワイリー上院議員・ブリッジス上院議員の4人のアメリカ側代表との間で日米安全保障条約(安保条約)に調印しました。

日本国内では、平和条約と安保条約の批准をめぐり、社会党がこれを認める右派と反対する左派に分裂しましたが、国会は圧倒的多数でこれを批准し、両条約は、1952年4月28日から発効することになりました。

安保条約では、日本でのアメリカ軍の駐留を認められましたが、アメリカ軍は日本への防衛義務を負わず、条約の期限も明記されていませんでした。つまり、アメリカの行動だけを規定した片務的な条約だったのです。

さらに安保条約に基づいて日米行政協定が締結されました。同協定は、岡崎勝男国務大臣とダレス国務次官補との間で、1952年4月28日、安保条約の細目協定として結ばれたものです。協定の正式名称は「日本国とアメリカ合衆国との間の安全保障条約第三条に基く行政協定」といいます。協定では、「施設及び区域」、すなわち米軍基地を提供する(第2条第1項)としています。次に、基地返還については「合意することができる」とありますから、合意できなければ、基地は返還されないというのと同じです(第2条第2

項)。さらに、米軍駐留の費用を分担することも約束しました。なお、行政協定はそのまま日米地位協定という形で現在も生きています。

　ここまでをまとめておきましょう。日本がアメリカとの関係で平和条約・安保条約・行政協定の外交の枠組みに入っていったことをサンフランシスコ体制といいますが、これによって何がもたらされたかというと、①日本が「西側陣営」に組み込まれ、日本の対米従属的な立場が確定しました。特に外交・軍事面では、アメリカを無視して何も決められない構造になりました。②アジアに対しては、「反共の防壁」の役割を担わされ、特に中国については、1971年の日中接近までは敵対関係にありました。③日ソの平和条約が未締結のままになりました。④沖縄は1972年まで、米軍の直接支配下に置かれました。⑤韓国・朝鮮人被爆者、サハリン残留韓国・朝鮮人、慰安婦などの問題解決や戦後補償が先送りされました。

6　対米従属

　安保条約を基本とする日米関係は、その後の日本の外交方針だけでなく、国内政策にまで影響を及ぼしました。一連の「逆コース」の実施です。1952年4月、破壊活動防止法（破防法）が制定されました。この法に対して社会党・共産党などは激しい反対運動を行い、5月にはメーデーのデモ隊と警官が衝突するメーデー事件（第23回メーデー＝血のメーデー事件）がおきました。破防法は同年7月に公布され、同時に公安調査庁が発足しました。また、1952年10月、警察予備隊は保安隊に改組され、海上警備隊が新設されました。1954年6月には、強行採決によって警察法が改正されました。全面改正により警察制度は、警察庁を頂点とする一元的な制

第2節　冷戦の開始と講和

度になりました。

　安保条約に基づく軍事力増強も図られました。1953年10月、ワシントンで池田勇人特使と国務次官補ロバートソンが会談し、アメリカは日本の地上部隊を35万人に増強することを求めました。この会談では、青少年の教育問題にまで及び、これを機会に日本経営者連合会（日経連）も教育に関して積極的な発言を行うようになり、教育政策も大きく転換することになりました。1954年6月、政府はこうした流れを踏まえ、教育二法（教育公務員特例法改正、教育の政治的中立確保に関する法律）を公布しました。これにより教員の政治活動と政治教育が禁止されました。

　さらに、1954年3月にはMSA協定（日米相互防衛援助協定）が調印され、日本の防衛力強化が義務づけられました。また、この協定に従い、同年6月には防衛庁設置法・自衛隊法が成立し、7月、防衛庁・自衛隊が発足しました。こうした再軍備に対し国民の反対運動がおこります。例えば米軍基地設置のために土地を接収する動きに反対する基地反対闘争が展開され、石川県内灘（1952～53年米軍試射場反対運動）・東京都砂川（東京立川基地拡張に反対する運動、1955～56年）・富士山麓（米軍富士演習場反対運動、1955～60年）では激しい運動となりました。

　また、1954年、アメリカによるビキニ環礁での水爆実験で日本の漁船第5福竜丸が被爆し、乗組員が死亡した事件を契機に原水爆禁止を求める運動が全国に広がり、翌1955年、広島で第1回原水爆禁止世界大会が開催されました。

❼　国連への加盟

　吉田内閣は5次にわたる長期政権でしたが、1954年4月、明ら

かになった造船疑獄事件で批判が高まりました。これは、造船への融資をめぐる、造船会社と与党自由党との贈収賄事件で、自由党幹事長佐藤栄作の逮捕をめぐり、犬養健法相が指揮権を発動し、逮捕を阻止した事件です。こうした動きに対し、公職追放を解除された鳩山一郎は、自由党内の反吉田派を率いて自由党を脱党し、改進党と合同して日本民主党を結成しました。その結果、第5次吉田内閣が1954年12月に総辞職すると、後継内閣として鳩山が内閣を組閣しました。

　鳩山は、「独立完成・自主外交」を唱え、自衛力増強と憲法改正を進める政策をとりました。しかし、憲法改正については、国民の抵抗も強く、折からの基地反対闘争などを主導していた社会党が、総選挙で、議席の3分の1以上を占めた結果、自民党が、憲法改正に必要な3分の2以上の議席を確保することが不可能になり、憲法改正は断念せざるを得なくなりました。

　総選挙を通じて左右両派に分かれていた社会党は、1955年10月に合同することになりました。これに対して保守陣営でも、合同の気運が高まり、同年11月、自由党と日本民主党が合同し、自由民主党が結成されました。これ以後1993年まで、社会党を中心とする野党が衆議院で3分の1以上を確保し、政治の運営は自民党が行う、「55年体制」といわれる政治が展開していくこととなりました。

　ところで、鳩山は、1956年10月、ソ連のブルガーニン首相との間で日ソ共同宣言に調印しました。これにより、ソ連との国交が回復すると同時に、ソ連が日本の国連加盟を承認したことで、同年末、日本は念願の国連加盟を果たしました。これを機会に鳩山は退陣し、代わって石橋湛山が首相となりましたが、病気のため63日間で総辞職しました。

❽ 新安保条約

　石橋内閣の後、A級戦犯として処分を受けた経歴を持つ、岸信介(きしのぶすけ)が首相になりました。岸は、1957年訪米し、アイゼンハワー大統領との会談で「日米新時代・安保委員会設置・在日米地上軍撤退」を内容とする日米共同声明を発表しました。この構想に基づき、国連軍司令部は東京からソウルに移転し、1958年10月、日米安保条約・日米行政協定改定の交渉に入りました。この時期、警察官職務執行法（警職法）改正案に対する批判が強まりました。当時の女性週刊誌でさえ「デートもできない警職法」と批判し、ついに廃案になってしまいました。

　安保改定の交渉についても、国民は激しい反対運動を行いました。当初は、盛り上がりに欠けた反対運動でしたが、しだいに反対運動に参加する人々の数は増えていきました。1959年春には134団体が参加した安保改定阻止国民会議が結成されました。反対運動を進めた革新陣営は、極東でのアメリカ軍の軍事行動によって日本が戦争に巻き込まれる危険性が高まるとして、反対運動を展開したのでした。

　これに対して政府は、1951年に結んだ安保条約（これを旧安保条約といいます）とは異なり、日本経済の発展を背景として、日本と極東の平和・安全が脅かされた際の共同防衛を義務化した新たな安保条約の締結を求めたのです。政府は、1960年5月衆議院で安保条約改定承認の強行採決を行い、さらに参議院で審議がなされないまま、条約は自然成立しました。こうした政府のやり方に対して反対運動が急速に高まり、アイゼンハワー米大統領の訪日は中止され、与党内部でも岸に対する批判が強まりました。社会党にも安保

岸信介 1896〜1987 Ａ級戦犯として逮捕されるも、公職追放解除後に政界に復帰

賛成の立場をとる右派が党を分け、民主社会党を結成する動きもありましたが、国民の反対は強く、岸内閣は、新安保条約が自然承認された直後、総辞職を余儀なくされました。

新安保条約はアメリカの日本防衛義務、米軍の軍事行動の事前協議制、期限10年などを新たに盛り込んだものです。しかし、依然として米軍の日本駐留（＝米軍基地）は続いています。

第3節　現代日本の動向

❶ 政治・外交の展開①（1960年代～70年代）

1）池田勇人内閣

　岸信介の後に首相となった池田勇人は、「寛容と忍耐」をスローガンに掲げ、革新勢力との対決を避けながら、「国民所得倍増計画」を実施していきました。熱気を帯びた安保反対を中心とする政治の時代が終わり、経済の時代になりました。高度経済成長の具体的な内容については後でまとめて述べることにして、ここでは外交面を中心に見ておくことにしましょう。

　まず1961年1月、アメリカ大統領はアイゼンハワーからケネディに変わりました。日米軍事関係が強化され、日本はアメリカの核軍備競争に巻き込まれる可能性が高まりました。具体的には、アメリカが日本に、核を装備した原子力潜水艦の寄港を要求することになったのです。池田内閣はアメリカの要求をいわば丸呑みしたのでした。

　これとは別に、1962年に中国との関係改善が図られました。政経分離を原則に日中の貿易拡大を進める覚書が結ばれ、準政府間貿易であるLT貿易（廖承志・高碕達之助との合意）が開始されました。

2）佐藤栄作内閣

　1964年、佐藤栄作内閣が誕生しました。佐藤内閣は、大韓民国との国交正常化を進めるため、第7次日韓会談を実施しました。そ

の結果、翌1965年、韓国の朴正熙（パクチョンヒ）政権との間で日韓基本条約が結ばれ、韓国併合条約の無効・外交関係の樹立が決められました。この条約締結により、1910年の韓国併合以前の諸条約の無効が確認され、日本は韓国が「朝鮮にある唯一合法的な政府であること」としました。そのため、北朝鮮＝朝鮮民主主義人民共和国とは現在に至るまで正式な国交は再開されていません。1967年、佐藤首相は、衆議院予算委員会で非核三原則（「核兵器を作らず、持たず、持ち込ませず」）を言明し、これが日本の核兵器に対する国是となりました。しかし一方で1968年、核兵器を積んでいると思われた米原子力空母エンタープライズの佐世保入港反対運動がおこりました。現在もなお、米軍が核兵器を持ち込む事態が続いています。また、1968年には小笠原諸島の日本返還を成し遂げました。

1970年、日米安保条約の有効期限10年が迫ろうとしていました。前年の1969年11月、佐藤はニクソン大統領との日米首脳会談に基づき、日米共同声明を発表しました。その結果、安保体制の強化を明らかにし、1970年6月、条約は自動延長となりました。この日米首脳会談では、沖縄の施政権返還も話しあわれました。安保体制の堅持、自衛力強化を前提に沖縄の「核ぬき・本土なみ」返還が約束され、1971年、沖縄返還協定が調印されました。翌1972年に沖縄の施政権は日本に移されました（沖縄返還）が、現在に至るまで米軍基地は沖縄

佐藤栄作　1901～1975

の大半を占め、米軍兵士による犯罪は後を絶たず様々な問題が山積しています。

　ところで、これもすでに明らかにされていることですが、昭和天皇は、沖縄のアメリカ占領を承認するだけでなく、長期間の占領を認めていました。1979年に機密解除された、1947年9月20日の「連合国最高司令部外交局マッカーサー元帥あて覚書」という文書には「(前略) 寺崎氏（寺崎英成。昭和天皇とマッカーサーとの会見時に通訳をつとめるなどの仕事をした―引者注）は、天皇が米国が沖縄、その他の琉球諸島に対する軍事占領を継続するよう希望している、と述べた。天皇の考えでは、そのような占領は米国の利益になり、また、日本を防衛することにもなろう、というのである。このような措置は、日本国民の間で広範な賛成を得るであろう。（中略）さらにまた、天皇は、沖縄（その他必要とされる島嶼）に対する米国の軍事占領は、主権を日本に置いたままでの長期――二五年ないし五〇年またはそれ以上の――租借方式という擬制にもとづいて行われるべきであると考えている。」（「昭和天皇の沖縄に関するメッセージ」『日本史史料　現代』、岩波書店）と記されています。沖縄の米軍基地の問題は現在も続いており、沖縄本島の約19％が米軍基地として使用されています。

3) 田中角栄内閣

　1972年7月、田中角栄が首相となりました。田中は同年2月、ニクソン米大統領の訪中をきっかけとする米中接近に伴い、9月に中国を訪問しました。田中は、日中共同声明に調印し、日中関係の正常化がなされました。共同声明は、①日本は戦争責任を認め、反省の態度を表明する。②両国間の不正常な状態を終わらせる。③中

華人民共和国政府を唯一合法な政府とする。④中国側は対日請求権を放棄する、というものでした。その結果、従来、台湾（中華民国）との間に結ばれていた日華平和条約は廃棄され、中華民国政府との外交関係は断絶することになりました。

　田中は、「日本列島改造計画」を実行に移すなど、行動力溢れた首相として国民に受け入れられました。日本列島改造とは、人口20万～30万人程度の工業都市を各地に作り、新幹線や高速道路で結ぶという計画でした。しかし、1973年の第4次中東戦争の結果おきた石油危機（オイルショック）に対する対応のまずさと、首相自身が関与した新潟県の河川敷にかかわる政治資金問題が国会に取り上げられて辞任に追い込まれてしまいました。

4) 三木武夫内閣

　1974年12月、自民党の少数派閥の三木武夫が首相になりました。自民党椎名悦三郎副総裁が、4人の候補者の中から三木を総裁に選んだのです。1975年11月、パリ郊外のランブイエ城で先進国首脳会議（サミット）が開催され、三木は出席しましたが、不況を回復させることはできませんでした。さらに、1976年、田中前首相が関与した米国ロッキード社の航空機売り込みをめぐる疑獄事件（ロッキード事件）で、田中が逮捕され、自民党内では田中角栄を代表とする金権体質の批判をする人たちが離党し、新自由クラブ（河野洋平代表）が組織されました。この年行われた総選挙で自民党は前回比22名減となり、責任をとって三木は辞任しました。

5) 福田赳夫内閣

　三木に代わり首相となった福田赳夫は、1977年、3海里から12

海里に拡大する領海法と、200海里の漁業水域暫定措置法を内容とする海洋二法を公布しました。また、1978年に北京で日中平和友好条約を結び、中国との国交正常化を進めました。しかし、福田は自民党内ではじめて実施された総裁予備選挙で敗れ、1978年12月、総辞職しました。

6）大平正芳内閣

1979年10月の総選挙で自民党は敗北し、その責任をめぐって党内対立が激化しましたが、大平正芳(おおひらまさよし)は首相指名選挙で対立候補の福田赳夫を破り、第2次内閣を組閣しました。しかし、社会党が提出した内閣不信任案は、自民党の反主流派が国会を欠席したために通過してしまいました。大平は衆議院を解散し、1980年6月、衆参同日選挙で対抗しました。しかし、大平は選挙直前に急死してしまいます。自民党は、この選挙を「弔い選挙」と位置づけ、折からのソ連脅威論を利用して圧勝しました。

❷ 高度経済成長

朝鮮戦争をめぐる特需（特別需要）によって繊維・金属工業などが急速に復興し、日本の経済復興は一気に進んで、1951年には、鉱工業生産は戦前の生産水準を突破しました。この特徴は、世界的な技術革新に対応した新技術の導入と独自の技術革新にありました。政府は、電力・鉄鋼・造船などの産業部門に資金を投下し、重工業化を進めていきました。

ここで先に、高度経済成長についてまとめておきます。高度経済成長のキーワードは、重化学工業化と新しい生産構造の確立です。重工業化については先に触れたとおりです。新たな生産構造の確立

には、オートメーション化やコンピュータなどの利用を挙げることができます。次に、高度経済成長が可能となった条件です。それは、①軍事費負担が小さいこと。②国内政治の安定。特に、1960年代は安保闘争以後、政治闘争が主でなく、総評の春闘に見られる経済闘争が中心でした。③国内の経済的要因。具体的には、技術革新、資本＝高い貯蓄率と間接金融、労働力、輸出の促進の4つです。

1) 神武景気（1955年～1957年）

1955年、好景気になった日本は、GNP（国民総生産）が戦前の2倍近くになり、1956年には戦前の水準を突破しました。この年の『経済白書』は、「もはや戦後ではない」という表現で、経済復興を高らかに宣言しました。

2) 岩戸景気（1958年～1961年）

1960年、池田内閣は国民所得倍増計画を推進していきました。同年12月27日の閣議で、「国民総生産を倍増して雇用の増大による国民生活の引き上げ」を行い、「今後10年間以内に国民総生産を26兆円に到達させる」と述べました。この頃の経済は、岩戸景気とよばれました。天照大神の天岩戸出現以来の景気の良さという意味です。

1950年代後半からの好況に引き続き、重化学工業の先進国としての地位を確立しました。池田内閣は、アメリカからの要求にこたえ、1963年、GATT（関税貿易に関する一般協定）11条国となり、国際収支の赤字を理由に輸入制限ができないことになりました。また、翌1964年にはIMF（国際通貨基金）の8条国となり、国際収支の赤字を理由に、為替管理ができないことにもなりました。ま

た、同年OECD（経済協力開発機構）に加盟し、資本取引は自由化されました。しかし、農業は他の産業に比べて近代化が遅れていました。高度経済成長によって農村から都市に労働者が流出し、農村の過疎化も進みました。農村では農村労働者の要である父（とうちゃん＝夫）が都市労働者あるいは都市への出稼ぎ労働者となって農業労働者から外れ、農村労働者は、じいちゃん・ばあちゃん・かあちゃんの三ちゃん農業といわれる事態に変化していきました。また1961年には、農業基本法が制定され、農業の多角的生産の推進を進めましたが、兼業農家の増加を引きおこし、大きな効果を上げることはできませんでした。

3）高度成長の継続

　1964年、東京で開催された第18回オリンピックに刺激され好景気は続きました（オリンピック景気）。佐藤内閣のもとでも高度経済成長は続きました。1965年から1970年までの57カ月に及ぶ長期の繁栄が訪れました（いざなぎ景気）。1968年にはGNPは資本主義陣営でアメリカに次いで第2位となり、経済大国としての地位を占めました。経済成長は、重化学工業の発展によって輸出が伸びたことが最大の要因です。鉄鋼・船舶・自動車・化学肥料などが、その中心を担いました。

4）産業・国民生活の変化

　エネルギー転換も進みました。高度経済成長期、石油は輸入品であったにもかかわらず、非常に安い値段でした。アメリカの石油政策で石油価格が抑えられていたからです。そのため、日本は石炭・水力から石油・火力に転換し、産業別人口も第2次・第3次産業従

事者が増加しました。国民生活も 1960 年代から冷蔵庫・洗濯機・テレビなどの「三種の神器」が家庭に浸透し、70 年代には、カー・クーラー・カラーテレビの「3C」が浸透しました。日本人の生活に消費革命がおこったと表現されるようになりました。

5) 高度成長の矛盾

　経済成長の一方で、その矛盾も明らかになっていきました。物価上昇と公害問題、過疎・過密の進行などです。1967 年から 1969 年にかけて、四日市ぜんそく、水俣病、イタイイタイ病、新潟水俣病の 4 大公害訴訟が提起されました。政府も 1967 年公害対策基本法（1970 年改定→ 1993 年環境基本法制定により廃止）を制定し、1971 年には環境庁を発足させました。

6) 高度経済成長の終了

　アメリカはベトナム戦争に莫大な軍事費を投入したことで財政赤字を引きおこしました。アメリカがベトナム戦争に加担したことのつけは大きかったといわざるを得ません。ベトナム戦争を進めるために大量のドルを放出した結果、アメリカの貿易収支は赤字に転落し、ドルの価値が下落したのです（ドル危機）。1971 年、ニクソン大統領は、国際収支の悪化を理由に金とドルとの交換を停止する旨の態度を表明しました（ドル防衛）。同年 12 月、先進 10 カ国蔵相会議がスミソニアン博物館で開催され、日本の円は 1 ドル= 308 円となり（スミソニアン・レート）、長い間続いた 1 ドル= 360 円の固定レートは終了し、円高になりました。アメリカ経済の立ち直りは難しく、1973 年には単一為替レートを変更して変動為替相場制に移行しました。

さらに、1973年におきた第4次中東戦争をきっかけに原油価格は一挙に上昇し、石油の供給が制限されました。その結果、翌1974年GNPはマイナスとなり、第1次石油危機がおきました。国民はこの時「狂乱物価」に苦しみ、ついに高度経済成長は終焉を迎えることになりました。

❸ 低成長下の日本

1970年代後半は、世界的な不況に見舞われていました。不況のもとでインフレが進行するスタグフレーションが進んでいました。通常、不況では、デフレが進行します。景気が回復し、好況になるとインフレが進みます。しかし、不況なのに物価が上昇するこの現象をスタグフレーション（stagflation）といいます。

すでに、1974年三木武夫内閣は、パリのランブイエ城で開催された第1回先進国首脳会議（サミット）に参加しましたが、GNPはこの年、前年比0.6％減となり、経済成長は完全にストップしました。福田赳夫内閣でもロンドンで開かれた第2回サミットに参加し、日本は1977年の実質経済成長6.7％達成を約束したものの、国内経済の回復は鈍く、6カ月後の衆議院予算委員会で達成困難を認めることになりました。

さらに1979年には、国際石油会社が対日原油供給の20～30％カットを通告してきたため、大平内閣のもとで第2次石油危機が発生しました。

日本の経済危機は欧米に比べれば、まだましでした。70年代後半、各企業は省力化・省エネを進め、体質改善を行い、輸出の回復に努めました。その結果、日本では、エレクトロニクスの技術を利用した工業製品の輸出が伸びていきました。1980年1～11月

の自動車生産台数は、アメリカを抜いて世界第1位になりました。1980年のベネチア、1981年のオタワ、1982年のベルサイユで開催されたサミットでは、日本の輸出抑制と内需拡大が論議されました。1985年には、日本の対米貿易黒字は395億ドルという巨額に達し、貿易摩擦は一層深刻化していきました。また1980年代から円高が進み、1987年には1ドルが120円台になり、日本企業の海外進出も顕著となって、企業の多国籍化が進んでいきました。

❹ バブル景気とその崩壊

　日本の対米貿易黒字は国際的な非難を浴びることになりました。その一方で円の高騰が続き、鉄鋼・造船・アルミ産業などを中心に一部の産業では深刻な不況に見舞われました。また、企業の海外進出が進むにつれ、国内では生産縮小・企業閉鎖・人員整理が行われました。そして、大幅な貿易黒字によって生じた余剰資金や企業の海外進出・投資などで得た利益は、マネーゲーム（貨幣を道具に最大限の利益を追求する経済行為）に用いられました。超低金利が続く中でそれらは、土地・株式の投資に充てられ、地価・株価の騰貴をもたらし、経済の東京一極集中を促しました。しかも、資金の一部はアメリカの国債購入に充てられ、日本はアメリカを抜いて世界最大の債権国となりました。

　1987年10月、世界の主要株式市場は連鎖的な株価下落を記録しました。その後株価は持ち直したものの、土地価格の高騰が投機熱をあおり、それにまつわる政財界の癒着と汚職が発生し、ついに1990年バブル景気は崩壊、金融不況と消費不況に円高不況が混じりあっておきた複合不況に陥りました。

5 政治・外交の展開②（1980年代〜2010年代）

1）鈴木善幸内閣

　大平の後、鈴木善幸が首相となりました。鈴木は、1981年、レーガン米大統領とワシントンで共同声明を発し、日米同盟関係を明らかにしました。また、政府税制調査会が間接税導入を検討する一方、1981年発足した臨時行政調査会は、間接税導入を行わず、「増税なき財政再建」を求め、その代わりに国鉄・電電公社・専売公社の分割民営化を提案しました。鈴木はこの財政政策を実現すると公約しましたが、公約実現ができず総辞職を余儀なくされました。

2）中曽根康弘内閣

　1982年、鈴木の後を受けて、中曽根康弘が首相となりました。中曽根は1983年訪米し、レーガン米大統領と会談した際、日本列島は「不沈空母」であり、対ソ戦略のために4海峡を封鎖すると発言し、日米関係が軍事にまで及ぶことを明らかにしました。また、中曽根は鈴木内閣ができなかった行政改革を推進させました。まず、1983年国家行政組織法改正、総務庁設置法などを含む行政関連6法を成立させました。そして1985年、NTT・JTを発足させ、翌1986年、国鉄の分割・民営化関連8法案を成立させました。さらに、1984年には臨時教育審議会（臨教審）を発足させ、「個性重視・生涯学習・時代への対応」を強調した最終答申を3年後に出しました。

　この内閣から、サッチャー英首相やレーガン米大統領に代表される新自由主義経済が日本にも導入・実施されることになります。

3) 竹下登内閣

　竹下登内閣は、1988年、リクルートコスモス社の未公開株が政府高官の秘書に譲渡されていた疑惑が表面化し、国民の批判を浴びました。また1988年、税制改革関連6法が可決され、翌1989年4月から3％の消費税が課されることとなりました。リクルート事件と消費税導入で竹下内閣の支持率は10％にまで低下し、ついに総辞職しました。

　1989年1月、昭和天皇が死去し、元号は昭和から平成に改まりました。

4) 宇野宗佑内閣

　後継首相候補がいずれもリクルート事件にかかわっていたことから、宇野宗佑が突然首相に選ばれました。しかし、宇野自身の女性問題が発覚し、折から実施された参議院選挙の遊説にも宇野は行くことができず、与野党の逆転という惨敗を喫し、わずか69日の短命内閣に終わりました。

5) 海部俊樹内閣

　1990年、イラクはクウェートに侵攻しました。アメリカは、翌1991年1月、イラク攻撃に踏み切り、湾岸戦争（砂漠の嵐作戦）が開始されました。海部俊樹は、90億ドルの支援を盛り込んだ補正予算を通過させ、同年4月、ペルシア湾に海上自衛隊の掃海艇を派遣しました。また、1990年4月、ゴルバチョフ　ソ連大統領が訪日し、日ソ共同声明が結ばれました。しかし、翌1991年12月、ソ連は解体してしまいました。

6）宮沢喜一内閣

　宮沢喜一内閣は、1992年6月、国連平和維持活動協力法（PKO法）を成立させ、同年10月にはカンボジアに自衛隊を派遣しました。この年の7月に行われた参議院選挙で自民党は過半数を確保しましたが、金丸信副総裁が佐川急便から違法な献金を受け取り、巨額の脱税をしていた事件が発覚しました。金丸は議員を辞職しましたが、内閣は厳しい批判を浴びました。1993年、政治改革をめぐって内閣不信任案が可決され、自民党は分裂しました。総選挙で自民党は過半数にも達せず、ついに「55年体制」は崩壊しました。

7）細川護熙内閣

　1993年8月、総選挙で勝利した日本新党の細川を中心に社会党・公明党・新生党・さきがけなど8会派からなる非自民・反共産連立細川護熙内閣が誕生しました。この内閣で、1994年公職選挙法改正政府原案は衆議院では通過しましたが、参議院では否決されました。政治腐敗に対する国民の批判を受けて政治資金規正法改正・政党助成法は可決されましたが、いずれも問題を残したままになっています。

　1994年、細川自身が佐川急便から賄賂を受け取っていたことが発覚し、国民の批判を浴びると総辞職してしまいました。

8）羽田孜内閣

　新生党を中心に羽田孜内閣が組閣されましたが、社会党が連立から離れ、わずか64日の短命内閣で終了しました。それでも保険法改正や公職選挙法改正、政治資金規正法改正などを実現しました。

9) 村山富一内閣

　村山富一内閣は、社会党・さきがけ・自民党が連立して誕生しました。この内閣では、年金の支払いを60歳から65歳に延長する年金法の一部改正や小選挙区制区割り法案を可決しました。しかし、バブル景気のつけ、すなわち住宅金融専門会社の負債処理のために税金を投入する案を提出したため、国民の批判が高まり1996年1月、村山は首相を辞任しました。

　この内閣の時、1995年1月17日午前5時46分、明石海峡を震源とするマグニチュード7.3の地震、阪神・淡路大震災が発生し、6434人の死者を出しました。被害は神戸市市街地を中心に大阪府・京都府の一部にも及びました。この地震では津波の発生はなかったものの、木造家屋の倒壊により家屋の下敷きになり即死した人の多かったことが挙げられます。

10) 橋本龍太郎内閣

　社会党は、1996年1月分裂し、大半は民主党に合流し、残った議員を中心に党名を社会民主党と改称し、再出発しました。同様のことはさきがけにもおこり、大半のさきがけの議員は民主党に合流しました。内閣は、自民党が社会民主党、さきがけの援助を得る状況でしたが、村山から橋本龍太郎への首相交代は総選挙を経ない「禅譲」によるものだという批判が強まりました。その後、1996年総選挙が実施されましたが、社民党・さきがけ両党は一挙に議席を減らし、また公明党・民社党・日本新党・新生党が合同して結成された新進党や、選挙直前に結成された民主党も思うほど議席をとることができず、自民党と野党では共産党が議席を伸ばしました。また、新進党内部では対立がおこり、小沢一郎党首に反対の立場を

とる細川護熙が離党して無所属になり、羽田は別に太陽党を結成しました。

11）小渕恵三内閣

1998年7月の参議院議員選挙で自民党が敗北し、橋本が首相を辞任すると、代わりに小渕恵三（おぶちけいぞう）が首相になりました。この内閣では、翌1999年、国会で新ガイドラインの実施を行うために周辺事態法を成立させました。あわせて国旗・国歌法も成立しました。小渕はその後、病に倒れました。

12）森喜朗内閣

重体に陥った小渕に代わり、2000年4月、森喜朗（もりよしろう）内閣が誕生しました。この内閣は、自民・公明・保守の3党連立内閣でした。同年7月に沖縄でサミットを開催した以外、深刻化している不況を回復することができず、2001年、退陣しました。

13）小泉純一郎内閣

2001年4月、自民・公明・保守3党連立の小泉純一郎（こいずみじゅんいちろう）内閣が誕生しました。小泉は、規制緩和・構造改革を推進し、新自由主義経済を実行に移し、不況からの脱出を図ろうとしました。特に2005年に誕生した第3次小泉内閣で、従来からの小泉の主張であった郵政民営化を実現しました。しかし、小泉の進めた新自由主義政策は、国民の中に格差を広げ、貧困層が急増する結果を招きました。小泉は格差があることは当たり前で、大企業の収入が増加すれば、やがてそれが国民全体に波及すると説きましたが、逆に非正規労働者の解雇、貧困層の増加を招いて反発が強まり、ついに2006

年9月退陣しました。

14）短命内閣の連続

　小泉の退陣後、安倍晋三・福田康夫・麻生太郎と3人の首相が誕生しましたが、いずれも短命内閣であり、経済の回復は進まず、自民・公明両党は総選挙を実施せずに、内閣を維持しようと努めました。しかし、2008年後半、アメリカにはじまる世界同時恐慌（リーマンショック）で、日本国内でも失業・倒産が広がり、国民の政治批判はこれまでにないものとなりました。遂に2009年8月の総選挙で、民主党が圧勝し、鳩山由紀夫内閣が誕生しました。

　鳩山内閣は、民主党・社民党・国民新党の連立内閣でしたが、内閣が誕生して間もなく、鳩山の政治資金問題や幹事長小沢一郎の政治資金問題が取り上げられ、沖縄の米軍普天間基地移転問題で沖縄のみならず、国民から批判を浴びることとなりました。そして鳩山首相が辞任すると、2010年6月、菅直人が首相に就任することになりました。

　2011年3月11日、東日本大震災が発生しました。牡鹿半島の東南東沖130kmの海底を震源とするマグニチュード9.0の超大型地震と波高10m以上、最高遡上高40m以上の大津波が東北から北関東にかけての太平洋岸を襲い、壊滅的な被害をもたらしました。地震と津波による死者・行方不明者の合計は約2万人でした。しかも、地震と津波は、もう1つの問題を引きおこしました。福島県浜通りにあった東京電力福島第一原子力発電所で大量の放射性物質を外部に放出させる原子力事故が発生したのです。地震による津波ですべての電源が喪失したことで、原子炉が冷却不能となり、炉心溶融（メルトダウン）や、水素爆発などを引きおこしたのでした。

菅内閣は、地震への対応のまずさを指摘される中で内閣を退陣せざるを得なくなり、2011年9月、野田佳彦(のだよしひこ)が首相に就任しました。野田内閣は社会保障と税の一体化を軸に自民党・公明党と合意し、増税法案を可決させました。

　その後2012年11月、野田内閣は自民党・公明党との合意ができたことを理由に、3党合意の条件であった国会解散を行い、同年12月16日の衆議院総選挙が実施されました。選挙の結果、自民党が圧勝し、公明党との連立政権である第2次安倍（晋三）内閣が誕生しました。

❻ 国際社会と日本

1）1950年代後半

　1953年の朝鮮戦争の休戦以降、しだいに緊張緩和が進みました。1954年にはジュネーブ会議が開かれ、同年7月、インドシナ戦争休戦協定が結ばれました。また、この年には中国の周恩来首相、インドのネルー首相、インドネシアのウ＝ヌー首相が会談し、主権尊重・相互不可侵などを決めた「平和五原則」が発表されました。翌1955年には米・英・仏・ソの4カ国がジュネーブに集い、四巨頭会議が開かれ、さらにインドネシアのバンドンでA・A会議（アジア・アフリカ会議）が開催され、反植民地・平和共存などの平和十原則が発表されました。こうした中で1957年、ソ連が人工衛星を打ち上げ、大陸間弾道弾の開発に成功したことからアメリカの核戦略の優位が崩れ、米ソの代表者（ケネディ米大統領とフルシチョフ首相）は平和共存を進めました。しかし、1962年、ソ連のキューバへのミサイル基地建設に対抗して、アメリカが海上封鎖を行ったキューバ危機がおこりました。

2）1960年代

　キューバ危機を米ソ両国は話し合いで乗り切りました。そして1963年には米英ソ3国のあいだで部分的核実験停止条約が結ばれました。また、1968年には国連の決議に基づき核拡散防止条約が結ばれました。一方この時期、国際関係も多極化していきました。独自に核開発を進めるフランスは、1960年に原爆を、1968年には水爆の開発に成功しました。

　また、1965年アメリカは、ベトナム民主共和国（北ベトナム）への爆撃（北爆）を開始し、ベトナム共和国（南ベトナム）に地上軍を派遣して全面的な軍事介入に踏み切りました。社会主義陣営もすでにスターリンが死んだ1953年以来変化していましたが、共産主義体制建設の世界政策をめぐるソ連と中国の論争が表面化し（中ソ論争）、ソ連の指導性が揺るぎはじめました。中国では1966年から1968年にかけて毛沢東を中心とする文化大革命がおこり、中国国内は混乱に陥りました。

3）1970年代

　米ソ両国の力が相対的に弱まる一方で、日本・西ドイツの経済力が増大していきました。アメリカは1973年のベトナム和平協定成立後、ベトナムから撤退しました。1975年4月30日、ベトナムは解放され、翌年南北ベトナムは統一されました。この戦争に巨額の費用を投じたアメリカの経済は大きく衰退し、アメリカの凋落がはじまります。しかしインドシナ半島の平和はそう長く続かず、1978年から79年にかけてベトナムは隣国カンボジアに侵攻し、中国との間にも戦争がおきました（中越紛争）。

　さらに、1967年の第3次中東戦争以来、イスラエルのシナイ半

島占領に反発したアラブ諸国は、1973年、第4次中東戦争を開始しました。OPEC（石油輸出国機構）が石油輸出制限と価格の4倍の引き上げを決定したことで、日本も石油危機に見舞われました。さらに1979年、最高指導者ホメイニの権力掌握によるイラン革命によって、第2次石油危機もおこりました。また、同年には、ソ連が親ソ政権擁護のため、アフガニスタンに侵攻し、長期戦となりました。

4) 1980〜90年代

1980年にはイラン・イラク戦争がおこり、解決がままならない状態になりました。米ソの緊張状態はしだいに緩和していきました。それは、1985年経済危機の中で、ゴルバチョフが指導者として選ばれ、ソ連国内で翌年からペレストロイカ（建て直し）がはじまったことに起因します。米ソ間の懸案事項であった戦略的兵器削減交渉（START）が1982年から開始され、1991年に合意に至りました。また、1987年には中距離核兵器全廃条約（INF）が締結され、1988年にはソ連はアフガニスタンから撤退しました。また同年、イラン・イラク戦争の停戦が実現しました。

さらに、1989年にはポーランドに非共産党政権が誕生し、東欧諸国のソ連離れが進みました。この年、ベルリンの壁も崩壊し、翌1990年、東西ドイツが統一されました。ソ連の勢力は弱まる一方で、1991年、ついにソ連も崩壊し、米ソを中心とする冷戦は終結しました。

アジアでも大きな動きが見られました。1989年、中国でも民主化運動が広がり、天安門に学生が集まり民主化を要求しましたが、厳しい弾圧が加えられました。フィリピンでは1986年、マルコ

ス独裁体制が崩壊し、アキノ政権が誕生しました。韓国でも1992年、軍人出身ではない金泳三が大統領に当選し、民主化が進みました。

5) 21世紀の日本と世界

　21世紀を迎えたばかりの2001年9月11日、アメリカで同時多発テロがおきました（9・11事件）。アメリカは首謀者が隠れているとみなしたアフガニスタンを攻撃し、アフガニスタンにアメリカが支持する新政権を作りました。

　日本は、アメリカの動きに協力する姿勢を明らかにし、2001年、テロ対策特別措置法を制定して、米軍支援のために自衛隊を海外派遣しました。

　2002年9月17日、小泉首相は北朝鮮・平壌を訪問しました。ここで、日朝平壌宣言を発表し、国交正常化交渉を再開することが確認されました。両国の首脳会談の直前に、北朝鮮が拉致した日本人について発表がなされ、その後の拉致被害者の帰国につながりました。

　2003年には、アメリカのイラク戦争を支持すると同時に、イラク復興支援特別措置法を制定し、自衛隊をイラクに派遣しました。

INDEX

あ

- IMF ……………………………… 508
- 愛国社 ……………………… 345-347
- 相沢忠洋 ………………………… 023
- 愛新覚羅溥儀 …………………… 440
- 相対済令 ………………………… 283
- 青木昆陽 …………………… 281, 283
- 青木周蔵 ………………… 326, 365, 366
- 悪党 ……………… 163, 165, 167, 172
- 明智光秀 …………………… 217, 219
- 上知令 ……………………… 215, 300
- 上米 ………………………… 215, 280
- 阿衡の紛議 ……………………… 102
- アジア太平洋戦争 ……… 327, 464, 465, 472
- 足尾銅山 ………………………… 380
- 足利尊氏（高氏）………… 166, 171
- 足利直義 …………………… 135, 173
- 足利義昭 …………………… 216, 217
- 足利義教 …………………… 131, 180
- 足利義政 …………………… 131, 191
- 足利義満 ……… 131, 172-175, 179
- 飛鳥浄御原令 …………… 019, 065, 066
- 安達泰盛 …………………… 161, 162
- 阿弖流為 ………………………… 099
- アニミズム ……………………… 029
- 阿倍比羅夫 ………………… 061, 084
- 阿部信行 ………………………… 458
- 阿部正弘 ………………… 215, 307, 308
- アヘン戦争 ……………… 215, 296, 305
- 甘粕事件 ………………………… 422
- 天草四郎時貞 …………………… 251
- 新井白石 …… 214, 235, 262, 263, 279
- 鞍山製鉄所 ……………………… 412
- 安重根 …………………………… 398
- 安政の大獄 ………………… 215, 314
- 安和の変 …………………… 019, 105

い

- 井伊直弼 ………… 215, 309, 311, 314
- イエズス会 ………………… 209, 225
- イエローペリル …………………… 400
- 異学の禁 …………………… 215, 288
- 池田勇人 …………………… 499, 503
- 異国船打払令 …………… 215, 295, 296
- 石井・ランシング協定 ……… 407, 417
- 石田三成 …………………… 221, 229
- 石橋湛山 …………………… 408, 500
- 石原莞爾 …………………… 438, 439
- 板垣退助 ………… 345, 346, 348, 388
- 板付遺跡 ………………………… 028
- 一向一揆 …… 131, 194, 195, 217, 219, 220, 223, 228
- 乙巳の変 …………………… 018, 059
- 伊藤博文 …… 318, 337-340, 347, 348, 352, 354, 384, 386, 389, 394, 398

INDEX

伊都国 ……………………………… 036
糸割符制度 ………………………… 246
稲荷山古墳 ………………………… 041
犬養毅 … 327, 403, 404, 423, 436, 439,
　　　　443, 446
井上馨 … 318, 326, 343, 346, 354, 361,
　　　　363, 394, 406
井上準之助 ………………… 432, 443
井上日召 …………………………… 443
今川義元 ………………… 204, 216, 228
イラン・イラク戦争 ……………… 521
磐井の反乱 ………………………… 049
岩倉遣欧使節団 … 326, 338-340, 342
岩倉具視 …… 338, 339, 344, 353, 354,
　　　　356
岩戸景気 ………………… 476, 508
石見大森銀山 …………… 232, 268
院政 …… 019, 115, 121-124, 139, 142,
　　　　143, 164, 174
インドシナ戦争休戦協定 ………… 519
院の近臣 …………………………… 122

う

ウィッテ …………………… 396, 397
ウィリアム＝アダムス …………… 245
植木枝盛 ………………… 353, 361
上杉謙信 …………………………… 204
上原勇作 …………………………… 402
牛川人 ……………………………… 022
宇多天皇 …… 019, 102, 103, 107, 121
打ちこわし …… 215, 283, 287, 288, 292,
　　　　313
宇野宗佑 …………………………… 514
厩戸皇子 …… 018, 052, 054, 056, 057

え

永仁の徳政令 ……………… 130, 162
永楽通宝 ………………… 183, 198
ＡＢＣＤ包囲陣 ………………… 463
衛士 ………………………… 077, 091
蝦夷征討 ……… 084, 099, 100, 118
江藤新平 ………………… 344, 345, 359
絵踏 ………………………………… 252
恵美押勝の乱 ……………………… 090
ＭＳＡ協定 ……………… 476, 499
撰銭令 …………………… 198, 219
ＬＴ貿易 …………………………… 502
延喜・天暦の治 ……… 103, 164, 168
延久の荘園整理令 ……… 019, 121
援蔣ルート ………………………… 462
袁世凱 …………………… 383, 407, 409

お

応永の外寇 ……………… 131, 184
欧州援助計画 ……………………… 493
王政復古の大号令 …… 215, 321, 330
汪兆銘 …………………… 455, 466
王直 ……………………… 207, 208, 247
応天門の変 ……………… 019, 102
応仁・文明の乱 … 131, 191- 194, 201
近江令 …………………… 018, 063
押領使 ……………………… 116-118

INDEX

大海人皇子 …………… 057, 063, 064
OECD ………………………………… 509
大江広元 ………………… 134, 136, 144
大隈重信 …… 326, 339, 347, 348, 352, 365, 367, 388, 405
大御所 ………………… 214, 229, 297
大阪事件 ………………………… 351
大坂夏の陣 ……………… 230, 235
大坂冬の陣 ……………………… 230
大阪紡績会社 ……………………… 370
大塩の乱 ………………… 298, 299, 302
大塩平八郎 ……………… 215, 298, 299
大杉栄 ………………………………… 422
大津事件 ………………………… 365
大伴金村 ……………………… 049, 050
大伴旅人 ………………………… 084
大平正芳 ………………………… 507
沖縄戦 ………………………… 469, 470
沖縄返還協定 ……………… 476, 504
荻原重秀 ……………… 214, 261, 262
尾崎行雄 …… 352, 388, 403, 404, 466
織田信長 …… 195, 204, 210, 214, 216, 228
小田原征伐 ……………………… 220
小野妹子 ……………………… 018, 055
オランダ …… 214, 244, 245, 252-255, 263
蔭位の制 ……………………… 072, 084

か

開眼供養 ………………………… 088
海軍軍縮条約 …… 327, 417, 421, 442, 449
海上保安庁 ……………… 495, 496
改新の詔 ……………………… 018, 060, 061
海賊取締令 ……………………… 225
開拓使官有物払い下げ事件 ……… 347
貝塚 ……………………… 027, 029, 200
回答兼刷還使 ……………………… 249
開発領主 …………… 111-114, 116, 148
海部俊樹 ……………………… 514
カイロ ………………………………… 470
価格等統制令 ……………………… 456
蠣崎氏 ……………………… 186, 250
嘉吉の土一揆 ……………………… 191
嘉吉の乱 ……… 131, 180, 183, 191
学童集団疎開 ……………………… 467
学徒出陣 ……………………… 327, 467
掛屋 ……………………… 270, 273
勘解由使 ……………………… 098
囲米 ………………………………… 287
和宮 ……………………… 215, 315
華族令 ……………………………… 355
片岡直温 ……………………… 426
刀狩令 ……………………………… 223
片山哲 ……………… 466, 486, 487
GATT ……………………………… 508
桂太郎 ………… 380, 394, 401, 403, 405
加藤高明 …… 405, 406, 423, 426, 436, 443
加波山事件 ……………… 326, 350
樺山資紀 ……………………… 361

525

株仲間……215, 269, 271, 282, 284, 287, 297, 300, 336
加茂岩倉遺跡………………………030
樺太・千島交換条約……………326, 341
刈敷………………………………152, 266
家禄奉還法………………………333
河合栄治郎………………………457
西文氏……………………………043
冠位十二階………018, 052, 053, 055
官位相当制………………………071, 084
閑院宮家…………………………262, 263
官営八幡製鉄所…………………374
勘合………………………131, 182, 183, 208
甘藷………………………………281
漢城条約…………………………384
完新世……………018, 020, 021, 023, 024
寛政の三博士……………………288
貫高制……………………199, 205, 222
官田………………………………076, 108
関東軍特種演習…………………461
関東大震災………327, 422, 425, 426
関東都督府………………………327, 399
関東取締出役……………………298
関東ローム層……………………023
菅直人……………………………518
観応の擾乱………………131, 173, 177
関白………019, 102-107, 118, 120, 122, 123, 136, 167, 193, 220, 221, 224, 321
桓武天皇…………………019, 097, 098, 100

き

生糸……037, 183, 207-209, 246, 247, 249, 254, 255, 312, 313, 369, 376, 378, 412, 418, 433
棄捐令……………………215, 288, 300
器械製糸…………………………369
企業勃興…………………………369
岸信介……………………………501-503
騎射三物…………………………148
魏志倭人伝………………………036, 037
偽籍………………………………092
北一輝……………………………421, 445
北畠顕家…………………168, 170, 171
義兵闘争…………………………386
9・11事件………………………522
九カ国条約………………………416, 417
九州平定……………173, 214, 220, 224
旧石器時代………………018, 020-025
キューバ危機……………………519, 520
旧里帰農令………………………287
教育委員会………………………483
清浦奎吾…………………………405, 422
極東委員会………………………479
極東国際軍事裁判………………476, 480
記録所……………………………164, 167
義和団事件………………………326, 393
金解禁……………327, 432, 433, 446
禁教令……………210, 249, 251, 253
金銀複本位制……………………337, 373
禁中並公家諸法度………………214, 235
銀本位制…………………………337, 373

金本位制 ······ 337, 372, 373, 387, 414, 432, 446, 448
金融恐慌 ················ 327, 425-427, 432
金融緊急措置令 ···························· 489
金禄公債証書 ······························· 334

く

公営田 ·· 108
公卿 ······ 069, 106, 107, 125, 137, 321
公事方御定書 ······················ 215, 282
九十九里浜 ····················· 266, 267, 276
楠木正成 ···················· 166, 167, 170, 171
百済 ······ 018, 038-041, 044, 049, 059, 062
屈葬 ·· 029
工藤平助 ······························ 215, 285
グナイスト ································· 354
国免荘 ··· 113
口分田 ··· 075, 076, 092, 093, 099, 111
熊野詣 ······································ 120, 124
公文所 ·· 134
蔵元 ·· 270
蔵物 ·· 270
倉役 ·· 176
蔵屋敷 ·· 270
蔵人 ·· 100
黒田清隆 ······ 322, 326, 341, 343, 348, 352, 354, 360, 365
郡司 ······ 071, 072, 075, 078, 092, 094, 098, 099, 110
群集墳 ··································· 018, 046

郡制 ·· 357
郡評論争 ·· 060
軍部大臣現役武官制 ···· 389, 402, 404, 436, 449

け

桂園時代 ·· 401
慶賀使 ··································· 250, 255
経済安定9原則 ······················ 490, 491
経済協力開発機構 ·························· 509
警察予備隊 ············ 476, 495, 496, 498
計帳 ······················ 072, 075, 108, 109
慶長の役 ····················· 214, 225, 226
血盟団事件 ···································· 442
検非違使 ································· 100, 101
建艦詔勅 ·· 362
源氏 ······ 100, 110, 117-120, 125, 130, 132-134, 166, 168
原子爆弾 ······················ 408, 471, 472
遣隋使 ································ 018, 054, 055
原水爆禁止 ···································· 499
遣唐使 ··· 018, 019, 067, 095, 096, 107, 108
憲法十七条 ···························· 053, 145
建武式目 ·············· 054, 131, 170, 171
建武の新政 ······················ 130, 167-169
元明天皇 ································ 079, 085
元禄金銀 ·· 261

こ

小泉純一郎 ····························· 477, 517

INDEX

五・一五事件 ……… 327, 440, 443, 445
弘安の役 ………………………… 130, 160
江華島事件 …………………… 326, 342
黄禍論 ………………………………… 400
皇極大王 ……………………… 058, 061
高句麗 … 018, 039, 043, 048, 055, 056, 059, 062
孝謙天皇 ……………………… 088, 089
庚午年籍 ……………………… 018, 063
甲午農民戦争 ………………… 326, 362, 385
講座派 ………………………………… 457
工場制手工業 ………………… 303, 304
工場法 …………………………… 379, 382
甲申事変 ……………………… 351, 384
更新世 …………………………… 018, 020-023
皇親政治 ……………………… 018, 064, 065
皇族将軍 …………………………… 146
郷村 ……………………………… 187, 207
好太王碑 ……………………… 018, 039
皇道派 …………………………… 445, 446
公武合体 ……………………… 314-316, 320
工部省 ……………………………… 336
光武帝 ……………………………… 035
光明子 …………………………… 019, 085, 086
五衛府 …………………………… 069, 101
五街道 ………………………… 240, 274, 275
古河公方 ……………………… 203, 204
五箇条の御誓文 …………… 326, 328
五畿 …………………………………… 070
五経博士 …………………………… 044
国衙領 … 112, 113, 115, 121, 124, 139

国際通貨基金 …………………… 508
国際連合 …………………………… 493
国際連盟 ……… 327, 414, 415, 440, 441, 449
国司 ………… 071, 072, 075, 077, 081, 086, 094, 098, 104, 105, 107, 109-114, 116-118, 121, 122, 124, 134, 139, 167, 168
国訴 ……………………………… 285, 292
国民皆兵 …………………………… 331
国民学校 ……………………… 467, 468
国民義勇隊 ……………………… 468
国民勤労動員令 ………………… 467
国民所得倍増計画 ………… 503, 508
国民精神総動員運動 ………… 456
黒曜石 ……………………………… 028
国立銀行条例 …………………… 337
五刑 ………………………………… 074
御家人 … 125, 132, 134, 137-140, 142 -146, 156, 158-163, 165, 166, 177, 231, 232, 270, 273, 288, 300
御家人制 ……… 125, 132, 138, 161-163
護憲三派 ……………………… 327, 423, 424
後嵯峨天皇 …………………… 146, 164
御三家 ………………………… 233, 234, 279
後三条天皇 …………………… 121, 122
後三年の役 ……………………… 118
5・4運動 ………………………… 415
五色の賤 …………………………… 074
55年体制 ……… 476, 477, 500, 515
戸籍 ………… 063, 066, 072, 075, 092,

528

INDEX

108, 109, 329, 333, 358
五大改革指令 ……………… 476, 480
後醍醐天皇 … 130, 164-168, 170-172, 174, 181
五大老 …………………… 221, 228, 229
国会期成同盟 …………… 326, 347, 348
国家総動員法 ……………… 327, 456
後鳥羽上皇 …………………… 141-143
近衛声明 ………………… 327, 454, 455
近衛文麿 …… 452, 454, 459, 460, 462, 464, 471, 479
五品江戸廻送令 …………… 215, 312
五奉行 ………………………… 221, 229
五榜の掲示 ……………………… 328
小牧・長久手の戦い … 214, 220, 228
後水尾天皇 ……………………… 236
コミンフォルム ………………… 494
小村寿太郎 … 327, 366, 392, 394, 396, 399
米騒動 …………………… 327, 409
五稜郭の戦い …………………… 322
ゴローニン ……………………… 294
強飯 ……………………… 031, 149
健児 ……………………… 098, 099
墾田永年私財法 ……… 019, 094, 095

さ

座 ……………… 197, 198, 215, 271, 284
西園寺公望 … 349, 380, 401, 404, 415, 436, 443, 452
西郷隆盛 ……… 318, 319, 321, 342, 344

細石器 ……………………… 023, 024
斎藤実 …………… 435, 440, 443, 446
財閥 …… 376-378, 412, 414, 421, 423, 427, 428, 438, 445-447
財閥解体 …………………… 476, 481
済物浦条約 ………………………… 383
座・会所 …………………………… 284
坂下門外の変 ……………… 215, 315
坂上田村麻呂 ……………………… 099
佐賀の乱 …………………………… 344
坂本龍馬 …………………… 319, 321
酒屋 ………………… 176, 190, 198
酒屋役 ……………………………… 176
防人 …………… 062, 077, 078, 089, 091
冊封 …… 041, 055, 056, 068, 185, 250, 263
桜会 ………………………………… 442
桜田門外の変 ……………… 215, 314
鎖国令 …………………… 214, 253, 254
指出検地 …………… 206, 214, 218, 222
薩英戦争 …………… 215, 317, 318
薩長連合 …………………… 318, 319
佐渡相川金山 ……………… 221, 268
佐藤栄作 …………………… 500, 503
侍所 …… 132, 134, 138, 140, 141, 171, 175, 177
3・1運動 ………………………… 415
3・15事件 ……………………… 431
三貨 ………………………… 271, 272
三月事件 …………………… 442, 445
三管領 …………… 175, 191, 202, 216

INDEX

三国干渉 …………………… 326, 387
三国協商 …………………… 406, 408
三国同盟 ………………………… 406
三斎市 ……………………… 154, 197
3C ……………………………… 510
三種の神器 ………………… 170, 510
三条実美 …………… 317, 321, 356
三世一身の法 ……………… 019, 093
三草 …………………………… 266
三大飢饉 ……………………… 290
三代格式 ……………………… 101
三津 …………………………… 200
三都 ………………… 274, 277, 284
山東出兵 …………………… 327, 429
三内丸山遺跡 ……………… 026-028
三奉行 ……………………… 203, 231
サンフランシスコ平和条約 …… 497
三浦 …………………………… 184
讒謗律 ……………………… 326, 346
三毛作 ………………………… 196

し

GHQ …… 476, 478-485, 487, 489, 490, 495
シーボルト ………………… 295, 296
シーメンス事件 ………………… 404
紫衣事件 …………………… 053, 236
紫香楽宮 …………………… 086-088
私擬憲法 …………………… 352, 353
寺社奉行 …………………… 231, 236
四職 ………………… 175, 177, 202

治承・寿永の内乱 ……… 130, 132, 134
市制 …………………………… 357
氏姓制度 …………… 042, 057, 058, 065
下地中分 ……………………… 151
七支刀 ………………………… 039
七道 ……………………… 070, 071
執権 …… 130, 141, 144-148, 157, 158, 161, 162, 172
幣原喜重郎 ………… 416, 426, 427, 480
地頭 …… 130, 132, 135-139, 142, 143, 145, 146, 149-154, 159, 168, 169, 178, 187, 207
地頭請 ……………………… 151, 178
持統天皇 …………… 063, 065, 066
寺内町 ……………………… 199, 200
地主制 ……………… 298, 377, 419
地主手作 ……………………… 278
士農工商 ……………………… 237
柴田勝家 ……………………… 219
支払猶予令 …………………… 427
渋沢栄一 …………………… 337, 370
シベリア出兵 …… 327, 408, 409, 411
四木 …………………………… 266
資本主義恐慌 ……………… 376, 425
島津重豪 ……………………… 302
島津久光 …………………… 315, 320
島原・天草一揆 …………… 214, 251
持明院統 …………… 164, 166, 170, 171
四民平等 …………………… 332, 333
下田 ………………… 223, 308-310
霜月騒動 …………………… 130, 161

INDEX

下関条約 ……………… 326, 386, 387, 397
下関戦争 ……………………… 317, 318
下山事件 …………………………… 491
謝恩使 …………………………… 250, 255
社会民主党 ……………… 327, 380, 516
車借 ………………………………… 199
朱印船貿易 ……………… 247-249, 273
十月事件 …………………………… 442
自由党 …………… 326, 348-353, 360-362, 388, 389, 484, 500
自由民主党 ……………………… 476, 500
宗門改帳 …………………………… 237
朱元璋 ……………………………… 181
守護 …… 130, 132, 135-140, 143, 145, 156, 168, 175-180, 183, 187, 190-192, 194, 195
守護請 ……………………………… 178
守護大名 …… 177, 179, 180, 183, 187, 191, 192, 194, 195, 198, 199, 201, 202, 218
シュタイン ………………………… 354
聚楽第 …………………………… 220, 221
貞永式目 ……………… 144, 145, 153, 171
荘園・公領制 …………………… 115
蔣介石 … 429, 438, 450, 451, 455, 462, 464, 470, 494
城下町 … 200, 202, 206, 232, 243, 274
承久の乱 …… 130, 139, 142, 143, 148, 151, 156, 164, 169
成功 ………………………………… 110
正長の徳政一揆 …………………… 190

正徳金銀 ……………………………… 262
称徳天皇 …………………………… 019, 090
正徳の治 ……………………… 214, 262, 263
尚巴志 ……………………………… 185
消費税 ……………… 077, 404, 477, 514
商法 ……………… 273, 334, 336, 360
条坊制 ……………………………… 066
定免法 ……………………………… 280
縄文土器 ……………… 018, 020, 025, 030
生類憐みの令 ……………… 214, 260, 262
昭和恐慌 ……………… 327, 433, 434
昭和電工事件 …………………… 488
承和の変 …………………………… 019, 101
舒明大王 …………………… 057, 058, 061
白河天皇 …………………………… 122, 124
新羅 …… 018, 039, 040, 049, 054, 058, 059, 062, 086, 096, 108
新安保条約 ……………… 476, 501, 502
辛亥革命 ……………… 400, 407, 428
神祇官 …………………………… 069, 330
新警察法 …………………………… 486
新興財閥 …………………………… 447
壬午軍乱 ……………… 326, 368, 383, 384
震災手形 ……………… 327, 425, 426
新自由主義経済 ……………… 513, 517
壬申戸籍 …………………………… 333
壬申の乱 ……………………… 018, 063-065
新石器時代 ……………… 020, 021, 028
新田開発 ……………………… 265, 281
新聞紙条例 ……………………… 326, 346
人民戦線事件 …………………… 457

神武景気 …………………………… 476, 508

す

推古大王 ………………… 050, 052, 056
水稲耕作 ………… 018, 028, 031, 032
須恵器 …………………………… 046, 047
菅原道真 ………… 019, 096, 103, 107
鈴木商店 …………………… 412, 426, 428
鈴木善幸 ……………………………… 513
砂沢遺跡 ……………………………… 032
スペイン ……… 207, 208, 244-247, 251, 391
角倉了以 …………………… 248, 249, 277
受領 ………………… 110, 119, 122, 123

せ

西安事件 ……………………………… 451
征夷大将軍 … 099, 100, 130, 132, 134, 135, 167, 169, 171, 229
征韓論 …………… 326, 342, 344, 345
正丁 ……………………… 077, 078, 089
青銅器 ……………………… 029, 030, 033
青鞜社 ………………………………… 420
西南戦争 ……… 326, 332, 344, 346, 347, 349, 367
聖明王 ………………………………… 044
セオドア＝ローズベルト …………… 396
世界恐慌 …………………… 327, 433, 477
尖頭器 ……………………………… 023, 024
石核石器 ……………………………… 023
関ケ原の戦い ……………………… 229, 230

石油危機 …………… 477, 506, 511, 521
摂政 …… 018, 052, 102-107, 122, 167, 321, 422
前九年の役 …………………… 118, 119
戦後恐慌 ……… 413, 414, 419, 425, 432
全国水平社 …………………………… 420
戦国大名 ……… 131, 200-208, 218, 220, 228, 231, 257, 268
漸次立憲政体樹立の詔 ……… 346, 353
前方後円墳 …… 018, 045, 046, 049, 051
前方後方墳 …………………………… 045

そ

租 ‥ 061, 073, 076, 077, 091, 093, 095, 109
惣掟 …………………………… 187, 188
宋書倭国伝 …………………………… 040
惣村 ………………… 173, 187-189, 205
惣百姓一揆 …………………………… 291
惣無事令 ……………………………… 220
草木灰 ………………………………… 152
惣領制 ………………………… 149, 163
蘇我氏 … 018, 043, 044, 050, 052, 054, 057-060
蘇我入鹿 ……………………… 057, 059
蘇我馬子 ………… 050, 052, 053, 060
蘇我蝦夷 ……………………… 057, 059
蘇我倉山田石川麻呂 ………… 059, 061
尊王攘夷運動 ………………………… 316
孫文 …………………… 407, 428, 429

た

第1次護憲運動 ……………… 403, 423
第1次世界大戦 … 327, 405, 406, 408,
　412-414, 417, 427, 432, 433
第1次日韓協約 …………………… 397
大院君 ………………… 326, 383, 390
対外硬派連合 …………………… 362
大覚寺統 ………………… 164, 171
大化の改新 …… 018, 052, 056, 060, 061
大韓民国 ……………… 494, 495, 503
大逆事件 ………… 327, 380, 402, 420
太閤検地 ………… 214, 222, 223, 226
大黒屋光太夫 …………………… 293
第5福竜丸 ……………………… 499
太政官 ……… 069, 075, 083, 089, 100,
　106, 107, 113, 123, 124, 329, 330
大正政変 ………………… 327, 403
大政奉還 ……………… 215, 320, 321
大西郷 ……………………… 451
大政翼賛会 ………… 327, 460, 468
大仙陵（大山）古墳 …………… 045
大東亜会議 …………… 327, 466
大東亜共栄圏 …… 461, 465, 466, 468
大同団結 ………………… 326, 352
第2次大隈内閣 ………… 401, 405, 406
第2次護憲運動 ………………… 422
対日理事会 …………………… 479
大日本帝国憲法 … 326, 344, 352, 354,
　357
代表越訴一揆 ………………… 291
大宝律令 …………… 019, 068, 079, 095

大名知行制 …………………… 223
平清盛 ……………… 120, 125, 220
平忠常の乱 ……………… 118, 119
平将門 ……………………… 117
平頼綱 ………………… 161, 162
大老 …… 215, 221, 228, 229, 231, 257,
　258, 309, 314
台湾銀行 ……………… 374, 392, 426
楕円形石器 ……………………… 023
高掛物 …………………………… 240
高杉晋作 ………………… 316, 318
高野長英 ……………………… 296
高橋財政 ……………… 327, 447, 448
滝川事件 ……………………… 443
滝川幸辰 ……………………… 443
竹下登 ………………………… 514
大宰府 … 069, 072, 077, 098, 103, 105,
　108, 118, 156, 158, 173, 182
足高の制 ………………… 215, 283
但馬生野銀山 …………………… 268
打製石器 ……………… 018, 020, 023
橘奈良麻呂 ……………… 019, 089
橘諸兄 …………… 019, 086, 089, 094
竪穴住居 …… 026, 027, 033, 034, 047,
　048, 091
田堵 ………… 109, 111, 113-115, 150
田中角栄 ……………… 477, 505, 506
田中義一 …… 410, 424, 427, 428, 431,
　435, 436
田中正造 ………………… 380, 381
田沼意次 ……… 215, 284, 285, 297

種子島時尭 ………………… 208
樽廻船 ……………………… 276
垂柳遺跡 …………………… 032
塘沽停戦協定 ……………… 450
段銭 ………………… 176, 178
段楊爾 ……………………… 044

ち

治安維持法 ……… 327, 424, 431, 467
治安警察法 …… 327, 379, 380, 389, 420
知行国 ……………… 122, 125, 139, 167
地租改正 ……… 326, 335, 336, 357, 377
秩父事件 ………………… 326, 351
茶 ………………………… 266, 312
中越紛争 ……………………… 520
中華人民共和国 ……………… 494, 496
中華民国 ……… 407, 466, 494, 496, 506
中国共産党 …………………… 428, 468
中国国民党 …………………… 428
中ソ論争 ……………………… 520
中東戦争 …… 477, 506, 511, 520, 521
調 ‥ 061, 072, 073, 075, 077, 078, 091, 092, 100, 109
張作霖 ………………………… 430, 451
長州征討 ……………………… 318, 319
朝鮮戦争 …… 476, 495, 496, 507, 519
朝鮮民主主義人民共和国 …… 494, 504
町村制 ………………………… 357
重任 …………………………… 110
町人請負新田 ………………… 265
徴兵令 ………………… 326, 331, 332

勅旨田 ………………………… 108
張鼓峰事件 …………………… 459
チンギス・ハーン …………… 157
鎮西探題 ……………… 135, 161

つ

追捕使 ……………… 114, 116, 118
通信符 ………………………… 184
津田梅子 ……………………… 340
津田左右吉 …………………… 457
土一揆 ……………… 131, 176 189

て

帝国議会 ……………………… 355, 385
帝国国策遂行要領 …………… 463
帝国国防方針 ………… 401, 402, 449
鉄道 ………………… 338, 371, 376
鉄道国有法 …………………… 376, 402
寺内正毅 ……………… 399, 408, 409
寺島宗則 ……………… 326, 340, 363
寺田屋事件 …………………… 315
天下布武 ……………………… 216, 218
天智大王 ……………………… 063, 064
天正遣欧使節 ………………… 210
天津条約 …… 309, 311, 326, 362, 384
天皇機関説事件 ……………… 444
田畑永代売買禁止令 ………… 240, 281
田畑勝手作禁止令 …………… 241
天武天皇 …………… 018, 064, 065, 085
天文法華の乱 ………………… 195

と

- 問丸 …………………………………… 155, 199
- 東学党の乱 ……………………… 362, 385
- 道鏡 ………………… 019, 089-091, 094, 095
- 東京裁判 ……………………………… 480
- 東京大空襲 …………………………… 470
- 東条英機 ………………………… 461, 463, 464
- 統帥権 ……………… 354, 355, 435, 436, 442
- 統帥権干犯 …………………………… 435, 442
- 統制派 ………………………… 445, 446, 449
- 銅鐸 …………………………………… 030
- 逃亡 …… 091, 092, 094, 095, 104, 108, 240, 371
- 土偶 …………………………………… 029
- 徳川家綱 ……………………………… 214, 256
- 徳川家斉 ……………………………… 215, 297
- 徳川家光 ……………………………… 214, 256
- 徳川家康 …… 214, 216, 217, 220, 221, 228, 277, 299
- 徳川綱吉 ……………………… 214, 258, 259
- 徳川斉昭 ………… 299, 303, 308, 313, 314
- 徳川慶福 ……………………………… 314
- 徳川吉宗 ………………………… 214, 279, 281
- 徳政相論 ……………………………… 098, 099
- 独占禁止法 …………………………… 481
- 得宗 ………………… 130, 146, 161, 162, 165
- 得宗専制 ……………………………… 130, 162
- 特別高等警察 ………………………… 402, 431
- 土倉 ………………… 175, 176, 190, 198
- 豊臣秀吉 ………… 214, 220, 228, 248
- 取り付け騒ぎ ………………………… 426

- 鳥浜遺跡 ……………………………… 028, 081
- トルーマン・ドクトリン ………… 493
- ドル危機 ……………………………… 510

な

- 内務省 ……… 332, 336, 341, 381, 402, 443, 486
- ナウマン象 …………………………… 021
- 中江兆民 ………………………… 352, 361, 389
- 長岡京 ………………………………… 019, 097
- 長尾景虎 ……………………………… 204
- 長篠の合戦 …………………………… 217
- 中曽根康弘 …………………………… 513
- 中臣鎌足 ……………………………… 058, 063
- 中大兄皇子 …………………………… 057-063
- 長屋王 … 019, 080, 084-086, 093, 127
- 菜畑遺跡 ……………………………… 028
- 鍋島直正 ……………………………… 303
- 生麦事件 ……………………………… 215, 317
- 南紀派 ………………………………… 314
- 南京事件 ……………………………… 429, 453
- 南京大虐殺 …………………………… 453
- 南朝 …………………………… 171-173, 178
- 南部仏印進駐 ………………………… 327, 463
- 南鐐二朱銀 …………………………… 285

に

- 2・1ゼネスト ………………………… 490
- 西陣織 ………………………………… 270
- 西廻り航路 ………………… 247, 276, 302
- 21カ条の要求 ………………………… 407

日英通商航海条約 …………………… 366
日英同盟 …… 327, 394, 395, 398, 400, 406, 416
日英同盟論 …………………………… 394
日独伊三国同盟 ………… 327, 461, 464
日米安全保障条約 …………………… 497
日米行政協定 …………… 476, 497, 501
日米修好通商条約 ……… 215, 252, 309-311, 339
日米相互防衛援助協定 …… 476, 499
日米和親条約 ………………… 215, 308
日露協商論 …………………………… 394
日露協約 ……………………………… 400
日露戦争 …… 327, 376, 380, 383, 390, 395, 397, 400, 402, 405, 437
日韓基本条約 …………………… 476, 504
日韓併合条約 …………………… 398, 399
日清修好条規 …………………… 326, 341
日清戦争 …… 326, 362, 366, 369, 373, 378, 385, 388, 390, 391, 394, 395
日清通商航海条約 …………………… 386
日ソ基本条約 …………………… 327, 424
日ソ共同宣言 …………………… 476, 500
日ソ中立条約 …………………… 327, 461
新田義貞 ………………… 166, 169-171
日中共同声明 …………………… 477, 505
日中平和友好条約 ……………… 477, 507
日朝平壌宣言 ………………………… 522
二・二六事件 …………………… 327, 445
日本共産党 ……………………… 420, 431
日本国王 ……………… 174, 177, 182, 263

日本国憲法 …… 476, 479, 483-485, 487
日本社会主義同盟 …………………… 420
日本社会党 ……………… 380, 402, 486
日本農民組合 …………………… 419, 431
日本町 ………………………………… 249
日本列島改造計画 …………………… 506
日本労働総同盟 ………………… 419, 431
二毛作 …………………………… 152, 196
人足寄場 ………………………… 215, 288

の

農山漁村経済更生運動 ……………… 448
農村家内工業 ………………………… 269
農地改革 ………… 476, 481, 482, 487
ノモンハン事件 ………………… 327, 459

は

ハーグ密使事件 ………………… 327, 398
廃藩置県 …… 326, 329-331, 335, 336
破壊活動防止法 ……………………… 498
白村江の戦い ……… 018, 062-064, 096
剥片石器 ……………………………… 023
幕領 …… 232, 240, 251, 261, 270, 280, 281, 298, 300
箱館 ……………………… 185, 308, 310
馬借 ……………………………… 190, 199
支倉常長 ……………………………… 246
羽田孜 ………………………………… 515
旗本 …… 231, 232, 256, 261, 270, 272, 273, 283, 286, 288, 298, 300, 321
旗本知行地 …………………………… 232

八省	069, 117
バテレン追放令	214, 224
鳩山一郎	443, 486, 487, 500
鳩山由紀夫	518
バブル景気	512, 516
浜北人	022
浜口雄幸	431, 436
原敬	327, 410, 411
パリ講和会議	327, 414
ハリス	309, 310, 316
パリ不戦条約	430
播磨の土一揆	190
ハル	462, 464, 465
藩	232, 233, 289
阪神・淡路大震災	477, 516
半済令	178
版籍奉還の上表	329

ひ

菱垣廻船	276, 297, 300
非核三原則	504
東インド会社	214, 245
東久邇宮稔彦	479
東日本大震災	211, 477, 518
東廻り航路	247, 276
飛脚	277
非戦論	380, 394
一橋派	314
一橋慶喜	314, 315
人掃令	224
日野富子	191-193
日比谷焼き打ち事件	397
卑弥呼	018, 036, 037
百姓一揆	189, 215, 252, 283, 291, 313
百万町歩開墾計画	093
百間川遺跡	032
評定衆	130, 144, 146, 162
平塚らいてう	420
平沼騏一郎	458
広田弘毅	444, 448, 449
貧窮問答歌	080, 091
閔妃	326, 383, 384, 390, 392

ふ

フィルモア	307
フェートン号事件	215, 295
福島事件	326, 350
福田赳夫	506, 507, 511
武家諸法度	214, 234, 235
武家造	148
府県制	357
武士	112, 113, 116
武士団	112, 116-118
藤原京	019, 060, 066, 079, 081, 082
藤原純友の乱	117
藤原種継	097
藤原仲麻呂	019, 068, 088
藤原広嗣	019, 086
藤原不比等	068
藤原冬嗣	019, 100, 101
藤原道長	019, 105

INDEX

藤原基経 ·························· 019, 102
藤原良房 ·························· 019, 102
婦人参政権獲得期成同盟会 ········ 421
プチャーチン ······················ 215, 308
普通選挙法 ··· 327, 410, 418, 423, 424, 431
仏教公伝 ··························· 044, 050
復興金融金庫 ············· 488, 489, 491
不入権 ································· 114
フビライ ······························ 157
不輸権 ··························· 113, 114
フランシスコ＝ザビエル ····· 131, 209
ブルガーニン ·························· 500
浮浪 ············· 091, 093-095, 104, 108
ブロック経済 ·························· 447
分一徳政令 ······················ 176, 191
文永の役 ························ 130, 158-160
文化大革命 ···························· 520
文久３年８月18日の政変 ········· 317
分国法 ··························· 202, 206
分地制限令 ··························· 241
文禄の役 ························ 225, 226

へ

平安京 ···················· 019, 097-100, 156
米軍普天間基地移転問題 ············ 518
平氏 ··· 019, 100, 110, 117, 119, 125, 126, 130, 132-135, 139
平治の乱 ··············· 019, 119, 120, 125
平城京 ··· 019, 079-082, 086-088, 100
平民社 ···························· 380, 394
部民制 ··························· 042, 057
ペリー ····················· 215, 306-308
ベルリンの壁 ···················· 477, 521
変動為替相場制 ······················· 510

ほ

ボアソナード ···················· 359, 363
保安隊 ····························· 476, 498
貿易摩擦 ·························· 477, 512
保元の乱 ··························· 019, 120
北条早雲 ·························· 202-204
北条時政 ················ 130, 133, 136, 140
北条時宗 ················ 130, 157, 158, 161
北条時頼 ········ 130, 145, 146, 148, 162
北条政子 ······················ 140-142, 149
北条泰時 ················ 130, 143, 144, 148
北条義時 ······················ 130, 140-144
ポーツマス条約 ············· 327, 396, 401
北朝 ································· 171-173
星亨 ································· 352, 389
戊辰戦争 ······························· 321
細川勝元 ······························· 192
細川護煕 ······························· 515
渤海 ···························· 096, 108
北海道旧土人保護法 ·················· 358
ポツダム宣言 ···················· 471, 472
ポツダム勅令 ··························· 479
穂積八束 ······························· 359
堀越公方 ······························· 203
ポルトガル ··· 131, 207, 208, 246, 247, 251, 416

本年貢 …………………………………… 240
本能寺の変 ………………………… 217, 219
本百姓 … 237, 238, 240, 241, 278, 279

ま

マーシャル・プラン ………………… 493
前島密 ………………………………… 338, 349
勾玉 ……………………………………… 028
益田四郎時貞 ………………………… 251
磨製石器 …………… 018, 020, 021, 025, 028
松岡洋右 ……………………………… 441, 461
マッカーサー ……… 478, 479, 484, 485, 487, 495, 496, 505
マッカーサー三原則 ………………… 484
松方財政 ……………………… 367, 368, 373
松川事件 ……………………………… 476, 491
末期養子 ……………………… 235, 256, 257
松平容保 ……………………………… 315, 317
松平定信 …………………… 215, 284, 286, 297
松平信綱 ……………………………… 256
松本烝治 ……………………………… 483, 484
間宮林蔵 ……………………………… 294
丸木舟 ………………………………… 028
満韓交換論 …………………………… 394
満州国 … 327, 437, 440, 441, 450, 466, 471
満州某重大事件 ……………………… 430

み

三浦按針 ……………………………… 245
三木武夫 ……………………………… 506, 511

三行半 ………………………………… 238
水野忠邦 ……………………… 215, 299
水呑百姓 ……………………………… 238
三鷹事件 ……………………………… 491
ミッドウェー海戦 …………… 327, 465
港川人 ………………………………… 022
南満州鉄道 ………… 327, 378, 399, 407
源実朝 ………………………………… 141
源義仲 ………………………………… 133
源頼朝 … 130, 132, 133, 135, 139, 148
美濃部達吉 …………………… 418, 444
宮座 …………………………………… 189
宮沢喜一 ……………………………… 515
名 ……………………………… 109, 111, 150
名主 …… 114, 115, 150, 153, 167, 187, 206, 240, 241, 275, 291, 298
名田 …………………… 109, 111, 114, 150, 153
三善康信 ……………………… 133, 134
明 …………………………… 131, 177, 181-183
民主党 ……………… 477, 487, 488, 516, 518
民撰議院設立建白書 …… 326, 344, 345
民法 ………………………………… 359, 360

む

無血開城 ……………………………… 321
陸奥宗光 ………… 326, 362, 365, 380, 386
棟別銭 ………………………………… 176
無二念打払令 ………………………… 295
村方三役 ……………………………… 240
村方騒動 ……………………………… 291
村山富一 ……………………………… 516

牟礼遺跡 ………………………… 028

め

明治14年の政変 ‥347-349, 354, 358, 367
明徳の乱 ………………… 131, 179
明暦の大火 …… 257, 258, 261, 273
目安箱 ………………… 214, 282, 283

も

モース ……………………………… 027
蒙古襲来絵詞 ………………… 158, 159
毛利敬親 ………………………… 302
最上徳内 ………………………… 294
以仁王 ……………………… 132, 133
物部氏 ………………… 044, 050, 052
モラトリアム …………………… 427
モリソン号事件 ……………… 296, 299
護良親王 ……………… 166, 167, 169
門前町 …………………… 199, 200
問注所 …………………… 134, 175
モンロー主義 ……………… 391, 416

や

八色の姓 ………………… 019, 065
安永田遺跡 ……………………… 030
矢内原忠雄 ……………………… 457
山内豊熙 ………………………… 303
山県有朋 …… 344, 357, 360, 384, 389, 392, 394, 401, 410
山背大兄王 ……………………… 057

山城国一揆 ……………………… 194
邪馬台国 ……………… 018, 035-037
大和政権 …… 018, 036, 038-040, 042, 045, 046, 048-050, 064
東漢氏 …………………………… 043
山名宗全 ………………………… 192
山本権兵衛 ……………… 404, 422
弥生土器 ………… 025, 029, 047
ヤルタ …………………………… 470
ヤン＝ヨーステン …………… 230, 245

ゆ

友愛会 …………………… 419, 421
郵政民営化 ……………… 477, 517
郵便制度 ………………………… 338

よ

庸 ‥061, 072, 073, 075, 077, 078, 091, 092, 100, 109
養老律令 ………… 019, 068, 085, 089
翼賛選挙 ………………… 327, 466
横浜 …………………… 310, 312, 313
吉田茂 ………… 487, 488, 491, 497
吉田松陰 ………………………… 314
吉野作造 ………… 408, 418, 421
米内光政 ………………… 459, 469
予防拘禁制度 …………………… 467
寄親・寄子制 …………………… 205
四カ国条約 ……………………… 416
4大公害訴訟 …………………… 510

INDEX

ら
楽市令 …………… 202, 218, 221, 271
ラクスマン ………………… 293, 294

り
リクルート事件 ……………… 477, 514
李鴻章 …………… 341, 384, 386, 393
李氏朝鮮 …………………………… 184
李成桂 ……………………………… 184
立憲改進党 … 326, 348, 349, 360, 362, 380
立憲政友会 …………………… 327, 389
立憲同志会 …………………… 403, 405
立志社 …………………… 345-347, 353
リットン調査団 …………………… 441
律令 ………… 066, 068, 069, 071, 072
琉球王国 …………………… 131, 185
琉球処分 …………… 326, 341, 357
柳江人 …………………………… 022
柳条湖 ……………… 327, 439, 440
両替商 …………………… 272, 273
令外官 ……………… 100, 101, 118
遼東半島 ……… 386, 387, 399, 437
令義解 …………………… 068, 101
令集解 …………………… 068, 101

る
ルイス＝フロイス ………………… 210

れ
冷戦 ………… 476, 477, 493, 494, 521

レイテ沖海戦 ……………………… 469
レオン＝ロッシュ ………………… 319
レザノフ ……………… 215, 293, 294
連合国軍最高司令官総司令部 ……… 478
蓮如 ……………………… 194, 195

ろ
老中 …… 215, 231, 233, 252, 253, 256, 257, 274, 284, 286, 289, 297, 299-301, 307-309, 313-315, 320
労働組合期成会 …………………… 379
労働三法 …………………………… 482
六斎市 ……………………………… 197
6・3・3制 ………………………… 483
六勝寺 ……………………………… 124
六波羅探題 …… 130, 135, 143, 166, 176
鹿鳴館 …………………………… 326, 364
盧溝橋事件 …………… 327, 452, 453
ロシア革命 … 396, 400, 408, 409, 414, 420
ロッキード事件 …………… 477, 506
ロンドン会議 …………………… 435

わ
倭 … 034-036, 038-041, 055, 056, 067
隈板内閣 …………………………… 388
獲加多支鹵大王 ………………… 041
若槻礼次郎 …………… 426, 435, 436
倭寇 ……………… 181, 182, 184, 207
ワシントン会議 …… 327, 411, 416, 417
渡辺崋山 …………………………… 296

INDEX

和田義盛 134, 140, 141
和衷協同の詔 362
和同開珎 083
倭の五王 018, 040
ワルシャワ条約機構 494
湾岸戦争 477, 514

〈写真資料の出典サイト（2013年5月時点）・所蔵〉
・p.059 乙巳の変　http://ja.wikipedia.org/ 談山神社所蔵　・p.065 天武大王　http://ja.wikipedia.org/ 大和国矢田山金剛寺蔵　・p.088 聖武天皇 http://ja.wikipedia.org/　・p.097 桓武天皇　http://ja.wikipedia.org/ 延暦寺所蔵　・p.102 宇多天皇　http://ja.wikipedia.org/ 仁和寺蔵　・p.104 醍醐天皇　http://ja.wikipedia.org/ 醍醐寺三宝院蔵　・p.117 平将門　http://ja.wikipedia.org/ 築土神社蔵　・p.120 後白河天皇　http://ja.wikipedia.org/ 三の丸尚蔵館蔵　・p.125 平清盛　http://ja.wikipedia.org/ 三の丸尚蔵館蔵　・p.135 源頼朝　http://ja.wikipedia.org/ 神護寺蔵　・p.141 北条政子　http://ja.wikipedia.org/　・p.142 後鳥羽上皇　http://ja.wikipedia.org/ 水無瀬神宮蔵　・p.165 後醍醐天皇　http://ja.wikipedia.org/ 清浄光寺蔵　・p.170 足利尊氏　http://ja.wikipedia.org/ 浄土寺蔵　・p.174 足利義満　http://ja.wikipedia.org/ 鹿苑寺蔵　・p.180 足利義教　http://ja.wikipedia.org/ 妙興寺蔵　・p.197 桂女　http://ja.wikipedia.org/『三十二番職人歌合』　・p.204 上杉謙信　http://ja.wikipedia.org/ 上杉神社蔵　・p.220 聚楽第　http://ja.wikipedia.org/ 三井記念美術館蔵　・p.228 徳川家康　http://ja.wikipedia.org/ 大阪城天守閣蔵　・p.236 後水尾天皇　http://ja.wikipedia.org/ 宮内庁書陵部蔵　・p.245 ヤン＝ヨーステン　http://ja.wikipedia.org/　・p.256 明暦の大火　http://ja.wikipedia.org/ 江戸東京博物館蔵　・p.259

徳川綱吉　http://ja.wikipedia.org/　徳川美術館蔵　・p.281　徳川吉宗　http://ja.wikipedia.org/　徳川記念財団蔵　・p.285　田沼意次　http://ja.wikipedia.org/　・p.286　松平定信　http://ja.wikipedia.org/　鎖国守国神社蔵　・p.288　柴野栗山　http://ja.wikipedia.org/　東京国立博物館蔵　・p.294　間宮林蔵　http://ja.wikipedia.org/　松岡映丘画　・p.296　シーボルト　http://ja.wikipedia.org/　佐賀県立美術館蔵　・p.299　水野忠邦　http://ja.wikipedia.org/　首都大学東京図書情報センター蔵　・p.302　島津斉彬　http://ja.wikipedia.org/　・p.309　ハリス　http://ja.wikipedia.org/　・p.311　井伊直弼　http://ja.wikipedia.org/　彦根城博物館蔵　・p.314　吉田松陰　http://ja.wikipedia.org/　山口県文書館蔵　・p.316　高杉晋作　http://ja.wikipedia.org/　・p.320　徳川慶喜　http://ja.wikipedia.org/　・p.328　東京行幸　http://ja.wikipedia.org/　・p.339　岩倉遣欧使節団　http://ja.wikipedia.org/　・p.343　黒田清隆　http://ja.wikipedia.org/　国立国会図書館蔵　・p.346　板垣退助　http://ja.wikipedia.org/　・p.352　星亨　http://ja.wikipedia.org/　・p.361　中江兆民　http://ja.wikipedia.org/　・p.364　鹿鳴館の月曜日　http://ja.m.wikipedia.org/　・p.367　松方正義　http://ja.wikipedia.org/　国立国会図書館蔵　・p.381　田中正造　http://ja.wikipedia.org/　・p.388　岩崎弥太郎　http://ja.wikipedia.org/　・p.395　東郷平八郎　http://ja.wikipedia.org/　・p.396　小村寿太郎　http://ja.wikipedia.org/　・p.401　西園寺公望　http://ja.wikipedia.org/　・p.401　桂太郎　http://ja.wikipedia.org/　・p.404　山本権兵衛　http://ja.wikipedia.org/　・p.408　寺内正毅　http://ja.wikipedia.org/　・p.410　原敬　http://ja.wikipedia.org/　・p.416　幣原喜重郎　http://ja.wikipedia.org/　・p.420　平塚らいてう　http://ja.wikipedia.org/　・p.423　加藤高明　http://ja.wikipedia.org/　・p.426　若槻礼次郎　http://ja.wikipedia.org/　・p.428　田中義一　http://ja.wikipedia.org/　・p.434　宮沢賢治　http://ja.wikipedia.org/　・p.439　石原莞爾　http://ja.wikipedia.org/　・p.440　愛新覚羅溥儀　http://ja.wikipedia.org/　・p.445　北一輝　http://ja.wikipedia.org/　・p.449　広田弘毅　http://ja.wikipedia.org/　・p.454　近衛文麿　http://ja.wikipedia.org/　・p.462　コーデル・ハル　http://ja.wikipedia.org/　・p.467　出陣学徒壮行会　http://ja.wikipedia.org/　・p.471　エノラ＝ゲイ　http://ja.wikipedia.org/　・p.478　降伏文書調印　http://ja.wikipedia.org/　［ミズーリ（戦艦）］　・p.487　吉田茂　http://ja.wikipedia.org/　・p.502　岸信介　http://ja.wikipedia.org/　・p.504　佐藤栄作　http://ja.wikipedia.org/

> 著者紹介

向井 啓二 （むかい けいじ）

1954年大阪府生まれ
龍谷大学大学院文学研究科博士課程単位取得退学
1978年から83年まで高校非常勤講師、1983年から1999年までECC予備校（主任講師）、河合塾（大阪校・京都校）、東進ハイスクール（大阪校・当時）の日本史科講師を経て、現在、種智院大学教授。

体系的・網羅的 一冊で学ぶ日本の歴史

2013年5月25日	初版発行
2013年9月20日	第2刷発行
著者	向井 啓二
カバーデザイン	常松 靖史

© Keiji Mukai 2013. Printed in Japan

発行者	内田 眞吾
発行・発売	ベレ出版 〒162-0832 東京都新宿区岩戸町12 レベッカビル TEL (03) 5225-4790 FAX (03) 5225-4795 ホームページ http://www.beret.co.jp/ 振替 00180-7-104058
印刷	株式会社　文昇堂
製本	根本製本株式会社

落丁本・乱丁本は小社編集部あてにお送りください。送料小社負担にてお取り替えします。
本書の無断複写は著作権法上での例外を除き禁じられています。
購入者以外の第三者による本書のいかなる電子複製も一切認められておりません。

ISBN978-4-86064-357-7 C0021　　　　　　編集担当　森　岳人